U0067005

日本通史

依田憙家 ／ 著

序言

　　讀了依田熹家先生這部日本歷史以後，有一些感想。現在把它寫出來，就當作介紹吧。

　　這部書試圖以歷史唯物主義觀點來敘述歷史，是一部適合我國日語專業學生使用的通史教材。書中以廣大群眾為主體，注意生產力的發展和經濟基礎與上層建築的關係。在篇幅分配方面，詳於江戶時期到現代的歷史，符合厚今薄古精神。同時，書中也避免了奴隸制的有無、社會階段分期等日本歷史上爭論未決的問題。本書內容照顧了政治、經濟、文化、對外關係等各方面，對於各種典章制度都有扼要描述，文字簡明易懂。特別是書中採用不少圖表幫助說明問題，既節省了文字，又給讀者比較深刻的印象。

　　這部書既可作教材使用，也可以供對日外事工作人員檢閱和參考。

周一良

目錄

序言

1 原始時代、古代

2 中世

3 近世

4 近代、現代

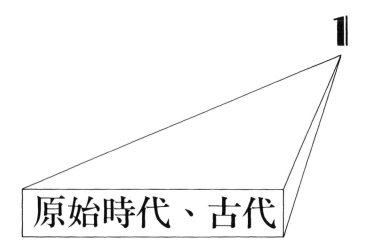

原始時代、古代

日本的黎明

　　　　國家的形成與大陸文明

古代國家與文化的發展

　　　　攝關政治與國風文化

日本的黎明

日本的石器文化

洪積世的日本　人類的誕生據說是在地質學上的洪積世。在這一時代，寒冷的冰河期與較爲溫暖的間冰期交叉到來，人類主要使用打製石器，過著以採集爲主的生活，人們稱這一時代爲舊石器時代。

當時東海和渤海還是陸地，日本的國土與亞洲大陸的陸地相連。日本列島各地已出土了各種古代象的化石，它們和亞洲各地所出土的古代象化石是一樣的。

第二次世界大戰以前，認爲日本不存在舊石器時代的說法佔統治地位，1931 年在兵庫縣明石發現了被認爲是洪積世時代的人骨，但卻有相當長時期未被重視。

直到第二次世界大戰後，才逐漸確認日本存在著舊石器時代。

日本的舊石器文化　距今約一萬年前，冰河時代結束，進入沖積世時代。這時氣候變得溫暖，冰河溶解，地球的海面上升，同時地殼的變動激烈，日本的國土因此而與亞洲大陸分離、形成了日本列島。從這時起，日本的自然環境逐漸變得與今天的面貌大致相同。

這樣形成的日本列島的自然環境，具有極大的多樣性。地域由北

面的亞寒帶伸延到南面的亞熱帶；從地質上說，在比較狹窄的地域裏包含著古地層和新地層，所以生長的動植物種類極多。

日本人的祖先是從洪積世時代以來、從亞洲大陸上遷居來的，但北方來的人種與南方來的人種已經混雜在一起。

這樣的自然環境與人種的交流，對於吸取多樣的文化，發展自己獨特的文化，形成日本人的特色，給予了極大的影響。

繩文式文化

繩文文化的產生　舊石器時代的末期出現的石槍，給狩獵帶來了飛躍的進步。到了洪積世，發明了弓箭，逐漸採用磨製石器以代替過去的打製石器，並出現了陶器。這些新的生產工具的發明，提高了生產力，大大改良了食品的處理，給生活帶來了進化。

最早的陶器是低溫燒製而成的，厚實，呈黑褐色；根據其外部的花紋，而稱作繩文陶器。它代表著這一時代的文化，所以稱這一時代爲繩文式文化的時代。繩文式陶器是最古的陶器，根據利用碳的同位素C^{14}測定年代的方法測定的結果，早期從夏島貝塚出土的陶器的年代爲公元前 491-400 年。

一般認爲，陶器是人類最初利用化學變化的成果。由於陶器的出現，人類才開始定居生活，食物範圍的擴大和食物的儲藏才有可能，生活逐漸進一步的提高。繩文文化的遺跡分布於北海道至冲繩現在的整個日本的國土，其期間延續了數千年。

繩文文化的發展　日本的繩文社會以狩獵和捕撈作爲主要的生活手段。當時的住居是豎穴式。豎穴是在地面上挖一圓形或方形的坑，中間豎木柱，上面覆蓋茅草而成。早期的聚落僅有兩三戶，規模

很小；中、後期出現了十幾戶的聚落，逐漸向定居發展。推測當時一個豎穴住居內居住四、五人至十來人的家族。聚落的中央有廣場，按照一定的布局建造住居，聚落附近形成的貝塚也很有規則。從這些情況來看，當時的聚落是在一定統治者的統率下過著有組織的生活，依靠集體協作從事狩獵、捕撈等生產活動，生產物公平地分配。

當時的生活，原則上是以聚落為單位實行自給自足，但並不是彼此孤立，而是在相當廣闊的範圍內互相進行交易。黑曜石是製造石鏃的重要原料。一般認為，當時以長野縣的和田峠、九州的阿蘇山以及北海道的十勝岳等黑曜石的產地為中心，存在著半徑約 200 公里的交易圈。

當時的生產力還很低，生活也不穩定，從當時的人骨來推測，可以看出婦女和嬰、幼兒的死亡率極高，男人也很少超過 40 歲，多次經歷了足以影響骨骼成長的飢餓狀態。

在這樣的狀況下生活，很大程度上要受自然條件所左右，所以人們認為自然物和自然現象有著神秘的威力，而加以崇拜，並想通過咒術加以鎮壓。一般認為，模仿女性而塑造的土偶是祈禱豐收，表示已經成年的拔牙風俗，以及埋葬時進行屈葬等，都與這種咒術有關。

繩文時代的生活 一般認為繩文式時代基本上是狩獵、捕撈等採集經濟，但末期也進行植物的栽培，逐漸出現了農業的萌芽，聚落也逐漸固定在某一個地方。

國家的形成與大陸文明

彌生文化

彌生文化的形成　繩文式文化在日本列島上延續了數千年。在這期間中，中國大陸發展農耕，使用鐵器，文明高度發達；公元前3世紀，秦始皇統一了中國，漢王朝繼承了這一事業，其勢力範圍擴大到東起朝鮮北部，西至中央亞細亞，其政治和文化的影響遍及周圍的很多民族。

在日本，公元前3—2世紀在九州北部產生了以農耕爲中心的新文化。其重要的原因是，日本內部的生產力的發展和來自大陸的影響。

這一時代的文化是以一種比繩文式陶器更高的溫度燒成細薄的陶器爲特點。因爲這種陶器是1884年第一次在東京的本鄉彌生町發現，所以稱之爲彌生式文化，並把這一時代稱之爲彌生式時代。彌生式陶器是在北九州地方，以繩文式陶器爲基礎，在大陸文化的強烈影響下產生的。這一時代的特點是產生了水稻農業和使用金屬器。

就金屬器來說，世界上一般都是先有靑銅器時代，接著過渡到鐵器時代，但在日本幾乎是在同一時代傳入了靑銅器和鐵器。這一時代

有著許多石刀（用於割穀物的穗）、磨製的片刃及石斧等起源於中國的工具。另外，在北九州也發現了與南朝鮮南部同一系統的支石墓。關於水稻傳到日本有兩種說法：一種認爲是從中國的長江流域直接傳來的，一種認爲是經南朝鮮南部傳來的，至今尚無結論。

農耕社會的形成　西日本一帶雨量較多，氣候較溫和。由於這種自然環境，水稻耕作迅速在這一帶普及。關於水稻的栽培，最初是在當時日本很多的低濕地帶開闢水田，使用木製的鍬、鋤、向水田裏直接播種稻穀，收穫期用石刀割下稻穗。脫穀是用木臼和豎杵。農具最初是用石製的工具加工而成，後來逐漸地使用鐵製的工具。

到了彌生式中期以後，水稻耕作傳到東日本，後期又傳播到東北地方，除北海道外，整個日本基本上都進入了農耕社會。另外，前期的農業主要是在低濕地帶用直播的方式栽培水稻，到了中期以後，在西日本逐漸開闢了旱田，並且開闢了像靜岡縣登呂遺址中所發現的那種用堅固的畦埂區分開來的大規模水田。收穫工具也逐漸用鐵鐮來代替石刀；農業技術取得了顯著的進步。

另外，這一時代在生產中集體勞動仍佔統治地位，而且正如登呂遺址中所看到的那樣，收穫物也儲存在地板很高的集體倉庫中。

隨著水稻耕作的普及，人們的生活場所也由以前的丘陵、海濱地帶移到低地。當時的住居仍然是豎穴式的，但出現了壺、甕、高杯、甑等器具，而且逐漸有了用於紡織的原始石製紡錘車和土製織機，說明了生活內容豐富。

階級社會的發生　由於農耕的發達，生產力提高了，農作物慢慢地有了積累，於是在社會生活方面也逐漸發生了巨大的變化。在以前集體生產的聚落內部，發生了貧富的差異和身分的區別，出現了司掌咒術、祈禱農作物豐收或免遭自然災害的首長。日本的皇室是世界上

歷史最長的王室，至今春秋兩季仍舉行祈禱農作物豐收的儀式，這表明天皇的起源同執行這種咒術有著深刻的關係。隨著這樣產生的首長把治水、灌溉等共同作業當作一個單位，擴大成爲一個水系，於是就出現了統治較爲廣闊地區的首長，而且其政治權力也逐步增強。接著在被這些首長所統治的地區集團之間，不斷地進行鬥爭和合併，這樣就出現了使幾個集團從屬於一個較強大的集團的首長。這些首長從勞動人民手中徵集許多財富，逐漸增強其作爲統治者的性質。於是，日本就進入了階級社會。彌生中期九州北部的公共墓地裏，一些特定的個人葬在甕棺裏，並且在其附葬品中發現大量的中國形製的鏡、銅劍、銅牟等，這表明日本的統治階級的產生是與同大陸的交往及持有大量財寶有關係。

小國的分立　漢武帝於公元前 108 年在朝鮮半島設置樂浪郡等四郡以後，中國的書籍中開始記載日本的事情。1 世紀成書的《漢書》的地理志中，把日本寫成「倭人」。據該書記載，當時的日本分爲百餘國，定期向樂浪郡朝貢。《後漢書》的東夷傳中記載，公元 57 年，倭奴國王的使者到首都洛陽朝貢，接受了光武帝所賜的印綬。1784 年，在福岡縣志賀島發現了一顆刻著「漢倭奴國王」的金印。一般認爲，這顆印就是光武帝賜給的，「漢倭奴國王」就是「漢倭奴國王」。東夷傳中還說，安帝永初元年（公元 107 年），倭國的使節獻生口（奴隸）160 人，桓帝、靈帝時代倭國大亂，長期戰亂不止。從這些記載可以了解，1 世紀至 2 世紀，九州北部及西日本的各地已成立了許多「小國」，日本已進入了階級社會，而且這些「小國」之間的鬥爭日益尖銳，政治上正朝著更廣闊範圍的統一發展。

這一時代的重要遺物有國產的青銅器——銅牟、銅戈和銅鋒。這些青銅器都是在大陸文化的影響下製造的，但一般認爲不是實用品，

而是用於集團的祭祀物品，是提高司掌祭祀首長的權威物品。另外，它們的分布分為以九州北部為中心的銅牟、銅戈的地區和以近畿為中心的銅鋒的地區。可以說，它表明了當時的西日本有著兩個文化和政治的中心。

邪馬台國　在中國大陸上，漢王朝於公元220年滅亡，開始了魏、蜀、吳的三國時代。《三國志》是記載這一時代的史書。其中《魏書‧東夷傳》倭人條中說，在2世紀後半期的倭有一個併吞了約30個小國的邪馬台國。還記載說邪馬台國的女王卑彌呼擅長咒術，利用宗教的權威統治國家。於239年向魏派來使節，被賜給「親魏倭王」金印和銅鏡、絲綢織物等；卑彌呼死時，造徑百餘步的墓，有奴婢百餘人殉葬。從這些記載可以了解，卑彌呼是企圖利用中國皇帝的權威和文物來加強對國內的統治，而且其階級統治已經達到相當高的階段。另外，以後在日本各地不斷建造的古墳中，附葬有許多中國造的銅鏡，這已成為統治者權威的象徵。

中國史書上有關古代日本的記載

書名	作者	記載年代	內　　　容
漢書	班固	前202-8	公元前後小國分立（《地理志》）
後漢書	范曄	25-220	57年、107年遣使（《東夷傳》）
三國志	陳壽	220-280	邪馬台國卑彌呼遣使（《魏志‧倭人傳》）
晉書	房玄齡	280-420	倭遣使（《倭傳》）
宋書	沈約	420-479	倭之五王遣使、武王上表文（《倭國傳》）
南齊書	蕭子顯	479-502	倭武王遣使（《倭國傳》）
梁書 陳書	姚思廉	502-557 557-589	倭武王遣使（《倭國傳》）
隋書	魏徵	581-618	遣隋使（用日本名稱）（《倭國傳》）

倭之五王遣使中國

公元	王朝	皇帝	事　　　　項
413	東晉	安帝	贊王朝貢
421	宋	武帝	贊王朝貢，賜除授
425	宋	文帝	贊王朝貢
430	宋	文帝	贊王朝貢
438	宋	文帝	贊王死，弟珍王朝貢
443	宋	文帝	濟王朝貢，賜除授
451	宋	文帝	濟王朝貢，賜除授
460	宋	孝武帝	倭國朝貢
462	宋	孝武帝	濟王死，子興王朝貢
477	宋	順帝	倭國朝貢
478	宋	順帝	興王死，弟武王朝貢
479	齊	高帝	賜武王除授
502	梁	武帝	賜武王除授

倭之五王與天皇

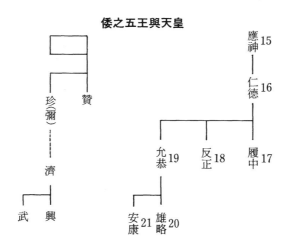

數字表示按皇統譜的即位順序

這時，邪馬台國已有了租稅和地方官的制度。另外和鄰近的狗奴國不斷發生矛盾和鬥爭。傳說卑彌呼死後，一度擁立男王，但國內發生混亂，卑彌呼的宗女壹與當上女王之後才平靜下來。這表明當時男子的世襲王權還沒有鞏固地確立，母系制的影響還很強烈。

關於邪馬台國究竟建立在什麼地方的問題，存在著兩種說法。《魏書》中記載著從當時朝鮮的帶方郡至邪馬台國的各地的地名及路程。這些地名中有投馬國（對馬）、一支國（壹岐）、未盧國（松浦）等位置很清楚的地方，也有位置模糊的地方；記載路程的方法不統一，有的是魏使實際走過的，有的是間接聽來的，其準確性是有所不同的。由於這些原因，關於邪馬台國的位置有著畿內說和九州說兩種看法。如採取畿內說，那就表明 3 世紀已經成立了統一整個西日本的國家；如採取九州說，也就等於說統一尚未完成。

根據《日本書紀》所引用的晉朝的《起居注》，自 226 年倭之女王（可能是壹與）向洛陽派出使者以後約 150 年期間，中國的歷史書上未見有關於倭國的記載。但在這期間，大和朝廷正在推進統一日本的活動。

大和朝廷時代

大和朝廷的成立　在中國，三國時代之後，由晉統一了中國。但這種統一的時間不長，4 世紀初受到北方各民族的壓迫，晉王朝遷往江南，形成了南北朝時代。在這樣的形勢下，高句麗在朝鮮半島北部興起，南部出現了馬韓、弁韓、辰韓這樣的小國的聯合體；4 世紀中期，從馬韓中產生了百濟，從辰韓中產生了新羅。在日本，一般認為大和朝廷的統一國家在 4 世紀前半期已經完成。3 世紀後半期至 4 世

紀初，以畿內地方爲中心，產生了具有巨大墳丘的特定個人的墓——古墳，它表明出現了擁有很大權力的統治者。4 世紀至 6 世紀前後在考古學上稱作古墳時代，並分爲前、中、後三期。

古墳文化的發展　前期的古墳是建造在可以俯瞰所統治地區的丘陵之上，前方後圓墳被認爲是古墳中最發達的類型，這種古墳用石板覆蓋墳丘，周圍挖有濠溝，有時還帶有陪塚，內部建造有豎穴式石室和黏土槨，陪葬品有鏡、玉、碧玉腕飾等咒術器物，馬具、甲冑、冠等裝飾品，以及鐵製的武器、農具等。

4 世紀末至 5 世紀建造了巨大的古墳，位於大阪府，相傳爲仁德天皇陵的古墳。其規模堪稱世界最大的墳墓，主軸長 480 米，高 33 米，總面積爲 46 萬平方米。推定要營造這樣的墳墓，動員 1000 人，也需要花 4 年的時間。建造起這樣巨大的古墳，是從大陸或朝鮮傳來了許多鐵製器具和新技術，從而提高了生產力的結果，同時也表明了當權者和豪族由於獨佔了這些器具和技術而增強了自己的權力。

古墳的分布從東北地方的南部一直延及到九州的南部。這表明過去許多在地方上稱霸的豪族已經統一在大和朝廷之下。《古事記》和《日本書紀》中都記述了大和朝廷在這一時代征服和同化邊境居民的傳說。

對朝鮮半島的侵入　中國南北朝時代的史書《宋書》等記載，從 5 世紀初開始約 1 世紀的期間，倭國的五王曾向中國的南朝朝貢，企圖獲得高貴的稱號。當時倭王的信中都要求取得對朝鮮半島的統治權。據中國吉林省輯安的高句麗的好太王碑記載，當時大和朝廷曾控制朝鮮半島的南部，同北部的高句麗交過戰。這些侵略活動的目的，主要是想獲得朝鮮的先進技術和鐵的資源等。

中國史書上出現的「倭之五王」，和日本方面的史書《古事記》、

大和朝廷的統治機構

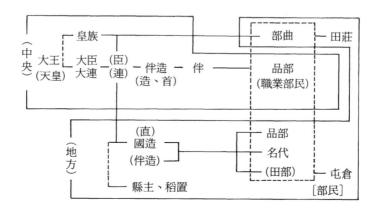

《日本書紀》中的傳說所表明的當時天皇的系譜部分相吻合。這時男子的世襲制已經確立。另外，從當時的古墳中出土的金石文可以看出，這時大和朝鮮的首長已被各地的豪族稱爲大王，已成爲擁有強大的政治和軍事力量的君主。關於當時出現擁有強大軍事力量的王權，也有人認爲是被從中國的晉朝末期就開始活躍在亞洲大陸北部的北方騎馬民族征服的結果。

《宋書》倭國傳中記載著五王的名字是贊、珍（《梁書》中爲「彌」）、濟、興、武。濟、興、武相當於《古事記》、《日本書紀》中傳說的允恭、安康、雄略三大皇。關於贊，有相當於應神、仁德或履中天皇的各種說法；珍也有相當於仁德或反正天皇兩種說法。

大陸文化的傳來　隨同朝鮮半島及中國南朝的關係的加深，由這些地方遷居到日本的人們（所謂的「歸化人」）帶來了大量的大陸先進文化，使織布、金屬加工、製陶、土木建築等獲得迅速的發展。這些遷來的人被大和朝廷組織起來，稱作「服部」、「陶部」等專業集團。

另外，隨著社會與文化的發展，最初只是在遷來的人們中間使用的漢字，逐漸地使用於統治者的記錄、出納簿和外交文件等。6世紀又正式吸收了儒教和佛教等，並傳來了醫術和曆法等學術。

原始宗教的發展　佛教的傳來給日本的精神文化帶來了巨大的影響。過去的日本盛行祈禱狩獵和農耕的豐收及免遭自然災害的原始宗教，尤其祈求穀物豐收的春秋兩季的祈禱儀式，更是重要的活動。現在日本的一些古神社仍把山、大樹、巨石等當作神體。而當時的原始宗教是以崇拜自然神或祖先神作為中心。現在神道中作為祭神儀式而舉行的「禊」、「祓」等，也是從企圖祛除不潔及避免災害的咒術風俗中產生的。

氏姓制度　隨著大和朝廷統一國土的進展，國家組織在5世紀末已經健全地建立起來。

當時的朝廷是以最大的豪族大王家為中心，由在大和及其周圍擁有地盤的豪族集團聯合組成。豪族依靠血緣關係，建立了稱作「氏」的組織，其首長「氏上」出仕於朝廷。豪族統治著稱作「田莊」和「部曲」的土地和人民，作為其經濟的基礎；另外氏及構成氏的各家還擁有稱作「奴」的奴隸。

朝廷對各氏給予「臣」、「連」、「君」、「直」、「首」等表示身分的稱號，並把他們組織起來，其中最有實力的氏上擔任「大臣」、「大連」，掌管朝廷的政治；對地方的豪族則給予「國造」、「縣主」等稱號，委任他們統治地方。

朝廷還有稱作「伴造」的直屬氏，他們擔任警備、祭祀等職務；另外，伴造還統率稱作「伴」或「品部」的人民。大和朝廷從5世紀前後在各地設立稱作「名代」、「子代」的直屬民及稱作「屯倉」的直轄地，但其管理權委交給地方的豪族，令其貢納生產品。

古代國家與文化的發展

推古朝的政治與飛鳥文化

豪族間對立的激化　到了 5 世紀的後半期，在大和國家內部，統治著衆多土地、人民和豪族之間的對立激化，其影響危及大王的地位。另一方面，在朝鮮半島上，高句麗的勢力進一步加強，而且南部各國的獨立性提高，日本在朝鮮半島上的據點任那發生危險，終於在 562 年爲新羅所滅。

這樣的形勢進一步加劇了大和國家內部與豪族之間的對立。進入 6 世紀初，大伴氏在朝廷失去了勢力，據說其原因就是由於對朝鮮的政策遭到了失敗。蘇我氏和物部氏代替大伴氏興起，兩者之間加深了對立。據《古事記》、《日本書紀》中所說，這時在暴虐的武烈天皇之後，王位繼承人一度斷絕，後來雖從北陸地方迎來了欽明天皇，但可以想像在一段時日內局勢極不穩定。在這一時期，各地發生了豪族的叛亂（如：築紫的國造磐井同新羅相勾結，在九州發起叛亂等），因此，日本在朝鮮的控制力日益衰弱。

爲了克服這樣的危機，大和朝廷企圖同因擁有衆多歸化人集團而變得強大的大豪族蘇我氏結成聯盟來加強統治權力。6 世紀末，蘇我

馬子打倒了物部守屋，壟斷了政權。但這樣一來，天皇氏的勢力受到了威脅，592年，蘇我馬子與崇峻天皇對立，並暗殺了崇峻天皇。

繼之即位的推古天皇（女皇），於第二年任命姪兒聖德太子（即厩戶皇子）為攝政，令其與蘇我氏合作，進行改革。

同隋的交往 當時中國已由隋於589年實行了統一，結束了南北朝對立的時代。亞洲的形勢發生了巨大的變化，大和朝廷由於失去了在當時先進文化的直接供給地朝鮮的據點，由於要同變得強大的鄰國新羅對抗，同時也為了吸取大陸的先進文化，以此來推進國內的統一，因此直接尋求同隋的交往。607年，小野妹子作為遣隋使赴中國。據中國史書《隋書》的倭國傳及《日本書紀》的記載，在日本給隋的國書中所表明的態度與倭之五王的時代有所不同，這次是主張對等的立場。隋煬帝於第二年向日本派去了裴清，作為對遣隋使的答謝。另外，遣隋使中有高向玄理、南淵靖安及僧旻等許多留學生、留學僧同行，他們在中國待了很長時間，吸收了許多文化。

聖德太子制定了根據個人的才能和功績而分別給予十二種冠位的制度（稱「冠位十二階」）；並頒布了《十七條憲法》，宣揚當政者的思想修養，崇敬佛教，服從作為國家核心的天皇。這反映了當時日本由豪族聯合政權向統一國家過渡的情況，從而表明了豪族已逐漸具有國家的官吏的性質。聖德太子的政策可以說是企圖壓抑豪族的勢力，

冠位十二階

	1	2	3	4	5	6	7	8	9	10	11	12
冠位	大德	小德	大仁	小仁	大禮	小禮	大信	小信	大義	小義	大智	小智
冠色	紫		青		赤		黃		白		黑	

實現以天皇爲中心的古代統一國家。據說也是在這一時期採用天皇的稱號來代替以前大王的稱號。

飛鳥文化與佛教 聖德太子還採用佛教作爲鞏固統治的思想，企圖以此來推進國家的統一。相傳他親自深入研究佛教，著有注釋佛教經典的書籍《三經義疏》，這也表明了這時日本人已經能相當深刻地理解大陸的高度文化。

由於聖德太子和蘇我氏的保護，佛教迅速地流行，很多豪族都建造了「氏寺」。當時的都城飛鳥就建造了很多大陸風格的寺院。大力吸收大陸佛教文化的結果，使得工藝、建築、美術等獲得了迅速的進步。這一時代的文化稱作飛鳥文化。現在座落在飛鳥地方的法隆寺，以前曾經圍繞著是重建還是非重建的問題引起過學術界的爭論，但通過對若草伽藍遺址的發掘，一般認爲是 670 年燒毀，現在的法隆寺是以後重建的；並認爲其重建的年代與燒毀的時期相隔不遠，而傳來了中國南北朝時代式樣。這一時期的佛像也受到了南北朝的式樣和北魏式樣的強烈影響。

這一時期還第一次編纂了日本的歷史。

大化革新與律令國家的成立

大化革新 聖德太子於 622 年死後，蘇我氏的勢力日益強大，終於威脅到天皇的存在。在蘇我氏方面，馬子之後由蝦夷擔任大臣，接著由入鹿繼承。入鹿在皇極天皇時襲擊聖德太子的兒子、重要的皇位繼承人之一──山背大兄王，迫使其自殺。

蘇我氏的這種企圖取天皇而代之的勢力，使天皇家族及一部分豪族階層感到不安。中大兄皇子和中臣鎌足（後來的藤原鎌足）制定了

打倒蘇我氏的計劃。

　　另一方面，在中國，隋於 618 年滅亡，唐取而代之。唐以南北朝以來發達的均田制和租庸調制爲基礎，變成了立足於律令制的高度發達中央集權國家，國力和文化都處在大發展的階段。在朝鮮半島，新羅仿效唐，採用了中央集權的國家體制，國力日益充實。

　　這時候，從中國獲得了各方面的新知識而回到日本的留學生們，認爲必須改變由豪族們分別統治土地和人民的體制，應仿效中國，建立以天皇爲中心，由官僚制組成的中央集權的國家體制。他們認爲，爲了實現改革，必須抑制豪族的勢力，必須打倒最大的豪族蘇我氏，爲此，他們都齊集在中大兄皇子和中臣鎌足之門下。

　　645 年，中大兄皇子和鎌足等人暗殺了蘇我入鹿，終於消滅了蘇我氏，掌握了政權。

　　中大兄皇子等人獲得歸國留學生們的支持，開始了改革。這一年，中大兄皇子推戴孝德天皇即位，自己作爲皇太子掌握實權，以舊豪族中的主要人物爲左、右大臣，並要求他們予以協助，同時以中臣鎌足爲內臣，以高向玄理、僧旻爲國博士——政治顧問。這一年，都城遷到難波（現在的大阪），其目的是爲了避開舊豪族的勢力，把政治中心遷移到同大陸交通方便的地方。這一年還仿效中國。首次建立了「大化」的年號，所以以後一系列的改革稱爲「大化革新」。

　　公元 646 年（大化 2 年），政府頒發「改新詔」，由以下 4 條組成：

　　(1)廢除皇族、豪族個人支配土地、人民的體制，改爲公地、公民
　　　　豪族由政府發給「食封」指定一定數量民戶，將其貢租給與豪族
　　(2)規定地方的行政區整頓軍事、交通制度，建立中央集權體制。
　　(3)建立戶籍和帳簿，實行班田收授法。
　　(4)根據租庸調制，實行統一的新稅制。

中央的政治機構進行了整頓充實，對高級和下級官吏分別發給食封和布帛，官僚組織也得到了加強。

《日本書紀》中所見的大化「革新詔」，有些地方令人感到是經過後來修飾過的，而且改革也並不是一起進行的，但是應該說，根據律令制來建立中央集權的古代國家的方向是這時明確提出來的。

律令國家的形式　當時新政權的前途是充滿了艱難的。在朝鮮半島上，新羅獲得唐的支援，正在推進統一，公元660年滅亡了與日本一向有著密切關係的百濟。齊明天皇（即復位的皇極天皇）爲了確保日本在半島上的勢力，曾支援待在日本百濟的王子，出兵朝鮮，但在663年白村江戰役中敗於新羅與唐的聯軍，而徹底退出了朝鮮半島。新羅又進一步滅亡了高句麗，並擺脫了唐的勢力，於676年統一了朝鮮半島。

日本政府在白村江戰役後，爲了加強對馬、長門、築紫等沿海地方的防禦，在九州的大宰府的北面構築了水城。

孝德天皇末年，都城由難波遷到飛鳥，公元667年又遷到近江的大津。第二年，中大兄皇子即位，爲天智天皇。天智天皇制定了日本第一個「令」——近江令，又於670年建立第一個戶籍——庚午年籍，推進了政治的改革。

但是，改革以來30年期間、成爲政治的核心人物天智天皇，於公元671年去世，政治就發生了極大的動搖。在天智天皇的末期，國內的新舊勢力及新勢力內部的對立等錯綜複雜地交織在一起，矛盾日益尖銳。

擁護天智天皇的弟弟大海人皇子的勢力，反對擁護天智天皇的兒子大友皇子的勢力，於公元672年在大和的吉野舉兵，得到大和地方的豪族及東國勢力的支持，打倒了大友皇子的朝廷。大海人皇子在飛

鳥淨御原即位，爲天武天皇。人們稱這次內亂爲「壬申之亂」。

壬申之亂是大化革新所產生矛盾激化的結果，支持大海人皇子的勢力也有著新與舊等複雜的因素。但是，以律令制來增強統一國家的方針已經不可動搖了。天皇的權威得到了增強，正如當時的歌人柿本人麻呂在歌中所寫的那樣：「因爲大君是神……」，已經逐漸把天皇奉爲神了。天武天皇廢除了天智天皇時所規定的各氏所擁有的「民」，加強了國家對土地和人民的支配，規定了官吏官位升降的制度，把舊有的豪族當作官吏組織起來，施行「飛鳥淨御原令」，加強了以天皇爲中心的中央集權的方針。這一時期還著手編纂國史，成爲後來的《古事記》、《日本書紀》的嚆矢。另外還仿照唐朝的都城制，在飛鳥的北面建設規模宏大的藤原京。在天武天皇及其皇后（後來當天皇，即持統天皇，也是皇族出身）時代，律令制國家已經大體建成。

白鳳文化　在天武、持統兩朝，以律令國家的發展爲背景，興起了一種充滿清新氣息的文化，人們稱之爲白鳳文化。在這一時期，由於中國文化的直接輸入，可以看到初唐文化的強烈影響。正如1972年發現的高松塚古墳的壁畫所表明的，當時出現的這樣作品，可以說是描繪當時日本風俗的大和繪的起源。

在當時的宮廷裏，受到六朝風格漢詩的影響，盛行作漢詩、漢文，出現了像大津皇子那樣優秀的作家。另外，自古以來作爲日本獨特的歌謠而流行的和歌，這時也受到漢詩的影響，詩型固定了下來，出現了像柿本人麻呂、額田王那樣傑出的歌人，留下了很多長歌、短歌。這一時期的很多作品忠實地表現了人們的思想感情，十分感人。

律令組織的發展　文武天皇大寶元年（701年）刑部親王及藤原鎌足的兒子不比等人完成了大寶律令，給予後世很大的影響。律相當於刑法，基本上照搬唐律。但規定國家組織及官吏職責的令，儘管也

律令的制定

名　　稱	卷數	編　　者	天皇	年　　代
近江令	22	藤原鎌足等人	天智	671年施行
飛鳥淨御原令	22	(不明)	天武	689年施行
大寶律	6	｝刑部親王	文武	701年施行
大寶令	11	｝藤原不比等		702年施行
養老律	10	｝藤原不比等等人		718年施行
養老令	10		元正	757年施行

是仿效唐的制度，但考慮了當時日本的實際情況，具有自己的特色。

　　中央設置掌管祭祀的神祇和掌管一般政務的太政官，規定神祇官高於太政官，這是因爲當時仍然把祭祀當作是國家的重要任務。

　　太政官中的高級官吏稱公卿，最高的官職設太政大臣、左大臣、右大臣、大納言，下設8個官廳（8個省）。地方則把全國劃分爲畿內和七道的行政區，下設國、郡、里，置國司、郡司、里長。國司由中央派任，一定期間替換；郡司任命原來的國造等地方豪族擔任。首都設置京職，海外交通的中心難波設置攝津職，外交國防要地的九州設置大宰府。

　　這些行政組織均採取四等官制，即分長官、次官、判官、主典。他們掌管許多下級官吏。官吏根據其功績提昇位階，按其位階任命官職：並按其位階、官職發放封戶、田地和俸祿，給予免除調、庸、雜役等特權。通過大化革新，舊豪族所支配的土地、人民均集中於國家，但這些豪族、尤其是中央的大豪族的勢力是不可忽視的，因此給與他們高官厚祿和各種特權，使他們變成了有世襲地位和財產的貴族。後來日本並沒有採取中國的那種科舉來任命官吏，統治者的地位原則上是世襲的。

　　司法制度也隨著行政組織一起作了整頓充實，仿效中國的制度，規定了笞、杖、徒、流、死等5種刑罰，對國家、天皇、尊長犯的罪

四等官制表

官職	神祇官	太政官		省	職	寮	衛府	大宰府	國	郡
長官	伯	太政大臣	左右大臣	卿	大夫	頭	督	帥	守	大領
次官	大少副	大納言		大少輔	亮	助	佐	大少貳	介	少領
判官	大少祐	少納言	左右弁官	大少丞	大少進	大少允	大少尉	大少監	大少掾	主政
主典	大少史	左右外記	左右史	大少錄	大少屬	大少屬	大少志	大少典	大少目	主帳

定得最重。

　　戶籍的整頓與班田收授法　由於施行公地、公民制，人民都要在戶籍和帳簿上登記。當時戶籍上的1戶單位稱作「鄉戶」，其成員約爲25人左右（到了奈良時代，鄉戶分解，在鄉戶之下出現了以直系親屬爲中心，由7-9人組成的「房戶」）。50戶鄉戶組成里，里是統治機構的基層組織。戶籍每6年編造一次。根據戶籍，給6歲以上的男女班發「口分田」。口分田的面積男子爲2反（1反＝360步＝約11.6公畝），女子爲男子的⅔，即1反120步。口分田可以終身耕種，但嚴禁買賣。每6年設班年，死者的田畝收歸公有，給新達到規定年齡的男女班發田地。

　　班田收授法把農民置於國家的直接支配下，首要的目的是確保徵稅的對象。田地由國家區劃整齊，這稱爲「條里制」，現在各地仍殘留著這種制度的遺跡。

　　田地除了口分田之外，還有位田、職田、功田、賜田、寺田、神田等。這些田地規定是作爲對官吏功績的賞賜，但大多是以這種形式使豪族對土地的支配得以繼承。

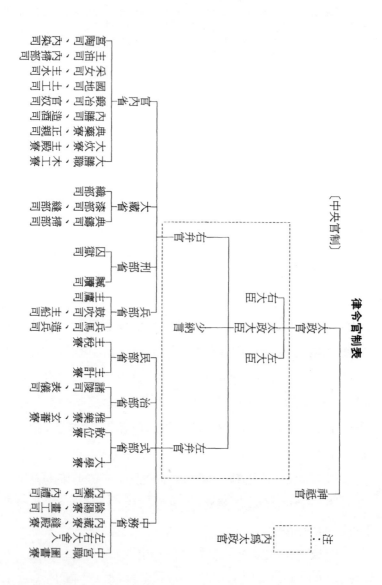

律令官制表

（中央官制）

律令官制表（續）

［地方官制］

彈正台
衛門府
左、右衛士府 ｝（五衛府）
左、右兵衛府
左、右馬寮
左、右兵庫
內兵庫

左、右京職—┬—東、西市司
　　　　　　└—條—坊

攝津職—郡—里
大宰府—國—郡—里
國—郡—里

高級官吏的特權

官職	職田	職封	資人	備　　　　註
	町	戶	人	資人是朝廷賜給供作警衛、雜役用的人。太政大臣爲正一位或從一位，左、右大臣爲正二位或從二位，大納言佔正三位，大宰帥爲從三位
太政大臣	40	3000	300	
左、右大臣	30	2000	200	
大納言	20	800	100	
大宰帥	10	—	—	

位階	位田	位封	季祿（半年）				資人
			絁	棉	布	鍬	
	町	戶	匹	屯	端	把	人
正一位	80	300	30	30	100	140	100
從一位	74	260	30	30	100	140	100
正二位	60	200	20	20	60	100	80
從二位	54	170	20	20	60	100	80
正三位	40	130	14	14	42	80	60
從三位	34	100	12	12	36	60	60
正四位	24		8	8	22	30	40
從四位	20		7	7	18	30	35
正五位	12		5	5	12	20	25
從五位	8		4	4	12	20	20

註：匹、屯、端都是當時的度量衡。長五丈一尺、寬二尺二寸爲一匹，四兩爲一屯，長四丈二尺、寬二尺四寸爲一端。

當時的人民分良民和賤民。一般的農民屬良民。賤民又分爲陵戶、官戶、家人、公奴婢和私奴婢5類，家人和私奴婢是私有的賤民。官有的賤民可以分得與良民同等數額的口分田，私奴婢可以分得良民的口分田的⅓，但免除其對國家的勞役，所以擁有眾多的私奴婢在經濟上是有利的。私奴婢和田宅、資財一樣，可以買賣。奴婢和良民相比雖是少數，但有的大寺院和豪族擁有相當多的奴婢。

此外，在隸屬於朝廷的各官司，具有特殊才能的人當中，還有品部、雜戶等。

農民的負擔 國家班給農民口分田，其前提主要是爲了剝削農民，課加給農民的租、調、庸、雜徭、兵役等的負擔是很重的。

口分田以收穫稻子的3%作爲租被徵收，由地方的各國保管，充當其經費。此外還有「義倉」（爲防備荒年，由農民納穀）、「出舉」（在春季糧食不足時期，由國家把稻子借給農民，到秋天附加利息歸還）等制度。出舉本來是爲了維持農民的生活、由地方的各個村莊舉辦的，但在律令制度下，變成了國家強加給農民的一種租稅，成了國家的重要財源。

農民除了從事口分田的耕種外，還從國家租借公有田地耕種。除口分田外，不得私有田地，灌漑設施和山林原野等都規定爲國家所有。

「調」是向國家繳納布、絹、絲等實物；「庸」本來是每年服10天勞役，但後來用布等物資繳納。調、庸主要是向成年男子課收，由農民送到都城，成爲中央政府的財源。調、庸比租的徵收率要高得多，其運送帶有濃厚的徭役勞動的性質。雜徭是根據國司的命令，從事於水利、土木工程或地方政府（國衙）的雜務的勞役。

當時農民的成年男子每三四人中就有一人要被徵去當兵，在各地

的軍團中接受一定期間的訓練後，一部分人送往京城，當警衛宮城和京城地區的衛士，一部分送往大宰府，充當守衛沿海的「防人」。防人主要由東國的農民充當。兵士雖可免除庸和雜徭等，但武器和食糧等必須由自己負擔，所以其負擔非常重，有人甚至說，某家出一個兵士，這一家就破產了。

調、庸的運送以及雜徭、兵役等勞役，是公民的基本負擔，給當時的農民帶來了最大的痛苦。公民跟國家的關係，首先是人身受支配，所以很多日本學者認為還不能算是自由民，基本上是奴隸制性質的關係。

律令國家的發展

中央集權制的完成　8世紀初、元明天皇時代，決定仿照唐朝的都城長安，建設大規模的都城，這就是平城京。自710年（和銅3年）天皇遷居這裏以來，一直到都城遷往京都（平安京）的80餘年間，稱作奈良時代。

平城京由東西南北的道路很有規則地劃成區域，由南北向、縱貫中央的朱雀大路分為左京、右京。貴族的邸宅和飛鳥地方的大寺院都遷到了這裏。都城的北部中央有「大內里」（宮城），其中有天皇的住居——「內里」，並設有執行政務的朝堂和各官廳，聳立著青瓦、丹塗柱的大陸式樣宮殿和同樣建築的大寺院。平城宮遺址近年已由國家進行大規模的發掘，出土了殘存的宮殿、官廳的建築物以及大批記載著當時各地貢納品等的木簡等。

能夠建設這樣大規模的都城，是因為中央集權的律令體制已經完成，政府和天皇、貴族的手中集中了大量的財富。

爲了加強中央集權和財富的集中，整頓和修建了聯絡中央與地方的道路，開創了驛站制度。

　　地方繳納給中央政府的調、庸等貢納品，作爲俸祿發給官吏。爲了使其剩餘的部分，以及官吏作爲俸祿獲得的布、絲能夠換取必要的物資，在都城的東西開設官市。當時武藏國（現在東京都的埼玉縣）恰好開始產銅，因而把政府的年號改爲「和銅」。同時仿效唐朝，於公元708年（和銅元年）鑄造了一種名叫「和同開珎」的貨幣。這是日本的政府發行貨幣的嚆矢，預定到平安朝的中期要鑄造12種銅錢。和銅開珎主要是銅錢，但爲了贈送外國和保存之用，似乎也鑄造了金錢和銀錢，中國的西安（唐朝的都城長安）已出土了這種錢幣。

　　和銅開珎是仿照唐朝的制度而鑄造的，當時日本的經濟發展階段，主要還是以稻、布等進行以物換物。因此，政府發布了「蓄錢敍位令」，獎勵貨幣的流通。但除了京城和畿內地區外，並未怎麼流通。

　　由於中央集權制的發展，政府還推進了鐵製農具、先進的灌溉技術和養蠶等的普及以及礦山的開發。各地方已能製造出相當高級的物品。

　　征服蝦夷和版圖的擴大　律令國家的發展帶來了版圖的擴大。當時的朝廷把居住在東北地方的蝦夷人看成是異民族，並征服了他們。8世紀前後在東北地方的日本海沿岸設立出羽國，在太平洋沿岸、現在的仙台附近建造了多賀城。在南九州征服了隼人，設立大隅國，九州南面的西南群島也進入了朝廷的統治之下。在奈良時代，本州、四國、九州以及包括佐渡、隱岐、對馬等周圍的島嶼都歸入朝廷管轄。

　　當時的亞洲形勢及遺唐使　當時的中國，正處於唐王朝的鼎盛時期，富有國際色彩的文化繁榮發達。東亞各國向唐朝朝貢，結成政治關係，並發展了經濟交流和文化交流，因而，東亞進入了以唐爲中心

開發東北年表

年代	事項
647（大化3）	築造渟足柵
648（大化4）	築造磐舟柵
658（齊明4）	（阿倍比羅夫）定平秋田、渟代、輕津
708（和銅元）	設置出羽郡，築造出羽柵
709（和銅2）	（巨勢麻呂等）征討蝦夷
712（和銅5）	設置出羽國，內地農民移民
724（神龜元）	（藤原宇和）討伐蝦夷的叛亂，築造多賀城
733（天平5）	出羽柵移到雄物川河口
758（天平寶字2）	築造雄勝柵，築造桃生柵
767（神護景雲元）	築造伊治城
774（寶龜5）	（大伴駿河麻呂）征討蝦夷
780（寶龜11）	伊治呰麻呂（伊治郡都司）叛亂
788（延曆7）	（紀古佐美）征討蝦夷
789（延曆8）	征討蝦夷軍敗退
791（延曆10）	（坂上田村麻呂等）征討蝦夷
797（延曆16）	（坂上田村麻呂等）征討太平洋沿岸蝦夷
801（延曆20）	（坂上田村麻呂）征討蝦夷
802（延曆21）	築造膽澤城，鎮守府遷移
803（延曆22）	築造志波城
811（弘仁2）	（文室綿麻呂）征討蝦夷（以後內地平靜）

的共同文化圈。

　　在聯繫日本與中國方面，遣唐使船起了重大的作用。遣唐使一般是由 4 隻船組成的船隊，每 10-15 年派遣一次，一次約 100-250 人，有時達 500 人。當時航海帶有極大的危險，很多船隻遇難沈沒，或漂流到遠方。但遣唐使冒著這樣的危險，積極地吸取了先進的文化。

　　在當時的日中文化交流史上作出特大貢獻的，日本人是阿倍仲麻呂，中國人是僧人鑒眞。

　　阿倍仲麻呂出生於一個中等的貴族家庭，元正天皇的靈龜 2 年（公元 716 年），19 歲時被選爲遣唐留學生。第二年——養老元年，參加第 7 次遣唐使團，於同年 9 月進入長安。當時是唐玄宗的開元五

年，正是唐王朝的極盛時期。仲麻呂入長安的太學學習，不久科舉及第，當上了唐朝的正式官吏。以後 30 年間逐步榮升。在此期間，仲麻呂與王維、李白等唐朝的許多著名詩人結下了親密的友誼，這說明仲麻呂有著非常優秀的才能和人品。

儘管唐朝給與仲麻呂很高的官位，但他並沒有忘記祖國，公元，753 年（天寶 12 年）他 56 歲時，決心乘第 8 次遣唐使船回到闊別 36 年的祖國。

> 仰首望長天，
> 長天懸明月。
> 明月似相識，
> 升自三笠山!?

據說這首詩是他當時懷念故鄉而作的。另外，當時王維寫了一首《送秘書晁監還日本國》的長詩，附了一篇充滿友情的序文贈送給仲麻呂。

可是，遣唐大使藤原清河和仲麻呂等人所乘的第一船遭遇風暴，漂流到遙遠的越南，一行中的 170 多人被殺害，倖存的只有 10 多人。

遣唐使船遇難的消息傳來，李白當然以為仲麻呂已經死了，他寫了下面的詩來抒發自己的悲傷：

> 日本朝晁辭帝都，
> 征帆一片繞蓬壺；
> 明月不歸沈碧海，
> 白雲愁色滿蒼梧。

不過，仲麻呂倖存了下來，兩年後的天寶十四年六月，與同時倖

存的藤原清河一起回到長安。但這一年的十一月發生了安史之亂，他的身邊也不安寧。以後他被任命爲鎮南都護，並兼安南節度使，進一步受到重用。但他再也沒有回國的機會了，大曆五年（公元 770 年）正月在長安逝世，享年 73 歲。他在唐待了 53 年。

鑒眞是江蘇省江陽縣人，生於公元 688 年。他在中國也是著名的高僧。日本留學僧榮睿、普照等人懇求他赴日傳授戒律，他不顧身命，前後 6 次計劃渡航，因渡航所受的苦難而雙目失明，前後經過 11 年，終於在公元 754 年（天平勝寶 6 年）來到日本。來日本後，受到天皇等許多人深深的尊敬，在文化交流上也留下了巨大的功績。晚年住在唐招提寺，公元 763 年（天平寶字 7 年）逝世。

新羅與渤海　當時朝鮮半島已由新羅統一，日本與新羅曾多次交換使節，但由於日本想把新羅當作從屬國對待，雙方的關係惡化，遣唐使船遂直接航向中國的江南地方。另外，7 世紀在中國東北興起的渤海國因與新羅對抗，曾多次向日本派出使節。

社會矛盾激化　在奈良時代，中央集權國家已經確立，並獲得了繁榮，但其前提是加強了對農民的剝削。山上憶良在其《貧窮問答歌》這首長詩中就描寫了農民的悲慘生活和官吏的殘酷剝削。當時所寫的許多詩歌中，有幾首就是因爲看到很多到都城服雜徭的地方農民在都城附近路倒而死的屍體而寫的。農民爲調、庸和勞役的沈重負擔所苦，丟棄了口分田的家園逃亡。逃亡是農民對統治者反抗的主要形式，只要看一看當時的戶籍，就可以了解這種逃亡的農民是多麼多。還出現了許多較富裕的農民爲了逃脫捐稅的負擔，而當上了僧侶，或投靠貴族的門下。隨著農民逃亡的增多，國家的財政在奈良時代的末期產生了巨大的困難。

由於農民的逃亡，口分田大批荒廢，再加上人口的增加，政府要

班發的口分田嚴重不足。政府因此於公元 722 年（養老 6 年）制定了開墾百萬町步田地的計劃，並於第二年施行「三世一身法」，凡建造新的灌溉設施而開墾的田地，承認子孫三代私有，凡利用舊的設施而開墾的田地，承認一生私有，以此來獎勵開墾。但田地仍感不足，又於公元 743 年（天平 15 年）施行「墾田永世私財法」，承認在一定限度內開墾的土地永遠私有。這一重大的變更打破了班田收授法的土地公有的原則，成爲以後擁有開墾土地的財力和技術的大貴族及大寺院擴大私有地的原因，他們佔有大量的山林原野，把大量的鐵製農具發給農民，大批開墾，擴大了私有地，這就是後來的莊園的起源。另外，這種莊園之所以能迅速擴大，其原因之一是，農民忍受不了國家的剝削而逃亡，很多人爲莊園所吸收。

政界的動盪　作爲社會矛盾激化的反映，政治方面也表現出激烈的動盪，政變不斷發生。

藤原鎌足及其兒子不比等在律令體制的確立時期抬頭。他們以後接近皇族，讓不比等的女兒光明子當上了聖武天皇的皇后，設計迫使天武皇后的孫子長屋王自殺，並排除其他豪族，擴大了勢力。但藤原氏的四個兒子染疫病死後，政權一度落入皇族出身的桔諸兄的手中，從唐朝回國的吉備眞備和僧玄昉等獲得聖武天皇的信任，擴大了勢力。但由於飢饉和疫病而帶來的社會動盪激化，藤原廣嗣在九州發起了叛亂。聖武天皇篤信佛教，他企圖用佛教鎭護國家的思想來穩定這種社會的動盪，於公元 741 年（天平 13 年）發布「建立國分寺詔」，要各國都建造國分寺和國分尼寺；並於天平 15 年發詔塑造盧舍那大佛，作爲全國的總國分寺。大佛最初預定在近江國的紫香樂塑造，後來移到奈良，孝謙天皇（女皇，聖武天皇已成爲太上皇）的天平勝寶 4 年（公元 752 年），舉行盛大的大佛開眼儀式。這就是有名的奈良的

遣唐使表

次數	年　　代	使節姓名	備　　考
1	630（舒明2）出 632（舒明4）歸	犬上御田鍬 藥師惠日	僧旻回日
2	653（白雉4）出 654（白雉5）歸	吉士長丹 高田根麻呂	根麻呂的船在薩摩遇難
3	654（白雉5）出 655（齊明1）歸	高向玄理、河邊麻呂 、藥師惠日	玄理在唐去世
4	659（齊明5）出 661（齊明7）歸	坂合部石布	第一船在南海漂流
5	665（天智4）出 667（天智6）歸	守大石 坂合部石積	
6	669（天智3）出 ？	河內鯨	歸國期不詳
7	702（大寶2）出 704（慶雲1）歸	粟田眞人 高橋笠間	
8	717（養老1）出 718（養老2）歸	多治比縣守 大伴山守	阿倍仲麻呂、眞備、玄昉去唐
9	733（天平5）出 735（天平7） 737（天平9）｝歸	多治比廣成	眞備、玄昉回
10	752（天平勝寶4）出 753（天平勝寶5） 754（天平勝寶6）歸	藤原清河 吉備眞備	鑒眞去日
11	759（天平寶字3）出 761（天平寶字5）歸	（迎唐朝大使赴日）	
12	761（天平寶字5）	仲石伴、石上宅嗣	中止
13	762（天平寶字6）	中臣鷹主	中止
14	777（寶龜8）出 778（寶龜9）歸	佐伯今毛人 小野石根	第一船遇難
15	779（寶龜10）出 781（天應1）歸	布勢清直	
16	804（延曆23）出 805（延曆24）歸	藤原葛野麻呂	桔逸勢、最澄、空海去唐
17	838（承和5）出 839（承和6）歸	藤原常嗣 小野篁	圓仁去唐。小野篁不服從，未成行。
18	894（寬平6）	菅原道眞、紀長谷雄	廢止

大佛。大佛和大佛殿以後曾兩次遭到兵燹，但均立即修復或重建，一直保存到今天。

但由於建立國分寺、國分尼寺和鑄造大佛花費了大量的國家經費，社會的矛盾更加激化。

聖武天皇讓位於孝謙天皇（女皇）後，藤原仲麻呂（惠姜押勝）因獲得光明皇太后（光明子）的信任而得勢。但僧道鏡受孝謙上皇之寵而得勢，仲麻呂遂與之對立，最後舉兵失敗。以後孝謙上皇再次即位，是為稱德天皇，道鏡作為法王而擴大了權勢。道鏡自稱有宇佐八幡的神諭，企圖即天皇位，但遭到和氣清麻呂和藤原氏的反對而失敗，稱德天皇一死，即被趕出政界。藤原氏等貴族擁立天智天皇的孫子光仁天皇，皇統因此而由天武譜系轉為天智譜系，藤原氏在朝廷更加得勢。

天平文化

天平文化　中央集權國家的確立，對提高生產力起了一定的作用。而且其結果，財富集中到中央，皇族和貴族的生活富裕起來。另外，當時的貴族熱心於吸收盛唐文化，並很好地消化了這些文化。由於西方各國的文化也通過唐朝而傳入日本，所以當時的日本文化富有國際色彩。一般認為聖武天皇的天平年間是律令制的最盛時期，人們把這一時期的文化也稱作天平文化。

國史、地志的編纂　國史的編纂開始於聖德太子的時代，但蘇我氏滅亡時燒失了很多資料，因而中斷。後來由於律令國家的成立，出於向國內外說明朝廷統治權的起源及其以後的歷史的需要，又開始編纂國史。公元 712 年（和銅 5 年）完成了《古事記》，接著於公元 720

年（養老 4 年）完成了《日本書紀》。據說《古事紀》是天武天皇時期討論了自古以來在宮廷中口頭流傳的「帝紀」和「舊辭」，由稗田阿禮默記下來，然後由太安麻呂（安萬侶）筆錄而成的。當時還沒有發明表音文字「假名」，所以把漢字的音和訓並用來表達和記錄日本語，這稱爲「萬葉假名」。《古事記》就是用這種萬葉假名──當時的日本語寫的。《日本書紀》主要是由舍人親王仿照中國史書的體裁，按編年體用漢文寫的，並引用了中國和朝鮮的文獻。《日本書紀》成爲以後官撰歷史書的範本。截至 10 世紀初，共編纂了 6 種歷史書，稱作「六國史」。

另外，公元 713 年（和銅 6 年），政府還命令各國呈獻有關各地的地理、物產和傳說的「風土記」，包括還殘存部分內容的風土記，目前還存留下來常陸（現在的茨城縣）、播磨（兵庫縣）、出雲（島根縣）、豐後（大分縣）、肥前（長崎縣）五國的風土記。

文學作品與學術技藝　代表這一時代的文學作品是和歌，出現了山上憶良、山部赤人、大伴家持等傑出的歌人。奈良時代完成的《萬葉集》共收錄了這一時代之前所作的詩歌約 4500 首，不僅有貴族和著名歌人的作品，還收錄了許多像東歌等那樣地方農民的詩歌。《古事記》是歷史書，同時也具有文學作品的性質。

漢文學也隨著漢字、漢學傳入日本。大化革新時，日本人已能寫漢詩、文。到了奈良時代，漢詩、文已被當作貴族的修養而受到重視，著名的作家有淡海三船（著名的鑒眞傳《唐大和上東征傳》的作者）和石上宅嗣等。公元 751 年（天平勝寶 3 年）編成了收錄天智天皇時期以後作品最早的漢詩集《懷風藻》。

由於律令制的確立，中央設太學，地方設國學，中央的貴族、官吏以及地方豪族的子弟接受了當官爲吏的教育。太學和國學主要是教

官撰歷史書

書名	卷數	記述範圍	完成時期	撰者	傳存狀況
古事記	3	神代一推古 （　－628）	712(和銅5)	太安萬侶	完整
日本書紀	30	神代一持統 （　－697）	720(養老4)	舍人親王	欠譜系
繼日本紀	40	文武一桓武 (697-791)	797(延曆16)	藤原繼繩等	完整
日本後紀	40	桓武一淳和 (792-833)	840(承和7)	藤原多嗣等	殘存10卷
續日本後紀	20	仁明一代 (833-850)	869(貞觀11)	藤原良房	完整
日本文德天皇 實　　錄	10	文德一代 (850-858)	879(元慶3)	藤原基經	完整
日本三代實錄	50	清和、陽成、光孝 三代(858-887)	901(延喜1)	藤原時平	完整
新國史(續 三代實錄)	40	宇多、醍醐二代 （？）	(不詳)	藤原實賴等	散逸不傳

（六國史：古事記～日本三代實錄）

教育機構

中央機構（天平時期）

區分	教官人		學生人		教授內容	修學年限等
大學寮	博士 助、音、書、算 博士	1 各2	學生 算生 書學生	400 30 若干	孝經、論語等 孫子、五曹等 書法	13-16歲入學 修學9年以內
陰陽寮	陰陽博士 曆博士 天文博士	1 1 1	學生 學生 學生	10 10 10	無特定內容 無特定內容 無特定內容	同上
典藥寮	醫博士 針博士 按摩博士 咒禁博士 藥園師	1 1 1 1 2	醫生 針生 按摩生 咒禁生 藥園生 女醫	40 20 10 6 6 30	甲乙經、脈經等 素問等 一 符咒 本草學 產婆學	修學2年 修業4-7年 3年 7年以內

授儒家的經典，也教授法律、漢文、數學等。石上宅嗣在自己的家中開設稱作「藝亭」的圖書館，爲求學的人們帶來了方便。

奈良時代在某種程度上已經進行了有組織的教育與學術活動，但沒有實行平民教育。

佛教的發展 從聖德太子的時代起，在日本的統治階級中就已經產生了企圖把佛教的鎮護國家的思想當作日本的國家統一的思想基礎的想法。這種想法隨著律令國家的成立而進一步增強，由國家建造了很多大寺院，給予了種種的保護。當時的僧侶都爲國家舉行法會和祈禱，同時研究從中國傳來的佛教的教理。以中國和朝鮮來的僧侶，以及曾經到中國留過學的日本僧人爲中心，進行了傳教和研究活動，結果形成了所謂的南都六宗。光明皇后創設的悲田院(救濟貧民機構)和施藥院（爲貧民醫療的機構）被認爲是日本最早的社會設施，就是受到佛教思想影響而創設的。

政府一方面對宗教大力保護，同時又採取措施，把寺院和僧侶置於嚴格的控制之下，如：規定當僧侶必須得到政府批准，限制向民間進行傳教活動等。行基等僧侶曾以畿內爲中心，爲農民興造灌漑設施，架橋舖路，舉辦各種社會事業，一度卻受到嚴厲的鎮壓。但政府了解到人民對行基極其信賴，反過來授予行基很高的僧位，企圖加以利用。

聖武天皇時代，社會動盪加劇，於是建在國分寺、東大寺，企圖利用佛教的力量來加以穩定。但國家財政因此而更加困難，對農民的剝削更加加強。另外，由於大力保護寺院，大寺院逐漸擁有了龐大的私有地，等於挖了班田制的基礎。而且僧侶嚴重腐化，有的僧侶介入政治，爭權奪勢。

天平的美術 奈良時代有組織地吸取了大量的大陸文化，留下了

許多優秀的文化遺產。據說唐招提寺講堂是當時宮殿建築的一部分，法隆寺傳法堂是仿造貴族的邸宅。在佛像方面，以塑像和乾漆像爲代表，也留下了許多傑出的作品，以寫實的表現手法表現出強烈的人性。尤其是聖武天皇死時，光明皇太后獻給東大寺的天皇的遺物及大佛開眼儀式所用的道具，是當時文化遺產的一大寶庫，已作爲正倉院御物保存了下來。這些文化遺產顯示了天平美術的最高水平，同時也是了解當時的生活和歷史的寶貴資料。而且這些工藝品也包含有受印度、伊斯蘭、東羅馬影響的文物，所以它對於了解中國唐代的文化乃至當時文化交流的實際狀況都是極其重要的。在繪畫方面現在留存下來的實物不多，有名的有藥師寺的吉祥天女像等。

平安初期的社會與文化

平安京 聖武天皇死後，由於社會矛盾的激化，政治上有一段時期也處於不穩定的狀態，由於光仁天皇的即位，皇統由天武譜系變爲天智譜系。光仁天皇爲了整頓行政和節約財政，企圖裁減官吏，加強對僧侶和國司的監督，重建律令體制，但由於寺院勢力等阻撓，改革難以實行。桓武天皇繼承了這一方針，於公元 794 年（延曆 13 年）把首都從寺院等舊勢力強大的奈良遷到現在的京都地方——平安京。從此以後到開設鎌倉幕府、政治中心在京都的約 400 年間，稱作平安時代。

奈良時代的末期，律令制度鬆弛，這是造成社會動盪的原因。

桓武天皇企圖解決當時最大的問題——班田，但實施起來極其困難，不得不把每 6 年班田一次改爲 12 年班田一次。以前國司交替時，後任要向前任發給證明工作移交完畢的文書（稱「解由狀」），這樣前

任才能轉任新的官職。但在發給這種文書的問題上產生了許多糾紛，桓武天皇設置「勘解由使」，加強了對國司的監督。另外，過去作爲一種徭役而徵集的兵士，隨著律令制的鬆弛，質量降低，因此撤消了全國的大部分軍團，錄用郡司等地方豪族子弟中弓馬嫻熟者作爲「健兒」來代替。

平安時代初期曾經試圖這樣來重新加強律令制，但效果不大，加上營造平安京和征服蝦夷花費了大量國家經費，進一步加速了律令制的崩潰。

政府任命坂上田村麻呂爲征夷大將軍，對奧羽地方的蝦夷人進行征服，把統治地域擴大到北方。

法制的整頓與令外官的出現　到了平安時代，律令制暴露出有不符合政府行政實際情況的一面，出現了「令」所規定以外的「令外官」。嵯峨天皇時，設置了作爲天皇的秘書官，擔任與太政官的聯絡及宮中庶務的「藏人所」；另外還設置了「檢非違使」，它最初擔當警察的業務，但逐漸也負責訴訟、裁判工作，並兼管以前的衛內府、彈正台、刑部省、京職的工作，成爲一個極其重要的機關。

這些令外官的出現，表明律令制的崩潰，同時也具有整頓太政官的複雜機構的意義。

一方面廢除和合併令制的機關，同時又對法制進行了整頓和充實。自實施律令制以來，發布了許多補充和修正律令條文的「格」和各機關業務施行細則的「式」，公元 820 年（弘仁 11 年），把大寶元年以來的詔、敕、官符加以分類整理，編纂了《弘仁格式》，這與後來的貞觀、延喜的格式合稱爲「三代格式」，其中尤以延喜式最爲完備。

平安時代初期的文化　在平安朝初期，仍繼續派遣唐使，但充分消化了唐文化而產生的新文化已相當發達。新的佛教宗派、尤其是密

令外官

官職名稱	設置年代		職務主要內容
	天皇	年　代	
中納言	文武	705(慶雲2)	輔佐大納言，掌管敕奏宣旨，參與機密
鑄錢司	元明	708(和銅元)	爲鑄造銅錢；主要在產銅國設置的機關
參議	聖武	731(平平3)	八省和左、右弁官的長官，根據敕旨，參議朝政
內大臣	光仁	771(寶龜2)	在左、右大臣之下，掌管太政官的政務
征夷大將軍	桓武	794(延曆13)	征討蝦夷的最高指揮官
按察使	桓武	798(延曆17)	防備蝦夷叛亂，指揮陸奧、出羽兩國的國司及鎮守府將軍
勘解由狀	桓武	(不詳、延曆年間)	調查國司交替時所發的解由狀
藏人所	嵯峨	810(弘仁元)	掌管天皇的詔敕、宣旨，參與天皇的機密
檢非違使	嵯峨	(不詳，弘仁年間)	檢舉逮捕奸民盜賊，管理風俗，糾彈內外非法事件
押領使	陽成	878(元慶2)	率領各國軍隊，鎮壓暴徒
關白	光孝	884(元慶8)	天皇閱覽的一切奏文，事先須經關白之手

教從中國傳到日本，給美術也增添了新的因素。

　　桓武天皇和嵯峨天皇加強了寺院、僧侶的監督，其目的是壓制奈良舊寺院的勢力。最澄（傳敎大師）、空海（弘法大師）等留學唐朝，把天台宗、眞言宗等新的佛敎宗派一傳到日本，立即受到朝廷的大力保護，很快就成爲平安時代佛敎的主流。其主要原因之一，就是朝廷的政策是想壓制奈良的舊寺院勢力。最澄在比睿山開創的延曆寺，後來成爲佛敎敎學的中心；空海在高野山開創的金剛峰寺與京都的敎王護國寺成爲眞言宗的中心。天台宗主張信仰法華經，給後世的思想界帶來很大的影響；眞言宗是源於通過加持祈禱❶、追求現世利益的

密教，它在皇室及貴族中得到迅速的普及。

　　隨著佛教的普及，它同日本自古以來對神的信仰融合，實行了所謂的「神佛融合」。另外，日本自古以來就存在的崇拜靈山、以山中爲靈場的山岳信仰，同在山中修行的天台、眞言兩宗相結合，產生了修驗道。

　　這一時代的雕刻和繪畫，受到密教的強烈影響，大多帶有神秘的色彩，很多作品表現了深刻的思想性。

　　漢文學的修養在貴族社會的普及，比奈良時代更爲廣泛，嵯峨、淳和天皇時期，敕撰了《凌雲集》、《文華秀麗集》、《經國集》等漢詩文集。在唐朝書法的影響下，出現了很多書法名家，如：嵯峨天皇、空海、桔逸勢被人們譽爲「三筆」。

　　有實力的貴族創辦了「大學別曹」，出現了像和氣氏的弘文院、藤原氏的勸學院、桔氏的學館院、在原氏和皇親家族的獎學院等那樣爲同族子弟支付學費、準備書籍等提供學習方便的設施。這些設施是以貴族的子弟爲對象，而值得注目的是空海在日本建立了第一個平民教育機構綜藝種智院。

攝關政治與國風文化

攝關政治與莊園

藤原氏的抬頭 藤原氏自從鎌足、不比等等人在律令制的確立期成為有實力的政治家以來，隨着律令制的發展，作為新興貴族而逐漸伸張其勢力，舊的豪族已經沒落。以後藤原氏分為北家、南家、式家、京家等幾個分支。其中尤其是北家，在 9 世紀出了多嗣而獲得嵯峨天皇的信任後，勢力更加強大，其子良房成為皇室的外戚；清和天皇幼小即位時，良房以天皇外祖父的身分，於公元 856 年（天安 2 年）首次當上了非皇族的攝政。其子基經仿效父例，於公元 884 年（元慶 8 年）光孝天皇即位時當上了關白。藤原北家就這樣壓倒了其他貴族，迅速地強大起來。醍醐天皇、村上天皇的時代稱作「延喜、天曆之治」，被認為是天皇親政的理想時代，實際上是律令制正臨崩潰的時期。除了這一時期外，一般都設攝政或關白，由基經的子孫壟斷了這一地位。宇多天皇時，為壓抑藤原氏，菅原道真一度受到重用，但由於藤原氏施展陰謀而被左遷。

攝關政治 從 10 世紀後半期到 11 世紀前後，是攝政、關白掌握實權的時代，稱為攝政政治時代；攝政、關白均出自藤原氏一家，故

稱之為攝關家。

攝政、關白的地位就是這樣為藤原基經的子孫所壟斷。但在他們彼此之間，也圍繞着這一地位展開了激烈的鬥爭，尤其聞名的是藤原兼道與兼家的兄弟之爭和道長與伊周的叔姪之爭。但藤原道長讓四個女兒接連當上了天皇的后妃，結果後一條、後朱雀、後冷泉三代天皇都成了自己的外孫，終於在朝廷中擁有了巨大的權力。道長的兒子賴通繼承攝政的地位，極有權威。在道長與賴通兩代約 50 年期間，是攝關家的勢力最盛的時期。

日本的社會進入有歷史記載的時期以後，仍然沒有完全擺脫母系制的影響，婚姻制度一般是男方住入女方家中的招婿婚（亦稱婿入婚）的形式。因而很多天皇是出生在外祖父家，在外祖父家長大成人，甚至成人之後仍在外祖父家處理政務。攝關政治的形成與這種婚姻形式有着密切的關係，攝關家在私人方面處於天皇外戚的地位，利用天皇在律令制中的崇高權威，作為天皇的監護人，逐漸擁有了對官吏的任免權。

另外，律令制流於形式也是攝關政治形成的重要原因。由於律令制鬆弛，而且當時又未出現可以與藤原氏對抗的勢力，所以基本上沒有施行什麼實質性的政策，政治的內容主要是一些儀式，流於按先例辦事的形式主義；很多官吏只是依靠加強攝關家的私人關係來求得飛黃騰達，失去了對國家行政的熱情。

遣唐使的廢止與國際關係的變化　這時中國已是唐王朝的末期，由於內部動盪的結果，文化也已經衰退。菅原道真曾被任命為遣唐大使，但他提出唐朝衰退和航海困難的理由，建議廢止遣唐使。唐朝於公元 907 年滅亡。經歷了五代的內亂時期，宋於公元 960 年再次統一。日本以廢止遣唐使為契機，進一步加強了對中國文化的消化和

創立自己獨特的文化，不久就產生了稱作「國風文化」具有濃厚獨特性的文化。但日中之間的貿易和文化交流在這之後仍然未斷。日本與宋朝雖未建立正式的邦交，但商船的往來相當頻繁。中國東北部的渤海自奈良時代以來一直同日本保持着親密交往，公元 926 年爲遼（契丹）所滅。公元 1019 年（寬仁 3 年），在中國東北部至日本海沿岸一帶居住，後來建立過金國的女眞人突然侵入了壹岐、對馬和九州北部，這稱爲「刀伊入寇」，是當時的一次重大事件。刀伊被大宰權帥、藤原隆家等大宰府官吏奮戰擊退（當時備戰官吏的子孫，後來成爲九州的強有力的武士）。

地方政治的崩潰　隨着律令制的崩潰，官職變成謀取權利的手段，尤其是在各個地方向人民掠奪捐稅的地方官，只要每年向中央政府送去一定的租稅，中央對他們並不怎麼干涉，所以他們中很多人往往貪污瀆職，中飽私囊。因此，很多人可以進行買官（個人出錢資助政府的財政或營造寺院神社，獲得政府獎賞的官職）和「遙任」（被任命爲國司，但自己待在京都，不到現地赴任，僅領取薪俸）。國司不在現地時，現地的國廳稱作留守所，在國司所派遣的代理官員「目代」的監督下，由從地方豪族中任命的現地官吏進行統治。這種現地官吏稱「在廳官人」，其地位世襲。

隨着律令制的進一步瓦解，地方的治安組織也走向崩潰，地方的治安大亂，這成爲以後私人武裝集團產生的原因。

莊園的發展　自從公元 743 年（天平 15 年）發布墾田永世私財法以來，律令制的基礎——公地公民制的土地制度已走向瓦解。8 世紀以後，有實力的貴族和神社、寺院占有山林原野，進行開墾，或收買農民的開墾地，逐漸擁有龐大的私有地。這種私有地裏設有稱爲「莊」的倉庫等建築物，成爲統治這片土地的中心。莊很快就具有其所管理

的整個土地的意思。這就是莊園的起源。

　　奈良時代的末期，很多農民無法忍受徭役等殘酷的剝削，放棄農地逃亡，變成流浪者。貴族、寺院神社等以自己開墾的土地爲中心，使用附近的農民和流浪者直接經營的莊園，稱爲「自墾地系莊園」；把收買的墾田當作莊園的稱「旣墾地系莊園」；兩者合稱爲「墾田地系莊園」。初期的莊園大多屬於這一類型，大多設立於 8 － 9 世紀。這些莊園在相隔較遠的地區時，或派去管理人，或委託當地的實力者，任命他們爲莊官，由他們直接管理。莊官在當地直接統治，因此具有管理權和統治權，並把這些權利變爲世襲，因而逐漸成爲當地的實際統治者。

　　郡司等地方豪族和有實力的農民也進行開墾，在自墾地系莊園的內部也出現了對土地擁有很大權利且有實力的農民，發展成爲小規模土地的所有者。這些小規模土地所有者，僅靠他們自己的力量，無法保護他們的土地不受國司或其他豪族的干涉，因此把他們土地形式上捐獻（「寄進」）中央有實力的貴族或寺院神社，以這些實力者作爲名義上的土地所有者，自己則擔任莊官，在當地進行經營管理，企圖確保土地的實質上的支配權。接受捐獻莊園的貴族和寺院神社稱爲「領家」。這種莊園再捐獻給更高級的實力者時，更高級的領主則稱爲「本家」，大多本家是攝關家或皇族。這樣的莊園稱作「寄進地系莊園」。10 世紀以後，自墾地系莊園衰落以後，寄進地系莊園在全國迅速普及，它帶來了莊園制的眞正發展。捐獻的土地主要集中於攝關家，攝關家在政治上的強大，是由於有着這樣的經濟基礎。

　　管理莊園的莊官，每年只向領家送去一定的年貢，他們大多成爲莊園的實際統治者。

　　莊官的地位後來發生了分化，出現了高級莊官「預所」和低級莊

官「下司」、「公文」等。

由於律令制的崩潰，實施班田收授愈來愈困難。公元 902 年（延喜 2 年）最後一次實施班田，記明這次班田實施情況的史料已完全絕跡。口分田變成了私田，集中於有實力的農民手中。另外，由於農民逃亡，或為莊園所吸收，作為班田依據的戶籍也和實際狀況相差懸殊。延喜 2 年阿波國（現在的德島縣）田上鄉的戶籍上，5 戶 435 人中，男子為 59 人，婦女為 376，這突出地表明負擔調、庸的成年男子大多已脫離了國家的支配。因此，很多財源困難的政府機關像大宰府所做的那樣，設置公營田等，直接經營管理土地，把課稅的對象由人改變為土地。

由於莊園迅速增多，對地方的統治分裂為由國司直接統治的「國衙領」和國司的統治權達不到的莊園，而且國衙領也逐漸演變成好像是國司的私有地。在國衙領內，過去的口分田也變為私有地，冠以支配它的農民的名字。這些田地稱作「名」或「名田」，被當作徵集年貢、「公事」（絲、布、木炭、蔬菜等手工業品和特產品）、夫役（勞役）的單位。國衙領雖被國司當作私有地，但國司是要替換的，所以國司在其任期內都極力大肆剝削。國司還任命地方的豪族為郡司和鄉司，讓他們承包徵稅任務，因而這些郡司和鄉司逐漸成為當地的統治者。

莊園的結構 自墾地系莊園，大多情況是在一個統一的地區成立的；寄進地系莊園由於其成立的特殊情況，說是一個莊園，但大多情況其田地並不集中於一個地方，而是分散在幾個地方，有時其地區內還有國司支配的口分田和其他莊園。

耕種莊園土地的人，不僅是放棄口分田、為莊園所吸收的專屬於莊園的農民，很多情況是自己也擁有相當土地且有實力的農民，簽訂包耕（「請作」）合同來耕種莊園的土地。這種農民稱作「田堵」。隨着

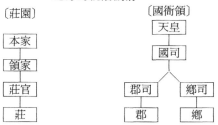

地方的統治機構

〔莊園〕

本家
↓
領家
↓
莊官
↓
莊

〔國衙領〕

天皇
↓
國司
郡司　　鄉司
郡　　　鄉

田堵跟莊園簽訂的合同的期限愈來愈長，他們的耕作權也愈來愈大。前面已經說過，國衙領把變爲私有地的口分田稱爲名或名田，耕作權大的田堵的耕種地也逐漸稱爲名或名田，後來連田堵也逐漸稱爲「名主」。在田堵和名主當中，有的人擁有許多「下人」，進行大規模的經營。

初期的莊園規定要向國家繳納田租，田租由農民負擔。但有實力的貴族、寺院神社的領家或本家，利用其地位，獲得了免除田租的「不輸權」。根據太政官符，由國家承認免租的莊園，稱作「官省符莊」。後來又出現了通過國司的裁定而免租的莊園，稱之爲「國免莊」。接着莊園不僅可以免除田租，而且獲得了免除莊民的調、庸的權利；最後不僅是土地，甚至掌握了對居住在莊園裏居民的統治權，拒絕國司派遣的檢田使進入莊園，接着又拒絕警察權的介入，終於確立了「不入權」。

武士的產生與擡頭　由於律令制瓦解，武力組織崩潰，國衙的官吏和莊園的莊官一旦成爲地方上事實上的統治者，他們就開始培植確保自己統治的武力。他們領導稱作「家子」的同族子弟和稱作「郎黨」的隨從組成武士團。家子、郎黨大多也是名主。這樣在各地成立的武士團，很快就以有實力的豪族爲中心，成立了小中武士的聯合團。然

後又經歷過相互的鬥爭，逐漸發展成爲強大的武士團。

在領家和本家當中，有的把自己莊園的莊官——武士叫到京都，讓他們擔任警衛，當作自己的武力。武士也稱作「侍」，這個詞是從「侍候人」一詞而來。武士團中也有像瀧口的武士那樣擔任宮中的警衛。政府在律令制的軍事組織瓦解後，從 9－10 世紀在各國設置追捕使和押領使等，任命地方豪族擔任這些職務，讓他們維持治安，後來這也變成了武士的工作，不少武士利用這一地位，發展壯大起來。

強大的武士團的領袖稱作「武家之棟樑」。以攝關家爲中心的藤原氏的勢力在中央佔絕對優勢之後，在中央的政界不得志的藤原氏以外的勢力（包括：皇族的子孫）以及藤原氏的旁系勢力，大多作爲國司等地方官下到地方，在當地紮根，成爲豪族。武家之棟樑大多是這些人的子孫。

桓武天皇的曾孫高望王，被賜給「平」姓，列入臣籍。成爲桓武平氏的始祖。另外，清和天皇的孫子經基，也被賜給「源」姓，列入臣籍，成爲清和源氏的始祖。這兩氏的子孫成爲最強有力的武家之棟樑。另外，兩氏是把以關東地方爲中心的東國作爲地盤發展起來的。東國從平安時代初期就是征服蝦夷的基地，軍事活動頻繁；而且它是對當時武力具重要作用「馬」的產地，所以武士團的成長壯大迅速。

最初在東國紮根的是桓武平氏。他的同族，以下總（現在千葉縣北部）爲根據地的平將門，乘同族內訌而擴張了勢力，後來糾集武士的勢力，反抗京都的朝廷，於天慶 2 年（939 年）攻陷了常陸（現在的茨城縣）、下野（現在的櫪木縣）、上野（現在的群馬縣）的國府，征服了關東地方的大部分地區，自稱新皇。這次叛亂在京都派出的征討使到達之前，已爲平貞盛和藤原秀鄉等人率領的東國當地的武士團鎭壓下去。同一時期，率領瀨戶內海的海盜擴大了勢力的藤原純友，

襲擊了伊予（現在的愛媛縣）的國府和大宰府，朝廷大爲震動。這次叛亂也爲清和源氏的始祖源經基鎮壓下去。這次叛亂因年號而稱爲「承平、天慶之亂」。通過這次叛亂暴露了中央貴族的軟弱無力，地方武士團的組織進一步獲得壯大。另外，這次叛亂成爲後來以東國爲地盤、產生武士政權的先驅。從這一點來說，它也是一次重大的事件。

前面已經說過，11 世紀初在擊退入寇九州北部刀伊的過程中，起核心作用的是九州的武士團。

清和源氏最初是源經基的兒子滿仲在攝津國（現在的大阪市）紮根，擴大了勢力。其子賴光、賴信兄弟接近攝關家，逐漸提高了地位。公元 1028 年（長元元年），平忠常在關東地方發起叛亂，賴信平定了這次叛亂，爲源氏勢力進入東國創造了契機。接着在 11 世紀後半期陸奧（現在的東北地方）的豪族安倍氏反抗朝廷時，賴信的兒子賴義和孫子義家率領東國的武士，平定了叛亂（史稱「前九年之役」）。安倍氏滅亡之後，在東北得勢的清原氏發生內訌，義家再次率兵出陣，援助清源氏的同族藤原清衡，平定了這次內亂（史稱「後三年之役」）。通過這些戰役，源氏在東國建立了強大的地盤，並在全國博得了聲望。在奧羽地方（現在的東北地方，當時爲陸奧和出羽兩國），藤原清衡以平泉爲中心發展了勢力，在清衡、基衡、秀衡三代 10 年中享盡了榮華富貴。奧羽藤原氏的統治地區雖是邊境地帶，但那裏是黃金和馬匹的產地，因而富強起來。現在仍保存下來的金色堂，內部鑲貼螺鈿和金箔，極其豪華。這對於了解平安時代後期的文化也是寶貴的文化遺產。

源氏略譜系

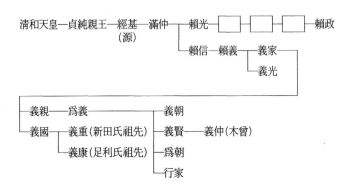

平氏略譜系

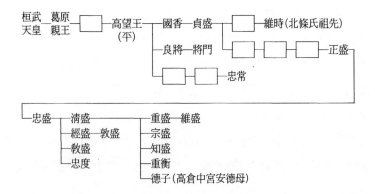

國風文化

　　國風文化　平安朝時代的初期，遣唐使的制度還繼續存在，但在這一時代之前，已經大量消化了長時期從大陸傳入的文化，已經表現出日本化的傾向；由於遣唐使的廢止，這一傾向增強，在攝關時期產生了一種具有高度獨特性的文化，稱爲國風文化或藤原文化，這種傳統一直流傳到平安時代以後很長時期。

　　國文學的發展　奈良時代表達日本語用漢字，產生了音訓並用的「萬葉假名」。但不久就出現了把漢字的草書體進一步簡化的「平假名」和取漢字字形中一部分的「片假名」。這樣的表音文字在 9 世紀已相當普及，到 10 世紀初已逐漸定型。

　　貴族們在正式的場合，仍然跟過去一樣使用漢文，但已逐漸採用相當日本化的單詞和文體。

　　由於假名的普及和發達，日本語的表達自如了，從而出現了像《古今和歌集》（日本最早的敕撰和歌集、紀貫之編）中那種稱作「古今調」的纖細、精巧的詩歌風格。

　　用假名寫的物語和日記也盛行起來。物語方面出現了取材於傳說的《竹取物語》（據說受中國神話的影響）和以和歌爲中心的《伊勢物語》（據說爲在原業平所作）。用假名寫的日記，最早有紀貫之的《土佐日記》。

　　在假名文學的發展中，婦女起了極大的作用。清少納言用散文體描寫宮廷生活體驗的《枕草子》，以及紫式部以宮廷爲舞台，描寫貴族奢華生活的《源氏物語》，被認爲是當時文學作品中的最高傑作。用假名寫的日記文學也大多出於宮廷婦女之手。在攝關政治時期，那些被

尊爲天皇外戚貴族的女兒成了后妃，獲得了鞏固的地位，很多有學問和才能的婦女作爲侍女薈集在她們的周圍。從這些宮女中產生了許多傑出的女作家。

佛教的新發展　佛教在平安時代也獲得了進一步的普及，並增強了具有日本特性的傾向。主張日本的神與佛是一體的「神佛合一」說，在奈良時代就已經產生，這時又進一步發展，產生了「本地垂跡說」。它認爲佛是普救眾生的，日本的神是改變形態而在日本出現的佛。根據這種說法，皇室的祖先神天照大神則成了佛教的大日如來的化身，並把全國各地神社的神規定爲本地特定的佛。當時興起的神道——兩部神道就是根據這種思想產生的。其結果，寺院也把它的守護神當作神道的鎮守神在寺院裏祭祀。這種狀況一直長期延續到明治維新時實行神佛分離爲止。另外，這一時期還產生了對靈魂的信仰。這種信仰認爲瘟疫、天災乃是怨魂作祟，因此主張要祭祀不幸而死的人們的靈魂。祭祀曾身居高官、因受藤原氏的迫害而在流放地死去的菅原道眞的北野神社，就是這種信仰的代表。由於這種思想的流行，就開闢了把許多人在死後當作神來祭祀的先例。

平安時代初期從中國傳來的天台、眞言二宗，很快就佔據絕對的優勢，並通過祈禱而加深了與貴族階級的結合。

另一方面，除了以前那些以艱深的教理爲主的佛教之外，主張只要堅決信仰阿彌陀佛，就可以在來世生活於極樂淨土的淨土教，由於它溶化於一般的生活之中，容易爲人們所親近，所以又重新流行起來。當時的淨土教並不是獨立的宗派，其思想雖然早已傳來，但直到10世紀中期空也在京都市區在民間推廣，接着源信寫了《往生要集》，敍述了它的教義，才在貴族以及其他的人們中普及起來。在佛教當中本來就有一種思想，認爲在釋迦死後 2,000 年，連佛教也要滅亡

的「末法之世」就會到來。根據這種思想，當時該當進入末法之世，恰好當時政治混亂，瘟疫、天災不斷，就好似證實了這種說法。人們出於對這些現象的不安，因而爲主張來世得救的淨土敎所深深吸引。

　　國風美術　國風化的傾向在美術、工藝方面表現也很顯著。在建築方面，帶有濃厚日本情趣、稱作「寢殿造」的貴族住宅建築十分發達，內部隔扇、屏風上大多以日本的風物爲題材，用柔軟的線條畫上「大和繪」，代替了過去的「唐繪」。在工藝品方面，在漆器上能用漆繪上花紋，撒上金粉等而繪成花紋的「蒔繪」，形成了日本獨特的風格。書法方面也出現了用優美線條書寫的日本獨特的書體「和樣」，代替了受中國書法強烈影響的「唐樣」，產生了小野道風、藤原佐理、藤原行成被人們稱之爲「三跡」的名家。

　　在美術方面，隨着淨土敎的流行，出現了許多與此有關的作品。藤原賴通所建立的平等院鳳凰堂，以阿彌陀堂爲中心，是這一時代的代表性建築。在佛像的製作上，採用「寄木造」的手法，代替了過去的「一木造」，由於其代表性的佛像師定朝的出現，流行所謂「定朝樣」。在繪畫方面，畫出了許多色彩絢麗、描繪極樂世界的「來迎圖」。

　　日常生活　由於資料不足的關係，除了貴族的生活外，當時的日常生活尚不十分清楚，但可斷定帶有極其濃厚的日本色彩。貴族男子的正式服裝是「束帶」，女子是俗稱「十二單」的華麗服裝。平時則把這種服裝簡化，男子穿「直衣」，女子穿「褂」。平民和武士穿一種稱作「水干」的簡單服裝。這些服裝的原型都是從中國傳來的，但在樣式、花紋、配色等方面逐漸表現出濃厚的日本特色。

　　飲食生活很簡樸，因受佛教的影響，不食獸肉，做菜時基本上不用油。就連貴族的住宅「寢殿造」，屋頂也是用柏樹皮茸蓋的，柱子用白木，極其簡樸，室內只在一部分地板上輔上草蓆、草墊，作爲坐席。

男子 10—15 歲舉行成年儀式，由少年的服裝改著正式的衣冠，以後就當作成人對待，可以擔任官職。官職基本上已由門第出身決定，朝廷的工作也是按先例辦理，大多只是舉行一下儀式，所以所謂「年中行事」十分發達。年中行事中有特定神社的祭祀和祭神，有浴佛之類的佛事，也有端午、七夕、摔跤等起源於中國的習俗活動，但都有獨特的發展。

如上所述，政治變成了儀式，當官由門第來決定，而且外戚的地位因出生作爲皇室繼承人的男子而變更，在仕途榮達上有着許多偶然的、宿命的因素，加上疫病、天災不斷發生，給日常生活中摻進迷信因素造成很多機會，因而受到產生於中國的民間信仰的陰陽道很大的影響，日常生活也因這種影響而受到很多制約，因而經常舉行祈禱，希望避免災難，獲得榮華富貴，在現世不能得到滿足，就寄希望於來世，這也是淨土教流行的一個原因。

院政的發展

後三條天皇　藤原氏由於當上天皇的外戚而獲得了權勢。藤原賴通沒有生下可當天皇的外孫，外戚不是攝關家的後三條天皇登上皇位。這位天皇即位時已是壯年，而且性格豪放。他毫不留情地對攝關家進行了改革。

攝關家權勢的經濟基礎，是以攝關家爲領家而成立的莊園。而且莊園的增多和擴大也危及天皇本身的統治基礎。早在延喜 2 年（公元 902 年）、寬德 2 年（公元 1045 年）等就曾多次發布過莊園整理令，但實施不徹底，成效並不大。後三條天皇於延久元年（公元 1069 年）又發布莊園整理令，設置「記錄莊園券契所」（簡稱記錄所），審查令

有關莊園整理的法令

年代	法令的內容
784（延曆3）	禁止國司經營水田旱地 禁止王臣家、諸司、寺家等兼併山林
797（延曆16）	禁止親王、王臣家、莊長經營私田
806（大同元）	敕旨將寺家、王臣家、農民佔有之山林收歸公有
807（大同2）	制止畿內國司的佔有
812（弘仁3）	禁止國司利用他人的名義收買墾田
825（天長2）	禁止王臣家、諸司官吏耕營雜色田
850（嘉祥3）	禁止亂佔山林，妨礙民利
902（延喜2）	首次下達莊園整理令(禁止券契不明之莊園)
984（永親2）	禁止902年以後之莊園
1045（寬德2）	禁止前任國司以後新立莊園
1055（天喜3）	禁止1045年以後之莊園
1069（延久元）	同上(設置記錄莊園券契所)

莊園領主提交的文書，企圖停止不合批准標準的莊園。以前的莊園整理令實施不徹底的原因，是委交國司去實施，容易受到攝關家的壓力。因而這次決定由朝廷來嚴格裁決莊園領主和國司雙方的意見，並嚴屬命令攝關家也要提交文書。其結果，莊園整頓本身雖未獲得很大的成效，但攝關家的權威受到了打擊，依靠權門的領主和地方豪族重新認識了天皇的權威。後三條天皇還規定了全國「升」的大小，這稱之為「宣旨升」，一直廣泛使用到後世。

　　院政　後三條天皇在位的期間很短（4年），未能徹底地進行改革，但他推行的政治對藤原氏是一個很大的打擊。他下面的白河天皇於公元1086年（應德3年）把皇位讓給年幼的堀河天皇，自己作為上皇在院廳繼續執政。據說他這麼做的直接動機，是為了對付有實力的皇位繼承候補人——他的弟弟輔仁，保護自己的兒子。這樣由上皇在院廳執政，成為實際的當權派，稱為「院政」。繼白河上皇之後，還出現了鳥羽和後白河上皇的院政，長達約一個世紀。朝廷方面繼續由攝

關家出任攝政或關白，但因實權已轉移到院廳，所以愈來愈徒具名義。上皇的權威之所以完全壓倒攝關家，其原因除了這三位上皇都具有強烈的專制性格外，還因為上皇的立場比較少受制約，不受法制、慣例的約束，可以自由地行動，另外還因為以前一直受攝關家壓抑的中下層貴族和領主們都作為「院」的近臣而集結在上皇的周圍。上皇的近臣大多屬於國司階層，他們在朝廷的官職都不太高，但收入多，在地方擁有實力。另外他們大多有着是上皇奶娘的近親這層關係。

上皇逐漸具有了強大的權力，「院廳下文」和「院宣」也就有了權威性，正如當時的人們所指出的那樣，出現了「天皇等於是皇太子」的情況。這對於削弱攝關家的權威起了很大的作用，也逐漸產生了院廳與太政官、院的近臣與攝關家的對立，這種對立又進一步促進了攝關家內部的對立以及上皇與天皇的對立。

這三個上皇都篤信佛教，都出家當了法皇。他們花費大量的財富營造了許多大寺院，並多次到邊遠地區的著名寺院去參拜，需要大量的經費，因而任命能拿出大量金錢的人來擔當國司等收入多的官職，這種賣官之風盛行，政治的腐敗更加嚴重。

古代國家的結束　攝關政治和院政都是由私人來管理國家政治。攝關政治是以外戚為中心，院政是上皇利用父權來左右國家政治。兩者比較，院政的私人性質更為濃厚。由於這個原因，在地方的政治中，具有濃厚私人性質的「知行國」的制度也得到推廣。國司的官職本來是任命中等貴族來擔當的，但由於國衙領變為國司的私領，國司變成有很多收入的官職，連高等貴族也對這筆收入感到羨慕。知行國的制度是把一國的行政、統治的實權委交給高級公卿、上皇、寺院神社等，這些知行國主自己不當國司，而是讓自己的兒子或近親擔任國司，向當地派遣「目代」，獲得該國的收益。

院政有關的譜系

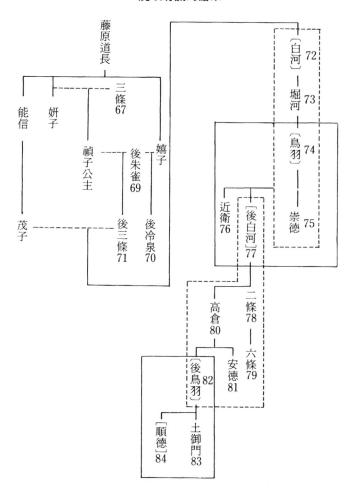

註：用〔 〕表示的上皇是他們那一時期的院政的中心。
　　數字表示天皇即位的順序。

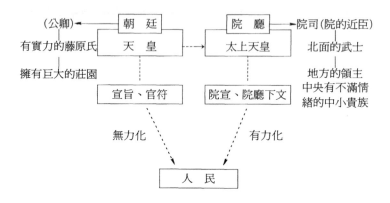

朝廷與院廳

以前是把攝關家尊爲領家，向他們捐獻許多莊園。到院政的時代，開始向院捐獻大批的莊園。集中於鳥羽上皇的名下、給與皇女八條院的莊園群，稱作八條院領，包括 220 座莊園；後白河法皇捐獻給他的佛堂長講堂的莊園群，稱作長講堂領，包括 180 座莊園。爭奪這些莊園群，經常成爲皇室內部糾紛的原因。

在這一時代，莊園的不輸權、不入權已經普遍實行，隨着莊園的獨立性日益增強，往往把一個莊園重複多次向院、攝關家、其他貴族及寺院神社等實力人物捐獻，結果一個莊園的收益要分割成好幾層來繳納給本家、領家、預所等。

隨着律令制的國家組織日益變爲形骸，產生了具有濃厚私人主從關係的武士團，在院的近臣和貴族社會的內部，也以知行國領主的任命和主官的任命等爲媒介，增強了私人性質的主從關係，爲向封建制度過渡打下了基礎。

大寺院神社也成了強大的世俗勢力。在整個平安時代，大寺院神

社獲得了許多莊園。他們把從所領莊園中徵集來的農民和在寺內從事雜務的低級僧侶組成僧兵，成爲大寺院神社強大的武裝力量。僧兵主張擁有莊園的不輸權、不入權，同國司爭鬥，或者向朝廷、院廳、攝關家等集體強行上訴，提出強制的要求。當時除了利用兵力外，還利用迷信。奈良很有實力的寺院興福寺是藤原氏的氏寺。那裏的僧兵曾在隊伍的前頭扛着奈良祭祀藤原氏氏神的春日神社裏的神木，進入了京都。這樣，攝關家由於宗教的原因無法壓制，只好同意僧兵的要求。比睿山的延曆寺曾抬着日枝神社的神輿強行上訴。寺院利用神社的神木、神輿強行上訴，是因爲當時推行「神佛合一」，這些寺院和神社已經合爲一體。僧兵亦稱「山法師」。因爲興福寺和延曆寺分別位於京都的南、北，所以被人們並稱爲南都、北嶺。白河法皇具有強烈的專制性格，但他對山法師也沒辦法，把他們比作經常泛濫的鴨川的水和雙六（一種賭博）的骰子，由此也可了解僧兵的橫暴。

寺院擁有大批兵力，對抗朝廷，這清楚地表明了古代國家權力的瓦解和社會向私人勢力分裂。擁有大批兵力的大寺院神社，很快就和武士團一起，被動員去介入皇室內部的對立和貴族內部的權勢之爭。不過，大寺院往往讓皇室或攝關家的子弟來擔當它的最高僧侶，已同貴族階層合爲一體，而且它們本身也是大莊園主，所以不可能像武士那樣成爲推翻古代社會的主力。

保元、平治之亂　貴族反對僧兵的橫暴，但害怕神佛的威力，不敢壓制，想依靠武士的力量，武士因此而獲得了進入中央政界的機會。在攝關政治的末期，源氏的勢力因平定了東北地方的動亂而變得強大起來。但以後由於同族之間的對立，勢力略有削弱。到了院政時代，平氏一族中以伊賀、伊勢（均屬現在的三重縣）爲基地的一派同院廳勾結，擴大了勢力。平忠盛因得到鳥羽法皇的信任，平定了瀨戶

內海的海賊，從而在西國建立了勢力。以東國為地盤的源氏和以西國為地盤的平氏──兩氏的主要人物都逐漸在中央擁有了勢力。

另一方面，如前所述，由於院政的發展，皇室內部以及攝關家內部的對立有所激化。鳥羽法皇把皇位讓給了兒子崇德天皇，以後又不喜歡這個兒子，逼使崇德天皇讓位於崇德天皇的弟弟後白河天皇。這樣，除了天皇外，還存在有上皇和法皇，而實權是掌握在實行院政的鳥羽法皇的手中。在貴族階層的內部，形成了期待崇德上皇在鳥羽法皇之後實行院政的一派，和期待後白河天皇的一派，兩派之間的矛盾很深。1156 年（保元元年），鳥羽法皇去世，兩派之間終於發生了武力衝突。上皇一方以左大臣藤原賴長為中心，招來了源為義；後白河天皇的朝廷一方則在源氏中招來了為義的兒子義朝和平忠盛的兒子清盛。朝廷方面先發制人，取得了勝利，崇德上皇被流放到讚岐（現在的香川縣），賴長與為義被殺，史稱「保元之亂」。

保元之亂對立雙方的譜系

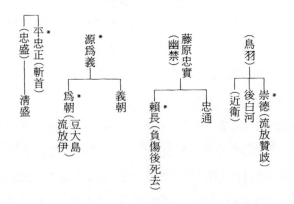

註：（　）中的人物當時已死。加＊號的為崇德上皇的
一方，其他為後白河天皇的一方，藤原忠實中立。

在這以後，源平二氏的主要人物義朝和清盛的對立激化，1159年（平治元年），義朝與後白河上皇的一個近臣藤原信賴聯合舉兵，殺了與清盛關係親密的藤原信西（通憲），占領了皇宮，但被舉兵反擊的清盛所平定，信賴和義朝被殺，史稱「平治之亂」。這兩次內亂均起因於貴族內部的矛盾，但它表明了只有依靠擁有兵力的武家才能解決，同時使平氏打倒了源氏，確立了霸權，結果清盛的家族掌握了朝廷的實權。

平安末期的文化　在攝關政治的時代，貴族文化的國風文化已獲得發展。國風文化把外國的文化真正變為日本的文化，就這一點來說，它有着重大的意義。以後地方豪族和武士的勢力逐漸強大，在經濟上和文化上都可以接受吸取中央的文化，於是國風文化和淨土教也都普及到地方，並逐漸重視同地方的情況及平民的生活相結合。

截至平安時代的初期為止，曾用漢文編纂了編年體的官撰歷史書，這一工作隨着律令國家的瓦解而停止，但代之而產生了《榮華物語》、《大鏡》等個人撰寫優秀的歷史故事。這些故事用國文豐富的表現，寫出了以攝關家為中心的歷史事件。（作為這一時代的史料，還出現了許多公家的日記和莊園文書等。）描寫平將門叛亂的《將門記》、描寫源氏平定東北地方戰亂的《陸奧話記》等的出現，表明地方的動向和武士的行動已引起人們的關心。廣泛收集印度、中國、日本的故事傳說，用假名和漢文交雜寫成的《今昔物語》，也生動地描寫了地方和平民的生活；後白河法皇編纂的《梁塵秘抄》中收集了民間的歌謠。這些作品是了解當時生活不可缺少的資料。

關於美術，也有中尊寺金色堂，並在各地建造了阿彌陀堂，這表明貴族文化已為地方的豪族所吸收。

在繪畫方面，大和繪有了很大的發展。這一時代繪寫了許多「畫

卷」，畫卷是用繪畫和說明文巧妙地交織在一起，在長紙上繪寫成生動的故事。不少畫卷一卷長達數十米，其代表作有《源氏物語畫卷》、《伴大納言繪詞》等。另外還有用擬人化的手法、生動地描繪動物的《鳥獸戲畫》等別具特色的作品。

在戲曲藝術方面，繼前一時代之後，舞樂以及吟咏日本與中國的名句的「朗咏」，在貴族社會中流行；據說由中國的散樂而發展來的「猿樂」也受到貴族的喜愛；隨着地方和平民生活引起人們的注目，據說由「馬子歌」和神樂而發展來的「催馬樂」，以及民間流行的歌謠「今樣」和民間的勞動歌謠「田樂」等，都逐漸爲貴族所喜愛。

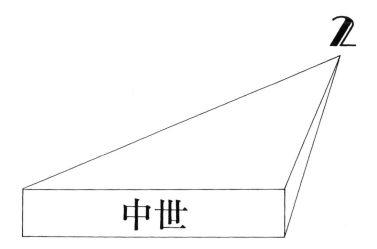

2

中世

武家社會的形成與發展

　　南北朝的動亂與武家社會的發展

武家社會的形成與發展

武家社會的成立

平氏政權　平治之亂之後，平氏確立了霸權。以攝關家爲首的貴族階級在政治上和軍事上已暴露出軟弱無力，一旦打倒了對抗勢力源氏，就再也沒有可以與平氏對抗的勢力了。平治亂以後，平清盛獲得罕有的提昇，當上了朝廷的最高官職太政大臣。這個地位以前基本上爲攝關家所壟斷，武士的棟梁獲得這一地位是史無前例的。以清盛的兒子重盛爲首的平氏家族也爬上了高官高位，清盛的女兒德子成了高倉天皇的中宮，朝廷中已經沒有其他勢力可與平氏抗衡了。與此同時，院和貴族們對平氏的反感強烈，後白河法皇的近臣們企圖打倒平氏，但遭到失敗，清盛終於在 1179 年（治承 3 年）幽禁了法皇，處分了大批反對派的貴族。第二年，讓德子剛出生的幼兒即位爲安德天皇，讓高倉上皇開理院政，清盛確立了獨裁權力。當時平氏家族所有的莊園在全國有 500 多處，並把 20 餘國當作知行國，委任同族人爲國司。

平氏雖爲武家的棟梁，但原來是中等貴族出身，曾是院的近臣，從這些方面來說，他們具有貴族性的一面。他們是作爲天皇的外戚而

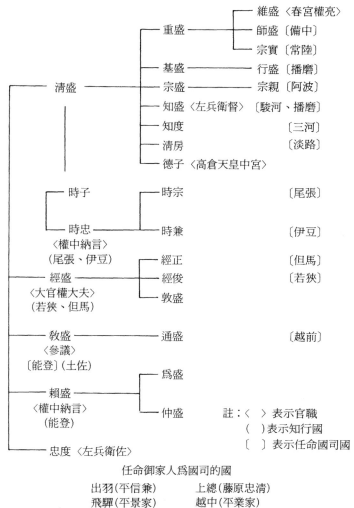

平氏的勢力(1180〈治承4年〉)

```
                                  ┌─── 維盛 〈春宮權亮〉
                    ┌─── 重盛 ────┼─── 師盛 〔備中〕
                    │             └─── 宗實 〔常陸〕
                    ├─── 基盛 ──────── 行盛 〔播磨〕
      ┌─── 清盛 ────┼─── 宗盛 ──────── 宗親 〔阿波〕
      │             ├─── 知盛 〈左兵衛督〉 〔駿河、播磨〕
      │             ├─── 知度            〔三河〕
      │             ├─── 清房            〔淡路〕
      │             └─── 德子 〈高倉天皇中宮〉
      │
      ├─┌─── 時子       ┌─── 時宗        〔尾張〕
      │ │
      │ └─── 時忠       └─── 時兼        〔伊豆〕
      │      〈權中納言〉
      │      (尾張、伊豆)  ┌─── 經正       〔但馬〕
      ├─── 經盛 ─────────┼─── 經俊       〔若狹〕
      │    〈大官權大夫〉  └─── 敦盛
      │    (若狹、但馬)
      │
      ├─── 敦盛 ──────────── 通盛        〔越前〕
      │    〈參議〉
      │    〔能登〕(土佐)
      │                    ┌─── 為盛
      ├─── 賴盛 ───────────┤
      │    〈權中納言〉     └─── 仲盛    註:〈  〉表示官職
      │    (能登)                            (  )表示知行國
      │                                      〔  〕表示任命國司國
      └─── 忠度 〈左兵衛佐〉
```

任命御家人為國司的國

出羽(平信兼)	上總(藤原忠清)
飛驒(平景家)	越中(平業家)
周防(平范經)	壹歧(平盛業)
筑前(平貞俊)	

掌握權力，這是繼承了過去攝關家的方法，而且其統治的基礎是在莊園和知行國，這些均方也表現出他們貴族性的一面。

與此同時，平氏政權是以武士的勢力爲背景而出現的，它把畿內、西國的武士當作「家人」，結成主從關係，把他們派進國衙領和莊園作「地頭」，在知行國也與統治當地國衙的在廳官人結成主從關係，所以它也具有後來鎌倉幕府的先驅者的性質。

平家政權的經濟基礎是建立於日宋貿易之上。清盛在大輪田泊（現在的神戶市）等處建設港口，設法保證瀨戶內海航路的安全，努力擴大日宋貿易。10 世紀初，高麗代替了新羅，在朝鮮半島上興起。11 世紀後半期，宋和高麗的商船大批來到日本。宋在 12 世紀受北方金的壓迫而遷都杭州之後，日本與南宋雖未建立邦交，但兩國之間的貿易更加頻繁。清盛重視並發展了這種日本貿易，貿易的利潤成爲平氏政權的經濟基礎，同時也給日本的文化和經濟帶來巨大的影響，如：宋船所帶來的《太平御覽》一直被當作百科全書而珍藏。

源平爭亂　前面已經說過，平氏政權兼有貴族性質的一面和武士性質的一面。但當平氏成爲龐大莊園的所有者，兼任很多知行國主後，其貴族的色彩則日益增強，逐漸不能代表使平氏掌握政權的背後力量──武士階級的利益了。

在清盛建立獨裁權力之後不久，源氏一族的源賴政奉後白河法皇的兒子以仁王，舉兵打倒平氏。這次舉兵雖立即被平氏鎮壓下去，賴政和以仁王均被殺，但以仁王號召舉兵的令旨已傳到全國的武士手中，以流放到伊豆（靜岡縣）的源賴朝（義朝的兒子）和隱藏在信濃（現在的長野縣）的源義仲（賴朝的堂弟）爲首，各地的武士響應以仁王的號召，相繼舉兵，發展成爲全國性的內亂。

由於東國的武士們都集結在賴朝和義仲的下面，平氏的軍隊在各

地都打了敗仗。而且京都反對平氏的貴族也重新展開反平氏的活動。清盛對於把根據地放在京都感到不放心，企圖遷都福原（現在的神戶市），建立更強大的政權來對付內亂，但遭到南都、北嶺等寺社僧兵的反對而失敗，不久清盛在失意中病死。

清盛死後，平氏的勢力更加衰落，賴朝佔領東國，義仲佔領了東北地方，對平氏施加壓力。義仲平定了北陸，在賴朝之先佔領了京都，把平氏趕到西國。但義仲同後白河法皇及貴族之間產生了對立，接著又同賴朝之間產生了對立。其原因是義仲雖具有傑出的指揮戰鬥的能力，但缺乏應付複雜形勢的政治能力。當時包括法皇在內的貴族勢力和賴朝等的勢力錯綜複雜地交叉在一起，尤其是包括法皇在內的勢力一直在策劃離間武士勢力，企圖利用各個擊破的辦法來保持自己的統治。義仲最後被賴朝根據法皇的命令而派出的范賴、義經（都是賴朝的弟弟）率領的軍隊打敗、殺死。

另一方面，被趕出京都的平氏一族，遭到打倒義仲的范賴、義經等人的追擊，1185 年（文治元年）在長門（現在的山口縣）的壇之浦覆滅。

鎌倉幕府　賴朝在舉兵後不久，留在源氏以前的根據地關東地方，在鎌倉從事政權的建立，這就是鎌倉幕府的開始。幕府的機構分為管理臣屬武士的「侍所」、掌管一般政務的「公文所」和負責審判的「問注所」。這些機構都是仿照貴族的家政機構而設立的，其最大的特點是把臣屬的武士當作御家人組織起來，保障御家人對領地的統治，是武士自己的獨特的政權。在關東鞏固統治權的過程中，賴朝控制了東國的國衙領和莊園，1183(壽永二) 年，通過同朝廷的談判，事實上獲得了對東國統治的承認。

1185 年（文治元年）平氏滅亡，可以預料賴朝的勢力必然會強大

起來。最害怕這一點的是包括法皇在內的貴族，他們企圖在武士階級的內部離間、操縱，命令留在京都賴朝的弟弟、在消滅平氏中立下大功的義經去征討賴朝，但遭到了失敗，賴朝反過來迫使法皇發出追剿義經的命令，並乘機迫使朝廷承認在各國任命守護和地頭的權利、徵收軍糧的權利以及支配掌握國衙實權的在廳官人的權利。賴朝獲得霸權後，並不像平氏那樣依靠陳舊的朝廷的制度，而是建立了作爲軍事政權的幕府——自己獨立的統治機構；尤其是由幕府來任命地頭，說明了鎌倉幕府的性質是代表武士利益的政權。

守護的職務稱作「大犯三條」，即組織武士擔任宮廷警衛，搜捕謀反、殺人的凶犯。警衛宮廷本來是各國武士的一項義務，費用由各國自己負擔，服役期限是三年。賴朝把期限縮短爲半年，並爲幕府命令御家人的義務，令其警衛保護京都和鎌倉。守護在戰時還是該國國內御家人的指揮官。守護原則上各國各設一人，主要是任命東國出身有實力的武士，並規定負責統管該國國內的御家人和維持治安的工作。但實際上是作爲地方行政官，將國衙的在廳官人置於其管轄之下，接辦以前國衙承擔的行政事務，代替了過去的國司。

地頭一詞原來是指當地的統治者，後來成爲寄進地系莊園的莊官的職名，在當地有著強大的統治力。地頭以前是由莊園的領家或預所等任命。賴朝繼承了平氏的先例，並進一步加以發展，以獲得朝廷許可任命全國地頭的形式，任命御家人爲全國的國衙領和莊園的地頭，把他們配備到全國，同時保證他們在所在地的領主權。由於莊園領主方面反對全面設置地頭，最初設置的範圍只限於平氏及其有關的人、或謀反人的領地——主要是平氏的舊領地。通過對守護、地頭的任命，幕府的權力發展到全國。地頭有義務從莊園或國衙領徵收年貢，扣除一定的薪俸後，繳納給莊園領主或國司，但其任免權已由莊園領

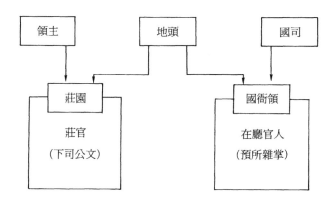

莊園、國衙領的雙重統治

主和國司的手中轉到幕府的手中，另外，幕府還按1反（約1／10公畝）田地5升（9公升）比率，從莊園領主的所得分中扣除軍糧米，但不久就停止了徵收。地頭的薪俸沒有一定的規定，按照各個國衙領或莊園的慣例領取。

鎌倉幕府的建立 後來賴朝要求奧州的藤原秀衡引渡逃亡的義經。秀衡死後，其子泰衡屈服於賴朝的要求，殺了義經，但賴朝以其隱匿義經為藉口，討伐奧州，於1189年（文治5年）消滅了泰衡，將陸奧、出羽兩國置於自己的統治之下。鎌倉幕府的權威就這樣遍及東北至九州──當時整個日本。以這樣的現實為後盾，賴朝第二年來到京都，被任命為右近衛大將，1192年（建久3年）後白河法皇死後，終於被任命為征夷大將軍，名副其實地建立了鎌倉幕府。幕府一詞原來在中國是指出征中將軍的幕營，在日本則是近衛府的別稱，轉指近衛大將的住所。由於賴朝被任命為近衛大將，人們逐漸把鎌倉時代至江戶時代武家政治的政廳及其權力機構稱為幕府。另外，征夷大將軍，原來的意思是指征討蝦夷而臨時設置的將軍，自賴朝以後則意味著武

士的首領和幕府的首長。關於鎌倉幕府成立的時間、行政機關所的設置，地方行政機構守護、地頭的設置以及賴朝被任命爲征夷大將軍等，都有幾種說法。總之，鎌倉幕府並不是一下子成立的，而是在不斷地造成既成事實之後成立的。

幕府與御家人　幕府是以武士的代表——將軍爲中心而建立起來的政治機構和軍事組織，其支柱是將軍與御家人的主從關係。御家人宣誓臣屬於將軍，從而被承認跟將軍爲主從關係。其形式因時代而有所變化，由將軍直接以書面文件予以承認，或者由各國的守護向幕府提出名單。全國的武士並不都是御家人，還有許多跟幕府沒有直接關係的非御家人。御家人通過被任命爲地頭而獲得對土地支配權的保證。當時把承認保持原來受其支配的領地稱爲「本領安堵」，把新給的領地稱爲「新恩給與」。御家人獲得這種對土地支配權的保證，則有義務在平時擔任京都和鎌倉的警衛，在戰時捨命參加戰鬥。將軍跟御家人的關係就是這樣通過土地的給與而結成的主從關係，日本的很多學者認爲這是封建關係的成立，認爲鎌倉幕府的成立是日本的封建制的成立。

鎌倉幕府是日本最初的封建政權，其基礎是守護、地頭制。這一時期，以京都的朝廷、公家及大寺院神社爲中心的莊園領主的勢力還很強大，在政治、經濟兩方面都存在著雙重的統治，但新的勢力逐漸地壓倒舊的勢力。朝廷在形式上是全國的統治者，軍事、警察權形式上由朝廷「委任」，實際上由幕府掌握。另外，朝廷在形式上仍和過去一樣任命國司，管理全國的行政，但東國事實上是幕府完全統治地區；在其他各國，也通過守護干預國衙的任務，逐漸剝奪了國司的行政權。幕府命令全國的國衙提交調查國內各個國衙領和莊園的田地面積，以及莊園領主和地頭的姓名的「大田文」，就說明了上述情況。

鎌倉幕府的機構

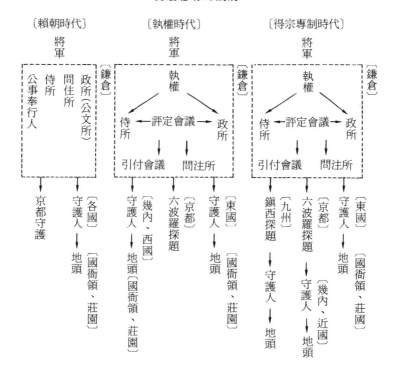

以前是貴族、大寺院神社作爲莊園領主掌握著土地收益權，現在幕府在莊園裏任命地頭，奪取了統治權，於是實行朝廷與幕府、國司與守護、莊園領主與地頭的雙重統治，兩者不斷發生矛盾。

實行這種雙重的統治，一般認爲是由於新勢力還沒有壓倒舊勢力，幕府的性質中還殘留著舊的因素。幕府的經濟基礎是賴朝所獲得的平氏原有的領地——稱作「關東御領」的莊園群，以及初期賜給賴朝的八九個稱作「關東御分國」的知行國。幕府在這些地區仍保持國衙領和莊園的統治這一陳舊的體制。幕府並不完全否定莊園領主的統

治，它任命御家人爲地頭，這一形式是根據莊園制度而任命一種莊官，一般認爲這也表明了幕府本身的保守性。

武家統治的確立

　　北條氏的擡頭　賴朝是武士階級的傑出領袖，他代表著成爲幕府成立動力的東國武士團的利益，同時又利用將軍的獨裁制來管理幕府。但 1199 年賴朝去世，其子賴家（時年僅 17）繼承將軍職位，無法統率有實力的武士，御家人方面的發言權增大，圍繞領導權的鬥爭隨之激化起來。在這樣的鬥爭中，賴朝的妻子政子的娘家——伊豆的豪族北條氏擴大了勢力。1203 年（建仁 3 年），政子的父親北條時政幽禁了賴家，讓賴家的弟弟，當時僅 11 歲的實朝當將軍，自己擔任政所的長官。以後時政暗殺了賴家。1213 年（建保元年），時政的兒子義時又打倒了幕府創立以來實力雄厚的御家人和田義盛，兼任侍所的長官，掌握了軍政兩方面的實權。這一地位稱爲「執權」，是鎌倉幕府事實上的統治者，以後由北條氏世襲。北條氏獲得實權的背景是，東國的武士們不歡迎將軍獨裁的政治，要求通過武士們的聯合組織來代表武士利益的政治。

　　承久之亂　當時朝廷與幕府之間關係緊張，代表朝廷的舊勢力和代表幕府的新勢力之間，圍繞著控制地方行政權和莊園的鬥爭激化起來。在京都實行院政的後鳥羽上皇，把過去分散的皇室領地再次集中到上皇手中，在院的軍事機構方面，除了「北面武士」外，又設置了「西面武士」，加強了軍事力量。上皇向幕府提出罷免守護、地頭等要求，企圖乘賴朝死後、幕府內部不穩定的形勢，恢復朝廷的勢力。在這樣的情況下，1219 年（承久元年）發生了已經喪失政治實權的將軍

實朝被賴家的遺子公曉暗殺的事件。公曉在事件發生後不久被北條氏所殺，源氏的宗家——賴朝的子孫遂爲斷絕。實朝死後，北條義時曾希望推戴皇族爲將軍，但遭到上皇的拒絕。上皇看到賴朝死後幕府內部的動搖，以爲幕府即將崩潰，終於在 1221 年（承久 3 年）發出討伐義時的命令，舉兵討幕。但是，以東國武士爲首的武士階級，在幕府面臨危機的情況下，卻表現出精誠團結。當時傑出的政治家北條政子向御家人陳說武士的階級利益，號召大家團結在幕府的周圍。當北條義時的兒子泰時和義時的弟弟時房率領幕府軍西上時，全戰的武士爭先恐後地參加，相反，響應上皇命令的武士卻極少。所以幕府軍奮戰了約一個月就取得了勝利，果斷地把後鳥羽、土御門、順德三個上皇流放，並廢除了仲恭天皇，這稱爲「承久之亂」。

由於承久之亂取得了勝利，幕府處於絕對優勢的地位，終於介入了皇位的繼承，在京都設置了幕府的代表機構「六波羅探題」（六波羅是地名），其任務是警衛京都內外、監視朝廷和統轄西國地方。這一機構的重要地位僅次於執權，由北條氏家族世襲。

在經濟方面，沒收了依附朝廷方面的貴族和武士的領地 3,000 餘處，新任命了許多地頭。地頭的薪俸在這以前沒有一定的標準，現在乘此機會施行「新補率法」，規定在沒有先例時每 11 町（1 町約等於 1 公畝）發給 1 町賜田，每 1 段（1 町的 1／10）發給 5 升（約 9 公升）加徵米。因此，在這以後任命的地頭稱「新補地頭」，以示同以前任命的「本補地頭」相區別。這樣，武士對土地的控制日益增強，而且幕府的控制力迅速伸展到以前幕府的力量所達不到的畿內和關西的國衙領和莊園，在西國獲得新領地的東國武士很多全族遷移到西國。

幕府沒有徹底消滅朝廷的原因　幕府在承久之亂中取得了絕對

的勝利，甚至把上皇流放，把天皇廢除，但爲什麼沒有徹底廢除朝廷、建立新王朝，這確實是個疑問。一般認爲這有幾個原因：第一，在日本的古代社會裏，天皇是世俗的統治者，同時又具有宗教的權威，很多人認爲天皇的地位是神聖的，非其他家系的人所能代替的。因此，對朝廷雖取得了絕對的勝利，甚至廢除了天皇的皇位，但幕府不能建立新王朝，只能讓皇族中的一人來即天的皇位。這種思想一直延續到以後，在以後的南北朝的內亂中，以擁立其他天皇的形式，使天皇喪失實權，但不廢除天皇本身或建立新王朝。第二，一般認爲幕府的保守性也是原因之一。前面已經說過，幕府本身就是建立於對知行國及莊園的統治之上，而且並沒有徹底廢除莊園制度本身，因此它不可能徹底廢除代表莊園統治的朝廷。第三，當時北條氏雖在幕府的內部掌握了強有力的主導權，但還不具有統制一切的能力，因此不可能進行廢除舊王朝、建立新王朝和徹底否定莊園制這樣偉大的事業。

　　執權政治　源賴朝的血統斷絕後，北條氏於 1226（嘉祿 2 年）將賴朝的一個遠親、年僅 8 歲的藤原賴經迎來當將軍，自己掌握實權。承久之亂以後，朝廷與幕府在政治上並立的形式並沒有變化，但幕府的優勢已經確立。北條泰時繼義時之後擔任執權，在他的領導下，武士的政權獲得了發展。泰時設置了輔佐執權的「聯署」，由北條氏家族擔任。還設置了僅次於聯署的重要職務——「評定衆」，從御家人和熟悉政務的人們當中選出 10 餘人擔任這個職務，讓他們負責最高政務的決定和審判的裁決。在當時有實力的御家人階層當中，雖然承認北條氏的優越地位，但要求幕府具有聯合政權的性質。由於這種思想很強烈，北條氏在幕府的管理上也只好在一定程度上採用了協商制的形式。

　　承久之亂後，隨著幕府統治權力的擴大，需要規定有關守護與地

北條氏略譜系

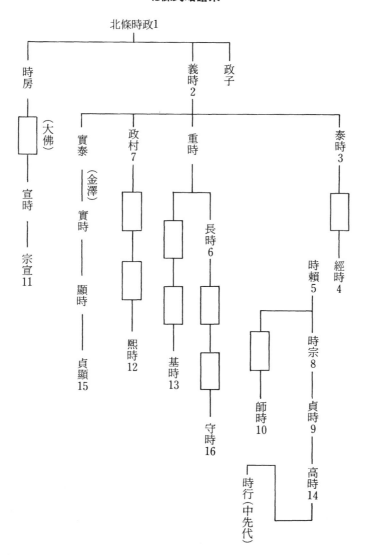

註：數字表示就任執權的順序

頭的職權、重要罪犯的處罰、領地的統治與繼承以及審判等的標準，尤其是由於設置新補地頭等而劇增的有關土地的糾紛，更需要進行公平的裁判。在這樣的情況下，泰時於 1232 年（貞永元年）制定了武家第一部系統的法典《貞永式目》51 條。《貞永式目》亦稱「御成敗式目」，它把武士社會中稱作「道理」的習慣、道德以及賴朝以來的先例變成成文的法規。以後又根據需要，以追加式目的形式發出單行的法令；後來的室町幕府也以建武年間以後的追加式目的形式發布法令。式目是以御家人為對象，在幕府的勢力範圍內實行的；在朝廷的統治下則實行律令系統的公家法，在莊園領主的統治下實行本所法。但隨著幕府勢力的擴大，實行武家法的範圍也逐漸擴大。

在泰時的時代整頓充實了鎌倉幕府的制度與法令，泰時的孫子時賴又加以發展。時賴進一步充實了審判制度，在由評定眾中選出的「頭人」之下，設置專門負責有關御家人領地訴訟的「引付眾」，以求得能迅速地進行公正的審判。在時賴的時代也曾出現過有實力的御家人不滿北條氏在幕府內部佔據優越地位的動向，發生了企圖集結在已經成年的將軍藤產賴經的周圍的事件。對待這一活動，時賴把賴經送回到京都，並藉此機會於 1247 年（寶治元年）消滅了有實力的御家人三浦氏家族，以後迎來皇族當將軍，但不讓他掌實權，由北條氏實行獨裁。

武士的生活　平安時代末期至鎌倉時代，武士住在周圍環繞著土壘和壕溝的「館」裏，在其附近設置直營地。這種直營地不納年貢，也沒有其他負擔，令「下人」等隸屬的農民耕種。武士還作為國衙領或莊園的地頭統治其管轄的地區，其統治下的田地每 11 町可收取 1 町的年貢，其餘的年貢繳納給國司或莊園領主，這一部分的年貢也可每反（1 反約等於 10 公畝）徵收 5 升左右的「加徵米」，作為自己的收入。

鎌倉幕府的訴訟制度程序

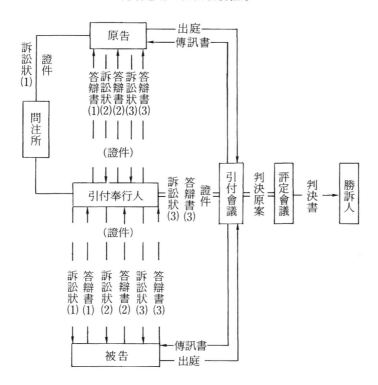

當時的財產繼承原則上是分散繼承，即把領地分配給一族的各個子弟。按當時的家族制度，女性的地位較高，女性也可分得財產，甚至有的女性當上了御家人或地頭。不過，一族中分得了財產的子弟並不是完全獨立的，而是處在稱作「惣領制」的控制之下。所謂惣領制，是以本家的家長為惣領，把他當作首長，聽從他的命令行動。本家以外的分支稱作庶子，包括本家和分支的集團稱「一門」或「一家」。平時祭祀祖先和一門的氏神是惣領的權利，同時也是他的義務，戰時一家在惣領的指揮下進行戰鬥。惣領代表一門，在軍事勤務和莊園、國

衙領等的管理方面向幕府負責，由他把負擔分配給一門的庶子，然後由他匯總向幕府效力。幕府的政治、軍事體制也是以這種惣領制爲基礎的。

當時的武士過著極其簡樸的生活，把武藝高超當作是一種美德，經常進行騎射等訓練。他們的道德稱作「武家的習俗」或「兵道」，表現爲對主人獻身，重視一門、一家的名譽的精神和知廉恥的態度等，同時有美化死的傾向，成爲後世武士道的起源。

武士統治權的擴大 由於鐮倉幕府的成立，當上御家人的武士作爲莊官的地位得到幕府的保證；由於幕府在承久之亂中取得了勝利，其對土地的支配權進一步增強。很多地頭對於向莊園領主繳納年貢或者消極怠工，或者據爲私有，同莊園領主之間發生許多糾紛和訴訟。另外地頭中利用權力非法剝削農民的人日益增多。大多莊園領主都住在京都、奈良等地，很難抑制直接統治現地的地頭的行動。因而把莊國的管理全部委託給地頭，跟地頭締結「地頭承包」（「地頭請」）的契約，或把莊園的土地分爲領家部位和地頭部分，彼此互不干涉，締結統治土地和居民的契約，把領地均分（「下地中分」）。幕府也推行了這些方法。但地頭並沒有因這些措施而停止侵蝕，對莊園等現地的統治權益受到武士的侵蝕。

元寇及幕府的衰退

蒙古來襲 13世紀初，在中國北方的蒙古高原上過著游牧生活的蒙古族當中，出現了成吉思汗，統一了蒙古各部族，征服了東北亞。其繼承人征服了中亞和南亞，遠征歐洲，接著消滅了金，建立了橫跨歐亞的大帝國。

成吉思汗的孫子忽必烈遷都大都（現在的北京），改國號爲元，對南宋施加壓力，同時開始征服四鄰。高麗在這之前 30 年間對蒙古軍進行了激烈的抵抗，後來終於從屬於元，但以後人民的抵抗一直未斷。忽必烈對日本也多次強制要求朝貢，遭到當時的執權北條時宗的拒絕。因此元與高麗的聯軍於 1274 年（文永 11 年）首先侵犯對馬和壹岐，後又大舉在九州北部的博多灣登陸。幕府向九州地方的御家人下達了動員令，抵抗蒙古軍的入侵。當時日本軍的戰法是騎在馬上的武士一個一個地出戰，而元軍是採取集團戰法，而且武器精銳，所以日本軍作戰極其艱苦，但因爲是保衛國土，日本軍拼死奮戰，致使元軍的傷亡很大，全軍暫時撤回船上。當晚遇到大暴風雨，蒙受巨大的損失，終於撤退回去。這稱爲「文永之役」。以後，元滅了中國的南宋，企圖乘勢再次征服日本，派出了使節。但時宗斬了元使，表示了堅決抵抗的決心。1281 年（弘安 4 年），元軍分兵兩路，東路軍從朝鮮半島出發，江南軍從長江出發，共 14 萬大軍分乘 4,400 隻船進迫博多灣。這次日本軍學習了元軍的戰法，也採取了集團戰法，並在博多灣築石壘，還乘上小船襲擊元的大船，拼死防守。這樣，阻止了元軍，使其兩個月未能登陸。這次元軍又因大暴風雨而遭受巨大損失，最後敗退。這稱爲「弘安之役」，連同「文永之役」稱爲元寇或蒙古來襲。

　　忽必烈以後仍籌劃遠征日本，但因在進攻日本的基地朝鮮，人民不斷起來反對元的佔領軍；在中國的江南，不斷發生大規模的農民鬥爭，反對遠征外國所帶來的沉重負擔，第三次遠征日本終於未能實行。蒙古來襲是日本有史以來第一次遭到來自外國的進攻，而兩次均因暴風而使敵人蒙受巨大的損失，，因此而在日本人當中產生了認爲「日本是神國」的概念，這種概念一直到以後很長的時期都產生影響。不過，就是在這樣的時間，兩國通過商船進行的貿易仍很活躍，

鎌倉時代農民的負擔

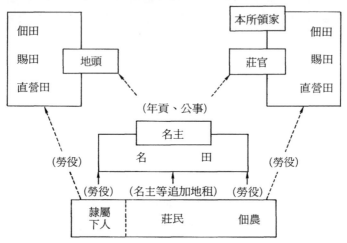

年貢：大米、絹
公事：地方特產品

地頭承包與領地均分

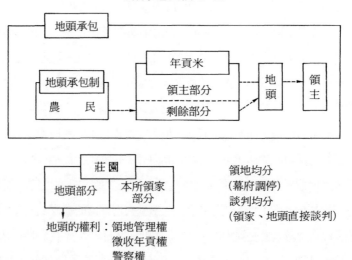

領地均分
（幕府調停）
談判均分
（領家、地頭直接談判）

地頭的權利：領地管理權
　　　　　　徵收年貢權
　　　　　　警察權

不滿於元朝統治的南宋遺民也有不少人來到日本，文化交流也相當頻繁。

　　幕府的衰退　打退了兩次蒙古來襲之後，幕府仍未放鬆警戒體制。文永之役前又加給九州地方御家人的「異國警固番役」的任務，在以後仍然繼續；另外作爲幕府在九州的代表機構，還新設置了鎮西探題，任命北條氏家族爲首長，令其負責御家人的動員計劃以及西國的政務和審判的判決。幕府以前命令有效的範圍只限於御家人，現在利用全國的臨戰體制，從朝廷獲得了動員全國的莊園、國衙領內非御家人的武士的權利，並可從非幕府領地的莊園徵收物資，把自己的勢力擴大到西國。同時在這一過程中，樹立了北條氏在幕府內部的獨裁地位，執政北條氏的戶主得宗的勢力變得十分強大。以前的鎌倉幕府，在賴朝死後原則上是有實力的御家人之聯合政權。以後執權北條氏的勢力逐漸強大起來，以蒙古來襲爲契機，出現了被人們稱爲「得宗專制」的情況。隨著這種情況的出現，得宗家的家臣「御內人」與原來的幕府御家人之間的對立日益尖銳。1285年（弘安8年）消滅代表御家人勢力的安達泰盛等人的「霜月騷動」之後，御內人的代表「內管領」掌握了幕府的實權，全國一半以上的守護和大批的地頭都任命北條氏一門來擔任。

　　另一方面，在鎌倉中期以後，由於社會的變化，很多御家人的生活發生了困難。這一時期的武士原則上是實行家產分散繼承，所以領地愈分愈小；而且由於不能適應隨著生產力的擴大而帶來的貨幣經濟的發展，因而出賣或典當土地，出現了大批因喪失領地而沒落的御家人。元寇的入侵促進了這一傾向的發展，元寇使得御家人承擔了許多犧牲，但不可能像內戰那樣以沒收敵人的領地來獲得報償。御家人因此而降低了對幕府的信賴。

幕府爲了挽救御家人的日益貧困，曾禁止御家人典當或出賣領地，1297年（永仁5年）曾發布永仁德政令，命令無償地歸還以前出賣或典當的御家人的領地，但這只能收到暫時的效果。武士的繼承法也發生了變化，一般都實行單獨繼承，由嫡子繼承全部領地。但作爲其反面，惣（總）領家與庶子之間的關係淡薄了，惣領家不再把庶子家的軍事勤務和年貢繳納匯總進行，出現了地緣關係比血緣關係佔優勢的傾向。在這些變化的背景下，守護在各地的勢力變得強大起來。根據以前鎌倉幕府的制度，御家人直接從屬於幕府，守護雖是各國的一名最有實力的御家人，指揮其他御家人，擔當軍事動員和維持治安的任務，但並沒有同其他御家人結成主從關係。可是到了鎌倉時代的末期，這一情況連同幕府內部的得宗專制一起發生了巨大的變化，各地包括御家人在內的武士逐漸同守護結成了主從關係。

農村的變化　平安後期以後，在國衙領和莊園的內部出現了擁有牢固耕作權的有實力農民。這種農民稱作「名主」，他們一方面使用「下人」等隸屬農民耕種一部分土地，讓佃農（「作人」）佃種一部分土地，同時向國司或莊園領主承擔年貢、公事和夫役等義務。平安末期至鎌倉時代農業生產力有了顯著的發展，進入鎌倉中期以後，先進地區已經普遍種兩茜莊稼，在水稻收割之後再種一茜麥子，並大量使用草肥和草木灰等肥料。一般農民已普通使用牛馬和農具。先進地區以這樣的技術發展和生產力的提高爲背景，出現了一些新的變化，如：一些佃農等小農民發展成名主，隸屬於名主之下的下人獨立出來，轉化成爲小農民或新名主等。

農村內部的這些變化，給統治農村的地頭等武士帶來了變化，他們以前一直是使用下人經營直營地，從這時起開始讓下人成爲獨立的小農民，由他們自己獨立去耕種，然後收奪他們的生產品，企圖改變

成這樣的體制來實行更強有力的統治。另外，農民反抗地頭和莊園領主的壓迫和掠奪的活動也活躍起來，農民集體逃亡也增多了。但在靠近莊園領主集中地區，其控制力強大的畿內及其周圍地帶，地頭侵蝕莊園和農民爭取獨立的活動受到了很大的限制。因此，御家人以及在該地區獲得極大發展的非御家人的新興武士，逐漸用武力來反抗莊園領主。他們在當時的史料中被稱為「惡黨」，其活動迅速地蔓延到各地。對於這些活動，不要說莊園領主，就是同莊園領主保持一定妥協關係的鎌倉幕府也苦於找不出對策。

　　貨幣經濟的發展　農業技術的提高帶來了生產力的發展，剩餘物資增加，交換經濟獲得廣泛的發展。奈良時代至平安時代的初期，律令國家曾發行一種稱作皇朝十二錢的貨幣。但這種貨幣只在京都、奈良周圍極小的範圍內流通，到了11世紀前後，大米、絹布等反而代替了貨幣。但到了平安時代的末期，同宋的貿易興盛，輸入了大量的宋錢，這些宋錢在全國各地逐漸流通起來。隨之在莊園的中心地區或交通的要地、寺院神社的門前等定期舉辦市集，每月舉辦三次的「三齋市」已成為常見的現象。當時的農民栽植桑、楮、藍、荏胡麻等，加工成為絹布、生絲、麻布等，繳納給領主，領主把多餘的部分拿到市集上去出售。當時的手工業品很多就是這樣作為農民的副業生產出來的，其中還出現了該地方的特產品。地方的市場上買賣這種特產品和大米等，很快就出現了從中央來收購紡織品和工藝品的商販。

　　京都和奈良是莊園領主集中的大消費地區，他們從莊園裏掠奪年貢和物資，因而專業的手工業者和商人也集中在那裏。那裏除了舉辦市集外，還有一種稱作「見世棚」的常設零售店。從平安時代末期起，這些工商業者在各個莊園領主的下面建立了稱作「座」的同業公會，企圖利用領主的權威來壟斷製造和販賣。

邊遠地區的商業也發展起來，在主要的河流、港灣和交通要地，出現了一種稱作「問丸」或「問」的行業，承辦商品的中轉和委托販賣、運送等業務，而貨款的結算的辦法，不是用現金，而是發行一種稱作「爲替」的支票。另外還出現了專門從事貨幣的交換與借貸，稱作「借上」的高利貸行業者。隨著這種貨幣經濟的發展，邊遠地區送到莊園領主手中的年貢也逐漸改用貨幣來繳納。但這是由莊官或地頭把從農民那裏徵集來的年貢米等，拿到市集上換成錢，然後繳納給莊園領主，從農民那兒仍然收奪實物。

鎌倉文化

鎌倉時代還殘存著代表古代貴族的政權，經濟領域中也存在著莊園領主的統治，文化方面公家❷仍是主要的支柱。但在這一時代，新興的武士階級以鎌倉幕府的勢力爲後盾，已成爲實質上的統治力量，過著樸素、健康生活的武士風格也反映到藝術上，產生了新的傾向，這一傾向也得到民眾的支持，很快就壓倒了傳統的文化。另外，商人和僧侶在中日兩國之間往來頻繁，傳入了國外的新的文化因素，爲新文化的創造作出了貢獻。

鎌倉佛教的成立　鎌倉時代繼平安時代之後，是受到佛教強烈影響的時代。很多學僧在天台宗的延曆寺和眞言宗的金剛峰寺等寺院中刻苦研究和學習敎義；東大寺、興福寺等在源平爭亂中燒毀了許多堂塔的大寺院，很快也爲皇室和藤原氏修復，鎌倉幕府也給予了援助。在修復的時候，建築和雕刻等方面產生了許多名作。

但是，鎌倉時代是新的封建社會開始的時代，這樣的變化以產生佛教新宗派的形式，產生了建立於新階級基礎之上的新思想。

新的社會是同戰亂一起開始的,通過保元、平治之亂、源平爭亂、承久之亂等戰亂,政治和社會都發生了變動,許多人在戰中喪失了生命。親眼看到了這些現象,不要說公家,就連武士和平民也深深地感到不安。在當時的情況下,人們都在宗教信仰中去尋求解脫。但這一時代的變動乃是新時代的開始,武士、平民等新的階級變成新的統治者,或者獲得了發展成長。而這樣的階級當然要在佛教中尋求新的內容。

　　以前的佛教主要是為貴族階級所佔有,它認為要得到解脫,需要有嚴格的學問和長期的修煉,而且要求建造許多寺院和佛像,所以一般的民眾無法親近。

　　鎌倉佛教是適應當時新的要求而產生的具有新的內容的佛教,其最初的教義是法然所提倡的「專修念佛」。

　　法然在比睿山和奈良修煉和研究的結果,認為不必研究難解的學問和進行長期的修煉,,只要信仰阿彌陀佛的教義和念佛(南無阿彌陀佛),所有的人都可以死後平等地轉生於極樂淨土。法然的教義為公家、武士、平民等各階層所廣泛接受;特別為無法從事長期修煉和難解的學問的武士和平民所歡迎,作為一種新的宗派,形成了淨土宗。親鸞進一步發展了法然的思想,他認為只要真心信仰阿彌陀佛的教義,念佛──只要念一次佛,就可保證轉生到極樂淨土;他還提倡「惡人正機」說,認為欲望和妄念深的人(惡人)乃是阿彌陀佛所要拯救的對象。親鸞的教義在以從事戰鬥為使命的武士、生活窮困的農民以及為了生活而從事漁業和狩獵的漁夫和獵人之間廣泛傳播,形成了淨土真宗(一向宗)。法然和親鸞所提倡的教義跟以前的佛教的立場是對立的,特別在一般民眾之間廣泛地流傳,這使得以莊園領主為首的統治者感到是一種危險。法然和親鸞禁止信徒們攻擊其他宗派,

極力避免發生衝突。但後鳥羽上皇還是在1207年（承元元年）鎮壓了念佛教團，把法然和親鸞分別流放到讚岐（現在的香川縣）和越後（現在的新瀉縣）。儘管遭到了鎮壓，念佛教團在民眾中仍然繼續發展。他們反對認爲通過建設寺院、研究佛學和修煉等自我努力（「自力」）才能得救的說法，認爲只要深信和依靠佛的慈悲就可以得救，人們稱之爲「他力」或「他力本願」。淨土眞宗從他力本願和惡人正機的立場出發，准許僧侶吃肉和結婚。

這時從中國新傳來了禪宗。禪宗跟這種他力本願的教義相反，提倡通過坐禪而得悟。榮西兩次訪問中國，把臨濟禪帶回到日本。另外在鎌倉中期來到日本的蘭溪道隆、無學祖元等中國僧侶不僅對臨濟宗的發展作出了貢獻，而且擔當執權北條氏的顧問，在精神上對武家政治的統治者給予了影響。日本的道元也訪問中國各地，學習曹洞禪，回到日本後成爲曹洞宗的開山祖師。禪宗主張通過坐禪進行嚴格的修煉，這種態度和武士的風尚一致，它作爲武士的宗教受到鎌倉幕府優厚的保護，在各地的武士中流傳起來。

日蓮在鎌倉中期開始布教。他主張信仰法華經，認爲這是最正確的經典，所有的人均可通過念誦「題目」（南無妙法蓮華經）而得到拯救。日蓮對現實的政治有著強烈的關心，主張要想人人都能得救，國家必須要穩定。日蓮還對其他的宗派進行了猛烈的攻擊。日蓮的這些觀點受到舊有的宗派以及作爲新興的武士宗教而興起的禪宗的強烈反對，日蓮本人也遭到幕府的流放。幕府之所以壓迫日蓮，是出自它要保護禪宗和不准干預政治的立場。但日蓮的教義認爲人不應在來世、應在現世得救，而且認爲人不分身分和職業均可得救，因而獲得地方武士和平民的信仰，形成了稱作「日蓮宗」的教派。

一遍也是鎌倉時代中期出現的宗教家。他的思想認爲，不論有無

信仰，只要念佛，所有的人都可得救。他在全國旅行，廣布教義，獲得民眾和武士的信仰。信仰一遍的宗派稱作「時宗」，他們一邊跳舞一邊念佛，通過跳舞念佛（「踴念佛」）來表現爲佛所拯救的喜悅，另外還主動承擔淸掃、看護病人、埋葬死人等當時一般人所不願做的工作，積極爲社會服務。

鎌倉佛敎和以前的佛敎有所不同，其特點是修煉容易，任何人都可以做到（「易行」），所以佛敎不僅爲貴族和僧侶，而且也爲包括武士、平民等一切人廣開了大門。

對於這種新佛敎的流行，舊佛敎方面企圖進行嚴厲的批判和鎮壓，但在他們的內部也出現了反省和改革的趨向。在當時的舊佛敎中，也有人認爲僧尼生活的糜爛和腐敗是其衰敗的原因，主張尊重戒律，企圖通過對貧民救濟和免費治病等社會事業來接近民眾。

另外在神道方面，在鎌倉時代的末期，伊勢神宮外宮的神官渡會家行也受到新佛敎的影響，批判了以前的「本地垂跡說」，主張以神爲主、以佛爲從，形成了獨特的神道理論。這種新神道稱作伊勢神道。

中世文學的開始　由於鎌倉幕府的成立，產生了新的武家政權。當時武士的文化水準跟公家相比還非常低，所以這一時代的學術與文學的支柱仍是公家。他們中的優秀人物一方面繼承了傳統的文化，同時敏銳地感受到新時代的動向與精神，試圖創造新的文化。

隨著以攝關家爲首的貴族的統治的衰落，出於對過去美好時代的懷念，研究古典和研究朝廷的儀式、先例的所謂「有職古實」之學在公家之間盛行。繼續編集敕撰和歌集，後鳥羽上皇時期完成的《新古今和歌集》，一般認爲在技巧方面達到了最高峰，它模仿坦率地歌唱素樸感情的萬葉調，形成稱作「新古今調」的歌風。這部歌集被認爲是公家文學放出最後光彩的作品，其代表性的歌人有藤原定家和藤原

家隆等。收集在這部歌集中的和歌追求獨特的技巧，企圖從概念上創造出一種深刻的美的境界，但迴避現實的變化和社會的痛苦，可以說反映了公家企圖追求過去的榮華的面貌。而武士出身的西山行的《山家集》中那些企圖執著追求大自然和人性的和歌，以及將軍實朝的《金槐和歌集》，則反對形式化的新古今調，表現出企圖恢復萬葉調的清新的現實主義的傾向。

這一時代還出現了敏銳地反映社會的變化和動向優秀的散文隨筆，鎌倉時代初期所寫的鴨長明的《方丈記》和慈圓的《愚管抄》，雖帶有濃厚的厭世思想，但以深刻的思索眼光來觀察過渡時期的社會。鎌倉時代末期所寫的吉田兼好的《徒然草》，是武家勢力已經取得勝利後的作品，其特徵雖對新的時代有所不滿，但以高深的教養對人世和世界進行了思索，是這一時代代表性的古典作品之一。

「軍物語」是以當時的戰亂爲主題，以現實中存在的武士爲主人公，生動地描寫了他們的活動的文學；這些作品令人感到開創武士社會的氣氛，其中最優秀的作品是《平家物語》。軍物語是爲雙眼失明的琵琶法師說唱而寫的，作者大多不詳，所以在不識字的人們當中也廣泛傳說，爲他們所喜愛。

另外，到鎌倉時代的中期，由於武家社會的發展和充實，武士們也逐漸地對學問感到興趣，像北條實時那樣好學的武士還創設了稱作「金澤文庫」的圖書館。中國南宋時代興起的朱子學，也由當時的禪宗的僧侶介紹到日本，在公家和一部分武家中也出現了學習這種學問的人。

鎌倉時代的美術　鎌倉時代的美術反映了時代的變化，和思想及文學同樣表現出許多新的傾向，有了新的發展。在建築方面，平安時代以來，以日本式的柔和的美爲特色的所謂「和祥」的建築式樣已經

普及。但鎌倉初期重建東大寺時，採用了以大陸式的雄偉、豪放和堅強有力的「天竺樣」；中期以後，隨著禪宗寺院的普及，盛行起所謂的「唐樣」，其特色是把細小的部材組合在一起，形成一種整齊的美。這些建築樣式都是在來自大陸的新影響下產生的，但也吸收了以前的「和樣」，產生了一種折衷的建築樣式。

雕刻在鎌倉時代的美術中，是特別發揮了高度的藝術性和新鮮感的領域。運慶、湛慶和快慶等慶派的佛像師，繼承天平雕刻的傳統，發揚新時代的精神，在佛像和肖像雕刻方面留下了許多名作，創作出富有寫實性、充滿剛健和人性的作品。

在繪畫方面，畫卷迎來全盛時代。畫卷是在院政時代作為物語的插畫而產生的，到了這一時代則用於對民眾傳教而發達起來。而且這一時代更為關心人的個性。與肖像雕刻發展的同時，一種稱作「似繪」的肖像畫也發達起來，藤原隆信和信實父子是其代表性的畫家，留了富有寫實性的作品。從鎌倉中期以後，禪宗僧侶崇拜稱作「頂相」的肖像畫的風習開始流行，在下個時代迎來它的全盛時期。

在書法方面，以平安時代流行的「和樣」為基礎，產生了青蓮院流派，另外還傳來了宋、元書風。尾張（現在的愛知縣）的瀨戶窯學習了宋代的傑出的製陶技術，也從這時代興盛起來。在工藝的領域裏，也反映了武士時代的到來，在甲冑方面出現了明珍家，在刀劍方面則出現了京都的粟田口吉光和鎌倉的岡崎正宗等名匠。這些武器作為藝術作品也達到了很高的水準。

南北朝的動亂與武家社會的發展

南北朝的動亂

南北朝動亂的原因 蒙古來襲以後，由於惣領制的瓦解、御家人階層的貧困及其他社會的變動，產生不穩定的局面。另外在幕府的內部，北條氏家族加強了專制，北條氏直屬的家臣與幕府的御家人之間的對立也尖銳起來。

另一方面，京都繼續實行院政，皇室及公家的內部發生了對立。鎌倉時代中期以後，皇室分為大覺寺系統和持明院系統二派，圍繞著皇位及皇室領有的莊園的統治展開了鬥爭。兩派都積極向幕府活動，以期取得有利的地位。幕府在14世紀初提出了由兩個系統的皇室輪流來當天皇的辦法，採取調停者的立場，事實上左右了朝政。當時攝關家也分為近衛、鷹司、九條、二條、一條等5家，稱作「五攝家」，輪流擔當攝政、關白，但也被幕府利用作為操縱朝廷的工具。

1318年（文保2年），大覺寺系統的後醍醐天皇即位，他深入學習過朱子學，從朱子學的名分思想出發，認為平安時代的天皇親政的最盛時期——即醍醐、村上兩天皇的時代是理想的時代，廢除了院政，恢復了記錄所，採取了一些野心勃勃的措施。天皇看到幕府內部的動

皇室兩系統輪流即位譜系

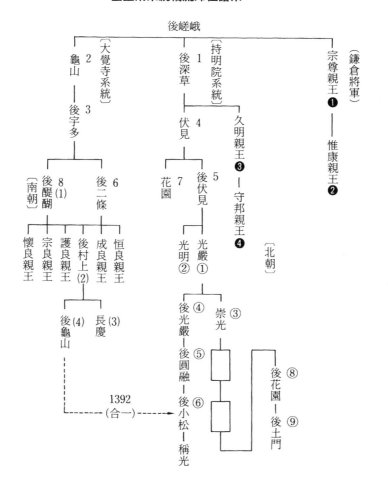

註：數字表示天皇即位的順序；○和（ ）中的數字分別表示
北朝和南朝的天皇即位順序；●表示鎌倉將軍。

搖，曾制定討幕計劃，但1324年（正中元年）為幕府覺察而失敗。天
皇以後仍計劃討幕，並於1331年（元弘元年）舉兵，但遭到失敗，天

皇被流放到隱岐（現在的島根縣），持明院系統的光嚴天皇在北條氏的支持下即位。但後醍醐天皇的皇子護良親王和河內（現在的大阪府）的武士楠木正成等人起兵反對，尤其是楠木正成集結了在近畿一帶反抗莊園領主、被人們稱作「惡黨」的武士，對幕府軍展開了神出鬼沒的奇襲戰。隨著這種戰鬥曠日持久，反對北條氏的御家人也紛紛起來造反，釀成全國性的內亂，後醍醐天皇也逃出隱岐，參加了討幕戰鬥。在這樣的形勢下，鎌倉時代末期在各地壯大了勢力的守護等有實力的御家人也開始反對幕府。當時最有實力的御家人足利尊氏，一度作為幕府軍的主將西上，但中途倒向天皇一邊，攻陷了京都的六波羅探題。在這以後不久，東國有實力的御家人新田義貞舉兵攻陷鎌倉，消滅了北條氏，鎌倉幕府遂於1333年（元弘3年）滅亡。

後醍醐天皇返回京都後，迫使北條氏擁立的光嚴天皇退位，廢除攝政、關白，恢復了天皇親政的政治。第二年，改年號為建武，因此

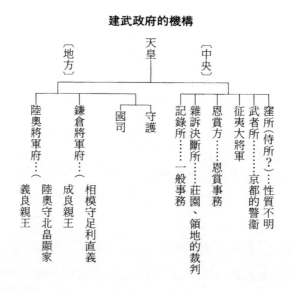

建武政府的機構

天皇

〔地方〕

陸奧將軍府……（義良親王）

鎌倉將軍府……（成良親王陸奧守北畠顯家相模守足利直義）

國司

守護

〔中央〕

記錄所……一般事務

雜訴決斷所……莊園、領地的裁判

恩賞方……恩賞事務

征夷大將軍

武者所……京都的警衛

窪所（侍所？）……性質不明

人們稱當時的新政爲「建武中興」。建武中興政權設置掌管行攻、司法的記錄所，掌管一般訴訟的「雜訴決斷所」，掌管中興事業恩賞的「恩賞方」以及掌理軍事、警察的「武者所」等機構。一般認爲雜訴決斷所是因襲鎌倉幕府的引付會議。在當時的狀況下，儘管是天皇親政，也不能無視鎌倉幕府的制度，而且作爲一個現實問題，也不能無視武士的勢力，因而在各國同時設置國司和守護。在幕府的根據地關東和東北地方設置鎌倉將軍府和陸奧將軍府，任命親王爲將軍，但也不能不起用曾是御家人的有實力的武士，實質上也可以說是小幕府。

在鎌倉幕府滅亡時，包括御家人在內的許多武士背叛了幕府。但他們所期待的決不是恢復古老的律令制，也不是恢復天皇親政，而是因爲許多武士在經濟上陷於嚴重的貧困狀況，認爲依靠增強北條氏家族的獨裁制不能解決眼前的問題。可是，這些武士們的願望並沒有由於建武中興的新政而得到滿足；當時武士們切實具體的要求——保住原有領地和獲得新恩賞地——即土地問題，並沒有獲得解決。當時的武士們所盼望的是取消莊園制度和擴大武士們對土地的支配權，而建武中興政權內部以後醍醐天皇爲首的代表莊園領主的勢力是希望加強莊園領主的統治權。中興政權下達了命令，規定今後土地支配權的變更均需經過天皇的裁斷，引起了極大的混亂；在恩賞方面也厚貴族和寺院神社而薄武士，很不公平，增強了武士的不滿。中興政權還強制各國的地頭負擔恢復皇宮的費用，更加增強了武士們的不滿。

因此，武士們逐漸對源氏宗族、東國名門出身的有實力的武士足利尊氏寄予了期望。恰好這時北條高時的遺子時行等人企圖恢復鎌倉幕府，在關東舉兵，占據了鎌倉。足利尊氏下關東討伐時行等人，平定了這次叛亂，以後又以討伐新田義貞的名義，對中興政權發起了叛亂，第二年攻入了京都。

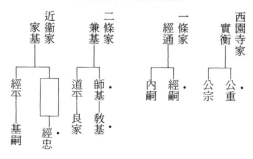

南北朝時公家的分裂

註：有·號的爲南朝的一方。

南北朝的動亂　足利尊氏後來一度戰敗，跑到九州，但由於西國的許多武士都齊集在足利尊氏的旗下，又再次舉兵，於1336年（建武3年）攻陷京都，扶持持明院系統的光明天皇即位，幽禁了後醍醐天皇，建武中興的新政權不到三年的時間就崩潰了。但後醍醐天皇不久從京都逃到吉野的山中，仍然堅持他是正統的天皇，於是分爲京都（北朝）和吉野（南朝）兩個對立的朝廷。足利尊氏規定了建武式目，表示要繼承鎌倉幕府，於1338年（南朝延元2年、北朝曆應元年）由北朝任命爲征夷大將軍，於京都開設室町幕府。

南北朝的爭亂以後持續了約60年。流亡於吉野山中的南朝之所以能夠長期存在，是同鎌倉末期開始的社會變動以及以此爲背景的武士階級內部的鬥爭有著密切的關係。當時惣領制已經崩潰，武士團正由血緣的結合轉向地緣的結合，圍繞武士團內部的這種重新組合，爭奪領導權的鬥爭十分激烈。在這樣的過程中，各派根據當時的具體情況，有的與北朝相結合，有的援助南朝，互相進行鬥爭。

在內亂的初期，南朝方面楠木正成和新田義貞戰死，後醍醐天皇

也死去，形勢不利，但以北畠親房爲中心，依靠東北、關東和九州等地的據點，繼續進行抗戰。北朝方面的形勢一向有利，但輔佐足利尊氏爲創建幕府建立大功的足利尊的弟弟足利直義，與足利尊氏的執事高師直之間的對立日益尖銳，進而發展爲足利尊氏與直義之間的對立。直義主張所謂的漸進論，希望恢復鎌倉幕府的體制，師直主張急進論，希望接受地方武士的要求，建立包括解散莊園在內的新體制。兩派終於在1350年（觀應元年）開始了所謂「觀應擾亂」的爭亂，1351年高師直爲直義派的武士所殺，直義也於1352年（文和元年）爲足利尊氏所毒死。但足利尊氏的兒子、直義的義子直冬在中國、九州地方建立了鞏固的地盤，後來也反抗足利尊氏。在此期間，兩派根據當時的具體情況，同南朝結合，進行了戰鬥，戰亂極其複雜，拖延了很長的時間。但結果由於直義派的沒落，終於成立了幕府。

　　守護大名的發展　從鎌倉時代的末期起，守護的勢力就開始強大起來，隨著惣領制的瓦解，地方武士以守護爲中心，開始了地區性的結合。在室町幕府創立時，其支柱就是這樣成長起來的守護大名。足利尊氏在內亂中爲了把武士的勢力組織起來，增強了守護的權力，除了以前的「大犯三條」外，還給予了有關在新的田地糾紛時行使實力的權利以及以實力實現裁判判決的權利。與此同時，還任命細川、斯波、畠山等足利氏的一族爲各國的守護。1352年（文和元年），發布「半濟法」，規定守護收取一國莊園年貢的一半，然後由守護分給地方武士。這個法令最初預定實施一年，並限定在部分地區，但很快就變爲永久的制度，到室町幕府的第三代將軍義滿時，終於擴大到全國沒有設置地頭的所有的莊園，而且不限於年貢，甚至擴大到把莊園土地的一半分割給守護，守護在國內的統治隨之進一步增強。

　　守護的勢力就這樣逐漸凌駕於莊園領主之上。另一方面，這時還

出現了農民的反抗。當時在畿內等先進地區的農村，小農和以前的隸屬農民強烈地要求獨立，他們和有實力的名主以村落爲單位團結在一起，開始進行要求減免年貢和拒絕夫役等活動。另外，在這一時期，鎌倉時代的地頭的後裔以及新成長起來的中小武士等在地方擁有勢力、稱作「國人」的階層興起，他們互相串聯，一面對付農民的反抗，同時不斷地侵蝕莊園，其目的是建立局部地區的統治權。國人們曾與守護對抗，並曾聯合起來與守護作戰，但因要對抗來自下層農民的反抗，最後大多集結在守護的下面，成爲其家臣團，守護的武士因而進一步擴大。

隨著守護在各國統治力量的增強，逐漸盛行莊園領主將年貢的徵收委交給守護或其家臣承包的「守護承包制」。由於半濟法和守護承包制不斷地擴大，莊園領主愈來愈僅存名義，守護愈來愈統治更多的土地。守護還把這些土地給與家臣，加強其國內的統治。因此，通迆南北朝的內亂，除了一部分特別爲幕府所擁護的寺院神社的領地外，很多莊園事實上已脫離了莊園領主之手。另外，當時各國還留下相當多的國衙領，這些國衙領也經常爲守護所佔有。

守護就是這樣控制了該國的莊園及國衙領等全部土地，把該國內的許多武士變爲自己的家臣，建立了對該國的全面統治，於是在其國內全部地區按每反耕地課收土地稅。這樣在其國內建立起鞏固統治的守護稱作「守護大名」，這種統治體制稱作「守護領國制」，在14世紀後半期，日本全國都出現了這樣的統治體制。

室町幕府的建立

室町幕府 足利尊氏於1338年被北朝的天皇任命爲征夷大將軍，開設了新的幕府。但是，一直到第二代將軍義詮的時期，由於足利氏內部的矛盾和鬥爭，一直處於不穩定的狀態；到了足利尊氏的孫子義滿擔任第三代將軍時，以細川、斯波、畠山等足利家族爲首的守護領國制已在日本全國基本建立，室町幕府在有實力的守護大名的勢力均衡上鞏固了基礎。

足利幕府成立時正是南北朝爭亂的時期，由於將軍在很大程度上要依賴當時各國強大的守護的力量，所以幕府帶有濃厚的守護聯合政權的色彩。不過，正在擴展守護領國制的大名也有其弱點，他們單靠自己的力量不可能對其國實行統治。當時守護擁有統治權的「國」，是全國地區劃分的單位，大多守護在其獲得統治權的國內，僅擁有一部分土地作爲其直接所有地，其主要的土地往往在其他守護所控制的另外的國裏，而且在他所管轄的地區內的武士也並不是全部都臣屬於守護，因此，守護方面也需要將軍的權威和力量作爲靠山，所以才集結在幕府的下面。

到了義滿的時代，隨著幕府基礎的鞏固，開始削弱那些強大的跨越數國的守護大名的統治與勢力。當時日本據說分66國，而山名氏清一族就兼任了其中11國的守護，人們稱之爲「六分之一大人」。義滿於1391年（明德2年）乘山名氏族內訌，打倒了山名氏，將其領國削爲2國。又於1399年（應永6年）打倒了兼任6國守護的大內義弘一族，大大地削減了其領國。

在這期間，南朝的勢力顯著下降，最後剩下的九州的據點也爲九

州探題的今川了俊基本平定，1392年（明德2年），通過義滿斡旋的形式，南北兩朝合而為一，結束了長達約60年的南北朝的內亂。（當時合併的條件是恢復南北朝以前的狀態；由北朝的持明院系統與南朝的大覺寺系統輪流當天皇，但這一協議並未遵守，以後一直由北朝系統當天皇。）

由於南北朝合併和打倒了山名、大內兩氏，將軍的地位鞏固了起來，義滿作為將軍第一次升任「從一位太政大臣」，出家之後仍掌握幕府和朝廷的實權。

當時的實際情況是：反對幕府、主張天皇親政的南朝已經滅亡，構成統一的朝廷的主體北朝是由足利氏擁立的，而且經過南北朝的內亂，朝廷的經濟基礎莊園也被各地的武士侵蝕殆盡，朝廷只是得到幕府的擁護才殘存下來。對比之下，義滿身兼全國武家棟樑之將軍和公家的最高官職太政大臣，其地位可以說是日本事實上的統治者。義滿在京都市內營造了稱作「花之御所」的壯麗的府宅，並在京都的近郊北山的別墅裏建造了內部飾以金箔的金閣，極盡享樂之能事。義滿在自己的府宅中招待天皇時，把天皇跟自己同等對待；他的兒子舉行成年加冠儀式，在天皇親自參加的情況下，其規格可與天皇的皇子們的儀式相匹敵。義滿的妻子是天皇的「准母」（名義上的母親），義滿甚至在其死後還曾一度作為天皇的父親，獲得太上法皇的稱號。另外在日本與明朝的貿易中，義滿自稱為「日本國王」，這個稱號顯然也是獲得承認的。

室町幕府的政治機構在義滿的時代已大體形成，它基本上繼承了鎌倉幕府中期以後的體制，但統轄各機構的中心服務「管領」，跟鎌倉幕府代理將軍的最高職務執權有所不同，是在將軍之下，輔佐將軍的職務。室町幕府中的重要機構有管理財政的「政所」，以及司掌京都內

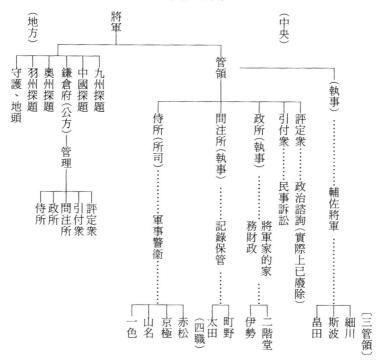

室町幕府的機構

外的警衛和刑事裁判的「侍所」等。根據慣例，管領由足利家族中的細川、斯波、畠山有實力的守護大名輪流擔任，稱作「三管領」，同被任命爲侍所長官的赤松、一色、山名、京極等被稱作「四職」的守護大名，形成幕府的核心，稱作「三管四職」。

在地方機構方面，關東曾是鎌倉幕府的根據地，同支持室町幕府的有實力的大名有著密切的關係，從足利尊氏時代就在那裏設置鎌倉府，任命尊氏的第三子基氏爲其長官——「鎌倉公方」，以後其子孫世襲此職。鎌倉府統轄關東8國及伊豆、甲斐2國等共10國（後來又加入東北地方的陸奧、出羽2國），其機構模仿鎌倉幕府的組織，擁有問

注所等機構，在行政、司法、軍事等方面相對獨立，長官鎌倉公方的執事稱「關東管領」，代代由上杉氏世襲。鎌倉府有著很大的權限和廣闊的管轄地區，所以隨著時代的發展，逐漸增強其獨立性，成爲室町幕府的威脅。此外還設置九州探題，在各國設守護，在各個莊園設地頭等，但起最重要作用的還是守護大名。

幕府的經濟基礎是分散在全國的稱作「公方御料所」和「政所御料所」的直轄領地，由足利氏以前的家臣（譜代）管理，徵集年貢和公事。室町幕府因優待了創立時的守護，據說其本身直轄的領地較少，因此向守護、地頭徵收臨時稅，並向全國臨時徵收按每反田地所徵收的土地稅（段錢）和按戶爲單位徵收的戶稅（棟別錢）；在交通要地設立關卡，向通過關卡的人和物資徵收關稅（關錢），但並未收到預想的效果。到了義滿的時代，在全國的工商業中心京都給予高利貸業的「土倉」和釀酒業者的「酒屋」以保護和特權，作爲其報償而徵收巨額的土倉稅（倉役）和酒屋稅（酒屋役），連同日明貿易的利潤，遂成爲幕府的重要財源。

倭寇與日明貿易 元寇來襲之後，日本與元之間沒有正式的邦交，但商人的貿易和來往仍很頻繁。足利尊氏根據禪僧夢窗疏石的建議，爲祈禱後醍醐天皇的冥福，在京都建造了天龍寺，爲獲得這筆經費而把一種稱作天龍寺船的貿易船派往元朝。在鎌倉時代末期，幕府爲獲得建造建長寺的費用，仿照以前的先例，也曾把建長寺船派往元朝。另外，在元末明初，九州和瀨戶內海沿岸的土豪們也大多從事貿易。他們是一種武裝的商人集團，在貿易不順利時往往變成海盜，騷擾中國和朝鮮的沿海地帶，中國和朝鮮方面稱之爲倭寇。1368 年明王朝的朱元璋——明太祖把元趕到北方，從第二年開始，曾數次向日本派出使者，敦促日本朝貢，要求禁止和鎮壓倭寇。使者在九州會見了

足利氏簡略譜系

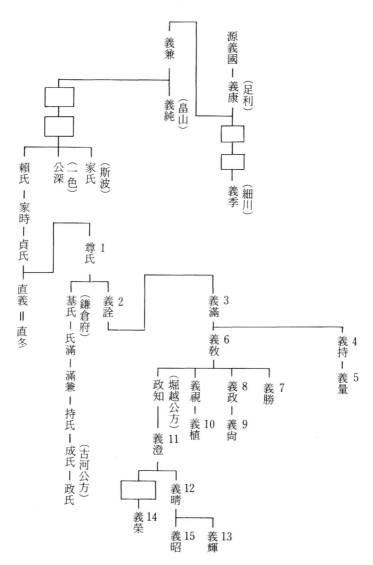

註：數字表示擔任將軍的順序

南朝方面的征西將軍懷良親王，但由於當時日本還不知道元已為明所代替，對元仍持警惕戒備的態度，明的國書中有「四夷之君長」、「尊師」之類的詞句，加上日本正處在南北朝的內亂之中等原因，談判沒有成功。到了 1373 年，明朝的使者終於會見了足利義滿。當時明朝因害怕倭寇，連民間貿易也禁止了，所以日本方面也產生了恢復貿易的要求，幕府出於財政上的原因也注意到日明貿易。

1401 年（應永 8 年），義滿命令九州探題禁止倭寇，同時向明朝派出了使者，建立了邦交。當時採取了中國傳統的外交形式—屬國朝貢的形式，義滿自稱「日本國王臣源」，對明朝採取了臣下之禮。而明成祖對此則發出了致「日本國王源道義」（道義是義滿的法名）的國書。於是在 1404 年（應永 11 年）達成了所謂的「勘合貿易」，規定以有無勘合符來區別政府和民間的商船。幕府獲得了許多貿易上的利益。

勘合符由明朝中央府的禮部發行，規定每一代皇帝發行 100 道。日本的勘合船去明朝時，要攜帶勘合符前去，與明朝方面所持有的底簿驗對，吻合則准許交易，並把用過的勘合符收回。明朝的皇帝換代時，要交回未使用過的勘合符，領取新發行的勘合符。在整個明朝期間，共發行了永樂、宣德、景泰、成化、弘治、正德 6 種勘合符。勘合船在中國的寧波接受驗證，在北京進行交易。因是朝貢的形式，不徵收關稅，連滯留費、搬運費和歸國費也由明朝方面負擔，所以日本方面的貿易利潤很大。日本方面主要出口商品是銅、硫璜、黃金、刀劍、扇子和漆器等，進口商品以銅錢為主，後來大多是生絲、紗和絹綢等。由於明朝的銅錢大量進入日本，永樂錢在以後長期作為日本的標準貨幣通用，促進了貨幣經濟的發展。

與明朝的邦交形式，對中國來說是傳統的外交形式，但在日本當

時就有許多人持批判的態度，義滿死後，第四代將軍義持聽從了認爲是日本的恥辱的意見，中斷了與明朝的邦交及貿易，但第六代將軍義教於 1432 年（永享 4 年）又加以恢復，並藉此機會修改了勘合貿易的規定，規定貿易每 10 年 1 次，船 3 隻，乘員 300 人。

當時日明貿易的中心是博多（現在的福岡市）和堺（現在的大阪府堺市）。勘合貿易的實權最初是由幕府掌握，後來落到有實力的守護大名大內氏及與其勾結的博多商人，以及另一個有實力的守護大名細川氏及其勾結的堺商人的手中。雙方圍繞著貿易的主導權進行了激烈的鬥爭，甚至在中國的寧波發生了互相衝突的事件。但日明貿易最後終於爲大內氏所獨佔。1551 年（天文 20 年）大內氏滅亡，勘合貿易也隨之斷絕。於是倭寇又逐漸開始活動，一直延續到 16 世紀末才爲豐臣秀吉所禁止。所謂「北虜南倭」，是明朝的兩大威脅。但 16 世紀貿易斷絕的後期的倭寇與 14 世紀前期的倭寇還有所不同，《明史》日本傳中說：「眞倭十之三，從倭者十之七」。鄭曉的《皇明四夷考》中說：「賊中皆華人，倭奴直十之一二。」《世宗實錄》中也記載說：「夷人十之一」可見倭寇中的中國人和其他國家的人比日本人還要多。倭寇船隊小的只有二三隻船，大的多達二三百隻。倭寇的根據地是在九州的松浦以及對馬、壹岐等島嶼。

朝鮮在高麗王朝末期蒙受倭寇之害比明朝還要大，加上災荒歉收，加劇了社會的動盪。當時中國還存在著北方的元和南方的明之間的對立，朝鮮國內也有著親元派和親明派的對立。這時，武將李成桂由於擊退了倭寇而博得了聲望，1392 年在親明派的支持下，推翻了高麗王朝，建立了李氏朝鮮。朝鮮也要求日本禁止倭寇，義滿同意了這一要求，因而締交了邦交，採取與勘合貿易同樣的形式，進行日朝貿易。對馬的大名宗氏一向與朝鮮保持密切的關係，因而在日朝貿易中

掌握了主導權。日本的出口商品除了銅、硫磺等日本的產品外，還有通過琉球而獲得的胡椒、藥材、蘇木、香木等南海各國的產品。從朝鮮進口的商品主要是棉布。交易是在所謂「三浦」的富山浦（釜山）、乃而浦（齊浦）和鹽浦（蔚山）三個港口進行。這些地方沒有接待日本使節和進行貿易的設施——倭館。不過，在邦交恢復之後，倭寇仍然未停止入侵，朝鮮水軍於 1419 年（應永 26 年）襲擊了被視為倭寇根據地的對馬。這次事件稱作「應永之外寇」，日本國內一度十分驚恐，以為是蒙古再次來襲，由於朝鮮並無侵略的意圖，貿易仍然繼續進行。但以後由於逐漸縮小了給予居住在三浦的日本人的各種特權，對此感到不滿的日本人於 1510 年（永正 7 年）發起了所謂「三浦之亂」的叛亂。叛亂遭到鎮壓後，日朝貿易開始衰落。

在日本的文獻上可以看到沖繩在 7－8 世紀以掖玖、南島等名稱派使者來日本朝見的記載。8－9 世紀沖繩的農業已獲得一定的發展，並向階級社會過渡；11－12 世紀各地的豪族建造城堡，進行割據，後來逐漸轉向統一；到了 15 世紀前半期，尚氏統一中山、北山、南山三個王國，建立了琉球王國。琉球王國利用當時明朝禁止民間貿易的政策，廣泛地開展同日本、朝鮮及東南亞各國的中轉貿易，由於獲得了利益，並吸收了中國和日本的文化，一度獲得了很大的發展。但到 16 世紀中期，隨著中轉貿易的衰退，琉球王國也衰落了。

室町幕府的衰落與平民勢力的擡頭

「惣」的形成與「土一揆」　從鐮倉時代的末期到南北朝的時期，農村發生了巨大的變化。其基本的變化是以前在土豪和名主之下處於隸屬狀態的小農民階層開始獨立和成長起來。在畿內及其周圍的

地區，爲了對抗領主和國人的非法要求，在戰亂中實行自衛，包括小農民在內的村民（「惣百姓」）的自治組織「村」發達起來。這些村的領導人——上層農民也具有武士的性質，稱作「地侍」。由他們當中選出稱作「番頭」、「沙汰人」、「乙名」等的村幹部。在大多的情況下，這種村的管理中心是承擔村的神社祭祀的村民組織「宮座」，有關山野等集體所有土地的管理以及灌溉用水的管理等，均由稱作「寄合」的村民大會決定，並決定稱作「村掟」的村公約；對違反公約者進行懲罰，行使自己的警察權和裁判權。隨著村這一自治組織機能的發揮，遂普及了一種由村負責承包向領主繳納年貢，稱作「百姓請」或「地下請」的制度。這種村的自治組織稱作「惣」或「惣村」，有些地方還進一步由幾個村聯合組成「鄉」。在工商業發達的地區，惣同時也是工商業的組織，成長爲工商業城市。

惣村里的農民逐漸對莊園領主等的統治進行反抗。農民們爲要求罷免非法的代官和減免年貢而進行了鬥爭。最初是在遇到自然災害時，農民大批擁到領主那裏去要求減免年貢，稱爲「愁訴」或「強訴」。如果要求不被接受，則全村放棄耕作，逃往他村，稱爲「逃散」。另外，農民發起集體的武裝行動時，稱爲「一揆」。「一揆」這個詞本來的意思是團結，轉意指武士或農民的集體行動，進一步發展爲農民鬥爭或農民起義的意思。

當時畿內的農村受到商業和高利貸資本很大的影響，尤其是爲當鋪和高利貸所苦的農民日益增多，因此在農民鬥爭時，往往要求幕府發布「德政」令，宣布取消欠繳的年貢，借貸和典當的契約等無效，無償地取回典當的東西。在鎌倉時代，爲了挽救御家人的窮困，曾發布過德政令。到了這一時期，農民所要求的德政主要是希望免除欠繳的年貢等。而幕府和武士也負債累累，所以乘著農民提出要求的機會

而發布德政令。

當時的農民鬥爭稱作「土一揆」。第一次大規模的鬥爭是 1428 年（正長元年）發生的「正長土一揆」。這次鬥爭最初是由在京都附近的交通要地近江（現在的滋賀縣）坂本從事運輸行業的馬夫要求德政而發起的，後來京都近郊的農民也參加了進來，襲擊了京都的土倉、酒屋和寺廟神社。鬥爭進一步迅速地波及到近畿一帶，各地用武力要求實行德政。要求發布德政令和減免年貢的一揆稱作「德政一揆」，以後以畿內為中心，不斷地發生這種鬥爭。

幕府的衰落與應仁之亂　室町幕府一貫的希望是，把幕府創業當時的守護大名聯合政權的性質改變為加強將軍獨裁的中央集權的性質。第三代將軍義滿時，征討山名、大內等有實力的守護大名取得勝利，在一定程度上達到了這個目的。但各地的守護仍然擁有很大的勢力，而且控制著關東、奧羽的鎌倉府日益強大，產生了獨立的傾向。第六代將軍義敎企圖強行獨裁政治，進一步加強將軍的權力，因而與守護領國的要求獨立的傾向發生了矛盾。1438 年（永享 10 年），義敎乘著鎌倉公方足利持氏與其執事上杉氏對立的機會，出兵征討關東，第二年逼使持氏自殺（這次事件稱為「永享之亂」），當時站在幕府一邊的上杉氏，以後逐漸掌握了鎌倉府的實權。義敎接著又不斷地壓迫和懲罰有實力的守護大名，使得政治動盪不定。1441 年（嘉吉元年），義敎被「四職」之一的赤松滿祐所謀殺（這稱作「嘉吉之亂」），赤松宗族依據其領國播磨（現在的兵庫縣）反抗幕府，雖然很快就為幕府軍消滅，但將軍的權威由於這次事件而大大地降落了。義敎被謀殺後不久，發生了稱作「嘉吉土一揆」的大規模的農民起義，幕府被迫發布了德政令。

隨著幕府權威的下降，靠幕府的力量已難以鎮壓一揆，而且幕府

主要的土一揆

年份	事　項
1428（正長元）	近江、山城德政一揆（波及畿內一帶）
1429（永享元）	播磨、大和、丹波、伊勢、出雲的土一揆
1431（永享3）	豐前、豐後、築前等地國人的土一揆
1432（永享4）	伊勢三郡的土一揆，薩摩、大隅等國一揆
1441（嘉吉元）	京畿一帶的土一揆
1447（文安4）	近江、河內、山城西岡、大和德政一揆
1454（享德3）	播磨土一揆，要求撤銷山科關卡一揆
1457（長祿元）	要求撤銷河內關卡一揆（破壞616處關卡）
1460（寬正元）	越中礪波郡一向一揆，大和反對地稅一揆
1472（文明4）	近江坂本馬夫一揆、南山城、大和一揆
1473（文明5）	一向宗教徒與加賀守護富樫政親作戰
1480（文明12）	越中一向一揆
1485（文明17）	山城國一揆（法制、年貢實行自治）
1488（長享2）	加賀一向一揆，迫使富樫政親自殺，統治全國，延續到1580年
1532（天文元）	畿內各地一向一揆，山城法華一揆
1563（永祿6）	三河一向一揆，與德川家康作戰
1570（元龜元）	伊勢長島一向一揆
1572（元龜3）	越中一向一揆，與上杉謙信作戰。攝津石山一向一揆，延續到1580年

的財政也發生了困難，所以以後幕府不斷地發布德政令，一方面取消自己所負的債務，同時向民間的負債人徵收負債額的1／10或1／5稱作「分一錢」的手續費，或者讓債權人出分一錢而免除對他們施用德政令，幕府企圖用這些方法來增加自己的收入。

　　後來義政當上第八代將軍，他在政治上完全是個門外漢，在京都的近郊東山的別墅裏建造了銀閣，在營造事業上鋪張浪費，弄得幕府的政治權威和財政全面惡化。（但也不能忘記，以這個東山的別墅為中心，產生了稱作「東山文化」的極其高雅的文化。就這一點來看，可以說他與北宋的徽宗皇帝有相似之處。）

　　由於義政不問政治，結果幕政的實權被管領家細川勝元和新擡頭

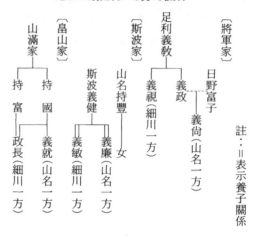

應仁之亂前夕的勢力關係

註：＝表示養子關係

的「四職」之一的山名持豐(宗全)等人所掌握，兩者尖銳地對立著。

當時隨著中央政權的幕府的權威下降，各地的守護大名的勢力增大，與此同時，他們相互之間的對立也有所激化，各國的守護大名也分爲細川、山名兩派。另外，這時武士社會裏單獨繼承的方式開始代替分散繼承方式，因而繼承人的政治地位和經濟地位比庶子佔絕對優勢。圍繞這種地位的爭奪增多了，而且這種爭奪與家臣團內部的對立相結合，進而又與幕府的實權人物互相勾結，產生了複雜的對抗關係。

將軍家義政最初沒有孩子，把弟弟義視當作繼承人，由細川勝元當監護人，但後來義政的妻子日野富子生了義尚，委託山名宗全當監護人，因而圍繞著將軍的繼嗣問題發生了鬥爭。加上由於畠山和斯波兩管令家繼承問題的矛盾，兩派的對立激化，終於在1467年（應仁元年）發展爲稱作「應仁之亂」的戰亂。在這次戰亂中，京都長達11年成爲戰場，大半個市街被燒毀。而且在這次戰亂中出現了一種稱作「足輕」輕裝的雇傭兵，這種雇傭兵在以後的戰鬥中不斷增多。戰火不僅

限於京都，而且波及到各地的守護大名的領國。守護和國人們在各地侵吞了莊園，南北朝以來徒具形式的莊園制度到這時已基本崩潰。幕府的統治力量只能達到京都及其周圍的山城一國；公家和僧侶由於喪失莊園而斷絕了經濟來源，很多人都依靠各種關係投靠到地方大名的門下（文化也因此而傳播到地方）。隨著戰亂擴大到地方，守護大名的領國發生了激烈的動搖，因而會集到京都來作戰的大名們也乘著宗全、勝元相繼死去的機會，逐漸回到了地方。

　　產業的發展　南北朝至室町時代這一時期雖然戰亂頻繁，但農業及其他各種產業均獲得了顯著的發展。由於農業技術的發展，灌溉的進步，有效地利用肥料，以及於兩茬作物的普及等，農業經營向精耕細作和多樣化發展。農業生產在戰亂的時代仍然獲得顯著的發展，這是由於過去一向從屬於富裕農民的小農民在這一時期開始獨立。手工業原料的桑、楮、漆等的栽培也獲得了發展。此外，隨著飲茶習慣的流行，茶樹的栽培也很盛行，尤其是京都近郊的宇治已成為著名的茶葉產地。京都、奈良等城市的周圍還大量地栽培蔬菜。

　　漁業及製鹽業也獲得了發展。隨著國內的手工業及對外貿易的發展，礦山業及金屬加工業也發達起來。

　　由於農業的發達和城市的發展，帶來了國內需要的增加和對外貿易的發展。手工業也以此為基礎而獲得了發展。手工業者從過去隸屬於貴族及大寺院神社的狀況中獨立出來，從農業中分離出來，職業進一步分工，不僅從事定貨生產，而且大量生產直接面向市場的商品。在金屬工業方面，鍬、鐮、鋤等鐵製農具及炒鍋、飯鍋等日用品的需要增大。刀劍不僅國內需要，而且也是日明貿易的重要出口商品，進行了大量的生產。絲綢織物和麻織物等纖維製品的生產也發達起來，尤其是京都已能製造精巧的織物。美濃（現在的岐阜縣）、播磨（兵庫

縣）、越前（福開縣）等地造紙業盛行，成爲這些地方的特產。釀酒也在全國盛行，尤其是京都、攝津、河內（均屬大阪府）、大和（奈良縣）更盛，根據應永末年的酒廠名簿來看，京都的酒廠集中於東北部，共有 347 家。

商業的發展　由於農業和手工業的發展，以及因此而帶來的分工的發達，農產物和手工業產品的交換盛行，農村市集開放的地點和次數增加，商販也增多起來。應仁之亂以後，六齋市（每月舉行 6 次的市集）已相當普及。各個市集上有稱作「市座」的專門販賣一定商品的商攤。市集商人受當地領主的監督，繳納市集稅而獲得販賣權。舉辦市集的日期由市集相互之間商定，平時在什麼地方舉辦市集均有規定，還出現了像馬市、牛市、織物市這樣在特產品的產地專門販賣特定商品的市集。城市裏常設的零售店也逐漸增多起來。

工商業者的同業公會「座」在鎌倉時代已經出現，到了這一時期，其種類和數量也增多起來，規模也愈來愈大。座把有實力的寺院神社或公家當作自己的保護者，繳納一定的稅，從而獲得在一定的地區販賣的壟斷權以及免除關稅等特權。如：大山崎的油座，最初就是由向該地的石清水八幡宮提供燈油的工商業者發起的，後來就以該八幡宮作爲保護者，在近畿至四國、九州部分地區十餘國擁有油的專賣權及買賣油料的壟斷權。在商品流通頻繁的京都、奈良成立了許多座，最初它起到了保護工商業者的作用，但到室町時代中期以後，由於它的壟斷性和封閉性，逐漸同沒有參加座的新興工商業者產生了對立，反而阻礙了工商業的發展。

隨著商品經濟的發展，貨幣的使用也盛行起來，年貢以及地稅、戶稅、夫役費、地租等各種捐稅逐漸都以錢來繳納。結果所領有的土地大小不再像過去那樣用町、反、步等面積來表示，而是廣泛採用把

該土地的年貢換算成永樂錢的貫數（1貫爲1000文）來表示。當時日本通用的貨幣除了宋錢和元錢外，以這一時代大量輸入的明錢「永樂通寶」作爲標準錢。但各地也出現了國內私鑄的劣質銅錢，因而在應仁之亂以後，在做交易時進行「選錢」——選擇優質的銅錢接受，發生了混亂。幕府及以後的戰國大名爲了防止經濟混亂，曾數次發布「選錢令」，規定各種貨幣之間的交換率，限制可流通貨幣的種類，以便交易順利進行。這一時期的土倉、酒屋是金融機構，兼營當鋪和高利貸，受到幕府的保護，獲得暴利，因而經常成爲土一揆的攻擊的對象。

聯結各地港口的駁船業以及陸地上的車、馬等交通行業也興盛起來運輸各地的產品。不僅運輸物資，由於到寺院神社巡禮朝拜流行，平民的旅行也增多了，官道上的宿舍等也逐漸地建造起來。匯兌制度早在鎌倉時代就已經出現，這時隨著邊遠地區商業的發展也廣泛地普及了。另外在大城市和交通要地還出現了經營批發行業的批發店。

另一方面，幕府、寺院神社和公家等看到了這種交通運輸的發展，在水陸交通要地設立關卡，徵收關卡稅，填補部分財政，實際上，阻礙了交通和商業的發展。

戰國大名的發展

下克上的潮流　應仁之亂把當時的社會矛盾一下子暴露到表面上來了。隨著戰亂向地方上擴大，各地的土一揆和國人的一揆逐漸增多。在幕府所在地京都周圍的山城，當時的守護畠山氏於1485年（文明17年）分裂爲互相對立的兩派。針對這一情況，南山城的國人舉行集會，並根據集會的決議，趕走了兩派的軍隊，以後在長達8年的時間裏，根據國人們的協議，實行自治，這稱之爲「山城國一揆」。

在加賀國（現在的石川縣），法然和親鸞的一向宗（淨土眞宗）的門徒國人以及居住在地方的敎團的下級領導人和尙，率領農民反抗守護，於1488年（長享2年）終於打倒了守護富樫氏，以後在長達一個世紀內，根據他們的協議，實行了國內自治，這稱之爲「一向一揆」。山城國一揆和一向一揆的領導階層都是地方的武士，但其背後都有著農民反抗守護統治的鬥爭。

在這樣的動向中，將軍和守護等舊的統治勢力日益衰落。應仁之亂的主將細川氏的實權很快就爲其家臣三好長慶所奪，接著長慶的權力又爲其部下松永久秀所奪，領國也被家臣們瓜分。各地也都不斷地出現守護被其家臣打倒或奪去實權的情況。產生上述情況的直接原因是由於家族分裂和作家臣的國人背叛造反，但在守護反抗將軍以及有實力的家臣、國人反抗守護的底層，存在著各地的城市居民和農民反抗統治者的鬥爭。這種浪潮稱作「下克上」，波及到全國。長達約1個世紀的「戰國時代」就是這樣開始的。

戰國大名的出現 統治階級內部的分裂在應仁之亂的前夕已經在關東地方表露出來。鎌倉公方持氏在義敎將軍時代一度被消滅，義敎死後，持氏的兒子成氏又當上了鎌倉公方。但因與討伐持氏時追隨幕府的關東管領上杉氏不和，遂遷到下總（現在的千葉縣）的古河，人們稱他爲古河公方。另一方面，將軍義政的弟弟政知被幕府派往鎌倉，但他實力不夠，進不了鎌倉，停在伊豆（現在的靜岡縣）的堀越，人們稱他是堀越公方，鎌倉府就這樣分裂爲兩派。關東管領上杉氏也分爲山內和扇谷兩家，率領各自的國人，不斷地進行鬥爭。與駿河（現在的靜岡縣）守護今川氏有姻戚關係的北條早雲（伊勢宗瑞），乘著關東地方的這種混亂，消滅了堀越公方，統治了伊豆一國，還進一步涉足相模（現在的神奈川縣）。到了他的兒子氏綱和孫子氏康的時代，北

條氏終於統治了關東的大部分地方。在中部地方，尾張（現在的愛知縣）、越前（現在的福井縣）的守護斯波氏在這期間分別爲其代理守護織田氏和朝倉氏奪去了領國。越後（現在的新瀉縣）守護上杉氏的代理守護長尾氏，在 16 世紀中葉出了景虎，伸張其勢力，繼承了主家，改名爲上杉謙信，同甲斐（現在的山梨縣）守護，將其領國擴大到信濃（現在的長野縣）的武田信玄進行了多次激戰。此外，在駿河、遠江（均屬靜岡縣）有今川氏，在美濃（岐阜縣）有商人出身的齋藤道三等豪強互相進行了爭奪。在畿內，京都處在上述的三好、松永的統治之下，其周圍不斷地發生小規模的國人的鬥爭，但未出現強大的大名把這些鬥爭組織起來。在中國地方，以前作爲守護大名而盛極一時的大內氏，其國在 16 世紀中葉爲其有實力的家臣陶晴賢所奪，但陶晴賢不久又爲安藝（現在的廣島縣）的國人出身的毛利元就所取代。另外在四國地方有長曾我部氏，在九州地方有大友氏、龍造寺氏、島津氏等，在東北地方有伊達氏等有實力的大名進行割據，互相爭鬥。這些大名稱作「戰國大名」，他們當中除了今川、武田、大友、島津曾是守護大名外，其他大部分是代理守護或國人出身，這表明了當時的社會變動是十分激烈的。

　　戰國大名的分國統治　戰國大名的統治地區稱作「分國」，他們在其分國的內部掌握全權，不受幕府的控制。那裏的莊園制度已徹底崩潰，由戰國大名直接控制村。戰國大名還將領內的國人、地侍全部編入家臣團，並企圖將其統治下的惣村改組爲領國統治的基層機構。希望獨立的國人、地侍曾表示反抗，但他們爲了建立對農民的更強有力的統治，也參加了戰國大名的家臣團。家臣團的組織形式是在稱作「寄親」的有實力的家臣之下配屬稱作「寄子」的一般家臣。一般家臣之下也有「郎黨」、「仲間」、「小者」等，還有充當兵的「足輕」。由

主要的戰國大名

關東	北條早雲－(1432－1519) 北條氏康－(1515－71)
北陸	上杉謙信－(1530－78)
甲信	武田信玄－(1521－73) 武田勝賴－(1546－82)
東海	今川義元－(1519－73) 德川家康－(1542－1616) 織田信長－(1534－82) 豐臣秀吉－(1537－98) 齋藤道三－(1494－1556)
越前	朝倉義景－(1533－73)
近江	淺井長政－(1545－73)
中國	大內義隆－(1507－51) 毛利元就－(1497－1571)
四國	長宗我部元親－(1539－99)
九州	大友宗麟－(1530－87) 島津貴久－(1514－71)

此可見戰國大名對領國的統治要比以前的守護大名更爲徹底，其軍事力量和經濟力量都十分強大。把這種新的領國統治變爲一種制度的是稱作「分國法」（或「家法」）的法規，著名的有今川氏、伊達氏、武田氏和長曾我部氏等的分國法，尤其是伊達氏的《塵芥集》、武田氏的《信玄家法》和今川氏的《今川假名目錄》等最爲有名。其內容有禁止家臣私鬥和私自結盟，禁止把領地出售或分散繼承，強制推行長子單獨繼承，爲大名的軍事任務效力，極其嚴厲的刑罰，以及「喧嘩兩成敗」（不問是非理由，爭鬥雙方均受懲罰）等，主要是控制家臣團，目的是爲了富國強兵。但另一方面，分國法大多採取大名與家臣協約的形式，有著防止大名濫用權力的作用。

戰國大名在作爲戰鬥力基礎的產業的開發上付出了很大的努力。值得注目的是，在戰國大名徹底的領國統治下，這一時期建造了

以前不可能著手的較大河流的堤防及較廣大地區的灌溉網，武田信玄建造的信玄堤就是其中的代表性的例子。在礦山的開發上也下了力量，開發了新的技術，這給以後的築城技術也帶來了很大的影響。從朝鮮和明朝大量進口的棉織品，以及在戰國大名的獎勵下，在三河（現在的愛知縣）開始的棉花栽培，迅速地推廣開來。除了與領國對外交界的地方外，撤除了全部的關卡，領國內的道路也作了整頓，這樣就打破了過去的莊園制度狹隘的框框，逐漸地建立起以大名的領國為範圍的廣闊經濟圈。

戰國大名為了徹底地掌握領國內的農民，在領國內實行了「檢地」（丈量土地）。戰國大名已把村的上層人物地侍組織起來進行控制，但還沒有像以後「太閣檢地」那樣由大名直接掌握耕作農民，所以一般採取的方式是指示其家臣，讓他們呈報其統治地區的面積、耕作人數及收穫量等。但這種領國統治的方式已比守護大名的統治徹底得多。

城市的發展與町眾　在室町時代，京都、奈良等城市已經作為自古以來的政治、經濟、文化的中心而存在，以寺院神社為中心的「門前町」也很快發達起來，到了戰國時代，各地的「城下町」、「港町」、「驛站町」❸等獲得迅速的發展。

隨著戰國大名對領國統治的發展，大名所居住的城堡逐漸由過去在險阻的山地建造的山城，遷移到交通便利、開發先進的平地，其周圍會集著家臣和工商業者，形成了城下町，城下町逐成為政治、經濟和文化的中心。很多戰國大名對會集在城下町的工商業者施加保護，為求得商品自由地流通，廢除已成為工商業發展障礙的座的特權，採取了所謂「樂市」、「樂座」❹的政策。大內氏的山口、今川氏的府中（靜岡）和北條氏的小田原等是這一時代的代表性的城下町。

戰國大名的家臣團的構成

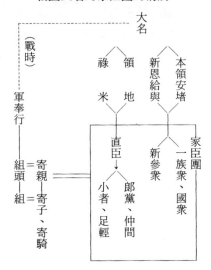

主要的家法、分國法

大名	國名	法令名	條數	制定年代
伊達氏	陸奧	塵芥集	170	1536
結城氏	下總	結城家法度	104	1556
北條氏	伊豆	早雲寺殿二十一條	21	16世紀初
今川氏	駿河	今川假名目錄	33	1526
武田氏	甲斐	信玄家法	26	1547
朝倉氏	越前	朝倉敏景十七條	17	1471－81(?)
六角氏	近江	義治式目	67	1567
大內氏	周防	大內家壁書	181	1495左右
三好氏	阿波	新加制式	22	1562－73(?)
長曾我部氏	土佐	長曾我部元親百條	100	1596－97
相良氏	肥後	相良氏法度	41	1493－1555

此外，隨著水陸路交通的發展而產生了港町和驛站町，與淨土眞宗相聯繫的寺內町也發達起來，大阪是作爲石山本願寺的寺內町而獲得迅速的發展，越前的吉崎也同樣是寺內町，爲當時的重要城市。

戰國時代發展起來的城市，除了城下町之外，很多是由農村的自治組織惣村直接發展起來的；發展成爲城市之後，大多擁有以有實力的町民爲核心的自治織組。堺、平野、博多等城市就是鑽了戰國大名之間的對立的空隙，實行獨立的自治。尤其是堺，由稱作「會合眾」的 36 名大商人共同協商來實行自治，並擁有由雇傭兵組成的武裝力量。博多是由 12 名「年行司」（每年更換一次的代表）來管理。在應仁之亂以後的京都，爲了對抗以農民爲核心的襲擊土倉和酒屋的一向一揆，以有實力的町人爲核心，發起了日蓮宗的法華一揆，它很快就成爲稱作「町眾」的自治組織的母體，發展了很有特色的平民文化。

室町文化　在鎌倉時代，除了幕府外，在京都還繼續存在著舊政權；在社會和文化方面還殘存著二元的因素。通過南北朝時期，京都的朝廷已徒具形式，公、武的二元性已基本上克服。因此，在室町時代，武士階級在以前所吸收的傳統文化之上，又加上從中國吸收的新文化，發展了新的文化。到了這一時代，又加入了平民的文化因素，因而產生了具有特色的形式。

禪宗被稱作是武家的宗教。由禪宗而產生的文化在鎌倉時代以後又進一步發展，因而給這一時代的文化帶來了內在的深刻性和喜愛閑寂的因素。另外，以前平民的戲劇「能」和「狂言」，平民集體吟誦的詩歌「連歌」，以及吸收了民間故事因素的大眾小說「御伽草紙」等，這時則不論是中央或地方，不分公家、武士或平民，逐漸受到人們普遍的喜愛。而且正如以下的事例所表明的那樣；書院式建築（書院造）成爲日本式住宅的原型，茶道、花道等經歷過江戶時代一直延續到今

天，以及連歌發展爲俳偕、能發展爲歌舞伎等，室町時代的文化將其要素傳給下一個時代的藝術，並延續到今天，在日本文化史上有著極其重要的意義。

新佛教的發展 天台宗、眞言宗等舊佛教，由於其保護者朝廷和公家的沒落，以及其經濟基礎莊園的崩潰而衰落了。在鎌倉時代代替它們而產生新的宗派，在武士、農民和工商業者中間廣泛流傳開來。

禪宗中的臨濟宗爲足利將軍所信仰，其領導人夢窗疏石當上了尊氏的顧問。將軍義滿仿效宋朝的官寺制度，在京都和鎌倉實施五山的制度。五山的禪僧中，不少人在開展與明朝的外交及貿易活動方面起過重要的作用，很多人精通朱子學和漢詩文。在五山禪僧中流行的漢詩文稱作「五山文學」，其代表人物有義堂周信和中嚴圓月等人。

禪宗的另一派曹洞宗特別爲地方武士所信仰，發展到各個地方。

淨土眞宗（一向宗）在鎌倉時代以後分爲各派，到室町時代中期時，其中佛光寺派的勢力最強，但鎌倉時代建立的本願寺派，在應仁之亂後出現了蓮如以後，迅速地發展，擴展到農村自治組織發達的北陸、東海和近畿地方的農村。一向宗的信徒以僧侶爲中心，在各地建立稱作「講」的支部，把農民組織在一起。講有大有小，各個講每月舉行一兩次集會，互相討論信教和娛樂方面的問題。另外還以這些講爲基礎，對大名發起一向一揆。

日蓮宗也是以關東爲中心發展起來的，到15世紀初出現了日親之後，擴大到京都和西國。但由於它對其他宗派發起排他性的論戰，經常遭到幕府及守護大名的迫害。日蓮宗後來爲京都的城市居民所信仰，曾組織法華一揆同一向一揆對抗，掌握了京都市政的主導權，但與睿山的天台宗勢力發生衝突，一度被驅出京都。

學術和思想 在南北朝時代，反映當時的戰亂和新舊勢力交替，

出現了一些歷史著作，其中《增鏡》是站在公家的立場上而寫的，《梅松論》是站在足利氏立場上而寫的。另外，《太平記》是描述這一時代動向的戰爭小說（軍記物）的傑作。南朝的重要政治家北畠親房所著的《神皇正統記》，在朱子學的名分論的影響下，論證了南朝的正統性，給後來的思想界帶來很大的影響。此外，在神道中出現了反對「本地垂迹說」的傾向，吉田兼俱試圖把儒學和佛教融合，創立「唯一神道」，神道家還對《日本書記》等開展了研究。五山的學僧中還出現了很多朱子學的研究者。另一方面，以前文化的支柱公家在政治上和經濟上雖然已經軟弱無力，但他們致力於傳統文化的研究，著述了許多有關日本古典的注釋書。尤其是《古今和歌集》一向被視為和歌的聖典，由於當時有著所謂「秘事口傳」的風氣，有關該歌集的解釋變成了所謂「古今傳授」的形式❺。

平民文藝　在這一時代，不僅是武士，就是町人和農民等平民的地位也有了顯著的提高，平民形式的文化獲得了發展。連歌起源於兩人合吟一首和歌的上、下句，到鎌倉時代發展為由許多人合吟連貫五十句、百句的長歌，到南北朝時在公家與武士之間很流行。到了室町時代，出現了二條良基等傑出的作家，整理了吟誦規則的書籍，連歌集《菟玖波集》被看作是敕撰集，提高了連歌的地位，出現了宗祇等優秀的詩人。但連歌受到規則的束縛，逐漸喪失了清新的氣息，因而盛行起新的俳偕連歌，作為連歌的一部分，把最初的一句獨立出來，產生了俳偕。隨著各村「惣」的形成和農民的成長，連歌作為一種集體創作，也在平民之間普及開了。

這一時代出現了稱作「御伽草子」的短篇小說，受到各階層人們的喜愛。這種作品的主人公是僧侶、武士、平民和擬人化的動植物等，其內容是民間傳說，或寫平民的夢想等，像《一寸法師》等作品，至

今仍作爲童話廣泛流行。

能和狂言本來是產生於平民的藝術，在這一時代藝術上達到了完美的境界。能本來有由奈良時代自中國傳入日本的散樂發展起來的猿樂能，和由農村插秧時祈禱豐收的舞蹈發展起來的田樂能兩種。在鎌倉時代至南北朝時代這一時期，能演化爲一種民間的藝術，分爲「謠」（唱）、「舞」和「囃」（伴奏）三個因素，由專門的能樂師來演出，並在寺院神社的保護下，組成「座」（劇團），尤以依靠奈良的興福寺的金春、觀世、寶生、金剛四個座最爲有名，稱作「天和四座」。14世紀末，觀世座出了觀阿彌和世阿彌文學，使得以幽玄美爲根本的猿樂能臻於完善。觀阿彌和世阿彌受到將軍義滿的保護，以後能就脫離了寺院神社的保護，在武家的援助下獲得發展。觀阿彌和世阿彌等在這一時期寫了許多謠曲，這些謠曲作爲文學作品在這一時代也具有代表性，尤其世阿彌的《花傳書》，是敍述能的眞髓的藝術理論，它作日本獨特藝術理論，在思想史上也是一部重要的著作。

狂言是在能之間播演以滑稽爲主的喜劇，其內容是諷刺當時的統治者大名和佛教徒頭陀、僧侶等，大多作品是以平民的生活爲題材，直接運用當時的口語和民謠，爲廣大的平民所喜愛。

另外，在這一時代流行的幸若舞、古淨瑠璃、盂蘭盆舞和小歌等，都以平民的藝術爲母胎，或爲廣大平民所喜愛，在這一過程中發展起來的。這表明了平民勢力在社會上擡頭，在文化方面也作出了貢獻。

室町時代的美術　室町時代的文化分爲北山文化和東山文化兩大類。北山文化是將軍義滿在北山建造了金閣的時代的文化，以雄偉華美爲特徵，可以說是象徵著徹底取代了以前的公家、獨佔了社會財富的武家形象。東山文化是應仁之亂前後將軍義政在東山建造了銀閣的時代文化，它受到禪的精神的深刻影響，重視簡樸、幽玄的境界，

是一種更洗練的文化。這種精神往往也表現在建築、工藝和雕刻等方面。茶道也產生於這一時代。南北朝至室町初期，流行一種稱作「斗茶」的茶會，參加者品嚐各地產的茶，互相評論掛軸。但以後逐漸舉行一種稱作「茶寄合」的平民形式的自由茶會；由於村田珠光的提倡，流行起一種重視簡樸幽玄精神，稱作「佗茶」的飲茶方式。在建築方面，產生了一種書院式結構（書院造），成爲近代日本式住宅的原型，並逐漸建造與建築物相調和的庭園。這種建築也以簡樸、靜寂爲趣旨，不用水而用石與沙來表現流水的「枯山水」，被認爲是這種建築的極致。

在繪畫方面，從宋、元傳來的水墨畫非常流行，取代了上一個時代盛行的畫卷和大和繪。僧人雪舟（等揚）留學明朝，學習了水墨畫，同時加進了自己獨特的手法，形成了日本的水墨畫。此外，狩野正信和元信父子吸取了大和繪的手法，創立了繪畫中的狩野派，在以後數百年間發生了很大的影響。在雕刻方面，由於能的流行，製作了優美的能的面具（能面）。在金屬工藝方面，後藤祐乘製作了許多優美的製品，形成了一派。漆工藝因是重要的出口品，獲得很大的發展，造出了稱作「高蒔繪」（帶描金畫的漆器）的豪華製品。

文化向地方傳播　在室町時代，由於地方城市的發達和平民勢力的抬頭，文化的傾向廣泛地傳播到地方。尤其在應仁之亂以後，由於京都一度荒廢，加上莊園制度徹底崩潰，擁有文化的公家、僧侶等大多通過各種關係下到地方，因而文化也迅速地擴大到地方，尤其像山口那樣新興的戰國大名的城下町，以及像堺那樣的貿易港口，成爲這些地方的中心，出版了許多書籍。15世紀中葉，由關東的大名上杉憲實興辦的足利學校，既是朱子學的學校，同時又是圖書館，匯集了全國的學生，保存到現在的藏書中包含有許多宋版等貴重的圖書。

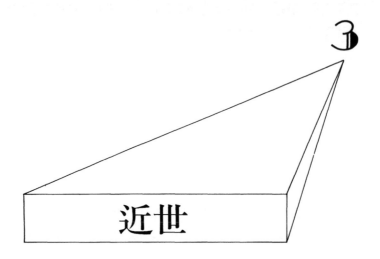

近世

封建社會的發展

封建社會的動搖

封建社會的發展

織豐政權與桃山文化

　　室町時代雖是武士建立全面統治的時代，但幕府本身的統治並不是牢固的，而且統治各地的守護大名既未能牢固地控制家臣團，也未能牢固地統治農民。這一時代政治上之所以不穩定，其原因就在這裏。而且以農民為首的被統治者的勢力之所以從下層抬起頭來，大多也是由於統治體制不穩定的緣故。戰國大名克服了這樣的狀況，組成了強有力的家臣團，建立了對農村牢固的統治。在織田氏、豐臣氏和德川氏「統一天下」的過程中，沿著這一方向繼續發展，終於完成了更為徹底、更加牢固的封建統治體制「幕藩體制」。同時從世界史的角度來看，這一時代在初期是西班牙和葡萄牙、後來是荷蘭和英國等國家所推進的偉大航海的時代，也是世界市場開始形成、為下一個資本主義正式發展時期作準備的時代。對日本來說西歐各國的船隻從戰國時代就已經航行到日本，其影響在文化方面是不小的，但日本隨著幕藩體制的完成，為了維護封建統治，採取了「鎖國」政策，以後一直延續了 200 多年。在這期間，國內產業獲得了很大發展，而且通過與荷蘭通商，吸收了很多的西歐文化，但從世界史的角度來看，還落在

資本主義發展大趨勢的後面。

1492 年，義大利人哥倫布橫斷大西洋，到達了美洲大陸。1494
年，葡萄牙人達‧伽馬繞著非洲大陸的南端，到達了印度，從這時起，
世界市場開始形成。首先美洲大陸部分變成了西班牙的殖民地，接著
橫斷太平洋，在 16 世紀中葉把菲律賓變爲殖民地。另一方面，葡萄牙
則轉向印度，把印度西海岸的果阿變爲殖民地，進一步向東發展，把
中國的澳門當作貿易的基地。

基督教的傳入與南蠻文化　　1543 年（天文 12 年），一隻由澳門
開往寧波的葡萄牙船，漂流到九州南邊的種子島。這是日本人接觸歐
洲人的開始，當時種子島的領主時堯輸入了火槍，並讓家臣學習它的
使用方法和製造方法。葡萄牙人由此而了解到對日貿易的好處，幾乎
每年都向日本派出貿易船。

時值戰國時代各地的大名都爭相大力充實軍備，因而火槍迅速地
推廣到日本各地，據說第二年就出現了日本製造的火槍，這對以後的
戰鬥方式及城堡的構築等都帶來了很大的影響，使得小規模的割據勢
力不可能存在下去，成爲爭取「統一天下」的一個重要的前提。

當時歐洲已進行了宗教改革，新教的勢力增大，因而天主教方面
爲了與新教對抗，企圖在亞洲擴大勢力。1549 年（天文 18 年），耶穌
會（天主教一個傳教團體）的創始人之一方濟格來到鹿兒島。他去了
京都，發現當時天皇和將軍毫無權威，各地的戰國大名是實際的統治
者，因而去拜訪了山口的大內義隆和府內（現在的大分市）的大友義
鎭（宗麟），受到他們的保護，主要在中國和九州地方傳教。

當時各地的大名都希望能富國強兵，所以貿易的利益有著很大的
吸引力，但對天主教（日本稱爲吉利支丹或切支丹）的傳教抱著相當
警惕的態度。葡萄牙人不能靠近、不准傳教的大名的領地，所以鹿兒

基督教傳入日本大事記

年份	事項
1549（天文18）	方濟格傳布基督教
1551（天文20）	方濟格由豐後離開日本
1556（弘治2）	豐後的府內建造教堂和醫院
1560（永祿3）	幕府准許維奈拉在畿內傳教
1562（永祿5）	大村純忠接受洗禮，開放橫瀨浦
1568（永祿11）	大村純忠在大村、長崎建造教堂
1569（永祿12）	織田信長准許路易士・佛洛依斯在京都傳教
1578（天正6）	京都建造南蠻寺
1580（天正8）	大村純忠把長崎作爲教會領地
1582（天正10）	大村、大友、有馬三氏向羅馬派出少年使節
1587（天正15）	豐臣秀吉驅逐天主教傳教士
1590（天正18）	少年使節瓦利涅尼回日本，傳來印刷機
1591（天正19）	在島原加津佐出版天主教書籍
1596（慶長1）	發生聖・腓力號船事件，長崎26名教徒殉教
1612（慶長17）	幕府禁止在直轄領地內傳布基督教
1613（慶長18）	向全國發布禁教令
1614（慶長19）	高山右近等148名天主教徒被驅逐到馬尼拉、澳門

島的島律氏禁止天主教時，就在松浦氏的保護下，轉移到平戶；10年後松浦氏一禁止傳教，就進入到大村純忠的領地橫瀨浦，接著又進入了長崎。大名中也有人改信天主教，人們稱他們「天主教大名」。1582年（天正10年），大友義鎭、有馬晴信、大村純忠三個天主教大名向羅馬的教皇派去了少年使節，使節於天正18年回國，這稱爲「天正遣歐使節」。

西班牙人於1584年（天正12年）來到平戶，參加了對日貿易。葡萄牙人和西班牙人是以日本南面的澳門、菲律賓等爲根據地，所以被稱爲「南蠻人」。（後來來到日本的荷蘭人、英國人被稱爲「紅毛人」。）

南蠻人傳來的火槍和天主教都產生了巨大的影響。當時正是農民、商人等平民勢力抬頭的時期，這些階層都在追求與舊有思想不同

的新思想，一向宗具有可以滿足這種要求的因素，因而爲畿內及其周圍地區的農民所廣泛接受。新興宗教所特有的「在神的面前一律平等」的思想容易爲一般群衆所廣泛接受，新傳來的天主教在九州地方可以說是起到了這樣的作用。另外，傳教士從事社會事業和醫療活動也是獲得信徒的一個重要的因素。據說 1582 年（天正 10 年）左右信徒的人數，在肥前、壹岐（均屬長崎縣）、肥後（熊本縣）等地爲 11·5 萬人。在豐後（大分縣）爲 1 萬人，在畿內等地達 2·5 萬人。隨之在九州等地建造了教堂、培養神職人員學校和神學院。此外還傳來了印刷機，出版了一系列有關宗教的翻譯書及日本古典等所謂「天主教版」、「天草版」（天草是九州的地名）的書籍。

　　織田信長與天下的統一　應仁之亂以後，日本國內有許多大名割據，互相不斷地鬥爭。在這樣的戰亂持續約一個世紀當中，各地出現了有實力的大名，一面併吞小的割據勢力，同時逐漸走向統一。這些有實力的大名所爭取的目標是，去京都，借助朝廷或幕府的權威來號令天下。尾張（現在的愛知縣）的大名織田信長首先在這方面取得了成功。織田氏原是越前國（福井縣）織田莊的莊官出身，爲越前國守護斯波氏的家臣，後來斯波氏兼任尾張的守護時，遷到尾張，代代擔任尾張的代理守護。信長家爲該家族的分支，在下克上的潮流中，到信長的父親信秀一代時，已成爲統治尾張大部分地方的戰國大名。1560 年（永祿 3 年），鄰國的戰國大名今川義元乘征服駿河、遠江（靜岡縣）和三河（愛知縣）之勢，率領大軍去京都。尾張位於其行軍的途中，織田信長在桶狹間的戰鬥中，用少數兵力進行突然襲擊，打倒了義元，迅速擴大了勢力，不久又消滅了鄰國美濃（岐阜縣）的齋藤氏，把自己居住的城堡遷移至現在的岐阜市。在京都方面，松永久秀於 1565 年（永祿 8 年）殺了將軍義輝，擁立義榮爲將軍。信長於 1568

年（永祿 11 年）奉流浪義輝的弟弟義昭進行入京都，廢義榮，以義昭爲將軍，自己掌握了實權。義昭失去了實權後，立即與各方面的勢力相勾結，陰謀打倒信長。1570 年（元龜元年），信長破北近江的淺井氏與越前朝倉氏的聯軍於姉川。第二年，信長燒毀了與淺井、朝倉相勾結進行反抗的比睿山的延曆寺，消滅了該寺的勢力。通過對延曆寺的處置，等於是徹底解除了平安時代以來擁有強大兵力和寺院勢力的武裝。

今川氏的舊領地大部分爲甲斐的武田信玄所占據，小部分爲三河的德川家康所分割。信玄企圖擊破與信長結盟的家康的軍隊，去京都奪取霸權，但死於軍中。將軍義昭一直與各方面的勢力秘密聯繫，策劃打倒信長。信長於 1573 年（天正元年）把義昭逐出京都，室町幕府至此已名副其實地滅亡了。信長不久又消滅了朝倉、淺井二氏，並平定了伊勢（三重縣）和越前的一向一揆。1575 年（天正 3 年）信長戰勝武田勝賴的長篠會戰，是一次改變以後戰鬥形式的劃時期的戰爭。當時的武田軍被認爲是信玄以來日本最勇猛強大的軍隊，信長大量使用當時的新武器－火槍，取得了絕對的勝利。當時已相當普遍地採用由足輕等槍隊進行的密集戰術，但馬隊仍被看作是軍隊的核心；另外，包括武田軍在內，火槍在全國已相當普及，但仍被當作是輔助的武器。信長最早重視並大量購進了火槍，他集中地使用火槍，因而武田的騎兵隊在信長的火槍隊面前遭到了毀滅性的打擊。第二年，信長在靠近京都的近江（滋賀縣）的安土構築了城堡，並遷居到那裏。安土城在日本的築城史上也具有劃時期的意義，這是一座可以適應於使用槍炮時代的城堡，據說信長當時採用了歐洲的築城方法。信長以這裏爲根據地數年之間，征戰四方，1582 年（天正 10 年）消滅武田氏，但在出援與稱霸中國地方的毛利氏作戰的羽柴秀吉（即後來的豐臣秀

吉）的途中，住在京都的本能寺時，因家臣明智光秀叛變而被害。

信長在統一天下的途中倒了，但他走在群雄的前頭，進入京都，征戰四方，可以說是爲以後的豐臣秀吉、德川家康的統一事業打下的基礎。信長之所以能夠走在群雄的前頭，進入京都，是由於他以位置離京都較近、而且土地肥沃的濃尾平原爲根據地，此外還由於他雖是封建統治者，但能深刻地洞察當時的形勢，並具有足以對付這種形勢的能力。

信長作爲根據地的地方，生產力高，產業也比較發達，而舊的莊園領主的勢力也不像畿內地方那麼強大，是早就有利於武士勢力成長的地區。而且另一方面，畿內的農民勢力早已擡頭，不僅威脅莊園領主的統治，甚至威脅到武士的統治。而這個地方的農民勢力還不怎麼強大，武士與農民都在分化，從這一點來說，也是有利於大名權力發展的地區。所以在信長之後，秀吉和家康等都是以這個地方爲根據地而完成了統一天下的事業。

信長洞察和應付形勢的能力，在軍事上表現在以下方面：重視和集中使用火槍，採用新的築城技術，以及起用將領不像過去那樣憑門閥，而是靠能力等。豐臣秀吉是農民的兒子，但爲信長提拔重用，此外還有許多這樣的例子。對待當時已徒具名義的室町幕府，很多戰國大名還抱著很大的幻想，而信長雖然暫時加以利用，但早就採取了消滅它的政策。另外，從討伐比睿山延曆寺已可看出，他對舊勢力是採取堅決鬥爭的態度的。信長對天主教給予了一定的保護。他曾親自對傳教士說：「我認爲人死後靈魂是不存在的」。因此可以說，他保護天主教的目的是爲了牽制舊的佛教勢力，另外也是因爲看中了貿易的利潤，以及歐洲人帶來的新文化的實用性。在經濟政策方面，信長徹底推行樂市、樂座的制度，獎勵商人自由營業和振興工商業，撤除各地

的關卡，促進了物資的流通。這些政策從經濟方面推進了由割據向統一發展的方向，同時也打擊了在畿內擁有特權的座商人的保護者－寺院神社和公家。

與此同時，不能忘記信長在本質上還是個封建的統治者。當時武士的權力已因土一揆、一向一揆等農民勢力的抬頭而動搖。統治體制的動搖是與統治勢力的分裂、割據互為表裏的。信長的立場是如何統一已經動搖、分裂的封建統治勢力，建立更有效地統治人民的體制。當時統一天下對於發展社會的生產是有意義的，但信長的政策始終是為了建立封建統治更有效的、強大的體制。信長對各地的一向一揆所採取不惜整個地區「統統殺絕」的鎮壓態度，就說明了這個問題；另外也表現在堅決使自治城市堺屈服的態度上。

豐臣秀吉統一天下　信長在推進統一事業的中途倒下了，但這個事業由他的得力部將豐臣秀吉所繼承。秀吉的父親曾當過織田氏的足輕，後來從事農業。信長用人的原則是看人的能力而不是靠門第出身，秀吉因此而逐漸地嶄露了頭角。信長被害時，秀吉正在備中（現在的岡山縣）同毛利氏作戰。他立即回軍，同光秀戰於京都西南的山崎，破光秀軍。1583 年（天正 11 年），打敗信長的重臣柴田勝家，平定了北陸地方，鞏固了作為信長繼承人的地位。以後秀吉在石山本願寺的舊地－經濟要地大坂（現在的大阪）築城，以這裏作為根據地。

德川家康曾與信長結盟，在信長死後，將其勢力擴大到今川、武田兩氏的舊領地。1584 年（天正 12 年），秀吉同家康及信長的二兒子信雄作戰。這次作戰有勝有敗，家康在部分戰鬥中獲得了勝利，但在戰略上秀吉加強了對家康的包圍，同時由秀吉推進全國統一的形勢不斷地發展，最後終於迫使家康屈服稱臣，但家康也為以後的發展獲得了有利的地位。1585 年（天正 13 年），秀吉征服四國的長曾我部氏，

信長與秀吉統一天下的過程

	年份	事項
信長的統一	1555(弘治1)	信長遷居清洲
	1560(永祿3)	桶狹間之戰
	1568(永祿11)	奉足利義昭入京都
	1570(元龜1)	姉川之戰，石山戰爭開始
	1571(元龜2)	燒毀延曆寺
	1573(天正1)	驅逐義昭，幕府滅亡
	1575(天正3)	長筱之戰
	1576(天正4)	築安土城(至1579)
	1580(天正8)	石山戰爭結束
	1582(天正10)	天目山之戰(武田氏滅亡)，本能寺之變
秀吉的統一	1577(天正5)	出征毛利
	1582(天正10)	圍攻備中高松城，山崎之戰(消滅明智)
	1583(天正11)	賤岳之戰，平定加賀，築大阪城(至1585)
	1584(天正12)	小牧、長久手之戰
	1585(天正13)	平定根來、雜賀一揆，攻打四國(征服長曾我部)，就任關白
	1586(天正14)	就任太政大臣，賜姓豐臣
	1587(天正15)	攻打九州(征服島津)
	1590(天正18)	進攻小田原北條氏，平定奧州(全國統一)

平定了四國，接著由朝廷任命為關白，第二年任太政大臣，由朝廷賜姓豐臣。

1587 年（天正 15 年），征服領有九州大半土地的島津氏，1590 年（天正 18 年）征服關東的北條氏。奧羽地方的伊達氏，也於這時歸順。於是完成了全國的統一。

秀吉在統一天下的過程中，把領土分配給有功的部將，同時進行大規模的調動。這種調動是根據全國性的戰略觀點進行的，把自己的心腹部將調配到交通要地、剛降服的大大名的附近或大阪的周圍；另外，如把上杉氏移封到東北地方、把德川氏移封到關東地方，雖然把他們移封到面積更大的領土上，但目的是使他們脫離祖祖輩輩的根據

織田、豐臣氏譜系略表

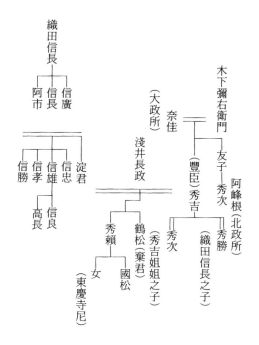

地，把他們調到遠離根據地的地方。通過這種移封，逐漸產生一種傾向，大名逐漸變成了與土地及人民分離開的行政的統治者。此外，在秀吉的時代，對大名不只是用武力討伐，還採取「改易」❻這種行政處分來使其滅亡。由於採取了這些措施，終於使人們產生了這樣的概念：大名的領土不是依靠自己的實力獲得的，而是掌握天下大權的人（天下人）給予的。到德川幕府時，作爲控制大名的手段，更加徹底地實行了這些方法。

秀吉的直轄地（藏入地）據說最初爲 200 萬石，其中包括京都、大阪、堺、伏見、長崎等重要的城市。他起用富商，利用了他們的力量。從戰國時代起，各大名就借用富商的力量，籌措和運送武器和軍

糧。秀吉同京都、堺、博多（現在的福岡市）等城市的大商人關係密切、堺市的商人中，特別起用了千利休和小西隆佐等人。千利休以茶道的創始人而聞名、他一度受到重用，是因爲飲茶在當時的統治階級中間已成爲社交的主要手段。小西隆佐負責財政，他的兒子行長當上了大名。

秀吉還把佐渡（新瀉縣）、生野（但馬，現在的兵庫縣）等地的重要礦山作爲直轄地，鑄造「天正大判」金幣等貨幣，自律令制瓦解以來，首次著手整頓貨幣制度。他還進一步徹底執行了信長以來所採取的撤除關卡的政策，統一規定 1 里（約 4 公里）爲 36 町，在主要的官道兩旁設立里程碑（一里塚），整頓了海陸交通。

秀吉於 1588 年（天正 16 年）在京都的聚落第招待後陽成天皇，藉此機會讓天皇令各大名向秀吉宣誓效忠。秀吉在這裏利用朝廷傳統的權威，以受朝廷委託的形式，成爲日本實際的統治者。

秀吉在政治上採取了獨裁的形式，但在機構上並不十分完備。他設置了「五奉行」，分擔行政、司法、財政等工作，主要由官僚色彩濃厚的家臣來擔任。另外在晚年爲其死後考慮，設置「五大老」，規定重要問題要由五大老商議決定。但秀吉生前未能建立健全的統治機構，成爲他死後豐臣氏沒落的原因。

太閤檢地與刀狩　在秀吉推行的政治中，對後世影響最大的是「檢地」（丈量土地）和「刀狩」（收繳民間武器）。戰國大名也曾實行過檢地，目的是爲控制農民和規定租稅的標準。秀吉隨著作爲信長的繼承人的地位的鞏固，派家臣到新被征服的地區去實施檢地，最後在全國範圍內實行檢地，這稱爲「太閤檢地」（太閤是對曾當過關白的人的尊稱），成爲以後大名統治領地的慣例。在這次檢地中，統一了過去不統一面積的單位，規定 6 尺 3 寸（約 191 厘米）的平方爲一步，30

步為1畝，10畝為1反，10反為1町。1町約為1公頃。對土地中的田地和房宅地規定了等級，如：上田1反為1石5斗、中田1反為1石3斗，用米來表示其生產力，規定其產值的比率，然後按其產值來徵收租稅。繳納年貢的原則是「二公一民」（即產量的2／3為統治者所收奪）。斗的容量也作了全國統一的規定。把這樣規定了產值比率的耕地和房宅地的所有者登入檢地帳，讓他們負責承擔租稅和勞役。這樣就消滅了莊園時代的遺制───一塊土地多人擁有權利、分配其產量的制度，確立了一地一人耕作的制度，以後只剩下了年貢的負擔者農民和年貢的收奪者封建領主的關係。（在這一時期，在各大名的領土內，大多把領地分配給家臣。但不久之後，大名的領土由大名一人統治，由大名發給家臣祿米的情況日益增多。）

在太閤檢地時，還存在著許多有實力的農民，他們擁有許多「下人」，持有武器，具有武士的性質。秀吉於1588年（天正16年）發布「刀狩令」，沒收他們的武器，把他們徹底變成農民，這稱之為「兵農分離」。接著又於1591年（天正19年）發布「身分統制令」，禁止武士當町人或農民，也禁止農民當商人或臨時工，固定了士農工商的身分。信長的政策主要是徹底實現全國性的封建統治，但應該說這一工作是由秀吉來完成的。

　　秀吉的對外政策　秀吉在完成了國內統一後，禁止倭寇等海盜行為，給長崎、京都、堺等地去海外的商人發一種稱作「硃印狀」的出國許可證，證明持有這種證件的人不是海盜，保護和獎勵了貿易。對待基督教的態度，1587年（天正15年）出兵九州時，發現長崎變成了耶穌會的領地，以及葡萄牙人把日本人當奴隸輸出等事實，於該年6月發布限制信仰基督教的命令，禁止大名信仰基督教，並於第二天發布了驅逐傳教士的命令。但仍採取獎勵南蠻貿易的方針，強烈要求

在印度果阿的葡萄牙政府和在菲律賓的西班牙政廳前來朝貢，所以他的禁教政策也是不徹底的。另外，在天主教的內部，耶穌會和法蘭西斯會的矛盾激化，以此為起因，1596 年（慶長元年）發生了在長崎處死畿內的傳教士和信徒 26 人的事件。

侵略朝鮮 秀吉一直要求同明朝恢復貿易，但他首先命令對馬的宗氏，要求朝鮮入貢。這一要求遭到拒絕，遂於 1592 年（文祿元年）以九州的名護屋為大本營，派 15 萬多大軍侵入朝鮮，這稱為「文祿之役」。日本軍隊蹂躪了朝鮮整個國土，一部分軍隊甚至侵入了中國的東北。日本軍隊作戰獲得暫時勝利的原因，一般認為是由於在長期的戰亂中累積了豐富的實戰經驗，使用了大量的火槍，加上當時朝鮮的政治腐敗，其軍隊軟弱無力。但朝鮮各地的義軍很快就起來反抗日本侵略，日本的水軍處於劣勢，海上的補給受到了威脅，加上明朝派出了援軍，戰局處於僵持狀態。另一方面，在日本的內部，對馬的宗氏一向通過同朝鮮的貿易獲得利益，不願同朝鮮的關係惡化，另外從事和談的小西行長是堺市商人出身，也不希望同朝鮮及明朝的關係惡化。而且當時秀吉提出要明朝投降及割讓半個朝鮮等條件根本不切合實際，因而明朝的答覆是：「封汝為日本國王」，准許朝貢。秀吉大怒，於 1597 年（慶長 2 年）再次向朝鮮派出 14 萬軍隊，這稱為「慶長之役」。

但是，日本軍隊在這次戰爭中陷入了困境第二年秀吉病死，日本軍隊藉此機會撤退了出來。這次戰爭前後長達 7 年，對外不僅惡化了朝鮮及明朝的關係，對內也給一般人民乃至各大名增加了巨大的負擔，成為豐臣政權很快崩潰的原因。同時也給朝鮮帶來了巨大的損害，其影響一直延續到以後很長的時期。另外，這次戰爭也成為加速明朝崩潰的原因之一。

秀吉侵略朝鮮是最大且致命的失敗。但關於他爲什麼要發動這樣的戰爭，至今還沒有定論。一般認爲，秀吉是信長事業的完成者，其目標是要建立強有力的封建統治，他統一了過去互相爭鬥的封建勢力，因而驅使其餘力，轉向對外部的侵略，這可以說是他發動這場侵略戰爭的重要原因之一。另外，當時海外貿易是獲利甚多的事業，恐怕應該說，歐洲各國向海外發展對他也起了刺激的作用。

　　安土、桃山文化　信長與秀吉的時代，根據他們城堡所在的地名，稱作「安土、桃山時代」，稱這一時代的文化爲「安土、桃山文化」。這一時代的文化有著與室町時代的文化或江戶時代的文化相區別的特徵（在文化史上大多包括江戶時代初期）。這一時代由於近百年的戰亂平定了下來，天下實現了統一，消除了經濟、文化的全國範圍內交流的障礙，而且活躍地展開了同外國的貿易，因而產生了反映這一時代的風尙、具有宏偉豪華內容的文化。這種文化可以說是以當時迅速發展的經濟實力爲背景，反映了時代的變動，以及成爲新統治者的大名和通過貿易等而獲得大量財富之豪商的經濟實力和風尙。另外還出現了許多不帶佛敎色彩的藝術，創作了像油畫、雕刻等歐洲式的美術。日語中存在著相當多來自葡萄牙語的外來語，如：麵包（pao）、撲克牌（carta）、呢絨（raxa）、斗篷（capa）等，就是這一時代文化交流的結果。

　　建築、美術和工藝　這一時代代表性的建築是城郭。在戰國時代末期以前，主要是在險阻的山地上建造比較簡單的城郭，末期以後，逐漸在交通便利的平地，以天守閣爲中心，建造四周圍繞著濠溝和圍牆的城堡。特別是傳入了火槍以後，建造的城堡愈來愈堅固，並吸收了許多歐洲的築城技術，具有一種立體的美。這樣的城堡以織田信長的安土城爲嚆矢，由豐臣秀吉的優見城和大阪城而臻於完善。這一時

代大名的府邸的特徵是，以書院式建築爲基本，裝飾著豪華的繪畫和雕刻。這也給寺院神社的建築帶來了影響。繪畫是以裝飾城郭內部隔扇、屏風畫爲代表，自狩野永德爲信長、秀吉重用之後，狩野派繪畫盛行一時。除狩野派外，海北友松和長谷川等伯等畫家也很活躍，包括狩野派在內，流行在金地上繪畫豪華的、裝飾性強的繪畫。

在雕刻方面，裝飾性的雕刻日益增多，佛像等宗敎性的雕刻逐漸減少。漆器上的描金技術非常發達。在陶器方面，由於秀吉出兵朝鮮時，各大名都帶回了朝鮮的陶工，因而開始燒製有田陶器（佐賀縣）、薩摩陶器（鹿兒島縣）、萩陶器（山口縣）等，爲以後日本陶器的發展奠定了基礎。另外還從朝鮮傳來了活字印刷術，出版了一些書籍，成爲以後出版業興盛的基礎。

茶道與戲劇　這一時代通過外國的貿易，從朝鮮、中國及東南亞帶來了許多陶器，所以茶道非常流行，促進了陶磁器業的發展。堺市豪商出身的千利休，深受禪宗的影響，把「幽」「寂」（認爲其本質是簡樸、和敬及閑寂）作爲茶道的精神完成了茶道的體系。花道也隨著茶道而發展起來。

在戲劇方面，17世紀初，一個名叫出雲的阿國女人，在京都開創「歌舞伎踴」（唱著流行歌曲跳舞），「女歌舞伎」遂盛行起來，成爲以後歌舞伎的基礎。當時「歌舞伎」這個詞的意思是指奇異的服裝和動作。初期的女歌舞伎是把女扮男裝這種奇異的風尙和年輕女人的美作爲重點，後來江戶幕府禁止了女歌舞伎，於是演出由美少年扮演的「若衆歌舞伎」。但這也遭到禁止，所以在17世紀中葉以後，歌舞伎則專門由成年的男子來扮演。以後的歌舞伎不得不以「藝」爲中心，作爲一種戲劇獲得了很大的發展。由「三味線」（樂器，將琉球傳來的「蛇皮線」樂器改良而成）伴奏的「淨瑠璃節」對歌舞伎的發展起了很大

的作用。另外，配合淨瑠璃節而操動木偶的木偶劇「人形淨瑠璃」也盛行起來。農村夏季盛行的盂蘭舞也是從這時開始流行。

生活方式也發生了很大的變化，以前是一天吃兩頓飯，現在改為三頓，城市開始出現二層樓和瓦屋頂的民房。公家和武士的家庭由過去喝粥改變為像現在這樣吃米飯。但平民平常吃不起大米，大多把雜糧和蔬菜放在一起煮食。由於受佛教的影響，人們基本上不吃肉。糖是貴重的進口品，一般人吃不上。

女性一般都穿比較簡易的窄袖便服（小袖）但花色富有變化。女性以前是垂髮，逐漸改為結髮。男性也不再戴冠或高禮帽（烏帽子），逐漸改為挽髻。

幕藩體制的建立

江戶幕府的成立　秀吉死後，立即出現了政治危機。對當時的封建統治來說，擁有世代相傳的家臣團是一個重要的條件。秀吉是由一個農民的兒子而青雲直上的，所以他缺少這個重要的條件。這是豐臣政權的一個大弱點。但秀吉在活著的時候，他以自己的實際功績和政治力量彌補了這個弱點。秀吉一死。他的兒子秀賴是一個僅有 5 歲的幼兒，根本不可能收拾侵略朝鮮戰爭失敗後困難局面。而且豐臣政權的統治機構還不健全，在直係大名的內部，存在著武將和文臣之間尖銳的矛盾。在這樣的情況下，最有實力的大名德川家康就大大地突顯出來。

家康原來是三河（愛知縣）的小大名，後協助信長，擴張了勢力，在信長死後，領有東海（現在的愛知縣一部份和靜岡縣）和甲信（現在的山梨和長野兩縣），1590 年被秀吉移封到關東。家康在關東以江

戶（現在的東京）爲根據地，統治著 240 萬石的領地。他在領地內實行了檢地，極力加強對領地內的土地和人民的控制，同時把中、下級家臣配置在江戶城的周圍，把 1 萬石以上的高級家臣配置到領國的邊遠地區。家康在秀吉的晚年被委以五大老之首的要職，秀吉死後掌握了政治的實權。五奉行之一的石田三成對此不滿，糾集了反家康的勢力，雙方於 1600 年（慶長 5 年）在美濃（岐阜縣）的關原激戰，家康戰勝。家康在勝利之後，對反對派的大名進行了嚴懲，同時對大名的統治地區作了大規模的調換，1603 年（慶長 8 年）被朝廷任命爲征夷大將軍，開創江戶幕府，以後德川氏統治全國約 260 年，稱這一時期爲江戶時代。

家康開設幕府後，整頓了交通和貨幣等制度，推行了作爲中央政權的政策。但秀賴仍待在大阪城裏，這使他不能放心。關原之戰以後，因爲還有不少與豐臣氏關係很深的大名，所以不能立即消滅豐臣氏。可是，唯有豐臣氏沒有臣服於德川氏，在與豐臣氏關係密切的大名中，還有人期待在秀賴長大成人後，天下重歸於豐臣氏的手中。家康於 1605 年（慶長 10 年）把將軍的職位讓給兒子秀忠，顯示德川氏要世世代代掌握政權，他自己作爲「大御所」（前將軍）掌握實權。接著家康就向豐臣氏方面挑釁，通過 1614 年－1615 年（慶長 19 年－元和元年）的「大阪之役」消滅了豐臣氏，至此完成了全國的統治。

在此後不久，家康立即以第二代將軍秀忠的名義發布了《武家諸法度》，表示要對大名進行控制，接著又發布了《禁中並公家諸法度》，對天皇和公家的行動作了規定和限制。

家康於 1616 年（元和 2 年）死去，但在秀忠的時代也處分了相當多的大名（包括大名的一族）。到了第三代將軍家光的時代，終於確立了幕府的組織和制度，並通過實行鎖國政策，完成了統治體制。德川

時代的統治體制是，大名在其領地內擁有半獨立的領主權，同時幕府對全國的大名進行強有力的控制。這稱之為「幕藩體制」。馬克思關於當時的日本說：「日本有純粹封建性的土地佔有組織和發達的小農經濟，和我們大部分充滿資產階級偏見的一切歷史著作相比，它為歐洲的中世紀提供一幅更真更實的圖畫。」❼這個體制是建立在太閣檢地以來由大名對其領地內的土地和人民進行強而有力的統治基礎之上。

幕府的組織　德川幕府的首長是將軍。將軍是全國的統治者，同時又帶有最大大名的性質。

幕府的機構是以將軍的獨裁制為基礎。最高官職是「大老」，但不常設，名譽職的色彩很濃厚。通常由「老中」掌管幕政。老中在強有力的將軍下面只起輔佐作用，在將軍年幼或體弱多病時才成為實際的執政者。僅次於老中的官職是「若年寄」。若年寄輔佐老中，同時對將軍的直屬家臣進行監督。再下面有寺、社、町、勘定三奉行。「寺社奉行」監督全國的寺院神社，並負責寺院神社領地內的訴訟。「町奉行」負責江戶市內的行政、警察和裁判。「勘定奉行」掌管財政。以上官職的定員均為兩名以上，通常每一個月輪流處理事務，重要的問題由集體討論裁決。

幕府的地方機構中最重要的是京都所司代，負責對朝廷進行監視和交涉，並對公家及西國的大名進行監視。幕府直接管轄京都、大阪和長崎等重要地點，在京都和大阪設町奉行，在長崎等地設遠國奉行，負責行政和訴訟，其他的直轄地由勘定奉行掌管，由 40 名左右稱作「郡代」或「代官」的地方官分散管理各直轄地的行政和司法。重要問題由中央的三奉行等組成的議事機構「評定所決定」。

將軍的直轄地稱作「天領」，在家康的晚年約為 200 萬石，17 世

德川氏譜系

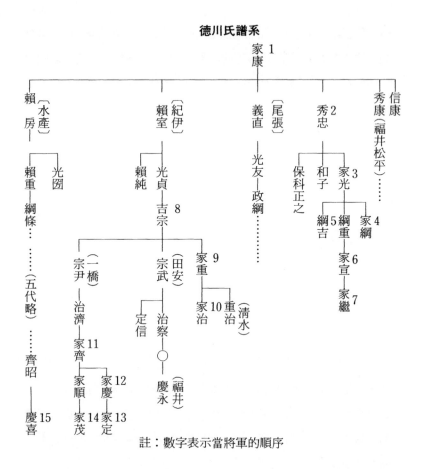

註：數字表示當將軍的順序

紀末約達 400 萬石。直轄領地分散在全國，但主要集中在關東和中部兩個地區，西國除大阪一帶外，直轄地較少。此外，京都、大阪、堺、長崎等重要城市和全國的重要礦山也是幕府的直轄地，壟斷了貨幣的鑄造權和同外國的貿易，所以將軍的經濟和軍事的實力雄厚，各大名根本無法相比。尤其是江戶幕府的初期，礦山的礦產豐富，幕府的財政十分充裕。

大名與旗本 臣服於將軍、擁有 1 萬石以上的領地者，稱作大

名。大名的家臣雖擁有 1 萬石以上的領地，但由於不直接臣服於將軍，所以不得稱大名。大名有親藩、譜代和外樣的區別。在親藩當中，尾張、紀伊和水戶是封給家康的三個兒子的藩，稱作「御三家」，他們的門第特殊，准許姓德川，在將軍無繼嗣時可以出繼嗣。其他德川家宗族的大名稱德川氏的舊姓——松平。譜代是一向爲德川氏的家臣的大名。外樣是原來爲織田氏或豐臣氏的家臣、曾和德川氏同等的大名（有實力的外樣大名中也有准許姓松平的大名）。大名起初不足 200 人，江戶時代中期以後爲 260－270 人，稱作「三百諸侯」。親藩或譜代大名配置在江戶的周圍和全國的重要地區，有實力的外樣大名盡量配置在邊遠地區。「大阪之役」以後，發布了《一國一城令》，限制大名只能擁有一座城堡，實際上很多大名並沒有城堡，而且住在稱作「陣屋」的府邸中。規定大名的結婚也需要經幕府批准，戰時要根據其領地大小爲幕府出一定數量的兵馬作爲軍役。大名在江戶的住宅規模及旅行中攜帶家臣的人數等，都要根據其領地的大小而有種種的限制。

　　對大名的財政帶來最大影響的是所謂「參觀交代」制度。這是從第三代將軍時開始附加給所有大名的一種義務。根據這個制度，各大名要讓妻室兒女住在江戶，當作一種人質，大名本人要一年住在領地，一年住在江戶，輪番交替（關東的大名每半年輪替一次），讓大名承擔領地至江戶之間的往返費用和在江戶的生活費用。這筆財政負擔很大，從幕府來說，其目的是通過這種制度來削弱大名反抗幕府的力量。但這項制度也促進了江戶的發展、交通的發達以及文化向地方普及。

　　在江戶幕府的初期，爲了加強對各大名的控制，採取了相當高壓的政策，對沒有繼嗣的大名往往實行改易（沒收領地），因而產生了許多「浪人」（亦稱「牢人」，失去主君的武士），形成一個社會問題。

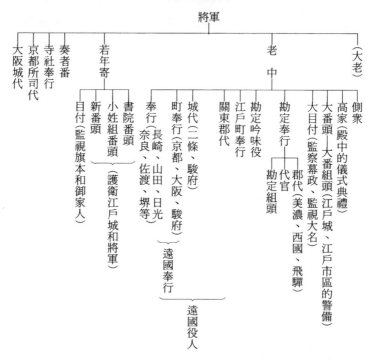

江戶幕府的機構

將軍

大老

老中

側衆

高家（殿中的儀式典禮）

大番頭—大番組頭（江戶城、江戶市區的警備）

大目付（監察幕政、監視大名）

勘定奉行
　郡代
　代官
　勘定組頭
　郡代（美濃、西國、飛驒）

勘定吟味役

江戶町奉行

關東郡代

町奉行（京都、大阪、駿府）

城代（二條、駿府）

奉行（長崎、山田、日光、奈良、佐渡、堺等）
　遠國奉行
　遠國役人

書院番頭

小姓組番頭（護衛江戶城和將軍）

新番頭

目付（監視旗本和御家人）

若年寄

奏者番

寺社奉行

京都所司代

大阪城代

大名的統治組織稱作「藩」。在幕府根據「武家諸法度」的控制下，藩主（大名）在自己的藩內擁有統治權。各藩在江戶時代初期將其領土的一部分分給家臣，採取所謂「地方知行」制。到了 17 世紀中葉，大多數藩都廢除了這種制度，把全部領地作為大名的直轄地，改為給家臣發大米的「給米」制度。藩的經濟收入是占領地產量約一半的年貢米，其中約一半為藩士的給米。很多過去曾是戰國大名的大藩，在江戶時代的初期，藩主的家族或有實力的部將等有實力的家臣的權力很強大，但在各藩廢除地方知行制的同時，逐漸採取了以藩主為中心、由帶有官吏性質的掌管實際事務的家臣輔佐藩主的體制。當時很多藩發生了內部糾紛，其中有些藩因此而受到幕府改易的處分。各藩

雖受到幕府的牢固控制，但原則上是處於藩主的主權之下，所以擁有自己的法令，獨立進行裁判，推行自己的振興產業和文教的政策。大老、老中和若年寄等幕府執行機構的官職均由譜代大名擔任，外樣大名對幕府的政治沒有發言權。

將軍直屬的家臣、俸祿不足 1 萬石者，稱作旗本和御家人。准許謁見將軍的是旗本，不准謁見的是御家人。大部分旗本、尤其是上層旗本，都賜給領地，但御家人僅給俸米。據 1722 年（享保 2 年）調查，旗本有 5,205 人，御家人有 17,399 人。他們全都住在江戶，戰時根據其俸祿多，率領士卒參戰，所以其動員力量可達數萬人。他們是將軍的近衛軍，其中一部分人擔任勘定奉行、町奉行、遠國奉行和代官等官職，有的人還被提昇為大名。德川氏家臣團在幕府創立初期以精銳而聞名，但由於長期天下太平，過著遊手好閒的生活，逐漸頹廢、墮落，到幕府末期時，其軍事力量已十分弱小。

日本的封建社會以世襲制為原則，社會分為士、農、工、商，以世襲為原則，基本上不准許互相轉換。農民的地位在形式上僅次於士（武士），實際上是最貧窮、最受剝削的階級。商人按規定比工人（手工業工匠）的地位還低，但經濟上擁有很大的實力。在武士的內部，又根據其俸祿和門第細分為很多等級，而且世襲，不得改變。幕府和藩的官職，大多情況下都根據俸祿或門第來決定。

朝廷與寺院神社　在幕藩體制下，幕府通過「禁中並公家諸法度」來規定和限制天皇和公家行動，並由京都所司代進行嚴密的監視，所以天皇和公家基本上不可能進行政治活動。形式上天皇是全日本的統治者，將軍也要受天皇任命，表面上受到尊敬，但天皇的領地只等於一個小大名的領地，攝關家和親王家的領地也只相當於一個中等旗本的領地。天皇即位和其他儀禮費以及修建皇宮費用等，由幕府另外支

付。公家與將軍或大名等通婚可獲得補助費，或者依靠當各種技藝的教師獲得的收入等維持生活。寺院神社已失去了曾是其經濟基礎的莊園，也受到了幕府的嚴格限制。不過，幕府為了禁止和鎮壓基督教，強制所有的人民都成為寺院的檀越（施主），利用了寺院的組織，這稱之為「寺保」制度（由寺院保證其所屬的施主不是天主教徒）而且一旦決定由某個寺院保證，以後不准再改變，所以寺院在各個地區都有一定的收入保證。但另一方面，大多僧侶都脫離了實際的宗教活動，僅從事有關葬禮的工作。全國的神社有本社（大神社）、末社（附屬於大神社的小神社）的制度，寺院有本山（一個宗派的大寺院）、末寺（屬於大寺院的小寺院）的制度，對主要的大神社、寺院，由將軍或大名賜給領地；對大神社的神官由朝廷賜給官位，其中有的神官可與公家並列；對大寺院的僧侶，有的也由朝廷授給「紫衣」或「上人」的稱號。

封建的社會秩序　幕藩體制是在相當高度發達的生產力的基礎上建立起來的，其本質是封建統治，但其中已包含著許多足以使這種統治崩潰因素，所以當時的統治者規定了士農工商的身分，並極力使其固定下來。作為統治者的武士的地位空前提高，其身分的標誌是允許有「苗字」（稱姓）和帶刀，其權威受到平民損傷時，具有格殺勿論（斬舍御免）的特權。公家、神官和僧侶等的地位被認為相當於武士。規定農民的地位僅次於武士，但實際上是最受剝削、壓迫的階級。規定商人的地位最低，但上層的商人擁有大量的財富，獲得許多特權。

在武士與農工商之間規定了嚴格的差別，又進一步在農工商之下設置「穢多」「非人」等賤民，禁止他們跟一般平民交往，實行分割統治。

賤民制是在幕藩體制下，統治階級所採取的最殘酷的不平等制

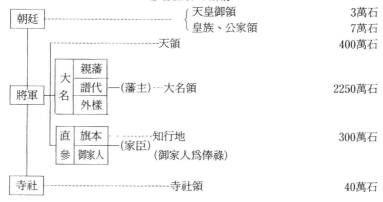

幕藩體制的結構

朝廷		天皇御領	3萬石
		皇族、公家領	7萬石
		天領	400萬石
將軍	大名〔親藩／譜代／外樣〕—(藩主)…大名領		2250萬石
	直參〔旗本／御家人〕—(家臣)知行地（御家人爲俸祿）		300萬石
寺社		寺社領	40萬石

（產值爲18世紀初的概算）

度。日本的賤民制度在律令制下就已經存在，律令制崩潰後仍部分殘存，在莊園制下仍繼續蔑視從事卑賤職業的集團和流浪者。這些人和在戰國末期激烈的社會變動中沒落的人們，都從事一向被鄙視的劊子手、處理犯人屍體、屠宰牛馬、清掃工或游藝等職業。在幕藩體制下，作爲對人民實行分割統治政策的一種手段，把從事這些職業的人們當作固定的身份，在17世紀末至18世紀初，通過幕府的法令，成立了以穢多爲中心的賤民制。這種制度固定於一定的家系，所以子子孫孫都要受歧視。1871年（明治4年）宣布了「解放令」，在法律上平等了，但在社會上仍殘留著種種的歧視，一直延續到現在，成爲一個很大的社會問題。非人主要是隨著17世紀後半期以後商品經濟的發展，從貧農和城市貧民中產生的，雖從事卑賤職業，但並不一定涉及其家系，所以有可能恢復其原來的身份。

在幕藩體制下，各種身份的人的內部還分爲若干等級。同樣是武士，下級武士對高級武士就必須改變自己平常的語言和態度。整個社會是以世襲爲原則，在武士的內部，幕府或藩也是要根據其門第的等

級來錄用官吏。

在社會倫理方面，把對主君無條件服從、效勞的「忠」放在首位。不論是武士或平民，對主人反抗被看作是最嚴重的罪行。認爲構成社會最基層的單位不是個人，而是「家」，如有犯罪等行爲，也被看作是家的責任。另一方面，家長在家中的權限很大，家長對背叛自己的親屬可以斷絕關係（「勘當」）。長子是未來的家長，比次子、三子受到更大的重視。男尊女卑的風氣在這一時代特別濃厚，在財產繼承方面對女性也極其不利，武家的女性沒有繼承權。歐洲有女皇和女領主，並不因爲結婚而失去領主權。而日本根本不存在有女性的大名或旗本，僅有女孩子時必須要招養子。就這一點來說，比鎌倉時代還倒退了。

對農民的統治 封建制社會是把農業作爲社會生產的基礎，其統治是依靠對農民的剝削來維持的。在這一時代，原則上是農民的自給自足，所以企圖維持封建統治體制的幕府和各藩，爲了盡可能保持這種狀態，對農民實行嚴密的統治。

當時的農村，大多是五六十戶的自然村，被當作領主的行政單位是最基層組織。村長在東日本主要稱作「名主」，在西日本主要稱作「莊屋」，在東北地方大多稱作「肝煎」。村長之下設組頭、百姓代。這些村吏稱作「村方三役」。名主掌管村的戶籍、納稅及土木工程等事務，爲各村的「大百姓」（富農）或舊家，最初是世襲，後來也有些地方通過選舉產生。一村可設組頭數名，輔助名主工作。百姓代的任務是監視名主和組頭，使他們不致做出非法行爲。爲了控制和統治村民，設有「五人組」制度，以數戶爲一組，規定在繳納租稅或有犯罪行爲等方面互負聯帶責任。在村民當中，擁有一定田地和房產的「本百姓」承擔繳納租稅的義務。只有本百姓能參加村的管理工作。此外還有自己沒有田地、依靠租佃別人土地爲生的「水吞百姓」。在江戶時

代的初期，還有少數稱作「名子」、「被官」等隸屬於本百姓的農民。本百姓中土地少的人，也有租佃別人土地的情況。

租稅主要有根據田地和房產徵收的本年貢（「本途物成」），原則上用米繳納，但有時也可用貨幣繳納一部分。此外還有根據山林等的收益而徵收的稱作「小物成」的雜稅，有時也徵集夫役參加土木工程。另外還有以一國為單位而臨時徵集的「國役」，以及根據田地產值而徵收的稱作「高掛物」的雜稅。農民還要承擔為沿官道的驛站出人馬的「助鄉役」。江戶時代的各種捐稅，原則是根據農民所有土地的產值來徵收，所以小農（「小百姓」）承擔著更重要的負擔。領主徵收的年貢一般為收獲量的 1／3 左右，佃農還要將剩餘的一半繳納佃租，所以生活更加困苦。

為了維持農民負擔年貢的能力，封建統治者需要防止農民所耕作的土地極端分散，因而幕府於 1643 年（寬永 20 年）發布了「禁止田地永久買賣令」（「田佃永代買賣禁令」），於 1673 年（延寶元年）發布「分地限制令，規定農民的田地面積以 1 町步（約 1 公頃）或產值為 10 石為標準，禁止在此標準以下的農民分割土地。另外，為了防止農民因捲進貨幣經濟而喪失土地，禁止在檢地帳上登錄的田地（「本田畑」）種植烟草、棉花、油菜等商品作物。但生產力和商品經濟的發展不可能遏止，這些禁令逐漸地無法執行。

封建統治者是想儘量地從農民的身上榨取年貢，所以幕府和各藩都發出了許多禁令，對農民的衣食住施加嚴格的限制，其典型就是 1649 年（慶安 2 年）幕府所發的《慶安御觸書》，對農民的生活作了詳細的規定，在整個江戶時代被看作是統治農民的根本原則。

在嚴酷的封建統治下，農民們被迫日以繼夜地從事繁重的勞動。當時的村被當作封建統治機構的基層組織，由它來負責徵收年貢。村

同時既是水利、山林等共同管理的單位，也是村民們互助的組織，因而把維持村的秩序放在首位，對違反者實行「村八分」(全體村民與其斷絕往來) 等制裁，出現了個人的創造性被集體壓垮的另一面。

城市與町民　在江戶時代，稱作「三都」的江戶、大阪、京都以及各地的城市迅速地發展起來。發展特別顯著的是各地的城下町。由於太閤檢地時實行了兵農分離，很多武士離開知行地，集中到大名的城堡下，城下町因而發達了起來。城下町是領國的經濟中心，同時也是主要的消費地，如：魚町、染坊町、木匠町、鐵匠町等町名所表明的那樣，大多數情況是按職業形成一定的區域。在城市當中，江戶是幕府的所在地，由於各大名要參觀交代，一定期間要帶著家臣在這裏居留，所以它帶有最大的城下町的性質。江戶在 17 世紀人口已超過百萬，是當時世界人口最多的城市。大阪是全國的經濟中心，各地的物產都集中到大阪，然後又輸送到全國。京都是傳統文化的繼承地，也是精巧的手工業製品的產地。

大名在江戶的府邸被看作是其領國的延伸，承認在其內部有一種治外法權。寺院神社受幕府的寺社奉行的管轄。其他町民人家受町奉行管轄，各町有「町年寄」、「名主」，傳達奉行的命令，實行町內自治。

城市居民分為擁有土地、房產的「家持」和租房居住的「店借」。家持被認為是城市的基本居民，他們主要從事商業或手工業，對他們的控制要比對農民鬆。向町人徵收的捐稅有「運上」、「冥加」等，屬於一種雜稅，但不像向農民徵收的本年貢那樣受重視，所以町人中有的人在很短的時間內獲得大批的財產。

大城市居民大多是從地方的農村流入進來的，貧富的差別很大。要當商人，從 10 歲左右就當小學徒，一邊做家務活，一邊學做生意，慢慢升為二掌櫃，大掌櫃。長期當過掌櫃，才允許借用老板家的字號，

開設分店。這對於學徒出身的人來說，被認為是極大的成功。要當工匠，也要作為徒弟住在師傅的家裏，邊幹家務活邊學技術。不論是當商人或工匠，一般都要以學徒的形式，長期受到人身束縛。此外還有許多人是靠當按年算的合同工或打日工來掙錢生活。城市裏的寺院神社經常舉行祭禮，另外戲院、飲食店等遊樂場所也很多，比農村裏的娛樂豐富，但另一方面有各種娼妓，誘惑很多。

　　江戶時代初期的文化　桃山文化是一種新鮮的豪華的文化，與以前的文化雖有所不同，但進入江戶時代以後，隨著過去的傳統的因素進一步消退，逐漸產生了一種與幕藩體制相適應的文化。尤其在鎖國以後，雖然仍繼續接收來自海外的文化，但與海外的直接交流斷絕，因而發展起一種獨特的文化。

　　在思想方面，儒學代替佛教成為主流，同時也成為學術的主流。尤其是朱子學強調君臣、父子間的上下從屬關係是基本，因而成為最適合維持封建統治的理論。

　　朱子學以前已由禪宗的僧侶介紹到日本，在戰國時代以前，由禪宗的僧侶專門研究。但到戰國時代末期，京都相國寺的僧人藤原惺窩還俗，使朱子學從僧侶手中獨立出來。惺窩的門人林羅山（道春）也曾是建仁寺的僧人，學過朱子學，後為家康所重用。林羅山的子孫以後擔任幕府的文教工作，各大名因此也逐漸重視起朱子學。朱子學主張首先要從思想上加強封建統治體制，其內容也帶有唯心論的性質，但同時也帶有濃厚的論理色彩，所以應說對以後的學術的發展作出了一定的貢獻。

　　在建築方面，祭祀家康的日光的東照宮十分著名，神社建築中流行仿照東照宮的「權現式」建築。人們認為這種建築過於重視纖細的技巧，失去了桃山時代的豪壯特徵。但茶道流行的結果，形成了一種

把書院式建築和草庵風格的茶室折衷而成的「數寄屋式」建築。京都的桂離宮就是其代表，其特徵是樣式簡樸、清新，對以後的住宅形式產生很大的影響。

從流行於桃山時代的狩野派繪畫中產生的狩野探幽，當上了幕府的御用畫師，其子孫均繼承這個職務，但因此而安於其地位，使狩野派繪畫失去了生氣。另一方面，京都的町人出身的俵屋宗達，繼承了桃山時代豪華的風格，同時開創了富有裝飾性的獨特畫風，對以後元祿時代的光琳派帶來了很大的影響。

在秀吉出兵朝鮮時，許多陶瓷工人被帶到日本，使得九州各地興起了陶瓷工業。有田陶瓷就是在佐賀藩的保護下發達起來的。酒井田柿右衛門在17世紀完成了在釉子上添繪花樣的「上繪付」技術，為陶瓷業的發展打下了基礎。

在京都，本阿彌光悅在幕府的保護下，帶領全族和工匠遷居鷹峰，在繪畫、書法、金漆、著述、出版等方面製作了優秀的作品，在陶瓷器方面也製造了稱作「樂燒」的高雅的茶具。

文學方面流行連歌、俳諧，以及屬於室町時代以來的御伽草子系統、以教訓和道德為內容的假名草子等。但其風格不高，僅為下一個時代——元祿時代的文學作了準備。

江戶時代初期的外交　秀吉首先禁止基督教傳教，家康繼承了這一政策，但他獎勵貿易，努力修復同朝鮮及明朝的關係。在當時的歐洲，英國和荷蘭分別成立了東印度公司，在國家的保護下，推進東方貿易。1600年（慶長5年），荷蘭商船尼弗得號漂流到九州，這是荷蘭人到日本來的開始。家康把這隻船上的航海士揚·約斯吞和英國人威廉·阿達姆當作外交和貿易的顧問，後來還給阿達姆起名叫三浦按針。以後荷蘭和英國分別於1609年（慶長14年）和1613年（慶長18

年)獲得准許貿易的「硃印狀」,兩國在九州的平戶設置了商館,從事貿易。和西班牙的關係自 1596 年(慶長元年)的聖‧腓力號船事件以後斷絕,但 1609 年(慶長 14 年)呂宋前總督東‧洛德尼哥在回當時的西班牙殖民地墨西哥的途中,漂流到上總(現在的千葉縣),家康對他們進行了保護,並於第二年派船送到墨西哥。當時京都的商人田中勝介等人隨船同行,家康送去了書信,希望同墨西哥開展貿易。這是日本人首次渡過太平洋去美洲大陸。另外,仙台的大名伊達正宗曾派家臣支倉常長去西班牙。常長於 1613 年(慶長 18 年)經墨西哥到達歐洲,謁見了西班牙國王和羅馬教皇,但要求通商沒有成功。

當時葡萄牙把生絲從中國的澳門運往日本,獲得了巨利。幕府為了掌握生絲的進口,於 1604 年(慶長 9 年)設立了「絲割符制度」,葡萄牙人的生絲貿易因此而受到沉重的打擊。這個制度是為了奪取葡萄牙商人的暴利而設的,幕府讓特定的商人組成一個名叫「絲割符仲間」團體,由這個團體在每年的春天規定進口生絲的價格,按這個價格進口生絲,然後將進口生絲分配給該團體的成員去販賣。加入這個團體的京都、堺、長崎、江戶、大阪的大商人稱作「五所商人」。這個制度是要把同外國貿易置於幕府的牢固的控制之下,同時使從事外國貿易的商人擁有特權,給以後的經濟帶來很大的影響。

家康還積極地同呂宋、安南、柬埔寨、暹羅(現在的泰國)等東南亞國家開展了邦交活動,進一步促進了日本人向海外發展。德川幕府還給日本去海外的商船發「硃印狀」,證明他們不是海盜,所以這些貿易船稱作「御硃印船」。當時日本的進口商品主要是東南亞產的生絲、絲織品、砂糖、鹿皮、鯊魚皮等,日本出口的商品有金、銀、銅等。當時日本是世界有數的金銀銅的出產國,特別是銀的出口額,占全世界銀產量的 1 / 3。當時從事硃印船貿易的有九州的島津、松浦、

有馬等沿海大名，以及京都的末次、角倉、茶屋等商人。

隨著這種海外貿易的發展，日本人去海外的人數也增多起來，在東南亞各地出現了擁有數百人至數千人的日本人街，其中像生田長政那樣，竟爲當時泰國的王室所重用。

自秀吉侵略朝鮮以來，朝鮮同日本一直處於交戰狀態。家康希望同朝鮮恢復邦交，通過對馬的大名宗氏進行了交涉，結果朝鮮的使節終於在 1607 年（慶長 2 年）來到了日本，以後每次將軍換代時都派來通信使（幕府末期，因日本財政困難，改在對馬接待）。另外，對馬的宗氏還同朝鮮締結了「已酉條約」，規定宗氏每年向朝鮮派出 20 隻貿易船。對馬的田地少，其經濟很大程度上主要依靠同朝鮮的貿易。

琉球自 15 世紀以來一直處於尙氏的統治之下，同周圍的國家進行中轉貿易。薩摩的島津氏爲利用琉球的這種地位，於 1609 年（慶長 14 年）佔領了琉球，置於其統治之下。但島津氏形式上讓琉球獨立，使其同明朝繼續保持朝貢關係，從而獲得明朝的物產，得到了很大的利益。

家康也熱烈希望同明朝貿易，但明朝擔心倭寇，繼續採取鎖國政策，因而未能建立邦交。但明朝的許多商船來到日本的平戶等地，並通過東南亞國家，同日本進行頻繁的貿易。

幕藩體制的建立與鎖國　在江戶時代的初期，日本雖然大力開展對外貿易，但隨着幕藩體制的完成，逐漸限制對外貿易和日本人去海外，最後終於採取了鎖國政策。

幕府採取鎖國政策有幾個原因，首先是基督教的問題。當時西班牙和葡萄牙在世界各地擴大殖民地，而在這些國家，政府和教會是互相配合的關係，天主教會協助政府的殖民地統治。另外在天主教的內部，耶穌會和法蘭西斯會等教團因爲擴大勢力範圍產生了對立，他們

互相揭發對方的陰謀。此外還有基督教傳教士沒有想到的一個問題，基督教對當時的日本來說是新來的宗教，它通過對其信仰而產生的團結，把農民組織了起來，日本的封建統治者因此而引起了警惕。在日本的戰國時代，起過這種作用的是當時的新興宗教一向宗。在江戶時代的初期，從「島原之亂」可以看出，是新來的基督教起了這種作用。江戶幕府最初對基督教採取放任的政策，1612 年（慶長 17 年）向幕府的直轄領地發出禁止基督教令，第二年將禁令推及到全國。由於這次的禁令，很多教徒改變了信仰，但一部分教徒不屈服於殘酷的迫害，這使得幕府和各藩更加感到基督教危險。沒有改變信仰的教徒有的被殺，有的被驅逐出國，甚至把一個名叫高山右近的大名也驅逐到菲律賓的馬尼拉。

採取鎖國政策的另一個原因是，對外貿易逐漸威脅到封建統治的基礎。通過鎖國，幕府可以一手控制對外貿易，這樣就可以防止各大名通過對外貿易來積蓄對抗幕府的財富，這也是採取鎖國政策的主要原因。幕府於 1616 年（元和 2 年）禁止歐洲的船隻在平戶和長崎以外的地方入港。1623 年（元和 9 年）英國人同荷蘭人競爭失敗，撤出平戶，以後被禁止來航。1624 年（寬永元年）禁止西班牙船隻來航。以前規定日本船獲得硃印狀就准許去海外，1633 年（寬永 10 年）加強了限制，規定還需要有稱作「老中奉書」的特別許可證才能出航。1635 年（寬永 12 年）限制中國船隻能在長崎停泊，同時禁止去海外的日本人回國。這樣的鎖國政策是同鎮壓日本國內基督教徒同時加強的，所以成為 1637 年（寬永 14 年）發生「島原之亂」的原因之一。當時島原城主松倉氏一方面加強對農民的剝奪，同時對居住在領地內的大批基督教徒進行了殘酷的鎮壓。因此大批的農民擁戴一個名叫天草四郎時貞的少年為「總大將」，被德川幕府改易的九州各藩的浪人也參加

了進來，於 1637 年（寬永 14 年）發起了暴動。這次鬥爭發展爲大規模的農民戰爭，同幕府的軍隊作戰到第二年，一度勢力很大，打死了幕府軍的總大將，但在戰略上有錯誤，沒有主動出擊，發動各地的農民起來響應，而是困守舊城原城，被九州各地封建領主的軍隊重重包圍，又遭到荷蘭船從海上的炮擊，終於失敗，遭到極其殘酷的鎮壓。

在此之後，幕府更加害怕基督教，1639 年（寬永 16 年）禁止葡萄牙船來航，又於 1641 年（寬永 18 年）把荷蘭的商館遷到長崎的出島，進行嚴密的監視，至此完成了鎖國。

鎖國的目的主要是想通過政治上加強統治和經濟上遏止商品經濟的發展，來維護封建統治。隨着鎖國的完成，採用了「寺保」制度，讓所有的人民分別到一定的寺院裏去登記，在村的內部實行聯保，迫使人們彼此互相監督。

對外貿易限制在長崎一港進行，而且由幕府一手壟斷。當時的進口商品與國內產業的關係不大，所以並沒有因爲鎖國而發生經濟上的動搖，另外還可以通過與基督教傳教毫無關係的荷蘭進口必要的商品。封建統治由於鎖國而穩定下來，而且由於切斷了與世界市場的聯繫，壓制了國內的資本主義萌芽的發展。鎖國對於維護封建制度確實起了很大的作用。但與此同時，日本落在世界性的資本主義發展大趨勢的後面，推遲了近代科學和近代產業的發展。

在鎖國的期間，准許同日本貿易的歐洲國家只有一個荷蘭。荷蘭把現在的印度尼西亞地區當作殖民地，以巴達維亞（現在的雅加達）作爲東印度公司的根據地，在長崎設置了分公司。荷蘭向幕府保證不傳播基督教，商船一到長崎，即由商館館長向幕府提交《荷蘭風說書》，報告海外的情況，一直到幕府末年，荷蘭始終採取阻撓其他歐洲國家同日本進行貿易的政策。荷蘭船帶來的商品，除了在中國停泊時

禁教和鎖國年表

年份	事項
1600（慶長9）	設立絲割符制度
1609（慶長14）	荷蘭在平戶開設商館。沒收西國大名能裝載500石以上貨物的大船
1612（慶長17）	向幕府直轄領地發布禁教令
1613（慶長18）	把禁教令推及到全國。英國在平戶開設商館
1614（慶長19）	高山右近、內藤如安等人被逐放到馬尼拉
1616（元和2）	除明朝船隻外，其他國家船隻限定在平戶、長崎停泊
1621（元和7）	禁止日本搭乘外國船出國和進口武器
1622（元和8）	把平山常陳等人處火刑，長崎發生大規模殉教事件
1623（元和9）	英國關閉平戶商館
1624（寬永元）	禁止西班牙船來航
1628（寬永5）	濱田彌兵衛在台灣與荷蘭總督鬥爭
1629（寬永6）	長崎開始「踏聖像」，考驗人們是否信基督教
1630（寬永7）	禁止有關耶穌教的書籍入境
1631（寬永8）	規定「奉書船」制度
1633（寬永10）	鎖國令Ⅰ（禁止奉書船以外的船隻出國）
1634（寬永11）	鎖國令Ⅱ
1635（寬永12）	鎖國令Ⅲ（全面禁止日本出入境）
1636（寬永13）	鎖國令Ⅳ，讓葡萄牙人遷到出島
1637（寬永14）	島原之亂，1638年2月平定
1639（寬永16）	鎖國令Ⅴ（禁止葡萄牙船來航）
1640（寬永17）	設「宗門改役」，掌管禁教事務
1641（寬永18）	讓荷蘭人遷到出島
1644（正保1）	荷蘭開始提交「荷蘭風說書」

帶來的生絲、絲織品及棉織品外，還有藥品、鐘錶、砂糖、書籍等，尤其是帶來歐洲的文物有着很大的意義，這成為18世紀以後荷蘭學在日本興起的原因。

在中國，明朝於17世紀中葉滅亡，由清朝取而代之。江戶幕府對於同清朝建立邦交並不積極，並未建立正式的邦交，但通過長崎的貿易一直繼續。中國船帶來的物品，除了生絲和絲織品外，還有棉織品、毛織品和書籍等，在荷蘭學興起之前，對日本的農業和工藝的發展帶來了很大的影響。另外，通過中國船還帶來了砂糖、蘇木、香木、獸

皮、獸角等東南亞的產品。日本的出口商品，除了銀、銅等礦產品外，主要是乾鮑魚、魚翅等海產品。

實行鎖國之後，海外貿易仍然年年增加，因此幕府於 1685 年（貞享 2 年）限制對外貿易，減少了荷蘭船和中國船的入港數。但以後貿易仍然增大，因而在 1686 年（元祿元年）規定中國船每年的入港數爲 70 隻，中國人的居住區也限定在稱作「唐人屋敷」的住宅區內。

幕藩體制的穩定

由武斷政治到文治政治　江戶幕府在建立統治體制的時期，加強對各大名的控制，改易了很大的大名。但改易大名的增多，產生了許多浪人，引起了社會的動盪。在第三代將軍家光去世、幼小的家綱擔任將軍之後不久，發生了「由井正雪之亂」，其核心人物就是這些浪人。另一方面，這時幕府已鞏固了基礎，因而決定把政策轉變爲「文治政治」，企圖通過對法律、制度和學術的整頓、充實來提高幕府的權威。幕府最初基本上不承認沒有子嗣大名的「臨終養子」（沒有子嗣的大名，命令事先決定好養子，臨死時要求幕府予以承認，稱之爲「臨終養子」），這成爲改易大名的重要原因。這時決定改變這種做法，承認 50 歲以上的大名的臨終養子。接着爲了停止戰國時代以來殺伐的風氣，禁止大名的家臣殉死，並廢除了幕府向大名索要人質的制度。推行這種文治主義的思想背景，是由於採用了儒家──尤其是朱子學，出現了德川家族的德川光圀（水戶藩主）和保科正之（會津藩主，第三代將軍家光的庶弟）以及池心光政（岡山）、前田綱紀（金澤）等好學的大名。德川光圀特別重視朱子學的名分論，他企圖根據這個觀點來編寫日本的歷史，在江戶設立彰考館，編寫了《大日本史》。他的

對大名的控制(改易和減封)
(上段爲改易、下段爲減封)

時期	大名數	封祿
關原之戰後不久	93家	約507萬石
	4	221
關原之戰至家光的時代	105	1106
	16	31
四代將軍家綱時代	22	67
	4	18
五代將軍綱吉時代	33	135
	13	30

原因	大名數	封祿
關原之戰、大阪戰役等軍事原因	93家	約507萬石
	4	221
因禁止臨終養子	46	457
	12	16
武家諸法度等法制原因	59	648
	4	15

觀點是認爲德川幕府是受天皇委任正式的日本的統治者，幕府的權威是由於受天皇的委任而產生的，主張天皇是日本思想上的統治者；關於南北朝，他認爲同室町幕府鬥爭的北朝是正統。自光圀以來，興起了以名分論爲核心的朱子學一派，稱作「水戶學」，這成爲以後尊王論的發展基礎。前田綱紀大力收集古籍和古典，爲後來的尊經閣的藏書奠定了基礎。保科正之招請了朱子學者山崎闇齊，池田光政招請了陽明學者熊澤蕃山，分別開設了「藩學」和「鄉學」，獎勵儒學。

　　藩的統治體制的建立　這一時期，繼幕府的制度確立之後，大名領（藩）的統治體制也發生了變化。在這以前，各藩還保存着很多繼承戰國大名的領國統治體制的因素，藩主的家族及有實力的家臣在藩

藩的大小與種類 〈1866(慶應2)年〉

區分		親藩	譜代	外樣	計	%
大藩	50萬石以上	2	0	5	7	8%
	20萬石以上	4	2	9	15	
中藩	10萬石以上	8	16	8	32	29%
	5萬石以上	1	33	12	46	
小藩		8	94	64	166	63%
計		23	145	98	266	(100%)
%		9%	54%	37%	(100%)	

內有半獨立性,對藩的政治有很大的直接發言權。但從這一時期開始,全藩變爲藩主直轄領地的傾向增強,與此同時,藩主家族及有實力的家臣僅擁有名譽職,代之而出現了以藩主爲核心、以具有官吏性質的家臣來輔佐的統治體制。由於這種新統治體制的出現,來自舊門閥階層的抵抗很大,有的藩甚至發展爲內部爭鬥,其中有的藩因此而被幕府改易。但實現這種新的統治體制後,推進了對學術的獎勵和農業的振興。

生產力的發展 當時生產力發展的首要原因是由於灌溉工程的發展而開發了新田。戰國時代,在戰國大名的領國內,土木工程技術已有了相當大的發展,進行了堤防和灌溉渠道的建設,但當時由於戰亂和統治者處於敵對的關係,進行大規模的工程尚有困難。江戶時代初期,戰亂平息了,各藩內部整頓了統治體制,因而有可能進行這樣的工程。日本的耕地面積估計在16世紀末約150萬町步(1町步約爲1公頃),到18世紀中葉爲300萬町步,明治初期的地租改革時已爲450萬町步。江戶時代初期開發新田是作爲幕府和藩的事業來進行的,但也有很多富裕的農民參加。江戶時代中期以後,由於土木工程

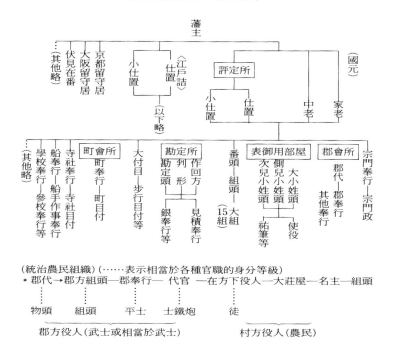

藩的機構（以岡山藩爲例）

藩主

〈江戸詰〉仕置
小仕置
京都留守居
大阪留守居
伏見在番
（其他略）
（以下略）

評定所
小仕置
仕置
中老
家老（國元）

町會所
町奉行——町目付
寺社奉行——寺社目付
船奉行——船手作事奉行
學校奉行——參校奉行等
（其他略）

勘定所
勘定頭
判形作回方
大付目——步行目付等
銀奉行等
見積奉行

番頭
組頭（15組）——大組

表御用部屋
大小姓頭
側兒小姓頭
次兒小姓頭——祐筆等——使役

郡會所
郡代——郡奉行
其他奉行

宗門奉行——宗門政

（統治農民組織）（……表示相當於各種官職的身分等級）
* 郡代→郡方組頭—郡奉行— 代官 —在方下役人—大莊屋—名主—組頭

物頭　組頭　平士　士鐵炮　徒

郡方役人（武士或相當於武士）　　村方役人（農民）

技術的發展，大河川的沿岸大批開發新田，城市大商人出資開發的「町人請負新田」也日益增多。

　　農業技術的進步也是江戶時代初期農業生產力發展的重要原因。耕作農具中普及了「備中鍬」等，脫粒農具中發明了千齒脫粒機，篩選農具中廣泛地使用扇車和「千石篩」等。當時總結了各地的農業的經驗，還大力研究了中國明代的農業技術。17世紀末期，宮崎安貞深入研究了明朝的《農政全書》，並以日本各地的農業技術爲基礎，著了《農業全書》，此外還出版了許多農業書籍。在當時的水田耕作中，已經把山野的青草當作綠肥大量使用，廐肥和人糞尿也廣泛地用於田地，還使用油渣、乾沙丁魚等人造肥料，尤其在種植棉花、木藍等商

新田開發狀況

A.田地面積的變化

		萬町步
慶長年間	{ 1596 1614	163.5
享保年間	{ 1716 1735	297.0
明治 7 年	1874	305.0

B.產值的變化

		萬石
文祿元年	1592	1845.99
元祿年間	{ 1688 1703	2576.89
天保 3 年	1832	3040.25
明治 4 年	1871	3162.00

C.各地方新田增加率

地方	元祿年度增加率(%)	天保年度增加率(%)
奧羽	53.1	36.7
關東	51.1	11.2
東海	16.2	10.3
東山	28.3	17.8
北陸	55.2	21.7
近畿	13.2	6.1
山陰	47.2	9.2
山陽	45.1	35.2
四國	40.5	25.3
九州	47.0	12.6
計	39.5	17.9

註：此表表示元祿年度對慶長年度的增加率和天保年度對元祿年度的增加率。

品作物的地區更是廣泛使用。由於農業技術的發展，單位面積的產量也增多了。另外，到了這一時代，農產品的商品化日益發展，各地出現了特產品，這表明農業正由自給自足的階段進一步向商品生產發展。當時的特產品主要有攝津、河內（均屬大阪府）、三河（愛知縣）等地的棉花，阿波（德島縣）的木藍，出羽村山地方（山形縣）的紅花，備前、備中（岡山縣）及備後（廣島縣）的燈心草（編鋪地草席

的原料）等。養蠶已遍及全國，上野（群馬縣）、信濃（長野縣）及陸奧的南部（福島縣）尤盛。

17世紀以後，漁業也有顯著的進步，畿內先進的捕撈方法傳到全國，發展了大規模的網捕漁業。當時點燈和驅除水稻的害蟲使用了大量的鯨油，紀伊（和歌山縣）、土佐（高知縣）和肥前（長崎縣、佐賀縣）等地從這時開始盛行捕鯨。另外，土佐的鰹魚以及蝦夷地（北海道）的海帶、鯡魚、鮭魚等在全國享有盛名。從18世紀中葉開始在北海道大量出產的乾鮑魚和魚翅等，向中國大批出口。這種裝在草袋（俵）中的海產品稱作「俵物」。

製鹽業在沿海地方也很興盛，尤其在氣候適宜的瀨戶內海地方，初期由藩出資，後來由商人和富農等出資，發展了用堤防來圍造的大規模的「入濱鹽田」，產鹽量佔全國的80—90%。

幕府一開始就掌握了全國主要的礦山，大力從事礦山的開發，而民間承包的礦山開展也逐漸地發展起來。17世紀初，日本是世界有數的金、銀出產國，幕府因此而建立了貨幣制度，控制了對外貿易。17世紀中葉產量開始減少，以後大力開發足尾、別子等銅礦，日本逐漸成為當時世界上最大的產銅國，用銅來償付對外貿易的進口。

手工業最初與農業結合，也是自給自足，但職業逐漸專門化，技術也不斷地進步，陶瓷器、漆器、造紙、釀造等在各地發達起來，尤其是纖維業的發展更為顯著。隨着城市的發展，各地盛行適應城市需要的商品生產，出現了某種商品的特產地。加上由於藩的保護和實行專賣政策，農村的商品進一步興盛起來。18世紀以後，「問屋制家庭手工業」逐漸普及，由擁有商業資本的「問屋」（大批發商）把原料和工具等貸給農家，令其進行手工業生產，然後收購其製品，商人就是這樣活躍地進入了農村。

交通的發達 豐臣秀吉統一天下後，全國的交通已有所發展，德川時代進一步推進了交通網的整頓。由於各藩要把年貢米及特產品運到大阪等地去出售，換取現金，所以在江戶、大阪、京都等大城市逐漸可以得到全國的物資，尤其是大阪已成爲全國的商品流通的中心。大城市的商人也通過經紀人或直接派出伙計，購買各地的物產。

整頓充實交通機構，首先是爲了公務旅行的人的方便。江戶幕府爲了使參觀交代順利進行，直接控制東海道、中山道、甲州街道、奧州街道、日光街道等主要幹線，稱之爲「五街道」。在這些街道上設置里程碑，兩旁種樹，而且每隔2—3日里（8—21公里）設置驛站。各個驛站開設供大名住宿的「本陣」及供一般行人住宿的「旅籠屋」等旅館，並準備一定的人夫和馬匹，供搬運貨物行李和傳送書信公文。人夫、馬匹因大規模公務旅行而不足時，規定可以從預先指定的附近的農村徵集。這樣的農村稱爲「助鄉」。助鄉是一種勞役，對農民是很大的負擔。幕府還在東海道的箱根和中山道的椎冰等要地設置關卡，監視來往行人。

在江戶時代，一般平民的旅行要比以前的時代輕鬆得多。旅行的人最初要自己携帶食糧，後來可以在旅館裡自由吃飯。所以一般的平民也經常去參拜江戶、京都、大阪等大城市及各地的神社佛寺，或上溫泉去。另外在通訊郵遞方面，幕府在每個驛站設置傳送公文、貨物的「繼飛脚」，接着又出現了「大名飛脚」，不久由町人辦的「町飛脚」也發達起來，可以把書信、小件行李及金銀等相當準確地送到各地。

另一方面，商品的運輸通過陸路費用很大，所以主要靠水上運輸。17世紀初，京都的豪商角倉了意開闢了各地重要的河川航線。海運主要是以大阪爲中心發達起來的，尤其重要的是江戶至大阪的航線，有稱作「菱垣船」和「樽船」的定期船隻。17世紀後半期，河村

瑞賢開闢了太平洋和日本海兩方面的航線。

城市和商業的發達　各地擁有大名所住城堡的城下町，最初是作為領國的政治中心而建造的，但逐漸也變成了商品流通的中心。江戶、京都、大阪已成為全國性的物資的大集散地，尤其是被稱為「天下廚房」的大阪，已是全國的經濟中心。這是由於大阪以擁有先進的農業和手工業的畿內為後盾，同時又是水陸交通的要地。18世紀初，大阪的人口已達到35萬。京都擁有皇宮和許多大寺院，帶有宗教城市的性質，另外它還作為精巧的手工業製品的產地而聞名，17世紀已擁有人口約40萬。江戶是全國的政治中心，幕府和大名的家臣以及他們的隨從人員大多住在這裡，因適應他們的需要，工商業也發達起來，18世紀初已擁有武家人口50萬，其他人口50萬，合計100萬。據說1801年的倫敦的人口為85萬，所以江戶在19世紀初是世界擁有人口最多的城市。到了江戶時代後期，東北地方的物產大多運往江戶，江戶的經濟地位提高，成為與大阪相匹敵的經濟中心。

當時的商品主要有大名所徵集的年貢米及領地內的其他物產，稱作「藏物」。大名為了出售藏物，在大阪或江戶開設「藏屋敷」（帶倉庫的商店）。藏屋敷的藏物的出納，最初由「藏役人」（掌握藏物的小吏）擔任，後來逐漸委交給稱作「藏元」的町人辦理，付給藏元手續費（「口錢」）。賣掉藏物的錢，由稱作「掛屋」的町人保管，藩可以根據需要提取。如：鴻池、加島屋等很多大的錢莊（「兩替商」）都擔任掛屋或藏元，他們由各藩發給祿米（「扶持米」），享受和武士同等的待遇。江戶還出現了一種稱作「札差」的商人，他們專門為旗本和御家人出售從幕府那兒領取的祿米。有些藏元、掛屋和札差等把經手的米或其他物產當作抵押品，向各藩、旗本和御家人發放高利貸，獲得了大量的財富。

江戶時代的人口

〔全國〕	
1721（享保6）	26065425人
1732（享保17）	26921816
1744（延享1）	26153450
1756（寶曆6）	26070712
1762（寶曆12）	25921458
1768（明和5）	26252057
1774（安永3）	25990451
1780（安永9）	26010600
1786（天明6）	25086466
1792（寬政4）	24891441
1798（寬政10）	25471033
1804（文化1）	25621957
1822（文政5）	26602110
1834（天保5）	27063907
1846（弘化3）	26907625
〔江戶〕	
1721（享保6）	501394人
1786（天明6）	457083
1816（文化13）	501161
1834（天保5）	522754
1840（天保11）	551365
〔大阪〕	
1721（享保6）	382471人
1786（天明6）	380098
1816（文化13）	373045
1834（天保5）	359290
1858（安政5）	314370
〔京都〕	
1634（寬永11）	410098人
1669（寬文9）	362322
1715（正德5）	350986
1719（享保4）	341494
1729（享保14）	374449

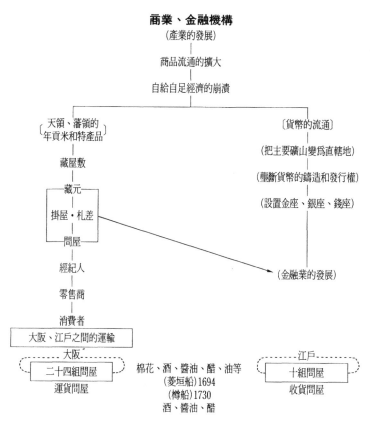

商業、金融機構

(產業的發展)
|
商品流通的擴大
|
自給自足經濟的崩潰

〔天領、藩領的
年貢米和特產品〕

藏屋敷

藏元

掛屋・札差

問屋

經紀人

零售商

消費者

〔貨幣的流通〕

(把主要礦山變為直轄地)

(壟斷貨幣的鑄造和發行權)

(設置金座、銀座、錢座)

(金融業的發展)

大阪、江戶之間的運輸

大阪

二十四組問屋

運貨問屋

棉花、酒、醬油、醋、油等
(菱垣船) 1694
(樽船) 1730
酒、醬油、醋

江戶

十組問屋

收貨問屋

　　除了這種被統治者當作年貢收奪、變為商品的藏物外，商人還直接從各地收購大米或其他物產，稱作「納屋物」。隨着時代的發展，納屋物日益增多，大阪堂島的米市市場左右着全國的米價。

　　隨着商業的發展，商人的機能也在分化，產生了批發商（「問屋」）、經紀人（「仲買」）和零售商（「小賣」）的區別。有些批發商結成「組合」，謀求利益的壟斷。幕府曾多次禁止這種行為，但隨着幕府的財政陷入困境，到18世紀只好承認這種組合，向他們徵收稱作「運上」、「冥加」等的稅金。最有名的組合是江戶的「十組問屋」和大阪的「二十四組問屋」。十組問屋主要收購由大阪運送來的貨物，二十四

組問屋主要把貨物從大阪運送到江戶。經營同一種類商品的批發商聚集在一起，按經營商品種類分別結成組。

此外，工商業的各種業種也成立了組合，這種組合稱作「株仲間」。特別是錢莊、批發商、經紀人等富裕商人的株仲間團結很緊，利用其特權來壟斷利潤。

貨幣制度　貨幣制度在豐臣秀吉時代已經着手建立，到了江戶幕府初期已經完成。幕府壟斷全國的貨幣鑄造權，設立金座、銀座和錢座，發行金幣、銀幣、銅錢三種全國共同的貨幣。金幣的單位是兩、分、株，按四進法計算；銀幣按重量計算，以 1,000 匁（1 匁＝3.75 克）為 1 貫；銅錢以 1,000 文為 1 貫。按當時的制度，三種貨幣之間的換算率根據當時的經濟情況、貨幣的質量及供給量而有所變化。1609 年（慶長 14 年）標準的換算率是金一兩換銀 50 匁，換銅錢 4 貫。貨幣之間的換算率經常變動，而且關東主要用金幣，關西以銀幣佔優勢。由於這些情況，城市裏出現了從事貨幣交換業務的錢莊。他們大多是富裕的商人，也從事經手公款等金融活動。江戶時代中期以後，各藩的財政日益窘困，因而各藩大多發行稱作「藩札」的紙幣。藩札僅在該藩內通用，由於濫發而貶值。廢藩置縣後，根據明治政府整頓舊統治者發行的紙幣時調查，有 224 個藩、14 個舊幕府領和 9 個旗本發行了紙幣，政府的交換金額達 2500 萬元。幕府在整個江戶時代沒有發行全國性的紙幣。

幕府還設置「秤座」和「升座」，統一了全國的度量衡。

元祿時代　江戶幕府成立後約 100 年的期間，是生產力迅速發展的時期。江戶時代的初期還殘留着戰國時代的餘風，但到這一時期，尚武之風已逐漸消失，產生了喜愛浮華的風氣。第五代將軍綱吉好學，在江戶的湯島建造聖堂，祭祀孔子，獎勵朱子學，並獎勵對天文

學和日本古典的研究。

當時由於生產力的發展，城市的生活提高，出現突然暴富的大商人。而這些商人又被堵塞了把累積的財富向對外貿易投資的道路，在國內也無法投資，因而他們就大量地揮霍浪費其財富。由於這些原因，這一時代的生活進一步趨向浮華，對文化的各個方面帶來了很大的影響。

另一方面，生產力的迅速發展和貨幣經濟的發展，動搖了以自給自足為原則的幕府和各藩的財政基礎。江戶時代的初期，國內礦山的產量很大，對外貿易的收益也很多，所以幕府的財政也相當充足。但到了第四代將軍的時期，礦山的產量下降，對外貿易的收益也有所減少，加上江戶發生大火，燒毀了江戶城和大部分市街，需要支出巨款，因而財政發生了困難。再加上第五代將軍綱吉生活豪華奢侈，而且綱吉和綱吉的母親都篤信佛教，建造大寺院，使得幕府的財政更加困難。綱吉因此而聽從了當時負責幕府財政的萩原重秀的建議，企圖用改鑄貨幣、降低貨幣質量的辦法來克服財政困難。物價因此猛漲，增強了人民的不滿情緒。綱吉還發布《憐憫生類令》，下令保護動物——特別要保護狗。原因是他沒有生繼嗣，認為這是前世的報應，為了要得繼嗣，必須要保護動物，特別要保護他的屬相——狗。綱吉就是出於這種佛教的迷信，而命令把全江戶的野狗都集中起來飼養（約10萬匹），連同其他的動物一起給予優厚的保護。而且執行這個法令愈來愈嚴，最後有的人竟因打死了咬人的狗而坐牢，或被流放到孤島。因此當時的人們背底下都稱綱吉是「犬公方」（「公方」是將軍的別稱，即「狗將軍」的意思）。元祿時代是學術和文藝在生產力發展的基礎上獲得發展的時代，也是封建社會的經濟和政治開始露出破綻的時代。

江戶時代的物價變動（以江戶、京都爲例，單位爲銀兩）

品目	1711 (寶永7)	1716 (享保元)	1730 (享保15)	1773 (安永2)	1787 (天明7)	1791 (寬政3)	1830 (天保元)	1837 (天保8)	1850 (嘉應3)	1867 (慶應3)
	江戶春	江戶春	京都春	京都春	京都春	京都春	京都春	京都春	京都春	京都春
白米 (1石)	80.6	162.1	48.8	56.0	167.9	60.6	83.6	187.8	119.5	1147.6
大醬 (1貫)	1.3	2.7	86.4 (1石)	—	—	1.7	2.1	3.5	2.4	20.9
鹽 (1石)	38.3	58.0	2.3 (1俵)	—	—	5.7 (1俵)	—	—	—	—
醬油 (1石)	106.1	275.4	65.0	100.0	80.0	75.0	72.7	87.7	77.7	600.0
酒 (1石)	119.0	328.3	82.0	135.0	162.0	114.0	143.0	190.7	158.0	1277.0
油 (1升)	3.4	5.2	2.4	3.0	—	2.0	2.9	4.0	3.9	20.2

　　正德之治　綱吉最後死時仍無繼嗣，由侄兒家宣任第六代將軍。
但數年後家宣又去世，由其子家繼任第七代將軍。在這幾年的期間，
由當時的第一流學者新井白石輔佐幕政。新井白石並沒有擔任老中或
幕府其他的正式官職，但他實際上是幕府政治的核心人物。白石廢除
了《憐憫生類令》，整頓了幕府的儀禮，企圖以此來提高將軍的權威。
當時的皇室財政貧困，皇室的子女很多出家當僧尼，天皇的親族僅有
伏見宮家和有棲川宮家二個親王家。白石認爲這和德川家相比很不妥
當，因此讓幕府向朝廷獻款，創設閑院宮家，試圖改善幕府與朝廷之
間的關係。

　　在第五代將軍綱吉執政時期，爲解決財政困難，曾數次改鑄金、
銀貨幣，降低了貨幣的質量，使經濟發生混亂。白石把財政負責人荻
原重秀革職，鑄造優質貨幣，企圖提高貨幣的信譽。在這以前，長崎
的對外貿易中流出了大量的金銀，據白石的估計，其數額高達幕府初

期以來日本擁有黃金的¼和白銀的¾。因此，白石於 1715 年（正德 5 年）發布《長崎新令》（亦稱《正德新令》或《海舶互市新令》），限制清朝船隻每年30隻，貿易額爲銀6,000貫，荷蘭船爲2隻，貿易額爲銀3,000貫，並規定其中一部分改爲用銅支付，企圖防止白銀外流。

這一時期的政治稱爲「正德之治」，其目的是要緩和元祿時代已經暴露出來的封建制的矛盾，同時想通過文治政治來提高幕府的權威。但貨幣的改良並不符合當時的經濟實況，反而帶有促使經濟混亂的傾向，文治政治也有進一步動搖武家政治的基礎的一面。不過，新井白石的合理主義的研究方法，在思想、歷史學、語言學、外國研究以及荷蘭語的初步研究等許多方面取得了很多的成果，爲以後的各個學術領域作出了貢獻。

元祿文化

元祿文化　第五代將軍綱吉執政的元祿時代，是以德川時代初期的生產力的迅速發展爲背景，是町人勢力迅猛興起的時期。因此，這一時期的文化雖然很多仍然是由幕府及各藩等封建統治者培育起來的，但町人自己也開始了文化的創造。當時自鎖國開始以來已經歷了半個多世紀，文化已顯著地露出日本獨特的傾向，而且反映町人的生活態度，帶有濃厚的盡情享受現實生活的因素。

另外，以德川時代初期生產力的發展爲背景，熱心地研究了明代的科學技術，在醫學、農業技術、天文學、數學、土木工程學等各個領域裏有着獨特的發展。而其中也有來自朱子學的論理研究方法的影響，在學術上出現了合理主義的精神，爲以後的學術發展奠定了基礎。

儒學的興盛　德川時代佔統治地位的思想，是取代以前佛敎的儒家──特別是朱子學。朱子學被幕府和各藩當作官學採用，所以出現了許多這方面的學者，其中突出的有為將軍家宣所重用的新井白石和為將軍吉宗所重用的室鳩巢。他們都是為加賀藩所招聘的木下順庵的弟子。

神道是日本自古以來的傳統宗敎，但它在尚未發展成為完備的宗敎時就接觸了外國的高度的精神文化，所以其敎義始終依存於更高度的國外的精神文化。在佛敎是主要的佔統治地位的思想時，神道主要是用佛敎思想來說明它的敎義。儒學、特別是朱子學在德川時代成為主要的佔統治地位的思想時，又出現了企圖用朱子學的思想來說明神道敎義的情況，曾是朱子學者的山崎闇齊所創始的「垂加神道」就是如此。

在這一時代，民間還盛行批判作為官學的朱子學，出現了陽明學和古學等學派。陽明學的主要人物有民間學者中江藤樹及其弟子、一度擔任岡山藩執政的熊澤蕃山等人。熊澤蕃山主張根據「時」、「所」、「位」(狀況) 三條件，適合於日本的儒家，反對不加批判地把古代中國的道德秩序運用於日本的態度。陽明學本身具有比朱子學更甚的唯心主義的性質，但其態度是要批判和改革現實，因而為幕府所警惕，蕃山後來也被幕府軟禁。古學派主張批判朱子學，直接返回到孔孟的敎導。古學派的主要學者有山鹿素行和伊藤仁齋等人。他們反對朱子學者所主張的理、氣二元論和以理為中心的哲學，主張以氣為中心，認為理是氣的運用，接近於唯物主義的觀點。素行著《聖敎要錄》，攻擊朱子學，被幕府軟禁。素行還反對當時日本許多儒學者把中國當作中心的觀點，從認為日本是「中朝」(中心) 的觀點出發，著了《中朝事實》。仁齋和他的兒子東涯在京都開辦私塾古義堂，在民間從事敎

大日本史(開始編寫)	(1657,水戶光圀)	都鄙問答	(1739,石田梅岩)
聖教要錄	(1765,山鹿素行)	柳子新論	(1763,山縣大貳)
中朝事實	(1669,山鹿素行)	日本外史	(1827,賴山陽)
本朝通鑒	(1670,林鵞峰)	〔科學〕	
大學或問	(1686,熊澤了介)	塵劫記	(1627,吉田光由)
藩翰譜	(1702,新井白石)	發微算法	(1674,關孝和)
讀史餘論	(1712,新井白石)	貞享歷	(1684,澀川春海)
蘐園隨筆	(1713,荻生徂徠)	華夷通商考	(1695,西川如見)
古史通	(1716,新井白石)	農業全書	(1697,宮崎安貞)
折柴記	(1716,新井白石)	大和本草	(1708,貝原益軒)
六論衍義大意	(1721,室鳩巢)	庶物類纂	(1715,稻米若水)
政談	(?,荻生徂徠)	蕃薯考	(1735,青木昆陽)
經濟錄	(1729,太宰春台)	臟志	(1754,山脅東洋)

育活動。另外還有出自古學派系統、爲將軍吉宗所錄用的荻生徂徠，他主張學術不單純是只研究封建道德和儒教倫理，還要廣泛地研究更多的現象和領域，提高知識水平。由於這種思想，學術才從儒教倫理的束縛中解放出來，應該說這爲以後的西學、國學及自然科學等的興起奠定了基礎。

朱子學本身是封建統治者的思想，但其合理主義的一面促進了其他學術領域的發展。在歷史學的領域裏，出現了根據確鑿的史料來敍述歷史的學風，編寫了林家的《本朝通鑑》和水戶德川家的《大日本史》等，新井白石試圖根據其獨特的時代劃分來掌握歷史的演變，寫了《讀史餘論》，並在有關日本的原始史和古代史方面，消除了傳說的色彩，通過對史料的合理解釋，取得了很大的成果。

在自然科學的領域裡，歷法學首先發達，接着從藥草研究出發的本草學發達起來。宮崎安貞學習中國的《農政全書》，吸取日本的具體經驗，寫了《農業全書》。這部書當時相當普及。因土地測量和土木工程以及爲制定正確的歷法，數學也發展起來。高等數學從研究明朝的

天元術出發，後來出現了「和算」，獲得了獨特的發展。關孝和在圓周率及圓的面積的計算方面所作的研究，從當時的世界水平來看是相當傑出的。在天文和曆法學方面，安井算哲從研究明朝的授時歷出發，作了獨特的發展。在江戶時代的前半期，在自然科學的領域裡熱心地研究了明朝的科學技術，進一步推動了它的發展。這一工作和朱子學合理的論理方法的普及，奠定了下一時代西學興起的基礎。

日本古典的研究 在江戶時代的初期，由於生產力的迅速發展，以及對中國文化的吸收已達到完全消化的階段，因而對自己的文化的關心高漲起來。在這一時代，戶田茂睡反對按道德的準則對中世以來的和歌作形式主義的解釋，主張在和歌中使用俗語；接着僧人契冲在《萬葉集》的研究方面作出了優秀的成績；北村季吟對《源氏物語》、《枕草子》等平安時代的作品確立了新的研究態度，試圖探索作者的真實意圖。這種對古典及古代文化關心的高漲，發展為試圖通過文獻來正確理解古代文化的傾向，成為下一個時代國學興起的基礎。

元祿文學 在元祿時代，江戶是政治的中心，而文化的中心仍在以京都、大阪為中心的上方，所以這一時代具有代表性的作家松尾芭蕉、井原西鶴、近松門左衛門都是出身於上方，除了一段時期曾居住於江戶的芭蕉外，其他人都活躍於以上方為中心的地區。在江戶時代的初期，從流行於戰國時代以前的連歌的第一句（發句）而產生了俳句，逐漸成為獨立的文學形式，主要在町人之間盛行，但藝術的價值還不高，芭蕉以「幽幻閑寂」為主旨，提高了俳句的藝術性。芭蕉的俳句在其精神與內容上有與中國的陶潛和王維的詩共同的因素。芭蕉還逃避城市的浮華的生活，企圖通過地方旅行來培養閑寂的精神。

西鶴出生於富裕的商人家庭，寫了許多以町人的生活與風俗為題材的小說。這樣的小說稱作「浮世草子」，它反映了當時正在勃興的商

業資本的立場。他站在這一立場上，寫了描寫好色男人一生的《好色一代男》，同時還寫了許多反映在封建的道德和社會的矛盾下受壓迫男女的小說。西鶴的作品之所以能作爲德川時代的小說的古典，直到後世仍爲人們廣泛閱讀，正是由於這種對封建道德的批判態度。

近松門左衛門寫了許多劇本，描寫了當時的社會問題，以及町人們由於封建道德和封建的社會關係而不能獲得眞正的幸福，最後被迫情死的形象。近松的作品在整個德川時代多次上演，博得了觀衆的同情和共鳴。

主要在元祿時代活躍的芭蕉、西鶴、近松三人的文學，已成爲整個德川時代的文學的古典。

這一時代還流行配着音樂咏唱的文學「淨瑠璃節」，竹本義太夫演出了近松所寫的許多戲曲，出現了淨瑠璃節的全盛時代。當時是歌舞伎的創立期，上方和江戶出現了常設的劇院，當時江戶喜愛稱作「荒事」的威武雄壯的表演技巧，代表性的演員是初代市川團十郎；上方以女性爲對象的男性演員受到歡迎，坂田藤十郎和芳澤菖蒲等演員最爲有名。

元祿時代的美術　在戰國時代至江戶時代初期盛極一時的狩野派繪畫開始衰落；由大和繪系統的土佐派中產生的土佐光起，當上了朝廷的畫師，一度很得勢，但後繼無人；從大和繪系統中產生的尾形光琳，吸收了俵屋宗達的畫法，發展了其富有裝飾性的一面。這些繪畫受到了社會上層的喜愛。另一方面，以美人和演員等爲畫題的「浮世繪」，在平民中間受到歡迎。浮世繪逐漸作爲版畫大量生產，成爲平民容易獲得的大衆繪畫。它最初僅用墨筆繪出畫的輪廓，從元祿時代開始用筆塗上簡單的色彩，後來由於版畫技術的發達，變成了套色印刷的彩色版畫（「錦繪」）。活躍於元祿時代的菱川師宣被視爲版畫浮

世繪的鼻祖。不過，在元祿以後又盛行肉筆的浮世繪。

在陶瓷器及印染織物方面，隨着技術的發達，強調裝飾美。被譽爲「京瓷之祖」的京都的野野村仁淸創造了在陶瓷器上塗上絢麗色彩的技術，畫家尾形光琳的弟弟尾形乾山又進一步發展了這種技術。尾形光琳在漆器工藝的金漆方面也發揮了他傑出的才能。在印染織物方面，京都的宮崎友禪利用豐富的色彩，在絹綢上印染出人物、花鳥、草木、山水等花樣，創造了「友禪染」的技術，結果流行起所謂「元祿花綢」的華麗的衣服。

民眾的生活　在元祿時代，町人的生活變得相當浮華奢侈，幕府和各藩對此曾多次發出禁令。但民眾的住房大部分還是木板屋頂或草屋頂，江戶的商人住房從 18 世紀中葉才逐漸開始用瓦鋪蓋。

農民穿絹綢是違法的，主要穿麻布和綿布。在這一時代，城市一般都吃大米，但農村要在大米中夾雜大量的麥子、小米等食用。砂糖在當時是貴重品，大部分靠進口，到 18 世紀以後才普遍食用。

平民中間盛行依賴宗敎來避免天災的風氣，生病時大多依靠祈禱。由明朝來的僧人隱元在江戶時代初期傳來了禪宗的一派黃檗宗，佛敎除此以外並沒有什麼新的活動。這是因爲當時佛敎已經完全失去了活力。基督敎遭到嚴厲的鎭壓，但在九州的一部分地區，和民間的信仰混雜在一起，悄悄地進行活動。

封建社會的動搖

幕政的改革

武士生活的困難與農村的變化　幕藩體制作爲一種封建的統治制度，在日本的歷史上是最牢靠的。但從 18 世紀初開始，其矛盾逐漸地表面化了。論其原因，首先是前章所說的生產力的發展。在這整個期間由於沒有發生過戰亂，加上技術的改良，以農業爲中心的生產力獲得了很大的提高。第二個原因是階級鬥爭的激化。封建社會成立的前提是封建統治者剝奪勞動人民（主要是農民）生產的全部剩餘品。據說德川家康說過這樣的話：「對待農民，就應當讓他們不死不活。」這清楚地表明了封建統治者的立場。當生產力一增長，同時階級鬥爭一激化時，封建統治者就不可能把生產力增大的部分集中到自己的手中，逐漸產生了生產的剩餘部分落入封建統治者以外人們的手中的可能性。資本主義的萌芽就是在這樣的前提下產生的。17 世紀末至 18 世紀初，在生產力上升的同時，農民鬥爭也激化了，封建統治者已不可能收奪生產的全部剩餘部分，這首先作爲幕府及各藩的財政困難而表現出來。

陷入財政困難的幕府和各藩，對經營釀造業或當鋪的富裕農民徵

幕府與藩貧困的背景 → 克服財政困難的對策

背景	對策	結果
礦山—金銀生產減少 鎖國—對外貿易利潤減少 商品經濟的發展與財政 　　　支出的增大 生活奢侈與支出的增大 天災地禍	增徵年貢 開發新田 改鑄貨幣 向御用商人徵收臨時稅 殖產興業 徵用俸祿 實施專賣制 向豪商借款	武士貧困 農民貧困

收稱作「運上」的捐稅，對特定的商人集團承認其一部分商品的專賣權，允許他們成立同業公會性質的組織「株仲間」，然後向他們徵收營業稅，企圖以這些辦法來開闢新的財源。特別是在各藩，很多藩依靠大商人的貸款或徵用家臣的一部分俸祿來渡過難關，也有不少藩把藩內的特產品當作專賣品來出售。這些政策表明以年貢收入為基礎的封建領主性質已開始發生變化，同時也說明封建領土方面也想獲取商品生產發展的成果。

　　旗本和御家人等幕府的家臣以及各藩的藩士的貧困進一步加劇，他們的封祿並沒有增加，卻不得不過著城市的生活，支出隨著物價的上漲而增大，生活日益困難。在各藩，很多藩主以借用的名義，徵用家臣的封祿，使得家臣的生活更加困苦。很多下級武士因此而靠從事副業——各種手工業來維持生活，向高利貸者借債的情況日益增多。到了 18 世紀，甚至從富裕的町人那裏要來養子，自己靠領取撫養費而過隱居的生活，像這種實際上是出賣武士身分的情況也屢見不鮮。以世襲制為原則的封建身分制度就這樣逐漸趨向崩潰。

　　農村的急遽變化是幕藩體制動搖的最大原因。由於生產力的提高和商品生產的發展，農村逐漸被捲進貨幣經濟，因而造成農村的貧富差距增大，喪失土地的農民增多。在元祿時代，富裕的農民盛行雇用

季度工人耕種土地,這種農業經營方式稱作「地主手作」。季度勞動帶有人身支配的因素,還不能稱作徹底的工資勞動,但作爲向工資勞動的一種過渡形態,有著重要的意義。

　　寄生地主的產生　從元祿時期起,也產生了把土地出租給佃戶、收取佃租的寄生地主。在農業生產的全部剩餘部分都集中於封建領主手中的情況下,在領主與農民之間進行中間剝削的寄生地主不可能充分地發展。但是,由於前面所說的社會的變化,在封建領主已經不可能收奪生產剩餘部分的情況下,商業高利貸資本可以在領主與農民的中間收奪一部分剩餘部分。也就是說,在以「領主──農民」關係爲基礎的農村,一部分地區出現了「領主──地主──農民(佃農)」的關係。

　　寄生地主主要是由於兩個原因產生的。一個是由於開發新田,當時幕府和藩等封建領主爲了解決財政困難,需要開發新田,因而對於投入大量資金排除海濱湖沼的積水、建造灌溉水渠、開發新田的大商人,承認其有徵收一定佃租的權利,各地就這樣產生了「新田地主」。另一個原因是由於典地,當時農民因生活困難,把農地當作抵押品向農村的高利貸者借債,高利貸者把抵押來的農地讓農民(佃農)耕種,徵收一部分產物,因而各地產生了「典地地主」。

　　幕藩體制的原則是以自耕的本百姓(自耕農)爲中心,僅由領主收奪農民的剩餘部分。寄生地主的產生就破壞了這個原則。但當時幕府和藩等封建領主陷入嚴重的財政危機,只好同意寄生地主以各種形式的獻款來換取收奪農業生產的部分剩餘的權利。

　　寄生地主的產生是表明幕藩體制崩潰的一種現象,但寄生地主是與領主瓜分一部分用封建方式收奪的生產剩餘,並不是通過工資勞動來進行生產,仍具有封建的本質,而且只是在以封建領主的土地所有

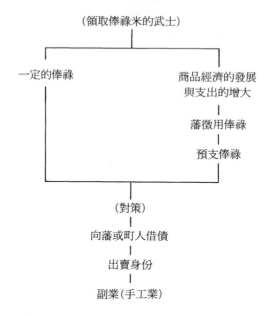

武士的貧困

（領取俸祿米的武士）

一定的俸祿　　　　　　　　商品經濟的發展
　　　　　　　　　　　　　與支出的增大

　　　　　　　　　　　　　藩徵用俸祿

　　　　　　　　　　　　　預支俸祿

（對策）

向藩或町人借債

出賣身份

副業(手工業)

爲原則的幕藩體制下，允許寄生地主分得佃租的權利，還沒有把所有權完全交給寄生地主。寄生地主是在幕藩體制消滅之後的明治初期實行地租改革中才獲得了土地的所有權。

　　享保改革　18 世紀初，第七代將軍家繼年僅 7 歲就死去，因而由御三家之一的紀伊藩主德川吉宗當上第八代將軍。當時幕府的財政極其困難，甚至連直屬幕府下級武士的俸米也支付不起。

　　吉宗首先讓各大名上繳 1%的封祿米，同時把大名因參覲交代而需要在江戶居留的時間減少一半。根據幕藩體制的原則，各大名對幕府除了提供戰時的軍役外，不承擔經濟負擔。而且參覲交代本來是幕府控制各大名的一個重要的手段。因而吉宗的上述政策儘管是暫時的，但確實是犧牲幕藩體制的根本原則而採取的措施。所以在數年後

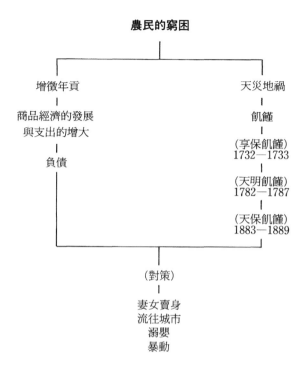

農民的窮困

增徵年貢　　　　　　　　　天災地禍

商品經濟的發展　　　　　　　飢饉
與支出的增大
　　　　　　　　　　　（享保飢饉）
負債　　　　　　　　1732—1733

　　　　　　　　　　　（天明飢饉）
　　　　　　　　　　　1782—1787

　　　　　　　　　　　（天保飢饉）
　　　　　　　　　　　1883—1889

（對策）

妻女賣身
流往城市
溺嬰
暴動

幕府的財政危機稍微平息時，這個政策就停止實行了。這個措施稱作
「上米制」。

　　吉宗的理想是恢復將軍的獨裁權力，恢復德川幕府創立初期那樣
質樸的社會。在吉宗擔任將軍之前，元祿時代以來三代將軍都實行親
信政治，其內容帶有濃厚的文治政治的色彩。吉宗就任將軍之後，立
即斥退了新井白石，清除了上代將軍的近臣，代之而起用譜代大名，
並下令要武士加強武術的訓練。

　　吉宗一面利用「上米制」克服財政的危機，同時謀求從根本上重
建幕府的財政。其措施是通過「儉約令」來壓縮財政支出，同時改變
過去實行的按當年的年景來規定租率的「檢見法」，採用以過去數年

的收穫量爲基準來規定一定租率的「定免法」,謀求收入的穩定。這一政策的目的是在固定租率時把租率提高,把農業生產上升的成果吸收到封建統治者方面來。但採用這一政策同時也意味著封建統治者再也不能通過每年租率的改變來任意地奪取農業生產力上升的成果。

吉宗還獎勵大商人出資開發新田,以擴大財政收入。由於實行這一政策,等於允許商業高利貸資本吸取農業生產的一部分剩餘,成爲以後各地寄生地主成長的原因。

吉宗還企圖通過設置「官職補貼制」(「足高制」)來控制財政支出。一向規定幕府的文武官職要由旗本來擔任,但根據官職的高低要由有一定俸祿的人來擔任。以前俸祿不足的人擔任高級官職時,增加的俸祿在退職後仍保留作爲家祿。而官職補貼制把這種增加的俸祿看作是任職期間的薪俸,退職後就取消。這樣既防止幕府財政支出的增大,同時又因與家祿無關,便於起用人材。

此外,吉宗還起用青木昆陽,推廣甘蔗、野漆樹、朝鮮人參的栽培,推進產業的開發,放寬對漢譯西方書籍進口的限制,在一定程度上採取了適應時代變化的態度。另外還整頓了幕府的法制,對承認平民投書上訴等表示了一定的姿態。但他一貫採取的增徵年貢的政策增大了農民的負擔,促使農民鬥爭激化。而且當時大米是主要的農產品,它是食糧,也是貢租和俸祿,米價的變動會對社會產生很大的影響,幕府曾爲調節米價煞費了苦心。1732 年(享保 17 年)米價由於大歉收而暴漲,第二年初江戶就發生了大規模的城市貧民暴動。

吉宗推行的政治稱作「享保改革」,其目的主要是企圖重建幕府的財政,重新鞏固封建統治體制,所以最初是想壓抑商業資本,提高金、銀貨幣的質量。但在當時商業資本發展的情況下,這樣的政策行不通,到享保改革的後期,逐漸同商業資本妥協,又採取降低貨幣質

量的政策。

　　享保改革是幕府首次實行的改革，對以後時代的影響很大。這次改革是重建幕府的財政，並直接以幕府的直轄地爲對象，但以後對各藩也產生了很大的影響。

　　田沼時代　將軍吉宗是一個具備一定能力的政治家。但他的兒子第九代將軍家重體弱多病，而且語言不清，因而又恢復了近臣政治。到了第十代將軍家治時，從近臣中產生了田沼意次，掌握實權，擔任老中。意次在政治上認識到增徵來自田地的年貢是有限度的，而大力推進在享保改革末期出現的同商業資本妥協的政策，給予大商業資本特權，企圖把其中的部分利益吸取到封建統治者方面來。對於銅、鐵、黃銅等需要量大的物品，他設置幕府直接管理的專賣機構，獲取利益，或者把販賣、製造的特權給予特定的商人，然後向他們徵收「運上」、「冥加金」之類的捐稅。意次還採取積極的對外貿易政策，向中國出口稱作「俵物」的乾鮑魚、魚翅等輸入金銀。他還準備開發俵物的產地蝦夷地（現在的北海道），同俄國人進行貿易，但這個計劃未能實現。

　　田沼的政治企圖同商業資本妥協，利用它來增加幕府的收入。但這樣的政策要犧牲從事商品生產的農民的利益，因而增強了農民的反抗；另外由於給予商人特權而引起了物價的上漲，因而城市居民的反抗也增強了。而且由於推行同商業資本妥協的政策，賄賂橫行，甚至連官職也可以用金錢買賣，社會的腐敗現象日益嚴重。加上連續發生天災，1783 年（天明 3 年）淺間山（火山）大規模噴火，造成巨大的災害，延續數年的天明大饑饉有數十萬人餓死，因而農民和城市居民都起來暴動，在幕府的內部也增大了對田沼的批判。意次的兒子意知也擔任「若年寄」的高官，作威作福，1784 年（天明 4 年）在江戶城

中被旗本佐野政言刺死。據說刺死意知是由於私怨，但社會上卻把政言頌揚爲「救世神」（「世直大明神」）。意次的勢力從此衰落，而且將軍家族中批判田沼政治的勢力發展，最後意次終於垮台。

農村的變化與農民鬥爭　幕藩體制下的農村組織是以具有負擔一定租稅能力的本百姓爲中心。另一方面，兵農分離、武士集中於城下町，以及附加給大名的義務——參覲交代的制度等，都成爲使整個社會發展貨幣經濟的因素，通過德川時代前半期，貨幣經濟已滲透農村，結果農村的貧富差距增大，本百姓逐漸分化爲極少數的地主富農和大多數的貧農。而且當封建統治的增強剝削與自然災害碰到一起時，往往發生災荒與飢饉，成了農民沒落的原因。在 1732 年（享保 12年）由於西日本的大蟲害而發生的享保大飢饉，以及 1782—1787 年（天明 2 — 7 年）和 1833—1839 年（天保 4—10 年）由於東北地方的凍災而發生的天明、天保大飢饉當中，許多人餓死，破壞了農民的生活，因而加劇了農村的荒廢，放棄田地、流入城市的農民增多，發生了新的社會問題。

農民生活的窮困促進了地主的發展，地主通過高利貸以及釀造業和商業也獲得了很多利益，更加兼併大量的土地，隨之在農村內部就出現了地主與佃農以及村吏與一般農民之間的對立，而且這種對立逐漸激化。

德川時代中期以後農民鬥爭和城市貧民暴動的激化，正是由於這種社會的變化以及人民的政治覺醒。

德川時代前期的農民鬥爭，大多是名主等村吏代表農民，向封建統治者申訴，要求減免貢租，但也出現了發展爲廣大地區的團結、提出政治要求的鬥爭。享保時代以後，隨著農村內部貧富差距的增大，貧農、佃農對地主、高利貸者的鬥爭日益激化。當時大部分的農民鬥

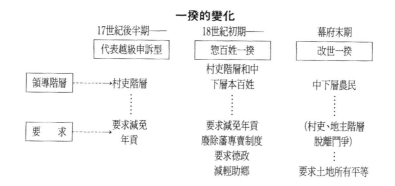

一揆的變化

17世紀後半期──	18世紀初期──	幕府末期
代表越級申訴型	惣百姓一揆	改世一揆

| 領導階層 | ----→ | 村吏階層 | 村吏階層和中下層本百姓 | 中下層農民 |

| 要 求 | ----→ | 要求減免年貢 | 要求減免年貢廢除藩專賣制度要求德政減輕助鄉 | (村吏、地主階層脫離鬥爭)要求土地所有平等 |

爭是自發的，大多以短時期的暴動而告終，但正是由於這種農民鬥爭的激化而動搖了封建社會的基礎。

　　寬政改革　田沼意次下台之後不久，江戶、大阪等十多個城市發生稱作「天明搗毀運動」的暴動。意次的加強與大商業資本妥協的政策帶來了物價的上漲，從而加劇了社會的動盪。另一方面，商業資本的進一步發展，破壞了封建社會的基礎，因而增加了以德川氏家族為首的幕府統治者內部批判田沼的勢力。取代田沼意次而任老中、掌握幕府實權的是白河藩主松平定信。他是第八代將軍吉宗的孫子，出身於有數的名門。定信的基本政策是以農業為主，排斥同大商業資本妥協。他為了防備飢饉，推動創設「村倉」、「義倉」來儲存米穀的工作，在江戶也厲行節約，積蓄錢財，為災荒時作準備。另一方面，他還制訂了政策，減少在江戶無一定職業的人口，強制他們返回農村；在江戶的石川島設置收容所（「人足寄場」），收容江戶的流浪者，在收容所教習技術，但帶有強制勞動的性質。此外，為了挽救旗本、御家人的貧困，由幕府向他們發放低利貸款，以抵制一向向他們放債的「札差」；札差給旗本、御家人的貸款，6 年以前的一律作廢，5 年以內的強制降低利息。這個政策稱作「棄捐令」，但結果卻與原來的目的相

反，引起了金融界的混亂，反而使旗本、御家人更為困難。

定信於 1790 年（寬政 2 年）實行「寬政異學之禁」，把朱子學奉為「正學」，把其他學派當作「異學」，禁止在幕府的學問所講授。這個政策的本質是加強封建統治者的思想統治，其影響涉及到儒學以外的其他領域。當時新的學術「荷蘭學」剛開始興起，定信雖承認荷蘭學在產業上的貢獻，但認為荷蘭學一旦普及將不利於封建統治者，因而壟斷西方書籍，禁止其流傳。當時林子平認為世界的趨勢是發展海軍，主張要用新武器來充實國防，制訂富國的政策，寫了《海國兵談》一書，被幕府認為是宣傳用之說，蠱惑人心，處以禁錮之刑，沒收了《海國兵談》的木版（印刷版）。林子平寫了這樣一首和歌：「無雙親／無妻子／無兒女／無木板／無錢／也無死的念頭」，以後自稱「六無齋」。在文藝方面也禁止「傷風敗俗」的作品，對批判政治的人則嚴加鎮壓。

定信推行的政策稱作「寬政改革」，在暫時穩定幕府的權威和振作武士階級精神方面取得了一定程度的效果。但其實質是企圖重新加強封建統治，並具有強烈對人民加強壓力的性質，所以出現了這樣諷刺的和歌：「白河（定信的封地）水清難養魚，田沼（意次）渾濁堪懷念。「另外，當時商業資本已經在各個方面產生了強烈的影響，要想壓制它已很困難，因而在統治階級內部也產生了批判定信政治的勢力，數年之後，定信不得不從老中的位子上退下來。

封建統治的動搖不僅表現在幕府方面，各藩也同樣因農民鬥爭的高漲和財政的困難而苦惱，因而各藩都實行了藩政改革。其內容是加強領地內的殖產興業和專賣制度，企圖把農民生產的商品成果吸收到封建統治者方面來。18—19 世紀，50 多個藩實行了專賣制，其品目多達 70 餘種，特別有名的有米澤藩的紡織品、松江藩的鐵和朝鮮人參、

津和野藩的紙、佐賀藩的陶瓷器及鹿兒島藩的黑砂糖等。有些藩由於實行這些政策而暫時重建了財政，但不可能從根本上解決封建社會的矛盾，反而由於剝奪了農民的利益，激發了各地農民反對專賣制度的鬥爭。

幕政的衰退

世界形勢的變化　18世紀末至19世紀初，歐洲發生了重大的變化。1776年美國的獨立革命和1789年法國革命改變了歐洲的形勢，對世界也產生了巨大的影響。俄國和英國的船隻也逐漸在日本近海出現。

當時首先給日本帶來威脅的是俄國。俄國從18世紀初就已經經西伯利亞，出沒於日本近海。在這樣的形勢下，幕府向蝦夷地（北海道、千島、樺太）派遣了探險隊，而且老中田沼意次也考慮過同俄國人進行交易。在民間也出現了像工藤平助、林子平等研究海防的學者。以前日本的軍事學把日本看作是一個世界，研究其內部的戰爭，林子平則把日本當作世界的一個國家，研究了日本與其他國家的戰爭。

當時北海道的松前藩令阿依努族人貢納海產品。俄國使節拉克斯曼於1792年（寬政4年）來到根室要求通商，才突然引起日本的注目。幕府於1798年（寬政10年）命近藤重藏到千島探險，讓商人高田屋嘉兵衛開闢去擇捉島的航線，並於第二年把北海道東部地方劃為幕府的直轄領地。1804年（文化元年）俄國的里扎諾夫來到長崎要求通商。幕府拒絕了這個要求，同時把北海道全島作為直轄領地（松前藩暫時移封到其他地方），命令東北地方的各藩守衛蝦夷地，並令間

宮林藏進行北方探險。在這期間，俄國船曾於 1810 年（文化 7 年）在擇捉、國後兩島登陸，進行掠奪。針對這種情況，日本方面也於 1811 年（文化 8 年）捕捉了來到國後島的俄國軍艦的艦長，接著在第二年又發生了高田屋嘉兵衛在航行途中被俄國軍艦綁架等事件。1813 年日俄雙方互相釋放被扣留的人，事件獲得解決。以後日本控制了國後與擇捉，俄國控制了得撫島以北，兩國之間一直到幕府末年保持著比較平靜的關係。

另一方面，英國於 18 世紀中葉在印度獲得了據點，接著又開展同中國的貿易。19 世紀初，荷蘭本國被拿破崙征服，英國開始奪取各地的荷蘭的殖民地。1808 年（文化 5 年）發生了英國軍艦菲頓號追逐荷蘭船侵入長崎港的事件（「菲頓號事件」）。到了這一時期，美國的捉鯨船大批在日本近海出沒。

在這樣的情況下，幕府於 1825 年（文政 8 年）發布《驅逐異國船隻令》，命令除中國船和荷蘭船外，對其他外國船隻一律擊退。其結果，1837 年（天保 8 年）為送還日本的漂流民和交涉貿易而來航日本的美國船摩理遜號，在相模（現在的神奈川縣）的浦賀和薩摩（鹿兒島縣）的山川遭到炮擊。當時高野長英等荷蘭學者以及受渡邊華山等人荷蘭學的影響的知識分子，從「開國論」的立場批判了幕府的政策，遭到幕府的殘酷鎮壓。這次事件稱作「蠻社之獄」，產生的影響很大。在此以後，荷蘭學者不敢進行思想方面的研究和政治活動，將其研究限定於醫學和技術方面。

幕藩體制的動搖與大鹽平八郎的叛亂　封建制的矛盾在德川時代中期明顯地暴露出來之後，交替出現了以幕府的三大改革為代表的那種企圖恢復幕府的權威和改變社會鬆弛的時期，和像田沼時代或文政時代那樣採取同商業資本妥協的比較鬆弛政策的時期。18 世紀末

過去千年間的大飢饉

1180—81	京都旱災、瘟疫
1230—31	各國大凍災、瘟疫
1259—60	各國大凍災、瘟疫
1420—21	各國旱災、瘟疫
1460—61	京都附近各國凍災、瘟疫
1539—40	風災、水災、戰亂
1615	東北地方大凍災
1640—42	東北、北陸地方大凍災
1680—82	各國旱災、洪水
1695	東北地方大凍災
1701—03	東北地方凍災、全國飢饉
1732	西國地方蝗災
1755—56	東北地方大凍災
1782—87	天明大飢饉
1833—39	天保大飢饉
1866	東國地方大凍災

至 19 世紀的第十一代將軍家齊執政的時期是屬於後者，政治的綱紀鬆弛，社會的矛盾進一步加強。進入天保年間以後，這種狀態仍然繼續，加上連年歉收，發生了「天保大飢饉」，各地都發生了農村的百姓一揆和城市的搗毀運動，而幕府和各藩對此未能採取任何適當的對策。

1836 年（天保 7 年）的飢饉十分嚴重，連大阪也餓死了許多人，而豪商仍然囤積大米，牟取暴利，幕府的官吏不僅不爲貧民採取對策，反者要把大阪地方的大米運往江戶，社會的動盪進一步加深。大阪町奉行所（幕府在大阪的統治機構）的下級官吏、陽明學者大鹽平八郎（號中齋）看到這種狀況，於 1837 年（天保 8 年）動員民衆，襲擊富豪，把大米和金錢分配給貧民。這次稱作「大鹽平八郎之亂」的暴動僅一天就被鎮壓了下去，但在大阪這樣重要的城市，幕府的官吏公然和民衆一起用武力發起叛亂，這給幕府和各藩帶來了很大的衝擊，其影響遍及全國，在越後（新潟縣）的柏崎，國學家生田萬自稱

是大鹽平八郎的門生，發起了叛亂。

天保改革　大塩平八郎之亂表明幕藩體制已陷入深刻的危機。1841 年（天保 12 年）將軍家齊一死，老中水野忠邦爲打破危機，實行了「天保改革」。天保改革是仿效享保、寬政的改革，但幕府的危機比以前更爲深刻，所以更加嚴厲。

改革仍由發布「儉約令」開始，禁止武士和平民奢侈，禁止製造、出售高價的食物和工藝品，加強對戲劇和文藝作品的管制，發出了許多涉及日常生活各個方面的禁令。

在經濟政策方面，認爲物價上漲的原因是存在著擁有特權的行會（「株仲間」），阻礙了自由競爭，因而命令解散行會，強制降低各種商品的價格，甚至企圖把新興的農村商人也置於幕府的直接控制之下。另外，認爲農村荒廢的原因是由於農村的人口流入到城市，因而發布「回鄉令」（「人返法」），禁止農村裡的人到江戶來找工作，同時把住在江戶的貧民趕回農村。當時各地已經產生由稱作「機織下女」的工資工人所從事的紡織業，幕府認爲這也會威脅封建制的基礎，企圖加以禁止。

天保改革的內容涉及到各個方面，而對幕府來說，最大的問題是克服財政困難。所以幕府一面向商人徵收巨額的臨時稅，同時降低貨幣的質量，獲得很大的利益，但降低物價的政策因此而遭到失敗。另外還發布「棄捐令」，企圖救濟爲負債而苦惱的旗本，但結果反而引起經濟界的混亂，旗本也因得不到金融的接濟，經濟更加困難。忠邦爲了進一步加強幕府的權力和增加收入，還企圖把江戶、大阪的周圍地區變爲幕府的直轄領地，命令大名上交知行地。這些地方大多是有實力的親藩的領地，遭到他們激烈的反對，忠邦下台後，天保改革也就失敗了。

對於幕府來說，天保改革是一次想起死回生的努力。由於它的失敗，幕府的權力大大地下降，財政進一步惡化，再也沒有恢復的希望了。

幕府的這次改革失敗有幾個原因，第一是因為商品經濟的發展深深地侵蝕了封建社會，已經不可補救，特別是因為幕府在直轄領地中已擁有許多先進的經濟地區；第二是因為幕府的直轄領地地區廣大，分散在全國，包括各種各樣的地區，不可能採取強有力的有效措施；第三是因為像一部分藩中的下級武士階層那樣決心克服封建制危機（儘管是暫時的）新興努力還沒有起來。後面將要敍述，在這一時期，一部分藩在改革上取得了成功，而幕府的改革卻失敗了，這對以後的政局產生了決定性的影響。但幕府的天保改革失敗的最大原因還在幕府還在幕藩體制本身的矛盾激化。

文化、文政時期的文化

化政文化　在江戶時代的前期，日本的文化中心仍在以京都、大阪為中心的地區，但後期隨著江戶的急劇變化，文化的中心也轉移到了江戶。19世紀初的日本文化，採取當時的年號，稱作「化政文化」（文化、文政時代的文化）。

這一時代是封建社會在各方面陷入困境、社會矛盾日益加劇的時代。這樣的社會潮流也反映到文化方面，文化失去了上進的精神，帶有濃厚的頹廢和孱弱的傾向。封建統治者為了衝破危機，進行了幾次改革，企圖在改革的過程中大力壓制打亂幕藩體制的勢力。因而人們試圖用諷刺和譏笑來發洩對封建壓制的不滿，文藝中流露出追求情慾和歡笑頹廢的傾向。

另一方面，由於城市的繁榮，商人和文化人在全國流動，出版和教育的普及，以及因參拜神社寺院等而帶來旅行的盛行等原因，文化也普及到城市的平民階層和農村。因此，一方面是封建文化的頹廢和庸俗化，同時在學術思想等領域出現了批判封建社會的現狀及尋求解決矛盾的動向。

化政文學　在文學的領域，文學已不再是爲一部分人所壟斷，而成爲民衆所有。因而出現了通俗化和庸俗化的傾向，但逐漸盛行把政治和社會的事件當作文學的題材。

在俳諧方面，18世紀中期出現了與謝蕪村，興起重視寫生的客觀作風，在表現手法上也帶有新鮮感。在化政時期活躍的小林一茶，寫了許多紮根於農村生活的、帶有強烈個性的俳句。

在化政時代，流行以柄井川柳爲代表的稱作「川柳」的幽默俳句和以蜀山人（太田南畝）爲代表的稱作「狂歌」的幽默和歌。其中有的作品批判當時的政治或諷刺統治者，多次遭到幕府的鎮壓。當時的社會輿論往往採取川柳或狂歌的形式來表達。

小說方面取材於平民生活的作品日益增多，但沒有深刻地探求人性，在描寫上帶有濃厚滑稽化的傾向，產生了以江戶的遊樂場所爲舞台的稱作「灑落本」的小說。山東京傳在這方面寫了許多作品，但在18世紀的寬政改革中被禁止之後衰落，以後以十返舍一九的《東海道徒步旅行記》和式亭三馬的《浮世理髮店》等爲代表的滑稽小說流行。這些作品以旅行和理髮店等爲舞台，以平民爲主人翁、描寫日常生活和人情。

另外在寬政改革以後，盛行一種稱作「讀本」的小說。這種小說在歷史或傳說中尋求題材，宣傳「勸善懲惡」，瀧澤馬琴在中國《水滸傳》的影響下所寫的《南總里見八犬傳》等爲其代表作。但由於嚴厲

鎮壓的結果，小說失去了自由的氣氛，變成了類型化的作品。

在戲劇方面，淨瑠璃的作者中出了竹田出雲，留下了很多名作。但歌舞伎比木偶淨瑠璃更爲盛行，其代表是在 19 世紀初活躍的四世鶴屋南北。但這一時期的作品中頹廢、怪奇的傾向相當突出。

化政美術　這一時代繪畫的特色是富有民衆性，其代表就是浮世繪。18 世紀中期出現的鈴木春信，創立了稱作「錦繪」的套色版畫，帶來了浮世繪的全盛時代。接著繪美人畫的歌麿和繪演員畫的寫樂等畫家在民衆中間受到歡迎。在當時平民對旅行抱有濃厚興趣的社會風氣中，北齋和廣重等人畫了許多風景畫。

江戶時代產生了像浮世繪這樣日本獨特的繪畫，它在中期以後受到中國南畫的影響，在文人學者中流行，池大雅、田能村竹田和谷文晁被認爲是這方面最傑出的學者。不過，俳句詩人與謝蕪村和受過荷蘭學影響的知識分子渡邊華山在這方面也很有名。

一方面流行像南畫那樣具有主觀內容的繪畫，同時也盛行重視客觀的寫生、吸收了西洋畫遠近法的圓山應舉那樣的畫風。應舉雖未達到徹底的現實主義，但由他的畫派圓山派產生的松村吳春所開創的四條派，富有日本情趣，把日本畫的傳統流傳到後世。

在江戶時代初期存在的西洋畫，隨著禁止基督教已幾乎絕跡。但到德川時代中期以後，由於荷蘭學的興起而逐漸恢復。平賀源內和司馬江漢在這方面頗富盛名，並創始了銅版畫。

西學的發達　在江戶時代的初期，同歐洲的交通也相當頻繁，日本人當中也出現了相當多精通葡萄牙語和其他歐洲語言的人。但自鎖國以後，尤其是 1630 年（寬永 7 年）禁止進口有關基督教的漢譯西方書籍以後，研究西方學術已日益困難。荷蘭人每年向幕府提交世界形勢的報告書《風說書》，但那只有老中等極少一部分官吏能看到。在長

崎的荷蘭語翻譯（「通詞」）當中，不少人的荷蘭語相當熟練，翻譯了兩三部醫學等書籍，但未對西方學術進行有系統的研究。

江戶時代中期以後，歐洲學術的研究獲得迅速的發展，是有一些原因的。

首先在德川時代的前半期大力研究了明代先進的科學技術書籍，在元祿時代以前已將其最高水平的成果加以消化，並能作進一步的發展。正如西學的創始人杉田玄白所指出的，西學在日本迅速獲得發展是「由於漢學打開了人們智慧眼界的結果」。對朱子學等高度的論理性的探求也有著重大的意義。在儒學者中也出現了像荻生徂徠這樣的學者，他主張學術並不是只研究封建道德，應當累積各方面的知識，使知識變得更加豐富，把學術從封建道德的統治下解放出來，這也有著重大的意義。另外，封建統治者面臨社會矛盾的激化，企圖通過開發新的生產技術來加強自己的統治力量，這也是西學發達的一個重要原因。

在元祿、享保的中間時代，當時將軍的政治顧問新井白石，根據其審問潛入日本的義大利傳教士西篤梯所獲得的知識，寫了《西洋紀聞》一書。白石在這部書中相當準確地敍述了歐洲的地理和歷史，並承認歐洲的科學技術要比日本先進得多。新井白石還曾學習過荷蘭語。在享保時期，天文學家靑木昆陽和本草學者野呂元丈等人也開始學習荷蘭語。尤其是享保時期放鬆了對漢譯西洋書籍的限制，這對以後的西學研究有著重大的意義。

日本的西學首先是作爲荷蘭學從醫學方面開始的。在江戶時代的前期，在外科方面已經部分地吸收了荷蘭的醫學，出版過兩三冊翻譯書籍，但仍侷限於很小的範圍。在中醫學方面，當時也興起了排除迷信因素、重視實際的經驗和觀察的「古醫方」。從這一派中出現的山脇

東洋於 1754 年（寶曆 4 年）在京都作了人體解剖，出版了《臟誌》一書。前野良澤和杉田玄白於 1771 年（明和 8 年）在江戶觀看了人體解剖，了解到西方解剖書的傑出，產生了翻譯它的念頭，經過很大的苦心，終於在 1774 年（永安 3 年）完成，出版了《解體新書》。

《解體新書》的發行是正式從基礎研究歐洲學術的起點。以後在醫學和天文學等自然科學的領域興起了荷蘭學的研究。1796 年（寬政 8 年）由稻村三伯編寫了題名爲《法爾末和解》❽的第一部日荷辭典。

幕府於 18 世紀中葉建造了天文台，觀測天體，繪製地圖，也翻譯西方書籍。18 世紀末至 19 世紀初，伊能忠敬繪成了準確的日本地圖。幕府還設置了翻譯的專門機構「蠻書和解御用」，後來改爲「番書調所」。在醫學方面，荷蘭學者設置的「種痘館」，後來由幕府直接管理，改稱「種痘所」。

在長崎，荷蘭商館的醫生德國人西博爾德於 1823—1828 年（文政 6—11 年）在郊外的鳴瀧開設了診療所和學校。這所學校滙集了來自全國的優秀學生，爲荷蘭學的發達作出了貢獻。西博爾德回國時，發現他擁有禁止携帶出境的日本地圖等，受到不准再入境的處分，日本方面有關的人也受到了處罰。他回國後寫了許多有關日本的書，成爲日本研究第一流的學者，日本開國後又再次來日本。

在大阪，也出現了像緒方洪庵的「適塾」（適適齋塾）那樣培養了許多荷蘭學者的學校。另外，各藩也逐漸努力採用西方學術。

荷蘭學最初是由醫學研究開始，主要研究科學技術。但其中也有人對西方的社會和政治制度表示關心。以行醫爲業的高野長英寫過介紹希臘以來西方哲學的書，其內容相當正確。荷蘭學者分爲兩種傾向，一派稱作「山手組」，對西方的學術不單純限定於科學技術，也從事思想和政治制度的研究，企圖以學術來促進社會的進步。另一派稱

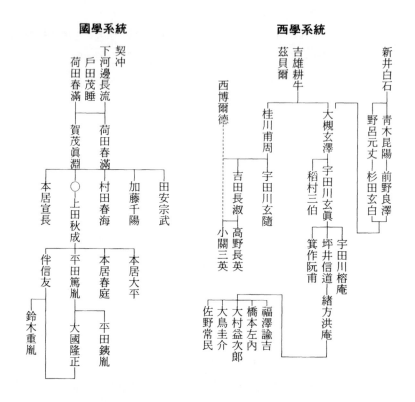

作「下町組」，把研究限定於科學技術領域，迴避對社會發表意見。山手組的荷蘭學者和一部分對荷蘭學關心的人，組織一個叫「尚齒會」的聯誼團體，交流各自的研究，他們的思想傾向於開國論，在前面所說的摩理遜號來到日本時，因批判幕府的政策而遭到鎮壓（即「蠻社之獄」）。以這次事件為契機，荷蘭學者們逐漸將其研究的內容限定於科學技術的領域，迴避研究外國的社會和政治制度，不願採取以研究來促進日本社會進步的態度。

　　西學在江戶時代後期已相當發達，在鎖國時代累積了許多關於西方的知識，成為適應以後變化的因素，並成為明治維新後積極吸收西方文化的基礎。但由於蠻社之獄以後西學者所採取的消極態度，導致

了在明治維新的變革時期，國學和尊王論在思想上的影響反而比西學大的後果，西學在明治維新以後才在思想和社會方面真正發生了影響。

國學的發達　對日本古典的研究自元祿時代出現僧人契冲以來就已經興起，但主要還是對古典文學的研究，思想方面的主張並不多見。18世紀中葉，開展了對《古事記》和《日本書記》的研究，提出了日本「古來之道」的主張，產生了「國學」。國學是從尋求日本未受儒教和佛教等外來思想影響之前的古代思想來研究日本古典。在契冲之後出現的荷田春滿，從研究日本的古語和古典出發，主張要闡明日本「固有之道」，排斥儒教、佛教等外來思想。賀茂真淵認為未受外來思想影響以前的日本人過著純潔的精神生活，主張要在現在恢復這種精神。本居宣長集國學之大成。他出生於伊勢（現在的三重縣）松阪的商人家庭，著有《古事記》的注釋書《古事記傳》等許多著作。他把未受外來思想（「唐心」）影響以前的日本人精神（「大和心」）當作理想，主張要返回到這種精神上來。

國學以狂熱的復古主義為特徵，是在江戶時代中期以後，封建社會矛盾公開化的過程中出現的一種新思想。國學家以古代為理想，主張復古，但其中也包含有批判和否定當時的封建統治的因素。本居宣長在其著作中談到當時許多金銀財寶集中於富商手中的現實時說：「但，此非上（統治者）所賜，非盜他人之物，亦非違法所得，皆由先祖及自己之勞動所得。」這就肯定了商業資本的立場。另外，對於當時不斷發生的農民鬥爭，他說：「非由下（人民）非、而由上（統治者）非所起」，表示了一定的同情。這些思想因素，可以說是他站在自己出身的商業資本立場上對封建制的批判，同時也說明由於他是站在商業資本立場上，對封建制的批判有一定的侷限性。宣長認為：

「若不違背時世，遵守先規，則雖有小錯，不致有大失敗。」所以他的思想上有肯定現狀的一面，但同時必須承認他的思想中也有對封建制的批判和傾向於近代思想的另一面。在 18 世紀末至 19 世紀初活躍的平田篤胤提倡神道，強烈排斥儒教和佛教，有著強烈的以日本爲中心的復古思想。篤胤系統的國學稱作平田派國學，在地方的豪農中間有著廣泛的影響。其原因是他的思想對封建統治的現狀有所批判，而且同反對幕末殖民地化危機而產生的攘夷思想有聯繫。同時也不可否認他的思想中有排外主義的一面，這成爲以後對外侵略思想的一個因素。

　　尊王思想的變化與普及　尊王思想在江戶時代後期的歷史上有着重要的意義。在敍述古代社會和封建社會時已經說過，在日本，儘管掌握政治實權的人有變化，但天皇始終被認爲是形式上和精神上的主權者，幕府的首腦將軍在形式上也被認爲是受京都的天皇和朝廷的委託來推行政治。所以從江戶時代初期就存在着尊王思想，認爲要尊敬把政權委託給幕府的天皇，以此來提高將軍和幕府的權威。特別是到了德川時代以後，由於朱子學盛行，從其中的一個領域——名分論的立場出發，一直主張尊王論。江戶時代的封建統治是採取幕府與各藩分割統治的形式。但到德川時代中期，商品生產與商品流通發展，結果形成了以大阪、江戶等大城市爲中心的全國性的統一市場。也就是說，政治統治仍然是分割統治，而經濟上已經出現了基本統一的現象。一定地區的統一市場是形成近代國家與民族的前提和基礎，日本全國性統一市場的形成也給以後的社會帶來了巨大的變化。

　　在此以後，尊王論的內容也發生了很大的變化。在此以前的尊王論是爲了提高幕府的權威，以後的尊王論從根本上來說是要求成立以天皇爲中心的統一國家。1758 年（寶曆 8 年）發生的竹內式部的「寶

曆事件」就是由尊王論發起的第一個事件。

　　竹內式部曾經學習過山崎闇齋系統的朱子學，同時也是闇齋所創始的垂加神道的傳道者。神道在其宗教的教義尚未完成時就接觸到佛教等先進的宗教，所以經常借用先進的宗教的理論。在德川時代以前佛教盛行時，神道主要借用佛教的理論來說明自己的教義。到了江戶時代朱子學盛行時，出現了以朱子學的理論來說明自己教義的垂加神道。

　　竹內式部沒有留下完整的著作，根據他的講課筆記及被捕後的審訊記錄，可以看出他的以下思想：日本較其他外國優秀是在於天皇是太陽大神的子孫；這樣的天皇過去神德旺盛，因而天皇的朝廷也擁有權力，後來天皇的神德衰落，朝廷也隨之處於武家的下風；現在只要天皇、公卿信奉垂加神道，神德就可以恢復，政權就會再次回到天皇和朝廷的手中。

　　竹內式部並沒有以武力來打倒幕府的思想，但他的尊王論並不是企圖提高幕府的權威，而是表現爲王政復古的主張。式部在京都的公卿中間宣傳他的思想，結果許多下級公卿和桃園天皇也崇拜他的思想，因而遭到幕府的鎮壓。

　　繼竹內式部的寶曆事件之後，1767 年（明和 4 年）又發生了山縣大貳的「明和事件」。根據山縣大貳的著作《柳子新論》來看，他認爲自從政權轉移到武家的手中以來，政治就變成了復本位制，這違反了「天無二日，地無二王」的原則；現在各種罪惡的社會現象皆起因於此。因而山縣大貳認爲幕府應當把政治歸還朝廷，只要政治一元化，各種社會罪惡就會消除。這種思想就是主張實現王政復古，建立以天皇爲中心的統一國家。山縣大貳的思想在公卿中也有影響。他因捲入其他事件，被幕府逮捕、殺害。

竹內式部和山縣大貳的思想是從儒教的名分論出發的尊王論，其特徵是從德川時代初期的尊王論前進了一步，主張王政復古。他們的思想的基礎是來源於當時幕藩體制動搖，以及由於商業資本的發達而形成全國性市場這一現實，它反映了企圖以全國市場爲基礎來實現以天皇爲中心的統一國家的要求。

　　在他們以後的時代，高山彥九郎和蒲生君平等人在全國範圍內宣傳新的尊王論。而這種新尊王論逐漸在地方的領導階層及一部分武士中間推廣，成爲幕末強而有力的時代思潮。

　　安藤昌益的思想　在考慮江戶時代後期的思想時，不能忽視安藤昌益的存在。安藤昌益於 1707 年（寶永 4 年）出生於一個浪人的家庭；18 歲以前生活於江戶，後來到東北地方北部八戶藩的一個藩醫家中當養子，住在八戶。昌益寫了許多著作，但其思想具有對封建統治者極其危險的內容，因而未能公開地傳佈。昌益的歿年也不詳。

　　昌益對封建制的批判，具有世界史上罕見的徹底性和系統性。昌益的思想是站在封建社會的基本生產者、被統治者及勞動農民的立場上展開的。他用「直耕」的觀點來表達他思想的出發點，把「直耕安食、直織安衣」作爲理想。他認爲統治者是站在上面掠奪勞動農民的生產成果，如果勞動農民進行反抗，則用武力加以鎮壓。昌益的理想是消滅社會上人統治人、人剝削人的現象，所有的人都應成爲勞動者。昌益還對儒教的聖人進行猛烈的攻擊；認爲他們自己不勞而獲，欺騙勞動農民。昌益的思想中表現出對封建統治體制及封建思想的尖銳批判，但對封建社會之後出現的社會並沒有明確的預見。不過，他站在勞動農民的立場上，徹底揭露了封建社會的本質，這一點有着極其重要的意義。

　　其他思想的發達　幕藩體制在江戶時代中期以後的動搖，在思想

這一時期的主要著作

〔國學〕
源氏物語湖月抄	(1673，北村季吟)
萬葉代匠記	(1688，契冲)
創學校啓	(1728，荷田春滿)
萬葉考	(1760，賀茂眞淵)
古事記傳	(1798，本居宣長)
群書類從	(1819，塙保己一)

〔荷蘭學〕
西洋紀聞	(1715，新井白石)
荷蘭本草和解	(1741，野呂元丈)
解體新書	(1774，前野、杉田)
荷蘭學階梯	(1783，大槻玄澤)
西說內科選要	(1792，宇田川玄隨)
法爾末和解	(1796，稻村三伯)
歷象新書	(1798，志築忠雄)
荷蘭學事始	(1815，杉田玄白)
大日本沿海輿地全圖	(1821，伊能忠敬)
菩多尼訶經	(1822，宇田川榕庵)
氣海觀瀾	(1825，靑地林宗)
窮理通	(1836，帆足萬里)
舍密開宗	(1837，宇田川榕庵)

〔新學術思想〕
自然眞營道	(1755，安藤昌益)
赤蝦夷風說考	(1783，工藤平助)
三國通覽圖說	(1785，林子平)
海國兵談	(1791，林子平)
西域物語	(1798，本多利明)
稽古談	(1813，海保靑陵)
夢之代	(1820，片山蟠桃)
經濟要錄	(1827，佐藤信淵)
戊戌夢物語	(1838，高野長英)
愼機論	(1838，渡邊華山)

「寺小屋」的發達

A.寺小屋開辦數的變遷

年　　　代	實　　　數	每年平均數
文明—元和(1469—1623)	17	0.1
寬永—延寶(1623—1680)	38	0.7
元祿—正德(1681—1715)	39	1.1
享保　　　(1716—1735)	17	0.9
元文—寬保(1736—1743)	16	2.0
延享—寬延(1744—1750)	14	2.0
寶曆　　　(1751—1763)	34	2.6
明和　　　(1764—1771)	30	3.8
安永　　　(1772—1780)	29	3.2
天明　　　(1781—1788)	101	12.6
寬政　　　(1789—1800)	165	13.8
享和　　　(1801—1803)	58	19.8
文化　　　(1804—1817)	387	27.4
文政　　　(1818—1829)	676	56.3
天保　　　(1830—1843)	1984	141.7
弘化—嘉永(1844—1853)	2398	239.8
安政—慶應(1854—1867)	4293	306.6
明治1—8(1868—1875)	1035	129.4
計	11331	

B.開辦者的身分

武士	3051人
平民	5330
僧侶	2545
神官	1022
醫生	1169
其他	226
不詳	2169
計	15514

C.寺小屋的規模

學童數	男孩	女孩
10以下	742	3419
20以下	2438	2237
30以下	2208	1029
40以下	1954	566
50以下	1244	252
60以下	1006	201
70以下	600	119
80以下	419	83
81以上	1510	234

方面也反映了出來。荻生徂徠認為城市的膨脹是封建社會動搖的原因，主張武士返回到農村去。徂徠的弟子太宰春台承認町人的力量不可忽視，主張武士乾脆町人化，通過專賣制度來獲取利益。越後（新瀉縣）出身的本多利明主張振興貿易以增進國富；出羽（秋田縣）的佐藤信淵也主張積極地開展海外經略。1724 年（享保 9 年）由大阪的町人出資創辦了「懷德堂」學校。這個學校出身的富永仲基和片山蟠桃也從合理主義的立場出發，對儒教和佛教等提出了疑問。

教育的普及　在江戶時代的後期，儒學、荷蘭學和國學等呈現出繁榮的景象，一般的學問也迅速地普及。18 世紀末，很多藩為藩士的教育創辦了藩學，其內容也相當充實。有的藩還實行了平民教育。村吏、僧侶、神官等還開辦民間的教育機構「寺小屋」，主要進行讀、寫、珠算等對日常生活有用的教育。由於以上原因，江戶時代末期日本一般民眾的識字率已達到相當高的水平，成為以後日本迅速發展的重要基礎。

向近代過渡的動向

雄藩的興起　江戶時代後期幕藩體制矛盾的暴露，促進幕府和各藩的改革。當時急待解決的問題是，通過重建財政、打破門閥制度以及鎮壓一揆和搗毀運動等來重新加強封建統治。與幕府天保改革的同時，很多藩也實行了藩政改革。幕府的天保改革失敗，幕府的權威下降，而一些藩的改革却取得了暫時的成功，加強了藩的實力。

薩摩藩位於日本的最南端，生產力和社會制度比其他藩顯著落後。其他藩在戰國末期就已經實現了兵農分離，而它在整個江戶時代都未實現，仍保留着武士在當地定居的制度。江戶時代中期，島津重

豪擔任藩主時，設立藩學進士館和醫學館等，大量吸收明代的殖產技術和荷蘭學。但當時薩摩藩的財政已陷入極大的困境，當時藩出售物產的收入爲15萬兩，而藩的負債高達500萬兩，其利息每年就達20—50萬兩。下級武士出身的調所廣鄉，在天保年間實行了藩政改革，迫使債權者同意了在250年內無息分期償還500萬兩債務的辦法。當時的債權人——大商人獲得了以後販賣薩摩特產品的權利，對封建統治者並未採取強硬的態度，被迫承認了這個辦法。廣鄉還在薩南群島對農民強制實行嚴格的專賣制，並令其增產特產品砂糖。當時幕府准許薩摩藩通過琉球對中國進行限量的貿易。廣鄉利用了這一點，進行超過規定限量的秘密貿易。薩摩藩就是通過這些辦法成功地重建了財政，並進口了西方的武器，加強了軍事力量。後來秘密貿易被幕府獲悉，調所廣鄉引咎自殺。但由於上述藩政改革獲得成功，薩摩藩積蓄了實力，因而能在明治維新時十分活躍。

長州藩在德川氏確立霸權的關原之役中曾同德川氏交戰被打敗，所以領地被大大地削減，從江戶時代初期就陷入嚴重的財政困難，因而很早就實行了紙、蠟等特產品的專賣制，天保初年在整個領地內發生要求減輕年貢和廢除專賣制的農民鬥爭，面臨着深刻的危機。因而以村田淸風爲中心，實行了藩政改革。村田起用下級武士，加強藩政，同時淸理負債，利用蠟的專賣和殖產興業等措施，重建了財政，並採用西式軍備和西學。長州藩就是這樣地爲在明治維新中活躍建立了經濟基礎，而且在改革的過程中產生了以下級武士爲中心的改革派，並與豪農、富商階層接觸，在人才方面也爲明治維新時期的活躍作了準備。

肥前的佐賀藩以藩主鍋島直正爲核心，實行均田制，取消中間剝削者地主，企圖重建本百姓制，同時把藩的陶器作爲藩的專賣品，建

主要藩的專賣品

藩名	藩主名	專賣品名	實施年代
松前	松前	壟斷各地產品	享保前後
秋田	佐竹	米	寶曆年間
仙台	伊達	鹽、米	寬永以後
會津	松平	蠟燭	
金澤	前田	鹽、陶器	寬永以後
福井	松平	紙	元祿以後
上田	松平	絹	天保4年以後
加納	永井	傘	萬延元年以後
名古屋	德川	棉花、陶器	天保—嘉永
彥根	井伊	藩的產品	文化前後
龜岡	松平	棉花	天保以後
圓部	小出	烟草	文化前後
新宮	水野	藩的產品	享保前後
鳥取	池田	蠟	明和以後
津和野	龜井	紙	享保前後
姬路	酒井	棉花、皮革	文化以後
岡山	池田	鹽	弘化前後
廣島	吉川	紙	寬永以後
德山	毛利	紙	寬文以後
山口	毛利	紙、蠟	寬永以後
德島	蜂須賀	木藍、鹽	天保以後
高松	松平	砂糖	天保以後
高知	山內	茶、漆、油草	寬文以後
福岡	黑田	鹽	文祿以後
佐賀	鍋島	陶器	文化以後
熊本	細川	蠟、鹽	天保以後
鹿兒島	島津	黑砂糖	天保以後
鹿兒島	島津	樟腦	寬政前後

造反射爐，鑄造大炮。

在土佐藩，包括下級武士在內的改革派也企圖重建財政，加強藩的權力。

在水戶藩，藩主德川齊昭也努力於改革，但遭到以門閥爲中心的藩內保守派反對，沒有取得成功。

在天保時期，一些藩進行了改革，薩、長、土、肥等在改革中取得成功的西南地方的大藩，讓下級武士也參加了藩政，加強了藩的權力，並與新興的地主、商人勢力相結合，企圖突破封建統治的危機。在封建社會崩潰、近代社會形成的過程中，出現於過渡時期的政治形態，在世界史上稱作絕對主義。

絕對主義是以國王的權力爲中心，壓抑割據封建領主的力量，建立中央集權的官僚組織和軍隊。絕對主義在本質上是封建統治的一種形態，但它建立中央集權國家，在爭取產業方面培育資本主義，爲建立資本主義國家創造了重要的條件。日本的很多研究者認爲幕府末期的藩政改革是朝着絕對主義的方向發展，不少人認爲明治維新的政權也是以天皇爲中心的全國規模的絕對主義的建立。

在幕府末期的藩政改革中獲得成功的大藩，成爲幕末政治史上擁有很大發言權的雄藩。

近代工業的萌芽　商品經濟在江戶時代獲得很大的發展，到幕府末期已滲透到社會的每一個角落。同時，在工業方面也由農民作爲副業進行家內工業，擴大爲由商人貸給農家生產工具和原料、付給加工費、換取產品的批發制家內工業，擴大了工資勞動的因素。一部分地主和批發商人逐漸利用工資勞動，進行分工的協同作業。

江戶時代末期，釀酒業和紡織業等出現了一部分作坊制手工業。但由於鎖國而同世界市場切斷了聯繫，以及幕府和各藩對農民嚴加統

治，很多藩實行專賣制等原因，作坊制手工業沒有獲得充分發展，大多停留於批發制家內工業的階段。但手工業中出現了工資勞動的因素，其意義是很大的。

　　幕府末期，水戶藩、佐賀藩和薩摩藩等吸收了西方的技術，建立了造船廠和紡織廠等，幕府也設立了造船廠和兵工廠。幕府和各藩直接經營的這些工廠，雖然還不能說是完全依靠自由的工資勞動經營的工廠，但它是明治維新後官營工廠的母體。

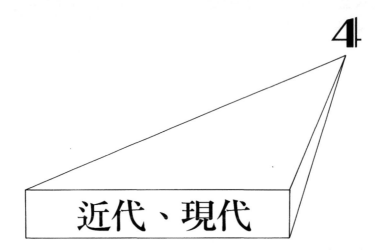

近代、現代

4

近代國家的建立

　　　　　　第一次世界大戰與日本

戰後的日本

近代國家的建立

日本的「開國」與明治維新

世界形勢的變化　世界市場的建立和發展，始於美洲的發現和非洲南端的通航，它成爲資本主義發展的前提。在這種世界市場發展的刺激下，封建社會的那種同業公會性質的手工業向作坊制手工業發展，並進而發展爲機械化工業。這一發展過程同時也是舊統治階級——封建領主階級沒落和喪失權力，以及新興的資產階級取而代之，成爲新的統治者的過程。

1642 年爆發的英國革命是世界上最早的資產階級革命，是一個宣告資產階級勝利的事件。隨後是 1775 年的美國獨立革命、1789 年的法國革命。由於這些革命，世界開始從封建制迅速向資本主義過渡。18 世紀後半期在英國興起的產業革命，波及歐洲各地及美洲大陸，歐美的資本主義國家在生產力和國家實力方面迅速增強，爲在亞洲、非洲和拉丁美洲奪取殖民地而開始進行侵略。在這樣的世界形勢下，從 18 世紀末到 19 世紀初，歐美各國的船隻開始在日本近海出沒。因此，亞洲封建社會的崩潰，同時也帶來了淪爲歐美各國殖民地的危險。中國經過 1840—1842 年的鴉片戰爭，開始向半封建半殖民地

的社會過渡，這不僅對中國的歷史，就是對亞洲的歷史也有重大的意義。

　　追求近代化變革的行動，歐美各國和亞洲所採取的形式不同。在歐洲各國，由於其歷史背景，城市中的市民階級茁壯成長，政治上和思想上都相當成熟。因此，歐美各國的近代變革大多採取「市民革命」的形式。與此相反，亞洲各國因為具有與歐洲各國不同的歷史背景，看不到歐洲的那種市民階級的成長。因此，打倒封建統治、追求近代化變革運動的主要動力是謀求從封建統治下解放的農民鬥爭，特別是爭取消滅作為封建統治、封建剝削基礎的封建土地所有制的土地革命要求。中國發生了反封建、反殖民地性質的偉大人民鬥爭——太平天國革命，提出「天朝田畝制度」的土地革命要求作為其基本綱領，就是這個原因。在日本，從幕府末期到明治維新，農民鬥爭激化，其內容也是以要求平等占有土地的「改世一揆」為主流，這也表明了當時要求變革的鬥爭的動力是土地革命的要求。

　　日本在鎖國的末期，在農業和工業方面，生產力取得了相當大的發展，也出現了資本主義的萌芽；在西洋學術方面，以科學技術為主，引進了一部分歐美的科學；在思想及文化領域中，也出現了近代的因素，封建統治勢力發生了動搖。但由於和資本主義世界市場隔絕，上述條件未能成為取得決定性發展的要素。

　　下級武士的兩面性　幕府末期，在出現了明治維新動向的時刻，下級武士的行動有着重大的意義。下級武士是其他封建國家所沒有的、日本特有的階層。江戶時代的武士不是單純的戰士或軍官，還兼有行政官員和知識分子的性質。日本的封建制度是以門閥、世襲制為原則的，幕藩體制就是其最嚴格的形態。因此，下級武士對幕藩體制抱有一定程度的不滿，具有要打破門閥、世襲制體制的要求。特別是

在幕府末期的藩政改革中，下級武士階層開始進入藩的統治機構，在改革中與豪農、富商階層相結合後，這種傾向便更加強烈了。

另一方面，下級武士也是封建統治階級的一部分，因此，又有着力圖維持和重建面臨危機的封建統治的本質。另外，與他們相結合的豪農也帶有地主的性質，因而更加強了下級武士的這種本質。他們在藩政改革中所持的立場，始終沒有超出這種維持和重建封建制本質的範圍。在鎖國由於歐美各國的壓力被打破之後，幕藩體制的危機進入了新的階段，爲了對付進一步發展起來的國內資本主義的萌芽和來自外部使日本殖民地化的危機，期望實現強大統一國家的動向更加強化。不過，下級武士中的這種要求維持、重建封建制的因素，在幕末和維新時期始終存在，特別是對於作爲當時革命鬥爭動力的農民鬥爭及城市貧民暴動，他們始終抱着對立和企圖進行鎮壓的態度。

中國清朝在鴉片戰爭中失敗，被迫實行了門戶開放。鴉片戰爭後不久，這一消息通過荷蘭人傳到了幕府老中的耳裏。幕府判斷繼續實行 1825 年（文政 8 年）發布的「驅逐異國船隻令」（「無二念打拂令」）是危險的，因而下令停止執行。但是，幕府極力防止鴉片戰爭的消息廣泛傳播，企圖繼續執行鎖國政策。不過，他們拿不出沿海防守的具體對策，白白地渡過了重要的時期。

鴉片戰爭之後，歐美各國進一步加強了對亞洲的侵略。1844 年（弘化元年），法國船駛抵當時處於薩摩藩統治之下，同時也受中國册封的琉球王國（現在的冲繩縣），要求進行貿易。

1844 年（弘化元年），荷蘭國王向幕府發出親筆信，敦促日本開放門戶。在江戶時代，荷蘭與日本之間雖有通商關係，並未建立邦交。儘管如此，荷蘭國王還是向幕府發出了國書，這是由於荷蘭的對日政策發生了變化。荷蘭過去的一貫方針是要壟斷歐洲與日本之間的貿

「開國」前史簡略年表

1792	寬政4	俄國使節拉克斯曼來到根室要求通商，遭幕府拒絕
1803	享和3	美國船駛抵長崎，要求進行貿易，遭幕府拒絕
1804	文化1	俄國使節里扎諾夫來到長崎，要求進行貿易
1806	文化3	幕府命令對漂流而來的外國船隻不許登陸、提供燃料和飲水，使其回國
1807	文化4	費爾頓進行輪船試航
1808	文化5	菲頓號事件
1809	文化6	從本年至1817年中斷荷蘭船隻進入日本港口
1825	文政8	幕府發布「驅逐異國船隻令」
1828	文政11	西博爾德事件
1837	天保8	摩理遜事件
1839	天保10	蠻社之獄
1840	天保11	鴉片戰爭開始（—1842）
1842	天保13	南京條約。幕府修正「驅逐異國船隻令」，發布「提供燃料、飲水令」
1844	弘化1	荷蘭國王向幕府建議開港
1846	弘化3	美國墨西哥戰爭（—1848）美國華德爾要求建立邦交
1848	嘉永1	法國二月革命。德國三月革命
1850	嘉永3	太平天國革命爆發（—1864）
1852	嘉永5	美國培理從美國出發來日

易。但由於鴉片戰爭後亞洲形勢的變化，它判斷日本將在近期內被其他歐美國家迫使「開港」，因而認爲還不如通過自己的活動來推動日本開港，從而使自己在日本佔據外交上的有利地位。但幕府拒絕了荷蘭的這一勸告，打算將鎖國體制堅持到底。

培理來到日本　以後歐美各國不斷敦促日本開港。荷蘭國王再次發出親筆信，但幕府仍未予以理睬。

在爭取日本「開國」的歐美各國當中，特別感興趣的是美國。美國當時正在進行產業革命，希望能擴大海外的市場。而且西海岸的加利福尼亞剛剛成爲美國的領土，發現了金礦，人口劇增，爲了進一步的發展，需要與太平洋對岸的亞洲進行貿易。當時，連接美國東部和

加利福尼亞的鐵路還沒有建成，所以，西海岸地方的發展取決於和亞洲的貿易。另外，捕鯨是當時美國的重要產業，其優良漁場位於日本附近，所以迫使日本開港，把日本作為飲水和食物的補給地，這對美國來說是一個重要的問題；而且將日本作為美國與中國之間航線上的中繼站，也有着重要的意義。

1846年（弘化3年），美國東印度艦隊司令官華德爾率艦隊駛抵浦賀，要求進行貿易，但幕府拒絕了這一要求。

1853年（嘉永6年）6月，美國東印度艦隊司令官培理率領4艘軍艦開到浦賀。艦隊中也包括有汽船。當時的汽船還不能橫渡太平洋，所以培理的艦隊是繞大西洋、印度洋來到日本的。培理來航的消息，早在一年以前就已經由荷蘭人傳到了日本，但幕府並未作任何準備。

培理遞交了國書，要求日本「開國」，其態度比以前要求開港的任何國家都要強硬。因此，幕府雖然最初打算拒絕接受國書，但最終不得不接受了。培理離開日本時，約定第二年再來，要求幕府那時作出答覆。隨後，俄國的使節普提雅廷也來到長崎，要求日本開國。

面對這一困境，首席老中阿部正弘讓各大名和幕臣發表意見，並向朝廷報告了實際情況，希望能取得舉國一致的意見。在幕藩體制下，原則上國政歷來都完全由幕府獨斷專行（藩內的政治委交給大名），不允許朝廷及大名參與國政。所以幕府這次所採取的措施使幕府的權威下降，同時也開創了朝廷及各大名過問國政的始端。在各大名回答幕府諮詢的意見中，贊成開國的是少數，認識到對外貿易有利於經濟發展的人也不多，而唯恐與外國的貿易會使封建經濟和國內秩序崩潰的意見佔多數，另外感到在武力方面沒有信心的意見也不少。

培理在第一次航行日本的歸途中，曾在小笠原島及冲繩停泊，並

制訂了占領這些島嶼的計劃。第二年——1854 年（安政元年），培理率領 7 艘軍艦再次駛進日本，強迫日本締結條約。幕府終於在同年 3 月締結了《日美親善條約》。至此，日本長達 200 年的鎖國體制被突破了一個缺口。這一條約的內容是：

(1)對美國船隻供給必要的燃料、食物等。

(2)救援遇難船隻及其船員。

(3)開放下田（伊豆國，現在的靜岡縣）、箱館（現在北海道的函館）兩處港口，允許美國設駐領事。

(4)給予美國單方面的最惠國待遇等等。

接着又與英國、俄國、荷蘭相繼締結了親善條約，其內容大體與美國的相同。不過，在與俄國締結的條約中，增加了長崎作為通商口岸，規定擇捉島以南為日本領土，得撫島以北為俄國領土，在樺太沒有確定邊界，把那裏定為兩國人雜居的地區。

由於延續了 200 多年的鎖國政策崩潰了，幕府面臨一種新的形勢。為了擺脫這一困境，幕府採取了起用人材和改革機構的措施，在江戶灣建造了炮台，在江戶設立了「番書調所」、講武所。另外還利用荷蘭國王贈送的軍艦和派來的海軍教官，在長崎設立了海軍傳習所。在幕府的這些新機構中，不僅起用「直參」（幕臣），還大批起用了「陪臣」（各大名的家臣）。各藩的藩士也可以到長崎海軍傳習所去學習（後來活躍在各個領域裏的各藩人才中，很多人曾在這裏學習過，如：土佐的坂本龍馬等人）。有關外交和軍事的官職，過去是根據門閥和世襲來任命，現在是提拔有能力的人才來擔任。原有的統治體制就這樣大大地動搖了。

在各藩，如：水戶、薩摩、長州、肥前（佐賀）等雄藩，也建起鋼鐵廠、武器製造廠等，採用西方的武器和軍隊建制，進行了軍事改

革,並起用了人才。這些雄藩在進行改革時,抑制了原有的門閥階層,讓活躍起來的下級武士階層擔當各部門的實際事務,建立了以藩主為最高權威的集權統治體制。這種新的統治體制進一步推進了在以前的藩政改革中已經出現的傾向。在當時有勢力的藩中出現了很多「名君」。但這種「名君」與其說是依靠個人的賢明,不如說是依靠在這些藩中建立起來的新的統治體制。當時建立了這種體制的雄藩,後來在政治上也起了重要的作用。

條約「敕許」問題　1856 年 (安政 3 年),根據《日美親善條約》的規定,哈利斯作為駐下田的總領事來到日本,要求幕府締結新的條約。親善條約破壞了鎖國的原則,但還沒有就正式的外交關係及通商作出規定。哈利斯的要求涉及到在江戶設駐公使,開闢新的通商口岸,允許外國人在日本居住,以及對住在日本國內的外國人的裁判等問題,目的是要求在兩國之間締結正式的邦交和通商關係。

幕府再次向各大名和幕臣徵詢意見。這次同意開港的意見比前一次有所增加。老中堀田正睦與哈利斯交涉,制訂了包括以下內容的條約草案:

(1)在神奈川、長崎、新潟、兵庫 (現在的神戶) 開港,並規定江戶、大阪為開放城市。

(2)自由進行貿易。

(3)在通商口岸設居留地,禁止一般外國人在日本國內旅行。

(4)承認領事裁判權。

(5)日本的關稅率由日本與各外國協商決定。

(6)日本不能單獨地修改條約等等。

這一條約是不平等條約,給後來留下嚴重的問題。

堀田正睦在條約簽字之後,請求朝廷「敕許」。這是想藉助朝廷的

權威來擺脫困境。但是，在朝廷的孝明天皇和公家中間，「攘夷」的情緒強烈，所以，未能獲得敕許。天皇和公家並不是反對條約的內容，而是因為對外國人懷有一種盲目的恐懼感，害怕由於開港而招致現有體制的崩潰。但是，1858 年（安政 5 年），中國由於英、法的侵略，爆發了第二次鴉片戰爭，簽訂了《天津條約》。這一消息傳來後，哈利斯便在這樣的背景下，強迫幕府簽訂條約，使幕府陷入了困境。

將軍繼嗣問題 幕府遇到的另一個難題是將軍的繼嗣問題。第十二代將軍家慶在培理來日後不久死去，其子家定成為第十三代將軍。但家定體弱多病，而且精神狀態也不正常，作為困難重重的幕府代表是不合適的。為了實行起用人才和機構改革的果斷措施，一些雄藩已經建立起以藩主為最高權威的新集權式統治體制，人們也期望幕府能實現以將軍為最高統治者的新統治體制。

越前藩主松平慶永、薩摩藩主島津齊杉、土佐藩主山內豐信、宇和島藩主伊達宗城等建立了新的集權式統治體制的藩主，為了尋求賢明人物，改革幕政而積極活動，企圖推一橋家的德川慶喜（水戶藩主德川齊昭之子）為將軍的繼承人，他們被稱為「一橋派」。與此相反，以企圖維持幕府的權威和門閥統治的彥根藩主井伊直弼為代表的一派，則推舉血緣近且年幼的紀州藩主德川慶福。兩派的對立激化起來。井伊直弼就任「大老」之後，在沒有獲得敕許的情況下，於 1858 年（安政 5 年）6 月簽訂了《日美友好通商條約》，接着又與荷蘭、俄國、英國、法國締結了同樣的條約（「安政五國條約」）。井伊還進一步壓制一橋派，把慶福定為將軍的繼承人。慶福後來成為第十四代將軍家茂。

未得到敕許就簽訂了條約，惹怒了不願開港的孝明天皇，招致了朝廷與幕府的對立。井伊認為朝廷的背後有一橋派，便逮捕了一橋派

的公家，大名及其家臣以及許多民間志士，並處以嚴刑。這一事件被稱爲「安政大獄」。

安政大獄使當時的日本政治形勢驟變。江戶時代中期以來的尊王論，遂由企圖藉助於朝廷傳統的權威力量來提高幕府權威的舊尊王論，轉變爲希望實現以天皇爲中心的統一國家的新尊王論。不過，在朝廷與幕府發生激烈對立之前，尊王並未變成反幕。但由於幕府不顧天皇的反對，未經敕許就簽訂了條約，因而就得使當時在全國範圍內傳播的尊王論同時也變成了反幕的主張。而且，因爲天皇是反對開國的，所以尊王論又與攘夷論結合，形成尊王攘夷論。這個運動稱作「尊攘派運動」。

井伊進一步鎮壓一橋派的藩主，迫使他們引退（只有島津齊杉在安政大獄的前夕突然死去），結果使得以各藩藩主爲中心的新集權式統治體制崩潰，把以前隱蔽於藩主羽翼之下的、下級武士出身的活動家們一舉推上了政治舞台。從這時起，下級武士便登上了歷史的舞台，逐漸成長起來。

開港及其影響　通商條約簽訂的結果，首先於 1859 年（安政 6 年）6 月在橫濱（神奈川）、長崎、箱館三個港口開始了貿易活動。貿易的對象國主要是英國，進出口貿易大部分是經橫濱港進行的。在日本的對外貿易中，最初因海外對日本的出口商品生絲、茶葉、蠶卵紙、水產品及食品的需求量大，形成了順差，因而刺激了出口商品的生產，提高了生產力，在繰絲業中促進了作坊制手工業的興起。但由於出口的激增超過了生產力的發展，國內的消費物資缺乏，再加上投機商人的活動，市場發生混亂，江戶、大阪等大城市的物價急劇上漲，威脅了下級武士和平民的生活。另外，當時的金銀比價，在日本是 1：5，而國際價格則是 1：15。因此，外國人拿銀幣廉價換取日本的金幣，

攫取暴利。結果發生了「安政金幣出口大泛濫」，日本的金幣大量流向海外，引起了經濟大混亂。幕府改鑄貨幣，進行了抵制，但反而使物價大幅度地上漲。當時國內爆發了激烈的攘夷運動，就是由於這種經濟混亂造成的。當時的攘夷運動有封建的排外主義因素，同時也包含着反抗由歐美各國帶來殖民地化的危機和保護國內產業的民族要求。

幕府爲了降低物價，於 1860（萬延元年）發布了「五品江戶回送令」，規定雜穀、植物油、蠟、綢緞、生絲五種商品必須經由江戶的批發商出口。但由於地方商人的反對而未能取得明顯的效果。進口物品主要有毛織品、棉織品、棉紗等紡織製品，以及艦船、槍炮等軍需品。特別是機械化工廠生產出來的廉價棉紗、棉織品大量流入，嚴重地壓制了作爲農村手工業而發展起來的棉紗、棉織品業。

「櫻田門外之變」與政局的變化　不斷進行殘酷鎮壓的井伊大老，於 1860 年（萬延元年）3 月被激憤的水戶藩志士所暗殺（「櫻田門外之變」）。幕府的權威因此而一落千丈。

「公武合體」運動和尊攘運動　井伊直弼被暗殺後，安藤信正擔任老中，成爲幕府的中心人物。安藤改變了過去的政策，企圖在與朝廷協調之下恢復幕府的權威，停止對一橋派藩主們的壓迫，準備把孝明天皇的妹妹和宮迎娶到江戶來作將軍家茂的夫人。這條路線意味着朝廷（公）與幕府（武）的協調，因此被稱爲「公武合體」運動，在各藩藩主以及上層武士中間獲得了許多支持者。此後，日本的政治在表面上分爲以下級武士爲中心的尊王攘夷運動和以上層武士爲中心的公武合體運動兩個潮流，進行了激烈的鬥爭。

尊王攘夷論者強烈反對和宮公主和將軍家茂的政治聯姻，1862 年（文久 2 年）1 月，老中安藤遭到水戶藩士的襲擊而負傷，並倒了

台（「坂下門外之變」）。

當時，隨着幕府權威的衰落，薩摩藩及長州藩等外樣雄藩擁有很大的發言權。在長州藩，自天保時期實行藩政改革以後，下級武士階層的勢力有了很大的發展，因而把尊王攘夷定爲藩的方針。在薩摩藩，下級武士的勢力也有了相當大發展，但藩主忠義年幼，他的父親久光（齊彬的弟弟）掌握實權，採取公武合體的立場，企圖聯合朝廷來推行幕政的改革。1862 年（文久 2 年），久光被朝廷任命爲敕使來到江戶，要求進行幕政改革。幕府也推進與久光等有勢力的大名合作，任命松平慶永爲政事總裁、德川慶喜爲將軍輔佐，給原一橋派有勢力的人物安排了要職，並採用西方軍隊建制，放寬「參觀交代制」，實行了一系列改革。

尊王攘夷派在長州藩掌握着權力，而在當時的朝廷也是激進派的公卿大臣佔優勢，他們與長州藩聯合起來，鼓動朝廷，迫使幕府實行攘夷。1863 年（文久 3 年）3 月，將軍家茂上京都時，幕府屈於朝廷的壓力，將 5 月 10 日確定爲攘夷實行日，並命令各藩照此執行。尊王攘夷派掌握權力的長州藩，在這一天炮擊了通過下關海峽的外國船隻，實行了攘夷。

尊王攘夷派進一步決定以「攘夷祈禱」作爲藉口，讓天皇駕啓大和（現在的奈良縣。這裏是古代政權的發源地，也保存着許多古代天皇的陵墓），計劃藉此機會發出討幕軍。

尊王攘夷派的運動看起來好像已獲得很大的發展，但在朝廷裏只是尊王攘夷派的公家佔優勢。孝明天皇聲稱「政權下放將危及國家之基本」，並不贊成尊王攘夷派的行動。另外，長州藩的舉動也增加了公武合體派掌握統治權的各藩的反感。

同年 8 月 18 日，薩摩、會津兩藩聯絡朝廷中公武合體派的公家，

排斥了三條實美等激進派的公家，發動了政變，從京都鏟除了長州藩軍隊等尊王攘夷派勢力。同一時期，一部分尊王攘夷派也在京都的周圍地方出兵襲擊了幕府的下屬機構。但他們未能與農民聯合，遭到了鎮壓。

被趕出京都的長州藩企圖恢復其勢力，於第二年——1864 年（元治元年）派兵進攻京都，打到了皇宮附近。但與薩摩、會津的軍隊交戰失敗。這一事件稱作「蛤門之變」或「禁門之變」。在這一事件之前，幕府已指使由浪士❾新組成的、稱爲「新選組」的鎮壓機關殺害了大批潛伏於京都的尊王攘夷派志士。

禁門之變之後，幕府命令各藩派遣大軍，對長州藩進行了第一次征討長州的戰爭。

攘夷運動的挫折及其變化　在當時歐美各國中，美國由於國內的南北戰爭，無暇顧及亞洲，俄國也因克里米亞戰爭的失敗而削弱了實力，對日外交的主導權由站在對日貿易前列的英國所掌握。俄國於1861 年（文久元年）派出軍隊在位於朝鮮海峽中間的對馬登陸，企圖占領該島。但由於對馬人民的抵抗，加上英國不願意俄國的勢力南下，提出了抗議，使得俄國不得不撤軍。幕府因爲當時貿易引起的經濟混亂和攘夷運動的激化，採取了抑制貿易的政策，使得橫濱的貿易惡化，英國斷定貿易惡化的原因是有勢力的攘夷藩對幕府施加壓力的結果，便會同列國，於 1864 年（元治元年）8 月組成英、法、美、荷四國聯合艦隊，要對被看作攘夷中心的長州藩進行打擊，因此炮轟了下關炮台，並占領了炮台的一部分。長州藩的尊王攘夷派由於在這次戰鬥中失敗，受到了沉重打擊。

另外，薩摩藩雖然沒有把攘夷當作藩的方針，但在 1862 年（文久2 年）發生了起因於英國人擾亂島津久光的儀仗而殺傷英國人的事

件。英國人為了報復，於 1863 年（文久 3 年）7 月把艦隊開進了鹿兒島灣，因而爆發了薩英戰爭。在這次戰爭中，鹿兒島市街的大部分被燒毀，炮台也受到了重大損失。但薩摩藩的軍隊英勇善戰，英國艦隊的損失也相當慘重。

薩英戰爭和四國聯合艦隊炮擊下關炮台，使尊王攘夷派懂得了實行「攘夷」是不可能的，就這一點來說，有着很大的意義。

長州藩的內戰和「奇兵隊」的崛起 長州由於受到幕府的征討和四國聯合艦隊的攻擊，使長州藩陷入困境。因此，在藩內以上層武士為中心的公武合體派得勢，掌握了藩的權力，採取向幕府投降的政策，鎮壓了藩內的尊王攘夷派。在此之前，尊王攘夷派的高杉晉作曾建議藩廳，除正規的藩兵外，還組織了不同身分、農商平民均可參加的「奇兵隊」，並親自擔任負責人。高杉和桂小五郎（木戶孝允）等舊尊王攘夷派通過下關事件，醒悟到實行攘夷是不可能的，遂改變方針，爭取建立一個可以取代幕府的統一國家來對抗列強。

在公武合體派政權的鎮壓下，高杉等人率領以奇兵隊為主的各個部隊，於 1865 年 (慶應元年) 在下關舉兵，推翻了公武合體派的政權，掌握了藩的實權。這支勢力是從舊尊王攘夷派裏分化出來的，但他們已經放棄了攘夷政策，謀求同英國接近，並聯合藩內的豪農和村吏階層以加強軍事力量，確定了討幕的方針。因而這支勢力也稱作「討幕派」。

薩、長兩藩的親英和幕府的親法 英國起初認為幕府能夠代表日本的政權，採取了支持它的政策。英國艦隊攻擊鹿兒島和下關的目的，就是想代替幕府來打擊對幕府施加壓力的攘夷勢力。以英國為首的列強，於 1865 年 (慶應元年) 派遣艦隊開進兵庫海面，在其壓力下，終於使條約獲得了天皇的敕許。列強還進一步要求修改安政條約中所

規定的稅率，幕府因而在第二年簽訂了《改稅約書》，將關稅率改得對各個外國更爲有利，並廢除了阻礙自由貿易的種種限制。

另一方面，英國看到薩、長兩藩已經採取了對英接近的政策，而且知道當時的幕府已經不能有效地統治日本全國，因而反過來希望實現以天皇爲中心的雄藩聯合政權。

但是，法國公使羅休因爲企圖壟斷日本的生絲貿易和與英國抗衡，因而支持幕府，在財政、軍事等方面對幕府進行了援助。當時歐洲因流行蠶的傳染病，養蠶業正一蹶不振。而絲綢織品業是法國的重要產業，於是它便向亞洲去尋求生絲作爲其絲綢織品的原料，但中國因爲太平天國革命，無法提供足夠的生絲，因此便想壟斷日本的生絲貿易。

這樣一來，由於英國和法國圍繞着日本所產生的對立，使得雄藩和幕府的對立也變得越來越尖銳。

第二次征討長州和討幕運動　由於長州藩再次採取反抗幕府的態度，所以幕府宣布第二次征討長州。這時，薩摩藩下級武士的勢力也形成了優勢，西鄉隆盛、大久保利通等革新派開始領導藩政。他們預料到幕府征討長州將要失敗，暗中支持長州藩，拒絕幕府的出兵命令。接着於第二年——1866 年（慶應 2 年）1 月，由土佐藩的坂本龍馬、中岡愼太郎等人做中間人，秘密地建立起薩長同盟，把以薩摩藩名義進口的武器轉交給長州藩。

薩長同盟的建立，形成了明治維新政權的核心，就這一點來說，有着重大的意義。

由於薩摩藩和其他一些藩拒絕出兵，以及以奇兵隊爲主的長州各個部隊的英勇奮戰，幕府軍在很多次戰鬥中戰敗，長州軍擴大了占領地區。這一年，在第二次征討長州期間，爆發了全國性的人民起義。

全國的農民暴動和城市貧民的「搗毀運動」出現了空前的高潮。這次鬥爭雖然沒有統一的領導和綱領，但猛烈地動搖了幕藩統治體制。這次空前的人民起義也給薩長兩藩的領導人帶來了強烈的衝擊，使他們決心要建立一個強有力的統治體制來取代幕府。

在對幕府十分不利的情況下，出征大阪城的將軍家茂因病突然死去。幕府藉此機會，以朝廷出面調停的形式，結束了與長州藩的戰爭。但幕府在這次戰爭中失敗是無法掩蓋的。

這一年年底，孝明天皇也突然死去。孝明天皇是一個極端的攘夷主義者，同時又是一個堅決主張繼續保留幕府的公武合體論者。天皇的這種立場已落後於當時的現實。孝明天皇的死，對幕府來說是一個重大的損失（也有人說孝明天皇是被討幕派毒死的）。孝明天皇死後，16歲的明治天皇繼承皇位。

大政奉還　將軍家茂死後，第十四代將軍實力雄厚的候補人德川慶喜成爲第十五代將軍。慶喜在處理征討長州的善後問題上與薩摩藩產生了對立。當時，接近幕府的法國公使羅休提出以下的建議來實現以幕府爲中心的中央集權體制：

(1)進行幕府機構改革，設立國內事務、國外事務，陸軍、海軍、
　　會計五個局。

(2)採用近代官僚制度，對老中以下的官員實行工資制。

(3)開發礦山，「殖產興業」，振興貿易。

(4)改革軍制。

(5)大力削弱各大名的權力等等。

法國爲了確保本國絲綢織品產業的原料，援助幕府，加強其統治，力圖壟斷日本的生絲貿易。這種設想的前提是通過法國的軍事、財政援助和日法合辦公司來壟斷日本的生絲貿易。所以在這一時期，

爭取實現以薩長同盟爲核心、由雄藩聯合組成的集權制統一國家的動向，與要實現以幕府爲中心的集權制統一國家的設想，是相互對立的。

在這種情況下，薩摩藩聯合在朝廷內策劃王政復古的下級公家岩倉具視頻繁活動，想使天皇發出「討幕密詔」。另一方面，慶喜從法國聘請了陸軍士官，進行軍政改革，但未能如預想中能獲得他所指靠的法國的援助。當時，法國政府爲了征服殖民地和與德國對抗，需要與英國保持一定的協調，所以不願在日本問題上與英國徹底對立。因此，法國政府認爲羅休的行動是危險的，沒有全面地同意他的意見。

形勢發展到幕府與薩長藩的對立激化、天皇即將發出討幕密詔時，徹底站在公武合體立場上的土佐藩搶在討幕派的前頭，根據藩士後藤象次郎和坂本龍馬的提案，由前藩主山內豐信（容堂）向將軍慶喜提出了其設想，建議由將軍將政權奉還給朝廷，在朝廷之下建立一個以各藩爲單位的合議制政府。將軍慶喜因爲未能按預定計劃加強幕府，終於在 10 月 14 日向朝廷提出了「大政奉還」的奏文。這一天，討幕密詔也發到薩長藩的手中。

在大政奉還的前後，在京都、大阪一帶地方，民衆嘴裏唱著「這樣可好啦」的歌，狂歡亂舞。人民對幕藩體制統治的不滿日益高漲，各地相繼爆發了農民鬥爭，號召「改世」（要求改造社會，特別是要求平等占有土地）。民衆高唱「這樣可好啦」的歌，狂歡亂舞，這也可以說是由於幕府放棄政權而產生的解放感，使得被統治階級的這種力量迸發了出來。但當時由於人民方面沒有自己的領袖、組織和綱領，所以這種能量沒有成爲爭取建立政權的有組織鬥爭，而變成人民徒勞且漫無目的地狂歡亂舞，（也有人認爲這次民衆的狂歡亂舞是討幕派策劃的，一方面是爲了麻痺幕府方面的統治機構，同時也是爲了消磨人

民鬥爭的能量）。

德川慶喜的大政奉還，並不是完全放棄政權，而是爲了在更有利的條件下重新恢復政權。慶喜爲了避免討幕行動而做出了如此的舉動，但卻預想著朝廷沒有執掌政權的力量，必定將政權重新委託具有實力的前將軍。事實上，奉還大政的上奏一被批準，朝廷中就出現了一種強烈的意見，認爲應該以慶喜作爲新政權的核心。

這時討幕派策劃了反攻，於12月9日以武力壓制公武合體派，發布了所謂「王政復古大號令」，宣布成立以天皇爲中心的新政府。新政府當然取消了幕府，連朝廷的攝政、關白也廢除了，新設立了總裁、議定、參與三職。參與中吸收了薩摩藩及其他雄藩的代表，採取了各藩聯合的形式。薩摩藩的西鄉隆盛、大久保利通以及土佐藩的後藤象次郎、福岡孝弟均被任命爲參與，不久之後，長州藩的木戶孝允、廣澤眞臣等也參加了進來。

另外，在同天晚上召開的「小御所會議」上，討幕派壓制公武合體派，決定命令慶喜辭退官職和繳回領地。舊幕府派對這一處理十分憤慨。

明治維新與富國強兵

內戰和國內統一　成了新政府核心的薩、長兩藩，採取了徹底排除前將軍德川慶喜的方針。薩、長兩藩對於慶喜依然擁有廣大的幕領和大批舊幕府軍隊而感到不安，設法尋找藉口與慶喜決一雌雄，把他樹爲「朝敵」，同時削弱他的力量。爲此，以江戶的薩摩藩邸爲根據地，在江戶市內進行了破壞擾亂活動。

舊幕府方面對新政府的這種態度十分反感，1868 年（明治元年）

1月，擁慶喜從大阪向京都發動反擊，但在京都近郊的鳥羽、伏見之戰中被以薩、長兩藩藩兵爲主力的新政府軍擊敗，慶喜乘軍艦從大阪逃回江戶。新政府立即把慶喜視爲「朝敵」，派出了征東軍。

　　新政府軍是一支以薩、長兩藩的藩兵爲核心、由宣誓協助朝廷的各藩軍隊所組成的聯軍。新政府剛剛成立不久，基本上沒有有財政來源，因此向京都的三井、小野和大阪的鴻池等大商人徵收了300萬兩的「御用金」，接著又大量發行了「太政官札」、「民部省札」等不兌換紙幣，充當軍費及其他費用。在戰爭的過程中，爲了補充軍費的不足，又偷偷地鑄造了大量劣質的貨幣。這種劣質貨幣後來遭到各外國的抗議，攪亂了國內經濟，成了農民鬥爭和城市搗毀運動的起因。

　　新政府軍於5月占領了江戶，統治了舊幕府的根據地關東地方。在向江戶進軍的過程中，由民間人士作爲「官軍先鋒」組成的「赤報隊」，提出「年貢減半」的口號，組織了大批農民，很快就會成長爲農民自己的武裝力量。但由於新政府的命令而遭到了鎮壓。

　　新政府軍包圍江戶時，舊幕府方面仍擁有雄厚的兵力。但當時正處在全國性人民鬥爭的高潮中，新政府方面和舊幕府方面的領導人都認識到；如果內戰拖延下去，不僅將受到列強的干涉，人民鬥爭也會激化，統治者的危機將會更加深刻。因此實現了「江戶無血開城」。在此以後，在東北地方，以會津爲中心的「奧羽列藩同盟」反抗新政府，但會津城於9月陷落，這一地區也成爲新政府統治的範圍。在會津城失守的前後，從會津地方（現在的福島縣）到越後（新瀉縣）的部分地區，爆發了稱作「會津改世」的大規模農民起義。這一起義以土地革命的要求爲基本，提出了以下全面否定封建統治的要求：

　　(1)歸還抵押的土地。

　　(2)取締高利貸。

⑶取消貢租數年。

⑷廢除特產品的專賣制。

⑸自由生產和販賣商品作物。

⑹村吏由農民選舉產生等等。

這次鬥爭集中了當時全國農民鬥爭的要求。起義被新政府軍鎮壓下去了但其意義是重大的。

第二年——1869 年（明治 2 年）5 月，盤據北海道箱館的五稜郭進行抗戰的舊幕府海軍副總裁榎木武揚也投降了，新政府遂統一了全國。從島羽、伏見之役到此爲止的戰鬥稱爲「戊辰戰爭」。

新政府的成立　在鳥羽、伏見戰爭中，新政府與舊幕府勢力的爭鬥公開化之後，新政府向各外國通告了王政復古，欲求得其承認。當時英國接近薩、長兩藩，希望出現以天皇爲中心的雄藩聯合政府來取代幕府，便迅速承認了新政府，其他各國也就照此行事。

1868 年（慶應 4 年＝明治元年）3 月，新政府發表了《五條御誓文》，闡明了新政府的基本方針。這個宣言是以天皇向衆神宣誓的形式宣布的，提出了尊重「公議世論」以及對外開放和殖產興業的國策。這個宣言最初由由利公正起草，福岡孝悌修改，後來由木戶孝允改寫成條文。在最初的草案中有「興列候會議，萬機決於公論」的詞句，在定稿時改爲「廣興會議，萬機決於公論」。當時討幕派的方針是取代歷來的幕府獨裁，建立以天皇爲中心的各藩聯合政權。另外，當時的「公議」一詞也沒有人民廣泛地參與政治的涵義，而是意味著有勢力的諸候的意見（這些人的發言權從幕府在培理來航時徵詢意見開始就已經擴大了）。因此可以說，這一宣言的修改直至完成，有也沒有改變列侯會議的本質，只是改成了更爲普遍的表述形式。

接著新政府於同年閏 4 月公布了《政體書》，整頓和充實了政府

組織。《政體書》的內容是將國家權力集中於中央政府，同時吸收美利堅合眾國憲法的三權分立制，模仿了近代政治的形式。但實際上擔當立法機關的「議政官」並不是民選機關，而是作爲行政官吏的合議機關。因此，立法與行政之間的界限含糊不清。另外，對執法官和司法官相互兼任的做法也沒加以否定。還決定高級官員每 4 年互選輪換。不過，官員的互選只進行了一次就取消了。議政官的「下局」（相當於下院）於第二年改稱「公議所」，其議員都是各藩所推荐的藩代表。由此可見政體書所要爭取實現的「公議世論」，也是建立在政府是各藩的聯合體這一本質之上，這一階段還不能說是建立了資本主義國家。

政府爲了推行新政，將首都從遺留著舊傳統的京都遷到了江戶，同年 7 月把江戶改稱爲東京，9 月改年號爲明治，並改制爲「一世一元」（一代天皇一個年號）。

在統治人民方面，在公布《五條御誓文》的同時，對一般平民公布了《五榜揭示》。此文規定：要遵守「五倫之道」；嚴禁結黨、強訴（指人民的團結向政府提出要求）；基督教被作爲邪教而加以禁止，等等，原封不動地繼承了舊幕府的封建統治原則。《五榜揭示》更清楚地暴露出了新政府的本質。

另外，新政府在實行王政復古的同時，還企圖實現以神道爲基調的「祭政一致」，恢復律令制時代的「神祇官」。1870 年（明治 3 年）實行「大教宣布」，設宣教使，將神道當作國教廣泛宣傳。王政復古的思想要求實現以天皇爲中心的統一國家，同時也包含著國粹主義的因素。新政在實行王政復古的同時，企圖把神道變爲國教，就是由於這個原因。這個方針，在由於外國施加壓力而承認信仰基督教自由，乃至後來明治憲法規定了信仰自由之後，仍然延續下來，將神道事實上作爲國教的政策一直延續到第二次世界大戰戰敗。在恢復神祇官的同

時，還發布了「神佛分離令」，否定了奈良時代以後一直延續下來的「神佛折合」（宣揚神道和佛教爲一體，主張神社和寺院不可分），企圖把日本自古以來的宗教──神道作爲唯一宗教，這是一種國粹主義政策。當時，在全國一度爆發過「廢佛毀釋」的運動。這個運動是民衆對於江戶時代封建統治的一根支柱──佛教的反感，通過政府實行興神道和暫時壓制佛教的政策而爆發出來的。政府還進一步整頓了神社制度，同時設立了國家的祝、祭日。

明治新政治權成立後不久，雖把幕府的獨裁改變爲雄藩的聯合，但其統治政策仍然力圖原封不動地貫徹封建統治的思想體系。新政府的經濟政策是以商法司、商法會所和太政官札爲中心，但它實際上是雄藩在幕府末期實行藩政改革的方法的延續，各藩也繼承了加強專賣制、增發藩札等舊藩政改革的方法。因此，它違背了人民對維新的期望。各地農民爭取「改世」的鬥爭激化起來。在政府直轄地高山縣（現在的岐阜縣北部），1869 年（明治 2 年）爆發了大規模的農民鬥爭，反對學校當局強制灌輸天皇制統治的思想和商法局對商品流通的統制，使統治機構一度癱瘓。同年，在當時全國最大的藩加賀藩，也發生了席捲全藩的反對增徵貢租和舊的農村統治機構的農民鬥爭。在信濃（現在的長野縣），以反對松代藩繼續執行增發藩札和加強商法社對商品流通的統制等項政策的大規模的農民鬥爭爲開端，使得北部信濃的各藩都捲進了激烈農民鬥爭。

當時這一遍及全國的風起雲湧的農民鬥爭，是以從封建的貢租和地主的掠奪下謀求解放土地革命的要求爲基礎，並包括商品的生產和銷售的自由以及撤消舊的農村統治機構等要求。在這樣的全國性人民鬥爭的急風暴雨之中，新政府的統治者當中也有人主張必須廢除由縣（政府的直轄地）和藩進行的分割統治，通過「廢藩置縣」，改爲中央

集權的統一國家。

藩本身也認識到有廢藩的必要性。很多藩參加了戊辰戰爭，不用說戰敗的藩，就是勝利的藩也陷入了異常的財政困難，在幕府末期，大部分藩就已經面臨著嚴重的財政困難，經過戰爭，這種情況急遽惡化。在當時全國各藩的負債中，據說外債的全部和內債的 1／4 是在這場戰爭中出現的。特別是各藩要維護在內戰過程中購入的軍艦，需要大筆的費用。很多藩因爲沒有這筆費用，主動要求將其擁有的軍艦獻給政府。

內戰促進了藩的統治體制的瓦解。特別是在取得勝利的藩，在戰鬥中建立了功績的下級武士，，開始無視舊的統治秩序。

由於以上幾個原因，有的藩也向中央政府要求廢藩。在這樣的背景下，1869 年（明治 2 年），政府根據木戶孝允和大久保利通等人的計劃，讓薩、長、土、肥四藩的藩主以他們名義提出了「奉還版籍」。（將領地和藩民交給政府）的奏文，接著於 6 月命令各藩也奉還版籍。當時直接任命藩主爲其舊領地的藩知事（地方官），給藩主家祿，以代替以前的封祿。通過這一措施，使得家祿和藩的財政徹底分開，藩主遂失去了領主權。肥前藩出身、在中央政府工作的大隈重信，於 1870 年（明治 3 年）向政府提出建議書，建議實現具有統一的軍隊、統一的行政機構和統一國家財政的中央集權國家。

於是政府在 1871 年（明治 4 年）從薩摩、長州、土佐三個藩招募了「御親兵」（中央政府的軍隊），並以這一武裝爲後盾，在這一年的 7 月斷然一舉實行了「廢藩置縣」。到這一年年底，全國劃分爲 3 府 72 縣，命令原藩知事定居東京，由中央重新派出官吏，擔任府知事和縣令。至此，完成了全國的統一。以後又經過取消和合併，於 1888 年（明治 21 年）確定了全國爲 3 府 43 縣。

在奉還版籍的同時，根據古代「大寶令」的形式，在神祇官、太政官之下設置了各省，建立了集權體制。在廢藩置縣之後，太政官分為正院、左院和右院3院，在其下設省，將各府縣改為由中央管轄的機構。正院是相當於內閣的最高政治機構，由太政大臣、左大臣、右大臣三大臣和參議組成。右院處理各種行政事務。左院是公議所的後身，相當於立法機關，但不是由民選產生的。按照新的官制組成的政府，除三條實美、岩倉具視等少數公家外，主要由四雄藩出身的有實力的人物掌握實權。他們是薩摩藩的西鄉隆盛、大久保利通、黑田清隆，長州藩的木戶孝允、伊藤博文、井上馨、山縣有朋，土佐藩的坂垣退助、後藤象二郎、佐佐木高行，以及肥前藩的大隈重信、大木喬任、副島種臣、江藤新平等。它成為後來稱作「藩閥政府」的官僚政府的起點。

在廢藩的同時解散了藩兵，全國的兵權集中於兵部省。1872年（明治5年），兵部省分為陸軍省和海軍省。陸軍省最初將全國劃分為6個軍管區，各軍管區設鎮台，並配備大約3萬人的兵力。在明治維新的當時，長州藩的大村益次郎就曾設想按照徵兵制建立新式軍隊，1873年（明治6年）1月，根據全民皆兵的原則，發布了徵兵令。當時徵兵令規定，除戶主、嗣子、養子、官吏、學生可免除兵役外，繳納代替金270日元者也可免除兵役。此外，凡年滿20歲的男子，不論士族、平民都要服兵役，建立了統一的軍制。但是，作為重要勞動力的青年部被徵去當兵，這對農民來說，成了沈重的負擔。因此，在各地發生了反對徵兵制的農民鬥爭。

1873年（明治6年）設立了內務省，掌握全國的殖產興業和警察。第二年在東京設立了警視廳。1871年（明治4年），設立了作為教育行政機關的文部省，並公布了學制，規定了統一的學校組織。

「四民平等」　由於通過廢藩置縣使藩瓦解了，藩主與藩士的主從關係消滅，農民對領主的從屬關係也消滅了。因此，江戶時代士農工商的身分差別也發生了很大的變化。舊武士成了士族，農工商被定為平民。允許平民稱姓，並承認其有遷移和選擇職業的自由。另一方面，舊藩主和舊公家被定為華族，形成了新的貴族制度。允許華族、士族和平民之間通婚，並規定在兵役、納稅等方面平等，大體上實現了「四民平等」但是，華族另外擁有很大的特權。後來，維新的功臣以及官僚、軍人的巨頭也被授予華族的稱號。另外，1871 年（明治 4年）停止使用古代賤民制延續到江戶時代的殘餘——「穢多」、「非人」等稱呼，規定其身分、職業也與平民相等。但制度上雖規定為平等，而實際上以後仍長期使用「新平民」的稱呼，直到現在，在居住、婚姻、職業等方面仍殘留著差別。

1871 年（明治 4 年）制定了戶籍法，第二年編制了全國統一的「壬申戶籍」。根據這個戶籍，將國民分為華族、士族、平民三種身分。1873年（明治 6 年）當時的人口為 33,300,672 人，其中華族 2,829 人，士族 1,548,568 人，卒（一度把最下級的武士定為「卒」）343,881 人，平民 31,106,514 人，其他（僧侶、神官等）298,880 人。平民佔總人口的93.4%。

在戶籍上和法律上雖然實現了四民平等，但對於華族和士族繼續給與家祿，只是數額比以前有所減少。另外，還給推行王政復古有功者發放「賞典祿」。這些支出變成了國家財政的沈重負擔。因此，政府於 1873 年（明治 6 年）決定了「家祿奉還」制，一次支付金額，接著又把這些金額改換成國債。1876 年（明治 9 年），發行「金祿公債」，整頓了華族、士族的俸祿制度。這一措施稱為「秩祿處分」，通行這一措施，消滅了武士的經濟基礎。

這次發放的公債額，華族是每人 64000 多日元，士族每人平均僅
500 日元（當時的米價每石約 5 日元）。因此，與支付給舊大名華族的
金額相比，低祿的士族所領到的公債是很少的。一部分士族擔任了官
吏、巡查、教員，但多數士族無法就業，有的賣掉公債轉爲工、農，
也有的從事商業，而其中大部分人都因失敗而沒落了。對於沒落的士
族，政府實行了「士族授產」，貸給他們事業資金，使其從事北海道及
其他地方的開墾事業。

　　地租改革　新政府在消滅幕府的同時，接收了其直轄地，隨後又
通過廢藩而接收了各藩的領地。所以新政府的主要財政來源是原封不
動地繼了舊幕府時代所實行的地租（貢租）。與此同時，新政府在廢
藩時也承接了各藩的債務，所以財政上極爲困難。因此，改革作爲主
要財源的地租徵集制度，謀求財政的穩定，已成爲當務之急。

　　改革土地制度的必要性還有其他的原因，在江戶時代初期確立的
土地制度，已經過了大約 300 年的時間，要繼續保存下去已不可能。
江戶時代的土地制度是以土地歸領主所有和將農民限制於自然經濟
之下爲原則。根據這些原則，還發布了禁止農民買賣土地和限制栽種
商品作物等命令。但是，由於時代的變代，這些原則已遭到嚴重破壞。
在幕府末期，商品作物的栽種已大爲發展，土地的買賣事實上也相當
盛行。另外，在領主土地所有制崩潰的過程中，在領主和直接耕作者
之間開始出現了一大批地主，他們通過新田開墾及土地抵押等而獲取
一定的佃租。在這種情況下，發生了波及全國的農民鬥爭，要求否定
領主的土地所有權和歸還落到地主手裏的抵押土地。

　　在這種情況下，新政府開始著手地租改革。作爲改革的前提，首
先於 1817 年（明治 4 年）廢除了對商品作物栽種的限制，第二年又解
除了對水、旱田地永久性買賣的禁令。

地租改革政策的出發點是把土地作爲不動產，承認其私有權，並向土地所有者頒發地契。地契原則上是發給原來的貢租負擔者（地主、自耕農）。原來的領主土地所有制因此而瓦解了，但這只是新確立起地主的土地所有權，並沒有給直接耕種土地的佃農土地所有權。

以這種地契制度爲基礎，1873 年（明治 6 年）7 月公布了「地租改革條例」，至 1879 年（明治 12 年）地租改革已基本完成。地租改革的要點是：

(1)把課租的基準從原來不穩定的收穫量改爲一定的地價。

(2)將實物繳納改爲貨幣繳納，稅率定爲地價的 3%。

(3)規定土地所有者爲納稅人。

通過地租改革，把原來各藩不統一的地租改爲不論豐歉、按統一的稅率徵收，從而完善了近代地稅形式，鞏固了政府的財政基礎。

與此同時，作爲課稅基準的地價，正如當時報紙所指出的那樣，「地契上的地價並不是買賣的實際價格，而是爲了課稅所定的官價。」也就是說，它並不是土地買賣的價格，而是由政府任意決定的價格。而且政府所採取的方針是地租的收入要與原來貢租的收入相等，所以，農民的負擔與以前相比，暫時並沒有什麼變化。地價是根據農民申報的收穫額。由地方官審核決定的。地方官根據政府的方針，爲了使原來的貢租繳納額不致減少，在審核時極力提高地價。因此，圍繞這一問題，各地爆發了農民鬥爭。特別是 1876 年（民治 9 年）的鬥爭，發展到全國性的規模，稱爲「反對地租改革一揆」。

另外，新的土地所有者地主，將其所有的土地租給佃農，依舊按實物繳納的辦法徵收佃租，並可隨意提高佃租和收回土地。因此在米價飛漲時，唯有地主可以得利，佃農則被置於半封建的掠奪之下。

此外，在原來農民作爲割草地而共同利用的山林、原野等所謂「入

幕藩經營的工廠、礦山的官有化

	對　　　象	原管理者	1874年度時的管理者
1868年	關口製作所	幕府	陸軍省
	石川島造船所	幕府	海軍省
	浦賀造船所	幕府	關閉
	橫須賀製鐵所	幕府	海軍省
	橫濱製鐵所	幕府	海軍省
	長崎製鐵所	幕府	工部省
	生野礦山	幕府	工部省
1869年	瀧之上火藥製造所	薩摩藩	陸軍省
	敷根火藥製造所	薩摩藩	海軍省
	佐渡礦山	幕府	工部省
	小坂礦山	幕府	工部省
1870年	彈藥製造所	和歌山藩	陸軍省
1871年	集成館	薩摩藩	海軍省
	加州製鐵所	加賀藩	工部省
	萩鑄造所	長州藩	陸軍省
	大葛礦山	秋田藩	工部省
1873年	三池礦山	柳川三池藩	工部省
1874年	高島礦山	佐賀藩	工部省
	阿仁礦山	秋田藩	工部省
	院內礦山	秋田藩	工部省
	釜石礦山	南部藩	工部省

註：根據小山弘健：《日本軍事工業史的分析》(御茶之水書房)第65—66頁
　　和石塚裕道：《日本資本主義形成史研究》(吉川弘文館)第156—157頁
　　製作。

會地」中，凡不能證明其所有權的，僅給予一定的使用權，被編入國有地。

地租改革在確立土地私有權和以近代的形式建立租稅制度方面，是一次重要的改革，對資本主義的發展具有重大的意義。與此同時，多數農民仍然被強制承受沈重的負擔，特別是沒有給佃農土地所有權，而將置於封建的地主統治之下，這給以後留下了嚴重的問題。

另外，原來農民共同利用的山林、原野等「入會地」等，不能證明其所有權的都被劃入國有地，但其中相當大部分又被賣給了民間的

地主，因而出現了山林地主。

殖產興業　通過廢藩置縣、地租改革等項措施，日本具備了全國性經濟交流和發展資本主義的條件。在江戶時代，資本主義的萌芽從開港以前就已經有了相當大的發展，開港後又與資本主義世界市場相結合，因而這些因素又有了進一步的發展。但是，幕府末期民間工業的發展還只是停留於一部分作坊制手工業的經營。另一方面，幕府和一部分藩利用從西方進口的機械，興辦了造船、鋼鐵和紡織等事業，這些事業在消滅幕府和廢藩的過程中爲新政府所接收。

政府出於富國強兵的目的，極力爭取增加出口和減少進口。因此，爲了使一直成爲出口中心的繅絲業（絹絲）機械化，聘用了外國技師，在群馬縣富岡建立起機械化繅絲工廠，實行技術引進和培養女工。內務省還在繅絲、紡織等領域設立了官營模範工廠。

對於明治政府來說，「富國」的前提首先是「強兵」。政府在東京、大阪開辦炮兵工廠，在橫須賀、長崎建立造船廠，引進新技術、進行軍工生產。不過，這些工廠都是在舊幕府的企業基礎上建立起來的。另外，政府於1870年（明治3年）設立了工部省，將舊幕府提供鑄造貨幣原料的佐渡、生野等金屬礦山及煤礦收爲官有。

明治時代初期的殖產興業政策主要是以官營工廠和半官半民工廠爲中心，與同一時期在中國進行洋務運動中的「官督商辦」有很多共同之處。這些工廠在引進機械與技術方面起了一定的作用。但另一方面，它們是幕營、藩營工廠的延續，很難稱之爲資本主義工業。因而在民間資本主義產業取得進一步發展的階段，反而阻礙了資本主義的發展。

農業和畜牧業在當時還是主要產業。在這一領域裏，政府在東京設立了駒場農業學校和三田育種場，擔負技術的改進工作。在北海

道,以太政官直屬的機構「開拓使」為中心,企圖引進美國式的大農場制度,並進行了礦山的開發。1874年 (明治7年) 在北海道建立了「屯田兵制度」,1876年 (明治9年) 設立了札幌農業學校。

在明治初期,日本學習西方各國,大量引進農業機械,試圖實行從事大規模農業生產的「大農場式的經營」。但由於受到地租改革後仍被保留下來的半封建地主制的阻礙而失敗,結果改變為對過去的農業方法進行改良的方針。另外,隨著本土的地主制也被引入北海道,北海道的大農場制度不是逐漸崩潰,就是被租佃制農場所取代。

交通、通訊的發達是管理統一國家所必不可少的條件。因此,政府對這方面的建設做出了努力。1871年 (明治4年),根據前島密的建議,以官營的方式建立起西洋式的郵政制度來代替以前的「飛脚」。1869年 (明治2年) 首次在東京與橫濱之間架設電信,1877年 (明治10年),又引進了電話。在統一這種國內通訊機關的同時,於1877年參加了「萬國郵政聯合條約」。在交通方面,1872年 (明治5年) 開通了東京至橫濱之間的官營鐵路,以後逐漸在各地鋪設鐵路。

對於周圍都是海域的日本來說,海運自江戶時代起就是重要的運輸管道。特別是隨著廢藩置縣,要消除各地的割據性,另外由於地租改革,規定地租要用貨幣繳納,所以對政府來說,也有必要促進全國範圍的商品流通。自開港以來,日本沿海的海運一直是由美國的太平洋汽船公司等稱雄。最初政府為了與它們對抗,興辦了半官半民的郵政汽船公司,但沒有取得什麼成績。1875年 (明治8年),政府企圖遠征臺灣,需要強而有力的海運機關。因此,政府決定對三菱公司加以優厚的保護,對它進行扶植。這為三菱財閥的發展奠定了基礎,也成為後來殖產政策由以官營企業和半官半民企業為中心轉向以民間企業為中心的先行步驟。

在貨幣制度上，1871年（明治4年）制定了「新貨幣條令」，以日元爲單位，採用十進制；並採用西方的技術，發行了新硬幣。另外，還發行新紙幣，取代了以前各藩發行的藩札，但仍是不兌換紙幣。因此，政府於1872年（明治5年）以澀澤榮一爲中心，制定了「國立銀行條例」。這一條例是參照美國國家銀行（National Bank）的制度制定的，其涵義是國民設立的銀行，而不是國家設立的銀行。其目的是企圖依靠商人等民間力量，增加具有發行兌換銀行券權限的銀行。根據這一條例，政府批准設立由三井組和小野組創建的第一國立銀行等家銀行，但未能馬上建立兌換制度。這個條例因附加有兌換硬貨幣的義務，所以國立銀行只設立了4家。因此政府於1876年（明治9年）修改了條例，免去了兌換硬貨幣的義務，因而商人、地主及華族、士族中希望創辦銀行的人迅速增加。這種狀況一直延續到1879年（明治12年），最後設立的銀行是第153國立銀行。

初期的殖產興業是以官營企業和半官半民企業爲中心進行的。但是，與政府官員有著密切關係的三井、岩崎等少數的民間企業家，從政府獲得了優越的特權，在金融、貿易、運輸等領域藉助此特權獲得了利益，被人們稱之爲「政商」。

文明開化　明治維新以後，由於採取了積極的開港政策，所以，隨之而傳入了西方的近代思想和學術。新的文化不僅滲入平民的生活方式，在民間的新聞、報導等領域還出現了啓蒙運動。這一切成了明治初期的新浪潮。這種浪潮當時稱作「文明開化」。

在文明開化過程中，不僅舊的習俗被當作落後於時代的東西而遭到排斥，還大量地吸收了西方的近代思想和學術。自由主義和個人主義等取代了過去的儒教和神道而流行起來，天賦人權的思想也受到提倡。在明治初年，主要傳入了穆勒和斯賓賽等英美系統的自由主義、

功利主義的思想，隨後，達爾文的生物進化論也被傳入過來。在法國系統中，盧梭的《民約論》由中江兆民介紹過來，天賦人權思想後來遂成爲自由民權思想的指導理論。作爲接受西方近代思想影響的啓蒙書籍有：福澤諭吉的《西洋情況》、《勸學篇》、《文明論之槪略》，中村正直譯的《西國立志篇》、《自由之理》等。這些書籍被廣泛閱讀，給國民思想帶來了極大的影響。

明治以後的日本，在普及教育方面作了特別的努力。在封建時代的日本，教育就已經受到相當的重視。在江戶時代，一般國民的識字率以及日常的計算能力，從全世界看來，也已經達到了很高的水平。在明治維新以後，政府把掌握全國的教育工作看作是統治人民的有效手段，同時，認爲要迅速趕上西方各國，進一步普及教育是必不可少的，因而大力振興教育。

繼1871年（明治4年）設立文部省之後，1872年（明治5年）又公布了以法國爲樣板制定出全國統一的學制。根據這一學制規定，將全國劃分爲8大學區，在各大學區設大學1所、中學32所，在各中學區設小學210所（全國總計有53,760所小學，按人口平均600人就有1所）。但是，因爲這一計劃過於脫離現實，所以不可能實施，根據1876年（明治9年）公布的「敎育令」予以廢除。當時特別對小學教育的普及和子女的就學作了努力，採取了「要做到村無不受教育之家，家無不受教育之人」的方針。這種普及教育的方針以後一直延續下來，受教育和納稅、服兵役稱爲「國民的三大義務」。小學教育的普及確實成爲後來日本社會發展和經濟發展的重要因素，但同時也是由於人民承受了沉重的負擔才實現的。當時的政府是把富國強兵放在首位，所以把大部分教育經費都附加到村費等人民的直接負擔上，並剝奪了當時農家的重要勞力。因此，在當時的農民鬥爭中，農民往往提出「暫時停辦小

學」的要求。另外還不能忘記，小學教育曾被統治者利用來普及軍國主義思想。

在專門教育方面，江戶時代末期就有了幕府的洋學機構和福澤諭吉的慶應義塾等。政府在接管幕府的洋學機構的同時，於1877年（明治10年）創辦了東京大學，在師範教育和女子教育、產業教育等方面也分別設立了專門的學校。另外，新島襄的同志社和大隈重信、小野梓等人創辦的東京專門學校（後來的早稻田大學）等私立學校也發揮了各自獨具特色的學風。

在明治初年，還繼續執行禁止基督教的政策，對基督教徒仍進行鎮壓。但對基督教傳教活動的迫害，很快就受到歐美各國的強烈抗議，因而於1873年（明治6年）撤銷了禁止基督教的指令。以此為轉機，傳教開始公開進行，在東京等地還創立了基督教系統的學校，對引入宗教以外的西方近代思想、文化也起了重大作用。

幕府在其末期就已經出版、發行報紙、雜誌。到了明治時期，由於活字印刷的傳入，以及由於廢藩置縣而活躍了全國性的交流，於是以東京為中心，開始大量發行各種日刊報紙和雜誌。這些報紙和雜誌除報導外，還發表政治問題的評論和介紹西方的思想，開創了新的言論活動。

在這個時代，著名的團體「明六社」，在批判封建思想和普及近代思想上產生了重大的影響。這個團體是由當時第一流的「西學」學者森有禮、福澤諭吉、西周、加藤弘之等人於1873年（明治6年）組織起來的，從第二年開始發行《明六雜誌》，並舉辦講演會，進行啓蒙活動。這個團體的成員有政府的思想官僚及民間的教育工作者等各式各樣的人物，在以後的自由民權運動中產生了贊成與反對它的兩派。它在明治時代初期研究和普及近代思想方面做出了重大的貢獻。

1872年（明治5年）12月，廢除陰曆，採用了陽曆，規定星期日爲休息日。不過，在農村和漁村，由於農耕和漁業的關係，很多地方仍按舊曆進行每年的節日活動。

文明開化的浪潮也給生活方面帶來了巨大的影響，特別是城市的變化很大。在服裝方面，連宮廷也採用了西服，軍人和官吏全部改穿西服，所以西服逐漸在民間也普及起來。另外，自平安時代以來，日本人基本上不吃獸肉；開始食用牛肉和豬肉也是在這一時期。

文明開化是以東京爲中心進行的，地方上農村的生活與以前沒有什麼變化。不過，通過啓蒙書籍和報紙等，東京的文化很快地傳播開來。另一方面，由於西方文化的迅速傳入，產生了否定古老的藝術品和藝術價值的風氣，出現了大量寶貴的民族文化財富遭到破壞或流失海外等現象。

明治初期的國際關係　明治維新以後，日本仍繼承了幕府與歐美各國之間簽訂的不平等條約，所以修改這些條約便成了最突出的問題。1871年（明治4年），以右大臣岩倉具視爲大使的使節團被派往歐美，首先與美國進行了交涉，但沒有達到目的（這個使節團在考察歐美近代國家的政治和產業的發展狀況方面，取得了很大成果）。後來外務卿寺島宗則於1876年（明治9年）又同美國進行了交涉，在收回關稅權上取得了成果，但由於英、德兩國的反對而未能生效。

日本政府在明治初年對外國的態度，對歐美各國是採取極其妥協的低姿態；與此相反，對亞洲的各鄰國則以高壓的態度對待。這是因爲在當時的統治階層中嚴重存在著這樣的考慮：企圖通過侵略中國、朝鮮等亞洲國家謀求本國的發展，提高其「國際地位」。在「安政大獄」中被幕府處以死刑的吉田松陰，是尊王攘夷代表性的思想家，也是給明治以後的日本統治階層帶來巨大影響的思想家。他在1855年

締結「安政條約」時曾說過這樣的話：「當前應同歐美各國增進信義，在此期間養蓄國力，要分割易於奪取的朝鮮、滿洲（中國東北）、中國，使之服從，在交易上失於歐美的，應在土地上從朝鮮、滿洲得到補償。」另外，與吉田松陰關係密切的木戶孝允，是1868年（明治元年）剛剛成立的明治政府的核心人物之一，他在其日記中寫道：「派遣使節前往朝鮮，它若不服時，當進攻朝鮮爲是。」

　　日本政府向朝鮮提出了門戶開放的要求，朝鮮堅決拒絕，未予同意。當時歐美各國已對朝鮮不斷地進行侵略活動，因而，朝鮮在加強對歐美各國抵抗的同時，也對開始採取歐化政策的日本提高了警惕。日本在要求朝鮮門戶開放遭到拒絕後，西鄉隆盛、坂垣退助等人於1873年（明治6年）決心對朝鮮使用武力，鼓吹「征韓論」。但是，從歐美考察歸來的岩倉具視、木戶孝允等人，出於要先學習歐美以充實國力的考慮，主張現在征韓時機尚早，因而產生了新政府派成立後第一次激烈的內部對立。結果，西鄉、板垣等「征韓論」在論爭中失利，脫離了政府。但是，就反對征韓派的非征韓派來說，也並非以和平的方式對待朝鮮。日本政府在征韓派退出之後，於1875年（明治8年）派遣軍艦到朝鮮近海進行示威活動，並藉口在江華島附近遭到炮擊，強迫朝鮮締結了《日朝修好條規》（「江華條約」）。這一條約規定，讓朝鮮開放釜山、仁川、元山港口，同時給予日本領事裁判權以及免除關稅。當時的日本雖然已被歐美各國把不平等條約強加在自己身上，但卻把更爲不平等的條約強加給了朝鮮。同時，這一條約使日本獲得了侵略大陸的立足點。就這一點來看，對日本也有著很大的意義。

　　對於中國，日本政府於1871年（明治4年）派去了使節。當時日本政府主張在日本與中國之間締結的條約，內容應和歐美與中國之間簽訂的不平等條約相同，但遭到中國方面的拒絕。以後經過交涉，締結

了《日清修好條規》。這個條約規定相互開放港口、相互承認領事裁判權等，是日中兩國同外國所締結的第一個平等條約。但日本方面對這些內容感到不滿，到1873年（明治6年）才勉強批准。1874年（明治7年），日本政府又以漂流到台灣的琉球漁民被殺害事件爲藉口，向臺灣出兵（「征臺之役」）。這次出兵經英國調停，以中國支付賠款而結束。

琉球自江戶時代初期被島津氏征服以來，一直置於鹿兒島藩的統治之下，但同時又受清朝的冊封，處於所謂的「兩屬關係」之下。日本政府採取的方針是要把琉球徹底變爲日本的領土，1872年（明治5年）設置琉球藩，封尚泰爲藩王，接著又於1879年（明治12年）廢除，設置了沖繩縣。

與俄國之間的邊界，根據安政條約，在千島列島是劃在擇捉和得撫兩島之間，在樺太沒有確定邊界，規定爲兩國共有。但以後因爲駐紮在樺太的俄國軍隊南下，壓迫日本人居住地區，不斷發生糾紛。因此，1875年（明治8年）與俄國簽訂了《樺太、千島交換條約》，將樺太全島作爲俄國領土，換取千島全島作爲日本領土，這才使問題得以解決。另外還將歸屬不明的小笠原群島作爲日本領有，英國、美國對此並未提出異議，因此，日本於1876年將其置於內務省的管轄之下。

不滿士族的叛亂　明治維新後接二連三的改革，是政府在幕府末期以來人民鬥爭激化的過程中不得不進行的。同時，這些改革剝奪了士族原來在身分上所具有的特權，使他們的反政府活動激化起來。1873年（明治6年）西鄉隆盛、板垣退助等人所主張的征韓論，就是力圖通過外征，將不滿士族的這種不滿情緒轉向國外。1874年（明治7年），佐賀縣的不滿士族擁護在征韓論戰中失敗而下野的前參議江藤新平，發動了「佐賀之亂」，但被政府鎮壓下去。1876年（明治9年），

在熊本，保守的士族團體「敬神黨」（「神風連」）對「廢刀令」非常憤慨，發起了叛亂。主張擴大國權的福岡縣秋月的士族和擁護前參議前原一誠的山口縣士族與之相呼應，也發動了叛亂。

在這些不滿士族的叛亂中，最大的一起叛亂是以西鄉隆盛為首領的1877年（明治10年）的「西南戰爭」。這次叛亂的規模之大，是以前的不滿士族叛亂所無法相比的。政府竭盡全力對其進行鎮壓，在熊本城阻止了西鄉軍東上，經過大約半年時間，好不容易才把這次叛亂鎮壓下去。

自由民權運動　在明治維新的背後有著人民從封建統治下謀求解放和期望擴大人民權利的要求。通過維新後的改革，幕藩體制崩潰了，誕生了統一的國家。但人民並沒有獲得政治權利，明治維新以後，隨著歐美的近代思想被大量介紹進來，人民要求政治權利的主張變得更加強烈了。

在這種情況下，因征韓論而下野的坂垣退助、後藤象次郎、江藤新平等人，於1874年（明治7年）批評藩閥專制，主張政治應反映國民的輿論，向政府提出了「設立民選議院的建議書」，並將其發表在報紙上，廣泛地向社會發出了呼籲。這個建議書的目的是主張給「湧現出許多維新功臣豪家的農商」以選舉權。不過，它也反映了當時正在各地興起的資產階級的要求。

坂垣同年回到他的故鄉土佐，與片岡健吉等同志發起了名為「立志社」的政治團體。第二年，以這個團體為核心，在大阪建立「愛國社」，推進了民權運動。

面對這些動向，政府為了壓制社會輿論，也於1875年（明治8年）1月由大久保邀請坂垣、木戶舉行了「大阪會議」，決定逐步向立憲政治過渡的方針，並於4月將這一方針以詔書的形式發表了。這次會議的

目的是企圖讓因征韓論而下野的板垣等人，以及因反對出兵臺灣而下野的木戶等人重返政府，擺脫面臨西南戰爭的困境。這次會議的結果，木戶、板垣重新回到政府。政府在這以後設立了元老院和大審院，召開了地方官會議，第二年元老院著手起草憲法草案（這個草案後來因遭到岩倉具視等人的反對，認爲它不符合日本的國體而成爲廢案）。接著又於1878年（明治11年）在各縣設立府縣會，爲向立憲政治過渡作準備。最初政府企圖讓區戶長（相當於後來的町、村長）兼任府縣會議員，但由於自由民權運動的壓力，給了20歲以上、繳納5日元以上地租的男子以選舉權。不過，府縣會的權限不大，只不過是府知事、縣令的諮詢機關。另一方面，政府爲了壓制主張民權的言論，於1875年（明治8年）6月制定了《誹謗律》和《新聞條例》等。

　　自由民權運動的發展　　在明治初期，士族對新政府極爲不滿。在這種不滿的因素中，既有反對原有特權被剝奪反動的一面，也有反對政府專制、主張民權的一面。前者在各地爆發爲士族的叛亂，後者很快發展成爲自由民權運動。不過，最初這兩種因素是混雜在一起的，九州的民權派士族就參加了最大的士族叛亂——西南戰爭，在民權運動的組織——土佐的立志社中也有企圖響應西鄉舉兵的活動。但是，在西南戰爭被平定，證明這種士族的叛亂不可能成功之後，自由民權運動才開始沿著正規方向發展。另外，在西南戰爭中，政府爲籌集軍費而發行了大量紙幣，從而引起了通貨膨脹，對資本主義萌芽的發展起了一定作用，這也成爲資產階級民主主義運動，即自由民權運動發展的原因。

　　1878年（明治11年）9月，在西南戰爭期間中斷了活動的愛國社，在大阪召開了恢復大會。以此爲契機，自由民權運動開始向全國發展。

自由民權運動最初是以士族爲中心的運動，所以被稱爲「士族的民權」。但是，愛國社在1880年（明治13年）於大阪召開的第四次大會上，將組織擴大成爲「國會期成同盟」，向全國徵集要求開設國會的簽名。在展開簽名活動的過程中，自由民權運動也發展到了其他階層。這次簽名活動的目的是要求「給納稅者對政治問題的發言權」，在2府22縣徵集了87000人的簽名，這在當時來說是空前的。自由民權運動就這樣得到了要求減輕地稅的地租和正在發展的工商業者的參加，發展成爲國民的運動。

　　面對這一運動的發展，政府拒絕國會期成同盟向天皇的請願，4月制定了《集會條令》，嚴厲鎮壓了民權派的言論、集會和結社。另一方面，民權派在國會期成同盟第二次大會上決定加強「人民的團結」，以及由期成同盟來撫恤運動中犧牲者的家屬，而且在當時的民權派機關報上開始大量刊登介紹農民鬥爭的報導等，加強了與政府的對抗。

　　在自由民權運動的高潮中，政府內部認爲有必要實施憲政的意見也很強烈。參議大隈重信主張立即開設國會，立即發布按政黨內閣的原則制定的憲法，與代表薩長派的參議伊藤博文等人形成激烈的對立。

　　這時發生了北海道開拓使出售官產事件，人民對政府發起了激烈的抗議運動。這一事件的起因是：薩摩藩出身的北海道開拓使長官黑田清隆將估價爲1,500萬日元的開拓使的官產，僅以39萬日元的價格，按30年內無息分期付款的條件，出售給同是薩摩藩出身的政商出代友厚，而被民間所獲悉。據當時元老院議長佐佐木高行記載，這次運動十分激烈，簡直「令人感到好像是法國革命的前夕」。

　　這次事件成爲後來日本政治、經濟的重要轉折點。政府認爲大隈在抗議運動的背後操縱，把他從政府中驅逐出去；與此同時，發布了

保證10年後（1890年）公布憲法和開設國會的《國會開設敕諭》。這次政變稱作「明治14年政變」，是日本向君主立憲制過渡的起點。

立憲國家的建立

官營和半官半民工廠的出售 「明治14年政變」之後，伊藤博文所堅持制定憲法的方針是以德國爲典範，壓制議會的力量，給予天皇和天皇任命的政府以極大的權限。這次政變之後，政府開始向民間出售官營工廠和半官半民工廠。明治初期的殖產興業政策是以官營工廠和半官半民工廠爲中心，但在政變的前夕，政府就已經對維持這一政策的財政負擔感到困難，另外，民間企業家及自由民權論者們也批評官營工廠和半官半民工廠阻礙民間企業的發展。政府主要出於財政上的原因，於1880年（明治13年）制定了出售官營工廠的方針，政變以後，正式開始出售。通過這一措施，迅速地培植起順從於政府的大資產階級，使他們在新憲法體制下，與地主同樣成爲大力支持政府的基礎。以「明治14年政變」爲契機，把官營工廠和半官半民工廠全部出售給民間，使日本資本主義走上了正式的軌道。與此同時，由於國家培植出大資產階級，給後來的政治帶來了巨大的變化。

政黨的建立 通過「明治14年政變」，一經決定了開設國會的時間，便開始組建政黨。1884年（明治17年），屬立志社系統的民權運動家們以板垣退助爲黨魁，建立起以激進的自由主義爲方針的「自由黨」。第二年，以大隈重信爲黨魁組成的「改進黨」則以英國的議會政治爲樣板。自由黨將其基礎主要放在地方的農村，改進黨則是在城市的實業家及知識分子中建立其基礎。政府爲了對抗這些活動，也指示建立以福地源一郎爲核心的、保守的「立憲帝政黨」，企圖使之對抗民

出售年月	官產	官產投入的資本(明治18年末)	財產估價(明治28年6月底)	出售價格	收買人
明治 7・12	高島煤礦	393848	—	550000	後藤象二郎
15・6	廣島紡織所	50000	—	12077	廣島棉紡織會社
17・1	油戶煤礦	48608	17192	27944	白勢成熙
17・7	中小坂鐵礦	58507	24380	28500	坂本彌八等
17・7	深川水泥廠			61742	淺野總一郎
	梨本村白煉化石	101559	67965	101	稻葉來藏
17・7	深川白煉化石			12121	西村勝三
17・9	小坂銀礦	547476	192000	273660	久原莊三郎
17・12	院內銀礦	703093	72993	108977	古河市兵衛
18・3	阿仁銅礦	1673211	240772	337766	古河市兵衛
18・5	品川玻璃廠	294168	66305	79951	西村勝三 磯部榮一
18・6	大葛金礦	149546	98902	117142	阿部潛
19・11	愛知紡織所	58000	—	—	筱田直方
19・12	札幌釀酒廠	—	—	27672	大倉喜八郎
20・3	紋鼈製糖所	258492	—	994	伊達邦成
20・6	新町紡織所	130000	—	150000	三井
20・6	長崎造船所	1130949	459000	527000	三菱
20・7	兵庫造船所	816139	320196	553660	川崎正藏
20・12	釜石鐵礦	2376625	733122	12600	田中長兵衛
21・1	三田農具製造所			33795	岩崎由次郎等
21・3	播州葡萄園			5377	前田正名
21・8	三池煤礦	757060	448549	4555000	佐佐木八郎
22・12	幌內煤礦、鐵路	2291500	—	352318	北海道煤礦鐵路
26・9	富岡繰絲所	310000	—	121460	三井
29・9	佐渡金礦	1419244	445250	1730000	三菱
29・9	生野銀礦	1760866	966752		

註：摘自《日本經濟史大系》。

權政黨。當時民權派起草了許多所謂的「私擬憲法」，它以作爲民權派理想的憲法私案的形式，闡明了其主張和政策，對了解當時民權派的思想及方針是重要的資料。這些草案中，屬自由黨系統的主要有立志社的《日本憲法希望案》和植木枝盛的《東洋大日本國憲法案》。這類憲法草案主張根據「主權在民」的原則，建立一院制議會，給所有納

主要私擬憲法草案

草案名稱	起草者或發表報刊	年　　月
大日本國憲法大略希望書	築前共愛社	1880・2
私擬憲法意見	嚶鳴社	1880・？
國憲意見	東京每日新聞	1881・3
私擬憲法案	交詢社	1881・4
日本憲法希望案	立志社	1881・5
東洋大日本國國憲按	植木枝盛	1881・8
壬午協會憲法私案	小野梓	1883・5
憲法私案	井上毅	1882・4
憲法私案	山田顯義	1882・9
憲法草案	西周	1882・秋

稅者選舉權，無條件地保障言論、集會、思想、結社、信仰的自由，承認人民對政府的抗議權等等。屬改進黨系統的主要有交詢社的《私擬憲法案》，它主張根據英國式政黨內閣的原則，建立二院制議會，給予繳納5日元以上地稅者以選舉權，等等。

　　松方財政　當時政府正面臨著嚴重的財政困難。由於爲西南戰爭籌集軍費而發行的不兌換紙幣和國立銀行發行的不兌換紙幣，引起了劇烈的通貨膨脹，使政府的歲出在實質上增大了。在對外貿易方面也因爲明治初年以來接連入超，使硬通貨儲備極度缺乏。因此，政府企圖通過出售官營工廠和半官半民工廠以及增收釀酒稅等來整頓財政。1881年（明治14年）松方正義就任大藏卿，實行了嚴格的增稅和徹底的歲出緊縮，謀求通過這一措施所產生的歲入餘額，來處理不兌換紙幣和累積硬貨幣。而且，於1882年（明治15年）設立日本銀行作爲中央銀行，第二年修改國立銀行條例，收回國立銀行所擁有的銀行券發行權。日本銀行從1885年（明治18年）開始發行銀兌換銀行券，第二年，又規定政府紙幣也可以兌換銀幣，從而建立了銀本位的貨幣制度。

同時，由於嚴厲的緊縮財政，以米價為代表的物價暴跌，給全國帶來了嚴重的經濟蕭條。特別是在農村，由於大米和生絲的價格下跌帶來巨大的打擊，失去土地的農民激增，很多自耕農沒落了，因而土地迅速集中於地主手中。大批失去土地的農民淪為佃農，很多人流入城市，成為工資勞動者。

　　所謂「松方財政」的一系列政策，本來是直接對付政府財政困難的措施，在實行這些措施的過程中，整頓了財政和金融制度，開闢了資本主義發展的道路。另外，拋售了官營工廠和半官半民工廠，由政府培植了大資產階級，同時也造成了大批脫離勞動手段的勞動力。所以，就確定日本資本主義的方向這一點來說，它有著重要的意義。而且，這一時期儘管是處在徹底的緊縮財政之下，唯獨軍事開支卻不斷地增加，這也是一大特點。

　　民權運動的激化　　「明治14年政變」以後，政府自上而下地推行資本主義化，對民權運動實行了懷柔和鎮壓的兩面政策。在這樣的形勢下，加入民權運動的大資產階級的上層分子發生了動搖，開始從陣線中分裂出來。政府的伊藤博文、井上馨等人命三井負擔費用，讓自由黨的領導人坂垣退助、後藤象次郎出洋，企圖削弱自由黨。在自由黨內部，雖然反對最高領導人在這樣重要的時期離開日本的意見強烈，但板垣等人還是對其和政府的關係以及費用的來源保密，出洋了。另一方面，這時在民權運動內部的對立也激化了。因為對板垣等人的旅費來源有懷疑，改進黨攻擊自由黨，自由黨方面則攻擊大隈重信與三菱的關係。

　　這樣一來，資產階級的上層集團發生了動搖，相互加深了對立；與此相反，農民因實行松方財政而日益貧困，對政府的不滿情緒急遽高漲，地方上與農民相結合的自由黨員發起了激烈的鬥爭。

1882年（明治15年）發生的「福島事件」就是這種人民鬥爭的最初產物。當時福島縣是東北地方的自由民權運動的據點，自由黨在福島縣會中一直佔優勢。到這裏赴任當縣令的三島通庸以撲滅自由黨勢力作爲目的。三島興修大規模的築路工程，企圖從縣民中徵收築路費用，因而在縣會中與以縣會議長河野廣中爲首的自由黨勢力對立，縣會否決了三島提出的預算案。同年12月，三島藉口河野陰謀內亂，逮捕了河野等3,000多人。1883年（明治16年）發生了「高田事件」，新潟縣高田地區的自由黨員遭到了懲辦，理由是他們企圖暗殺政府高級官員。這種地方自由黨員鬥爭激化的事件，到1884年（明治17年）達到了頂峰。

　　由於松方財政造成了農民階層的沒落，在這時出現了最嚴重的情況，因此，各地的農民鬥爭高漲起來。而且這時傳來了沙皇亞歷山大二世被暗殺的消息，其影響在日本通過大量出版物而迅速擴散。1884年，群馬縣高崎地方的自由黨員激進派計劃藉政府大官出席這一地方鐵路通車儀式的時機，對其進行暗殺，這一計劃失敗後，又襲擊高利貸的組織「生產會社」，遭到逮捕。另外，同年茨城、福島、櫪木三縣的自由黨激進派試圖暗殺先前在福島縣推行高壓政治、後來擔任櫪木縣知事的三島通庸，但被發覺，遭到官憲的追捕，遂盤據加波山，高呼「推翻專制政府」、「確立自由立憲政體」等口號，襲擊警察署，但3天後即被鎮壓下去。

　　在這類事件中，1884年11月在埼玉縣秩父地區發生的「秩父事件」，是自由民權運動中最大的一次人民鬥爭。在這一地區，很早以前就盛行養蠶、繅絲，所以由松方財政所造成不景氣的影響是深刻的，大多數農民日益貧困，深受高利貸剝削的痛苦。在這種情況下，在地方自由黨員的支持下，貧困的農民組織了「負債黨」、「困民黨」，提出

負債分年償還、收回失去的土地、減免村費等要求，11月1日，大約1萬名農民舉行了武裝起義，一度占據了以秩父町爲中心的地區。政府出動了大批軍隊，對此進行了鎮壓，判處主要領導人死刑，同時還對許多人判了刑，其中重罪296人，輕罪448人，罰款2,642人。此外，這一年裏還發生了「飯田事件」（長野縣）、「名古屋事件」和「靜岡事件」等。

自由黨的基層黨員與農民結合而爆發的這些事件的結果，使政府加強了鎮壓。與此同時，由於松方財政所造成的通貨膨脹，農村中的階級分化日益加劇，地主與農民的對立愈加深刻。而且農村是自由黨的地盤，農村階級對立激化的結果，帶來了自由黨內部的分裂。在「14年政變」之後，自由黨領導集團追隨政府採取自上而下資本主義化的政策，日益與政府妥協。接著當基層黨員與貧民階層結合，在各地發起鬥爭，政府加強了對自由黨的鎮壓時，就更進一步增強了這種妥協的傾向。因此，自由黨總理板垣退助等幹部於1884年10月宣布解散自由黨，同時改進黨的總理大隈重信等人也脫離了該黨。這樣，自由民權運動的黨組織崩潰，陷入分裂狀態，運動本身也開始走向衰退。

自由民權運動的衰退和對外問題的發生，使得政治問題更加複雜化。自由民權運動是日本最初眞正的資產階級革命運動，受到西方的民主主義思想和革命思想的強烈影響，其變革的思想也比以前的運動要先進得多。但是，對朝鮮、中國等周圍國家的理解以及應與它們加強團結的思想，在自由民權思想中是最薄弱的環節。因此，在從事自由民權運動的一部分人當中，把目光從國內的「民權論」轉向謀求對外侵略的「國權論」，對由於當時日本侵略政策的結果所引起朝鮮人民的鬥爭——「壬午事變」，反而有不少人主張要求採取比日本政府更加強硬的態度。另外，當時的民主主義思想家之一的福澤諭吉，在

自由民權運動簡略年表(1874—1887)

		民權派的行動		政府的對策
1874	1月	建議設立民選議院		
	4	土佐成立立志社	5月	在左院設置國憲編纂掛(小組)
1875	2	在大阪議會上妥協(板垣重新出任參議)	2	在大阪會議上妥協
		愛國社在大阪成立(未發展便解散)		
			4	設立元老院、大審院
				發表詔書,表示要逐步建立立憲政體
			6	第1次地方官會議。制定誹謗律和新聞條例
			9	修改出版條例
1876			9	元老院起草憲法(1880年定為《日本國憲按》)
1877	6	立志社建議		
1878	9	愛國社重建大會	7	制定三新法(府縣會規則等)
1880	4	國會期成同盟組成	4	制定集會條例
1881	8	開拓使事件、群情激憤	10	明治14年政變
	10	自由黨成立	10	發布開設國會的敕諭
1882	3	立憲改進黨成立	3	伊藤赴歐洲。立憲帝政黨成立
	4	岐阜事件(板垣遇刺)	6	修改集會條例
	11	板垣赴歐洲		
	12	福島事件		
1883	3	高田事件	6	修改出版條例
	6	板垣回國	9	立憲帝政黨解散
1884	9	加波山事件	3	設立制度調查局
	10	自由黨解散。秩父事件	7	發布華族令
	12	大隈脫離改進黨		
1885	11	大阪事件	12	確立內閣制度
1886	6	靜岡事件	3	發布學校令
1887	10	大團結運動		這一年開始起草憲法(—1888年)
	12	三大事件建議運動	12	制定保安條例

1885年（明治18年）所著的《脫亞論》中也認爲朝鮮和中國對日本來說是「亞洲的惡友」，認爲日本比中國和朝鮮更先進之處就在於「擺脫了亞洲的固陋，轉向了西方的文明」，主張「我國不要猶豫等待鄰國的開明，共興亞洲，而應當脫離這一隊伍，與西方的文明共進退；對於中國和朝鮮，也應該像西方人對待中國和朝鮮那樣地來對付。」

壬午事變後，自由黨的板垣退助等人援助朝鮮國內「獨立黨」的金玉均等人，籌劃朝鮮的內政改革。1885年，舊自由黨左派的大井憲太郎等人謀劃朝鮮的內政改革，籌集資金，準備去朝鮮，但在大阪被發覺，遭到逮捕。這一事件表明了日本自由民權運動的衰退，以及資產階級思想從民權論向國權論的轉變。

開港以來，歐美各國一直把各種不平等條約強加給日本。因此，廢除不平等條約成爲自由民權運動的重要要求。自由黨解散以後，自由民權運動一度衰退，但1886年（明治19年），舊自由黨的星亨等人爲了重建政黨，展開了大團結運動。第二年，修改條約問題發生糾紛時，遂發起了主張減輕地租、實行言論和集會自由、挽回外交失策及確立國權的「三大事件建議運動」，批評了政府。對此，政府發布了《保安條例》，將聚集在東京的中江兆民、尾崎行雄等570名民權派人士驅逐出東京。

就這樣，興起重建政黨的運動很快就分裂了，不斷地離合集散，最後終於迎來了議會的開設。

憲法的制定　政府一方面對民權派上層進行懷柔、對下層加強鎮壓，另一方面於1882年（明治15年）派遣伊藤博文等人赴歐洲調查各國的憲法。伊藤博文等人向德國人斯泰因和格奈斯特等學習了德國式的憲法理論及其實行方法等之後回國。

回國後，他們就籌劃國家機構的改革，爲向立憲政治過渡做了準

備。

1884年（明治17年）制定「華族令」，將華族分爲公、侯、伯、子、男五種爵位，除舊公家、舊大名外，把新出現的維新功臣也列入華族。華族令的制定除整頓了作爲「皇室之藩屏」的貴族制度外，還人爲地安排了將作爲上院的貴族院的組成人員，以控制經過選舉組成的下院。

向立憲制過渡的準備也就是向天皇制的新階段過渡的準備。皇室財產在此期間迅速地增加，從1885年（明治18年）的4,374,900日元上升到1891年（明治24年）的12,957,800日元，特別是「皇室御料地」在山林方面佔有相當大的比重，全國的國有山林1200萬町步（1町步約合1公頃），全國民有山林700萬町步，而皇室御料地的山林就達365萬町步。就這樣奠定了天皇制的物質基礎。

1885年（明治18年）12月，廢除原有的太政官，創立了內閣制度。按照原來的太政官制度，政府的最高負責人太政大臣和左、右大臣必須是公家出身，規定政治的實際管理人是參議和卿。但通過這次改革，非公家出身的人也能夠擔任大臣，在總理大臣之下，由負責各省（相當於中央的「部」）的大臣組成內閣，推動國家政治。在最初的內閣中，長洲派推舉出內閣總理大臣伊藤博文、外務大臣井上馨、司法大臣山田顯義，薩摩派推出大藏大臣松方正義、陸軍大臣大山岩、海軍大臣西鄉從道、文部大臣森有禮，除此之外，入閣的僅有土佐派的農商務大臣谷干城和舊幕臣榎本武揚。以後一直到大正初期，除肥前藩出身的大隈重信和公家出身的西園寺公望外，總理大臣的寶座全部被薩長派所佔據，薩長藩閥就這樣鞏固地建立了統治權。

在這次改革中，宮內省被置於內閣以外，把宮中與政治分開。另外，各省的體制也作了更新，行政機構也進行了整頓。1886年（明治

19年），對官吏實行「通過考試任用制」，鞏固了官僚制度的基礎。

1888年（明治21年）制定了「市制」和「町村制」，1890年又制定了「府縣制」和「郡制」，使地方制度臻於完善。這種地方制度採取了以德國為樣板的中央集權的自治制度原則，特別是市町村作為行政組織最基層單位的性質，比居民的自治更受重視。在市町村會的議會選舉中，繳納2日元以上直接國稅的人（相當於中農）才給予選舉權。但這是一種以財產為基準、按階層的選舉，市分為3級、町村分為2級進行，為數眾多的下層居民的代表受到了限制。另外，町村長規定是不拿薪水的名譽職務，所以只有生活富裕的人才能擔任。

在進行這種立憲政治的準備和為新統治體制打基礎的同時，從1886年（明治19年）起，以伊藤博文為核心，由井上毅、伊東巳代治、金子堅太郎協助，並在政府顧問、德國法學家諾埃斯奈爾的指導下，開始起草憲法。當時政府為預防民權派的批評，在絕密的情況下起草了草案。1888年（明治21年）新設立了樞密院，作為天皇的諮詢機關。樞密院是為了向憲政過渡作準備而設立的，具有裁決議會和政府的糾紛及對憲法的疑義等廣泛的權限，不過，它最初的任務是審議憲法草案。樞密院在天皇出席的情況下舉行了數次會議，於1889年（明治22年）以所謂天皇賜予國民的形式，頒布了《大日本帝國憲法》（《明治憲法》）。

帝國憲法規定國民在法律允許範圍內，其所有權不可侵犯；使司法權從行政權中獨立出來；開闢了通過議會參預國家政治的道路，基本上具備了近代憲法的形態。但是，帝國憲法的基本，是在於把「萬世一系」的「神聖」的天皇規定為統治權的總攬者。天皇擁有決定行政各部的官制、對文武官員進行任命等強大的行政權。因此，各國務大臣是對天皇負責，而對議會的責任卻不明確；官吏與其說是國民的

公僕，不如說是作爲天皇的官吏更爲貼切。天皇能夠以「緊急敕令」等形式，不經議會表決就發布法令；政府也有著不經議會表決就可發布命令的廣泛權限，在形式上雖然採取了三權分立的形式，但行政府的權限要比立法府（議會）的權限大得多。此外，天皇還被授予召集議會、勒令休會、解散衆議院、宣戰、媾和等大權。特別是規定軍隊指揮權（統帥權）獨立於議會乃至國務大臣之外，僅屬天皇掌握。這種統帥權的獨立，成爲後來軍部專橫獨裁的重要原因。

天皇在帝國憲法中具有廣泛的權限，同時還規定天皇是神聖的化身，所以，天皇可以不必承擔政治責任。根據這條規定，政府能夠以天皇的名義對國民行使強大的統治權，又可以對國民及議會逃避政治責任。因此，帝國憲法雖然在形式上承認國民在「法律的範圍內」有言論、著作、集會、結社的自由，但這個範圍可以通過各種各樣的法令把它大大地縮小。另外，條文上雖然承認信敎自由，但實際上也是徒有形式。因爲天皇是神道的最高祭祀者，神道事實上是國敎，受到了國家的種種保護。

帝國議會採取了貴族院和衆議院的二院制。貴族院是由皇族、華族、敕任議員以及由府縣的高額納稅者互選產生的議員所組成，公爵和侯爵爲世襲議員。衆議院是由公開選舉產生的議員（代議士）組成，其選舉資格僅限於年滿25歲以上、繳納15日元以上直接國稅的男性。因此，有選舉權的人只是城市中的上流階層或農村中的中農以上的人，其人數僅佔國民總人口的1.1％左右，而國民大多數則沒有選舉權。因而以後廣泛開展了要求實施普遍選舉制的運動。

規定貴族院和衆議院的權限大體對等。因此，如果擁有特權機構的貴族院反對，衆議院通過的法案也不能成立。

這樣，議會、特別是衆議院的權限很小，受到種種的限制，很難

在政治上反映出全體國民的意志。不過，因為規定了國民在法律面前平等，法律的制定以及預算的編造必須經議會通過，所以以後政府不得不在某種程度上考慮國民的意志。從這一點來說，憲法的頒布和帝國議會的開設有著重大的意義。

明治初年以後，政府就著手編纂西洋式的法典。特別是為了修改條約，收回對外國人的司法權，有必要將國內的法律改為西洋式法律。最初，日本政府聘請了法國的法學家波阿授拉德，根據法國的法律原則，起草了各種法典，在1890年（明治23年）以前已基本完成。特別是民法典，雖然在形式上確認了家長制，但根據法國民法的原則，確認了家庭內以夫妻為中心的家庭成員均有自己的財產所有權等等。因而，遭到國家主義法學家的強烈反對，認為它「破壞了日本自古以來的風俗、道德」，發生了激烈的爭論。爭論的結果，這一民法的實施被延期。從1893年（明治26年）起，又參考德國民法，重新進行了編纂，從1898年開始實施。這部民法在家族關係問題上，家長制的傾向突出。另外，在土地法中，完全抹殺了佃農的租借土地權，嚴重地殘留著半封建的關係。此外，刑法、商法等各類法典也於1897年（明治30年）以前開始實施，初步完善了法治國家的體制。

關於近代國家的成立　明治維新對日本資本主義的發展，顯然具有劃時期的重要意義。但是，關於日本近代國家成立於何時的問題，在日本的研究工作者當中有著各種各樣的見解。因為在明治以後的日本，雖然資本主義在工業方面獲得了迅速的發展，但在農業方面仍普遍的存在著半封建的地主土地所有制，而且在家庭制度方面，法律上也嚴重地殘留著家長制；另外，由於天皇的統治，人民的權利受到其他資本主義國家所沒有的嚴厲限制。

在日本的一部分研究工作者中，也有人把明治維新看作是資產階

級革命；但大多數研究工作者認爲，資產階級國家不是在明治維新的階段立刻成立起來的。這個階段的中心課題，毋寧說是以「尊王論」和「國學」爲思想武器。努力從分立的封建統治體制下建立中央集權的統一國家；受到歐洲資產階級革命思想的強烈影響、爭取建立資產階級國家的運動，乃是繼明治維新以後發生的自由民權運動的課題。許多日本研究工作者力圖在這裡把馬克思的絕對主義的理論實際運用於日本。

所謂絕對主義或絕對主義帝王制是指17世紀到19世紀在歐洲出現的、擁有專制權力的君主統治的國家形態。在這一時期的歐洲，封建領主的統治力量衰弱，商人資本和含有資本主義萌芽的資產階級勢力抬頭。絕對主義就是在這樣的階段，君主通過「重商主義」政策等，在某種程度上利用資產階級勢力，打破封建割據，創建官僚制度和常備軍隊，促進國民的統一；另一方面又在全國範圍內改組和集中封建的土地所有權，維持封建統治，並以「王權神授說」爲思想背景，實現其專制的統治體制。絕對主義國家是在封建制末期出現的、向資產階級國家過渡時期的統治體制，但由於資產階級的進一步成長，要求實現資本主義經濟的全面統治，絕對主義國家將面臨著資產階級革命，它不是被打破就是發生質的變化。

日本的許多歷史研究工作者就是根據以上理論，把明治維新的過程看作是絕對主義國家成立的過程，把自由民權運動看作是資產階級革命。

關於自由民權運動之後，以頒布憲法爲契機而成立日本國家的本質，日本很多研究工作者之間也產生了意見分歧。這個問題是在於如何理解自由民權運動本身的失敗，以及在運動失敗後制定出來的明治憲法中，天皇的權限極大，議會的權限反而小，國民的權利也受到嚴

格限制，產生了這些與歐美近代國家背道而馳的現象。

很多研究工作者認爲明治維新是絕對主義國家的成立，明治維新就是明治憲法體制的確立和完成。而對於日本眞正資產階級國家的成立，有人認爲是在資本主義進一步發展、議會中政黨力量強大起來的第一次世界大戰以後的改革時期，也有人認爲是在第二次世界大戰戰敗、明治憲法體制崩潰的戰後改革時期，等等，存在著很多不同的見解。

另外，馬克思、恩格斯曾指出，在德國，雖然資產階級革命運動——三月革命本身失敗了，但由於革命的壓力，德國發生了質變，從具有封建本質君主專制的絕對主義國家轉變爲雖採取同樣的君主專制的形式、但實質上是資本主義的國家——波拿巴主義國家。有的人就是根據馬克思、恩格斯的這一學說，認爲自由民權運動雖然失敗，但在它所導致建立起來的明治憲法體制中，日本實質上已發生了向資產階級國家的質變，而且在憲法等法律和軍事制度方面是以德意志帝國爲樣板，這也說明了這個問題。

近代日本的發展

初期議會　繼憲法頒布之後，第二年——1890年（明治23年）11月舉行了第一次帝國議會。當時政府的反對派政黨被稱爲「民黨」，政府的支持派政黨被稱爲「吏黨」。出席第一次議會的民黨有130名立憲自由黨人、41名立憲改進黨人，而吏黨有79名大成會會員和5名國民自由黨人，政府反對派佔據了多數席位（中立派45名）。因此，政府不得

不煞費苦心來對付議會。早在頒布憲法的時候，首相黑田清隆和樞密院議長伊藤博文就已經表明了政府藐視政黨的超然主義。在第一次議會上，首相山縣有朋也採取了超然主義的態度。在議會中佔多數席位的民黨，主張休養民力和節約經費，與政府激烈對立，特別是削減軍費成了爭論的重大問題。政府在對付民黨的策略上費盡了苦心，通過收買議員等辦法，勉強擺脫了困境，但仍不可避免地大幅度削減了預算。在第二年的第二次議會上，民黨仍主張削減軍費，與松方內閣激烈對立，終於造成了眾議院的解散。在1892年（明治25年）第二次眾議院總選舉時，政府極力干涉民黨推舉的候選人參加競選活動，民黨方面因此而造成了25人死亡和388人受傷。但選舉以民黨獲得大勝而結束，松方內閣被迫下台。政府與民黨的對立仍在繼續，政府最後採取了所謂「詔敕炮彈」的措施，以天皇詔敕的形式表示，要以官吏薪俸的1／10和每年從宮廷費用中拿出30萬日元作爲軍艦製造費，以此換取議會通過軍事預算。當時議會中的民黨並無反對天皇意志的打算，所以同意了軍事預算。這次軍事預算的通過，成了日本軍國主義發展的起點。不過，政府與民黨的對立一直反覆進行到日清戰爭❿（第六次議會）時期。

　　修改條約　明治初期以來的重要政治課題，就是要修改歐美各國在安政條約中強加給日本的不平等條件，將國際關係建立在平等的基礎之上。如前所述，在明治初年由岩倉具視大使和寺島宗則外務大輔進行了最初的交涉，但當時以失敗而告終。以後，井上馨擔任了外務卿，他確定的基本方針是爭取收回部分領事裁判權（法權）和關稅自主權（稅權），於1882年（明治15年）在東京與各國代表舉行了最初的預備會議，根據會議的結果，從1886年（明治19年）開始正式的交涉。交涉的方法是通過在名爲「鹿鳴館」的西洋建築裡舉辦西洋風格的舞

會等極端的歐化政策，以表示日本已經「西歐化」，以此來贏得歐美各國的歡心，企圖用這樣的方式來實現條約的修改。這一風潮也給民間帶來了影響，被稱爲鹿鳴館時代膚淺的歐化主義文化流行起來。

在井上的修正案中，雖然要廢除領事裁判權，但任命外國人爲各級裁判官，在與外國人有關的裁判中，則以外國裁判官佔多數，並同意外國人在日本國內雜居。另外在關稅上也只不過要求略微提高一些進口稅。井上的方案首先是反映了大資本家力圖通過從外國輸入資本來謀求自己利益的意志。對於政府的極端歐化政策以及由此而產生膚淺的歐化主義文化，輿論界進行了嚴厲的批判。三宅雪嶺、杉浦重剛等人主辦的《日本人》雜誌主張保存國粹，陸羯南在《日本》報上倡導批判膚淺的歐化主義與尊重民族文化，主張「國民主義」。

後來，井上的修正案傳開以後，政府內外均掀起反對運動，井上被迫辭職。

井上辭職後，擔任外務大臣的大隈重信與各國進行了分別交涉。大隈的修正案企圖在收回法權和稅權的同時，限定於在大審院（最高法院）中任用外國裁判官。但在當時反歐化浪潮猛烈的情況下，這個修正案傳出後，立即引起了激烈的反對運動。右翼團體「玄洋社」的一名成員向大隈投擲炸彈，大隈失去了一條腿，最後辭職。

在此以後，山縣內閣的外務大臣青木周藏負責交涉工作。青木根據停止任用外國裁判官，6年後收回法權和稅權的方針，開始與英國進行交涉，但由於1891年（明治24年）5月發生了「大津事件」，他辭去了外相，交涉以失敗而告終。

大津事件不僅在外交上，就是在司法方面也是明治憲法體制第一次遇到的重大事件。

當時俄國計劃修建西伯利亞鐵路，決定從歐洲和亞洲兩方面開始

修建。這一年，俄國皇太子（後來的尼古拉二世）在出席了從亞洲方面修建的動工儀式後，歸途中訪問了日本。當時日本出於西伯利亞鐵路建成將使俄國對遠東方面的壓力增加的觀點，反俄情緒高漲。俄國皇太子訪問京都附近的大津市時，遭到一名暴徒的襲擊而受傷。如果依據日本的法律，傷害天皇、皇后、皇太子的犯人要判處死刑，除此以外的殺人未遂罪只判處以無期徒刑以下的刑罰。但日本政府唯恐惹惱俄國，對大審院長兒島惟謙施加壓力，要他擴大解釋法律，將死刑適用到對外國皇族的傷害罪上。對此，兒島出於司法獨立於行政的立場，頂住了政府的壓力，判處犯人無期徒刑。這一事件最後以日本天皇對俄國皇太子進行慰問和外相辭職而了結。

由於修改條約的交涉一再失敗，政府遭到民黨方面的激烈抨擊。後來陸奧宗光就任外相時，把主要對手縮小到英國身上，開始進行交涉。這時英國因為俄國侵入遠東，並為了在中國獲得更多的權益，開始與日本接近，表現出同意修改條約的態度。而這一問題遂成為日清戰爭前夕的一個重要問題。

近代產業的發展 民間產業的發展是從19世紀70年代中期，首先從與貿易有著密切關係的紡織業開始的。明治初年以來持續入超的貿易收支也是從1882年（明治15年）由於生絲和礦產品出口的增加以及由於生產蕭條導致進口減少而開始轉為出超。通過貨幣、金融制度的完善，以及向民間拋售官營工廠和半官半民工廠，產業界活躍了起來，在1886—1889（明治19—22年）期間，出現了建立以鐵路和紡織為中心的「株式會社」（股份有限公司）的熱潮。全國的公司資本從1885年（明治18年）的工業777萬日元、運輸業2,559萬日元猛增到1890年（明治23年）的工業7,753萬日元、運輸業10,363萬日元。但在1890年，作為其反動，爆發了日本最初的經濟危機。在棉紡織業內部，為

了擺脫這一危機，開始向中國、朝鮮出口。

開港以來，生絲成爲向歐美出口的重要商品，與此同時，繅絲業以農林業中的養蠶業爲基礎而迅速地發展起來。特別是屈指可數的長野縣和山梨縣等養蠶地區，湧現出許多使用改良繅絲機的小工廠。這種改良繅絲機吸取了進口機器的優點，用一根軸把生絲捲連接起來，用水車帶動旋轉。就操作過程來說，要求手法必須熟練的因素增加了，機械還是很不完善的。但與原來靠人力繅絲相比，這是巨大的進步，爲後來引進蒸汽動力創造了條件。

在棉織品行業中，由於開港帶來的機製棉紗和棉織品的流入，首先使國內的手工業受到了沉重的打擊。但不久以後，以充足而價廉的機製棉紗爲原料的手工紡織業盛行起來。這是因爲當時的機械在紡紗方面的能力約爲人力的20倍，而在織布方面的能力只不過是人力的數倍，所以在織布方面還能暫時用手工業來對抗。受到棉紗需要的刺激，僧侶出身的臥雲辰致發明了使用水力的簡單紡紗機械，這種機械稱作「當嘟紡」或「臥雲紡」，在1877年（明治10年）的第一屆國內勸業博覽會上獲獎，一度在愛知縣乃至全國普及。另外，在織布方面也普及了稱作「八端織」的改良手織機（它學習機械織布的原理，採用了飛梭）。

1883年（明治16年）大阪紡織會社成立，成功地使用進口的紡織機械和蒸汽機，進行大規模的生產。這樣一來，以大阪爲中心，民間企業家開始大量開辦紡織會社，到1890（明治23年），國內的棉紗生產已超過進口量，進而淘汰了「當嘟紡」等紡紗機。

拋售官營工廠最初主要是出於財政方面的原因。1880年（明治13年）政府制定並公布了《工廠出售概則》。但因其條件苛刻，申請承購的人很少。因此在「明治14年政變」之後的1884年廢除了這一概則，

正式開始向民間出售。這些工廠主要出售給了三井、三菱、古河等政商。他們因此而擁有了工礦業的基礎，開始走上通向財閥的道路。

在官營企業中，軍工廠仍舊作爲官營企業而繼續下來。

在運輸部門，民間資本主要大量進入鐵路部門。1881年（明治14年），以華族爲主體的日本鐵道會社成立，並在政府的保護下獲得了成功。因此，由商人及地主出資的鐵道會社相繼成立，結果到1889年（明治22年），私營鐵路的長度終於超過了官營的。這一年也是官營東海道線全線通車的一年。對鐵路的路線來說，不管是官營還是民辦，軍部的發言權都很大。出於軍事的需要，政府也必須要對鐵路進行領導。

朝鮮問題 日本自 1876 年（明治9年）把《日朝修好條規》強加給朝鮮以後，便開始利用對朝鮮的不平等條約來擴大貿易和干涉朝鮮的內政，因而加深了與朝鮮之間長期維持冊封關係的清朝的對立。在當時朝鮮政府的內部，存在著國王的生父大院君派和王妃家族閔氏派之間的對立。日本利用不平等條約進行掠奪性貿易的結果，使朝鮮的經濟發生混亂，1882年（明治15年）在首都漢城發生了「壬午事變」，起因是遲發軍餉，一部分軍隊嘩變，和民衆一起襲擊了日本公使館。大院君派曾企圖利用這一事件。朝鮮在這次事件之後，與清朝聯合的「事大黨」和與日本聯合、謀求近代化的獨立黨之間的對立激化。1884年（明治17年），獨立黨企圖藉助日本的力量打倒事大黨政權，發起了「甲申事變」。但獨立黨的計劃由於清朝軍隊的來援而失敗，日本公使一度撤出了漢城。由於這次事變，日清兩國之間產生了衝突的危機。伊藤博文因此於第二年4月前往天津，和清政府締結了《天津條約》。這個條約規定，兩國從朝鮮撤兵；今後出兵朝鮮時，要事先相互通報。日清兩國之間通過這個條約而達成了暫時的妥協。

條約的修改和日清戰爭　天津條約締結之後，日本繼續對朝鮮進行內政干涉和經濟侵略，特別是由於日本帶有掠奪性地強制朝鮮輸出大米，在朝鮮國內造成了大米不足和米價昂貴。朝鮮政府因此於1889年(明治22年)頒布了《防穀令》(禁止大米出口)。對此，日本政府向朝鮮政府施加壓力，不僅要求其收回《防穀令》，還要求賠償「由於《防穀令》使日本商人遭受的損失」。這時，日本利用不平等條約和地理上的有利條件，使流入朝鮮的日本商品急遽增加，其金額從1887年(明治20年)的36,000日元達到1892年(明治25年)的123,000日元，分別佔朝鮮全部進口金額的65%和87%。

另一方面，日本進行條改修約的工作也進入了新階段。靑木外相因大津事件辭職後，陸奧宗光代替他出任外相。在他領導下，於1893年(明治26年)7月，以較靑木修正案退一步的形式，制定了以「修正案」簽定5年後收回法權和降低進口稅率爲基本內容的條約修正案，和英國進行交涉。英國爲了與俄國對抗，在遠東需要有協助者，所以也對修改與日本之間的條約表示了善意。7月，日英之間制定了以下幾個爲中心的最後方案：

(1)此案批准後5年生效。

(2)除土地所有權外，向外國人開放日本內地。

(3)廢除在日本的治外法權。

(4)根據平等的原則，互予最惠國待遇。

這時，朝鮮農民由於日本進行掠奪性的貿易而日益貧困，終於爆發了「甲午農民戰爭」。起義的農民要求對日本及其他外國進行抵抗，要求從封建統治下解放出來，很快控制了南朝鮮一帶。李朝政府自知單憑自己的力量不可能鎮壓農民軍，因此要求清朝出兵。日本政府看到這一情況，便以天津條約的條款爲理由，投入了超過清軍的龐大兵

力，企圖控制朝鮮。這樣，日清兩國軍隊之間的氣氛高度緊張起來。

恰好在這樣的情況下，日英兩國之間的條約修改達成了最後的方案。日本面臨著日清開戰，需要英國的支持，所以一直注視著英國是否在最後方案上簽字。英國於7月16日答應簽字，在此9天後的25日，日本海軍便進攻中國艦隊，開始兩國間的戰爭。在日清兩國之間劍拔弩張的時候，英國斷然廢除與日本之間的不平等條約，實際上支持了日本。這是因為英國考慮到：與其直接侵略中國而獲得權益，還不如讓日本進攻中國，自己可以通過最惠國待遇的條款，自然地獲得日本從中國得到的新的利益。

日清間的戰爭一開始，民黨也停止了政治鬥爭，表示支持政府，贊成軍費開支。由於清朝政府的腐敗及準備不足，日軍作戰取得了優勢。

1895年（明治28年）4月，日本的全權代表伊藤博文、陸奧宗光和清朝的全權代表李鴻章在下關締結了媾和條約（《馬關條約》）。這個條約包括以下內容：

    (1)承認朝鮮的獨立（實際上是使朝鮮脫離清朝的影響，將朝鮮置於日本的統治之下）。

    (2)將遼東半島、台灣、澎湖島割讓給日本。

    (3)向日本賠款2億兩（當時約合3.1億日元）。

    (4)承認日本在中國的通商口岸有建設工廠的權利等等。

日本在日清戰爭中的勝利是依靠英國實際上的支持而取得的。日本通過媾和條約從中國奪取新的權益，享有最惠國待遇條款的歐美列國可以自動地獲得。同時，日本從中國奪得大片領土，在中國佔據了有利的地位，激化了日本和歐美列強之間的矛盾。特別是一向窺視中國東北的俄國，誘使法國和德國勸告日本將遼東半島歸還給中國，進

行了所謂的「三國干涉」。德、法兩國之所以同意俄國的勸誘，德國主要是因爲想要使俄國的勢力轉向遠東方面，法國是因爲當時正在和英國爭奪殖民地，所以都願意與俄國勾結。日本考慮到當時的國力和在國際上的孤立，以增加賠款3,000萬兩作爲交換條件，將遼東半島歸還給了中國。由於三國干涉，日本國內對俄國的敵意高漲。日本政府提出了「臥薪嚐膽」的口號，藉此機會進行軍備擴張。

日清戰爭給日本帶來的影響　日清戰爭是日本近代史上第一次大規模的對外戰爭，其影響是巨大的。日本在朝鮮獲得了更加有利於侵略的地位。通過獲得第一個海外殖民地台灣，掌握了砂糖等國際上的重要商品。另外，日本得到3.6億日元的賠款，這遠遠超過了這次戰爭所耗費的戰費2億日元（2億日元約是通常國家預算的3倍），也超過了當時日本公司資本的總額。這項賠款作了如下分配：62.8％用作以後的軍備擴張費，21.9％用作臨時軍費，5.5％作爲皇室費用，2.8％用作教育基金，同樣以2.8％作爲災害準備金。其中與軍備有關的開支約佔85％。同時，因爲此項賠款得到的是有黃金保證的英鎊，所以等於是流入了大量的黃金。日本以這筆黃金爲基礎，採用了金本位制，從而提高了自己在世界經濟中的地位。獲得在中國建設工廠的權利，這對於資本輸出有著重要的意義。當時日本的資本累積還沒有達到足以向別國輸出資本的程度，所以實際行使這一權利是在以後，這一權利被根據最惠國待遇的條款而自動地獲得它的歐美列強行使了。但是，日本由於先於他國從中國獲取了這一重要權利，爲相繼轉化爲帝國主義的歐美列強起了尖兵的作用，提高了自己的「國際地位」。

另外，日清戰爭成爲在日本國內發展軍國主義的契機，並開始產生了蔑視中國人的風潮。而這種狀況一直持續到日本在第二次世界大戰中戰敗。

資本主義的發展和向帝國主義轉化

政府與政黨　自從民黨在日清戰爭時支持政府以後，政府與政黨的關係發生了根本的變化。另外，政府也意識到不能無視議會和政黨來推行政治。自由黨接近政府是始於1895年（明治28年）的第二次伊藤內閣時，接著在1896年（明治29年），松方正義與進步黨的大隈重信聯合組成了內閣（當時被稱爲「松隈內閣」）。

第三次伊藤內閣企圖實行以地租爲中心的增稅，並推行軍備擴張和戰後經營。進步黨反對這些措施，脫離了政府，與自由黨接近，否決了增稅方案。接著兩黨於1898年（明治31年）聯合，成立了「憲政黨」，總裁大隈重信與板垣退助合作，組成了第一次大隈內閣。這屆內閣當時被稱爲「隈板內閣」，是日本最初的政黨內閣。但憲政黨內部的對立加遽，不久便分裂爲舊自由黨系統的憲政黨和舊進步黨系統的憲政本黨，政黨內閣以短命而告終。

以後組成的第二次山縣有朋內閣，爲了防止政黨勢力進入官界，修改「文官任用令」，改變地方制度，制定「治安警察法」，企圖通過這些措施來確立官僚勢力。接著又制定了「軍部大臣現役制」，限定陸、海軍大臣必須是現役的大將、中將。按照這一措施，不僅是文官，連退役的將軍也不能就任軍部大臣；對於違反軍部意圖的內閣，軍部通過不派任大臣就可以阻止其成立或存在。

另一方面，在第二次山縣內閣時，不顧地主勢力的反對，堅決地實行了地租增稅。這表明資產階級勢力進一步進入了國家體制之中。

當時政黨勢力已經被組織進統治體制內部，但爲了順利而完滿地管理政治，有必要進一步與議會勢力取得協調。因此，伊藤博文在其

心腹西園寺公望的協助下，於1900年（明治33年）9月組成了以憲政黨爲主體的「立憲政友會」，並於10月率領政友會組織了第四次伊藤內閣。在伊藤內閣之後，桂太郎於1901年（明治34年）組成了內閣。在這以後，伊藤、山縣等「維新元勛」們逐漸退出第一線，以「元老」的身分，從內閣的幕後來操縱政治。

產業資本的確立　日本政府以從清朝獲得的巨額賠款爲資本，推行了戰後經營和軍備擴張。它讓日本銀行通過普通銀行向產業界積極地提供資金，設立了日本勸業銀行、府縣農工銀行、日本興業銀行、北海道拓殖銀行、台灣銀行等特殊銀行，並於1897年（明治30年）以賠款爲基礎，確立了金本位制。就這樣從金融、貿易等方面促進了產業的振興，再加上戰時經济的影響，一度出現了繁榮的景象，企業十分興旺。

公司資本的總金額從1887年（明治20年）的6,785萬日元（其中工業、運輸業爲4,569萬日元）猛增到1902年（明治35年）的87,876萬日元（其中工業、運輸業爲43,590萬日元），鐵路從1893年（明治26年）的2,039英里增加到1901年（明治34年）的4,000英里，汽船從1893年的11萬噸位增加到1903年（明治36年）的65.6萬噸位。

特別值得注意的是，1893年至1904年期間，使用機械動力的工廠增加到原來的5.9倍。可以看出，日本資本主義在日清戰爭後的「戰後經營」期間，經過產業革命，產業資本已經確立起來了。

在紡織業部門，不用國內生產的棉花，而用從印度和中國進口的棉花作原料，整個行業發展起來，到1897年（明治30年），出口已開始超過進口。

繅絲業作爲最重要的出口產業持續發展，到1894年（明治27年），機械繅絲的生產額開始超過過去的手工繅絲的生產額。織布業的機械

日清戰爭至日俄戰爭期間的軍費　　　（單位：千日元）

年份	一般開支和臨時軍費的合計	直接軍費	%	備　註
1894	185299	128427	69.2	⎫日清戰爭
1895	178631	117047	65.5	⎭
1896	168848	73408	43.5	陸軍擴充10年計劃，海軍開始第一次擴充
1897	223679	110543	49.2	海軍第二次擴充
1898	219758	112428	51.5	
1899	254166	114308	45.0	
1900	292750	133174	45.5	因義和團事件出兵
1901	266857	102249	38.4	
1902	289227	85763	29.6	日英同盟
1903	315969	150915	47.6	
1904	822218	672960	81.8	⎫日俄戰爭
1905	887937	730580	82.3	⎭
1906	696751	378728	54.3	

註：根據1955年宇佐美誠次郎：《臨時軍事》。

日清戰爭前後公司資本的變遷　　　（單位：千日元）

年份	總計	農業	工業	其中的小紡織業	商業	金融保險	水陸運輸
1894	148353	1188	44590	13308	20015	100697	82560
1897	532522	2230	105381	30686	260227	196017	164684
1900	779251	2615	158852	34331	389052	315087	228734
1902	878763	2551	173233	32558	440303	344409	262676

註：摘自日本統計研究所編《日本經濟統計集》，1958年。

化與紡紗部門相比雖然緩慢，但使用進口的動力織機生產棉布的產量還是增加了。

　　在礦產業方面，由於承購了官營礦山的政商推進了搬運手段等的機械化，所以煤、銅等的生產量增加了，出口量也增加了。在重工業領域裏，在政府的獎勵政策之下，三菱長崎造船所等少數大型造船廠發展了，但其他的民間企業並未獲得發展。因此，政府在擴充官營軍事工廠的同時，為爭取軍事工業基礎鋼鐵的自給，建造了官營八幡製

年　份	陸海軍工廠			民營機械工廠		
	職工數	動力機馬力數	職工平均馬力數	職工數	動力機馬力數	職工平均馬力數
1899	25073	8438	0.337	20872	4054	0.194
1903	53593	19843	0.370	32029	5494	0.172
1906	93704	68403	0.730	55829	15464	0.277
1909	68605	97063	1.415	46834	29904	0.639
1912	76526	129590	1.693	69810	53515	0.767

註：1.根據各年的《農商務統計表》、《帝國統計年鑑》等編制。
　　2.機械工廠中包括武器、造船、車輛、機械工具等工業部門。
　　摘自小山：《日本軍事工業史的分析》。

鐵所。在建立八幡製鐵所時，日本政府把以下協定強加給了清朝：按一定的價格向日本出售規定數量的大冶鐵礦的鐵礦石之後，方可向其他國家出售。得到了這個保證之後，八幡製鐵所才於1901年（明治34年）開業。八幡製鐵所一家就生產了當時日本幾乎全部的生鐵和鋼的產量，儘管在技術上碰到了種種困難，但在日俄戰爭前後已使生產走上了正軌。

在貿易方面，由於條約的修改於1899年（明治32年）生效，以及出口稅被全部取消等原因，貿易額大幅度增加。但因爲棉花等原料和機械、鐵等重工業產品的進口增加，從19世紀90年代後半期起，日本的貿易收支轉爲逆差。在貿易量增加的同時，在政府通過獎勵海運業政策進行援助的背景下，由日本郵船會社等開闢了遠洋航線，其中有1893年（明治26年）開設的孟買航線，1896年（明治29年）開設的到歐洲、美洲、大洋洲的航線。

在農業方面也普及了豆餅等購買的肥料（人造肥料），代替原來的農家肥，加上進行了品種改良，結果使單位面積的產量得到很大的提高。但與工業相比，農業的發展還是相當緩慢。政府最初進口了歐

各類農家的構成和租佃地率

年份	自耕農	半自耕農	佃農	租佃地率
1883-1884	37.3	41.8	20.9	35.5①
1888	33.4	46.0	20.6	39.5②
1892	?	?	?	40.1
1899	35.4	38.4	26.2	?
1908	33.3	39.1	27.6	45.5

註：戶數中，1883-1884年的根據《日本資本主義的成立》，II，第478頁；
　　1899年的根據栗原百壽：《現代日本農業論》，第33頁；1908年的根據
　　「農業情況統計」。租佃地率，1892年以前的根據《日本資產主義的成
　　立》，第475-476頁；1908年的根據「農業情況統計」。①是1883年的數
　　字。②是1887年的數字。

美的大型農業機械，試圖引進大規模機械化農業的經營方式，但由於
半封建的地主佃農制度的廣泛存在而失敗，遂改變政策，主要改良過
去的耕作方法。因此，以前那種以栽種水稻爲主的零散經營方式仍然
佔統治地位。另外，因爲城市人口急遽增加，從 1897 年（明治 30 年）
起，大米幾乎每年都要增加進口量。

同時，由於對外貿易的增長和國內資本主義的發展，農家也被捲
進了商品經濟，自產家用衣料日趨減少。生絲作爲開港以來的重要出
口產品，其出口日益興盛，水田每反（等於 0.1 公頃）的收入爲 1.69
日元，而桑園每反的收入爲 5.12 日元。因此，桑樹的栽培及養蠶業發
展起來，而棉、麻、菜籽等的生產卻受到廉價進口品的排擠，日漸衰
退了。

在地租改革的問題上，因爲允許半封建的地主存在，而且確立了
地主的土地所有權，所以，那些由於被捲入商品經濟而喪失了土地的
農民便淪爲佃農。因此，到 19 世紀 90 年代，租佃地率還在不斷增長。
因爲存在著半封建的地主土地所有制，阻礙了依靠工資勞動進行農業
經營的發展。擁有大量土地的大地主脫離耕種，成爲依賴徵收佃租的

寄生地主的傾向日趨嚴重。同時，一部分地主將原來的高利貸式的金融改爲地方銀行組織，或向公債及股票中投資，逐步加深了與資本主義的結合。

　　台灣的殖民地化　台灣是日本獲得的第一個海外殖民地，它成爲日本後來向殖民主義國家發展的起點，從這一點來說，台灣佔有極其重要的地位。

　　台灣被日本占領後，台灣人民的抵抗運動仍然不斷。佔領者對此進行了殘酷的討伐，通過恢復舊的保甲制度，用聯保制度加強了統治。台灣的殖民統治機關是台灣總督府，其長官台灣總督限定必須是陸、海軍的大將或中將，民政和軍政、軍令的全部大權都集中於他一人手中。這個制度一直延續到 1919 年（大正 8 年）。

　　日本對台灣的統治一開始，就採取政策將原來歐美商社所掌握的砂糖、茶葉、樟腦等重要物產的買賣權收爲日本方面所有。通過台灣總督府施加壓力，發放補助金以及日本船業公司的協助，數年之後，這些重要產物的買賣就被日本的大商社所掌握。在這個過程中，當地的商人和加工業者也同時被納入日本資本的支配之下，而迅速地沒落了。

　　在台灣特產中，樟腦的產量位居當時世界第一。它從 1899 年（明治 32 年）起成爲台灣總督府的專賣品，另外，鹽和烟草也被列爲專賣品。專賣的收入經常是佔總督府收入的大部分，1905 年（明治 38 年）佔 49％，到 1916 年（大正 5 年）仍佔 22％。樟腦後來成爲日本賽璐璐工業的重要原料。

　　三井物產於 1898 年（明治 31 年）開始在台北開設分店，到處以巨額資金，收買外國商社專屬的買辦，排擠外國商社。1900 年（明治 33 年），以三井爲中心，設立了以皇室和華族毛利家族爲大股東的台

灣製糖會社，稍後又設立了以三菱爲中心的明治製糖會社。後來又於1909年（明治42年）在日本結成了名爲「糖業俱樂部」的卡特爾，在其壓力之下，外商完全退出了台灣。

茶葉原來佔台灣出口總額的50%。三井物產等日本大商社從1907年左右開始從事茶葉貿易，並在台灣銀行的援助下，從英國資本的香港上海銀行手中奪取了茶葉的貿易權。

台灣的土地調查工作　在台灣，從1898年9月到1903年（明治36年）6月，花費了大約540萬日元，進行了「土地調查工作」。其目的是改變原有的土地制度，使之適應於資本的活動，並建立殖民統治體制。

要使日本資本主義能在台灣進行活動，就必須要改變原有的土地制度，使之適應於資本的活動。同時，只要爲殖民統治所需要，舊的制度也要保存下來。土地調查工作就是要「調查地理、地形」，其目的是確定地租承擔者的土地所有權，穩定地價，調查未登記的田地，增征地租以及制定保安對策。清朝統治末期的台灣土地制度，是由清朝統治者給予開墾者對官有土地的開墾權，開墾者向政府繳納地租。接著出現了向下級經營開墾的人征收大租的大租戶，以及向直接耕作的現耕佃農徵收小組、並向大租戶繳納大租的小租戶。這種關係成爲台灣土地制度的基礎。其中小租戶的力量日益擴大。

在土地調查工作中，用公債和現金的手段消滅了大租戶的權利，把小租戶當作唯一的眞正土地所有者。因此，原來的小租戶就成了半封建的地主。這個過程非常類似「地租改革」用公債之類的手段消滅領主權，給予地主和自耕農土地所有權，保留半封建的地主佃農關係。不過，在台灣進行的土地調查工作，主要的是爲了確立殖民統治，有幾點與地租改革不同：第一，通過這次調查，地租提高到原來的3.

5 倍左右。第二，調查以申報制爲原則，而這一布告又是通過以小租戶爲主的各地有權勢人物傳達的，所以對不了解申報方法的農民極爲不利。由於這樣的原因，在土地調查工作的過程中，大量的土地被集中到地主手裏。另外，沒有申報的土地被定爲「無所屬土地」，這種「無所屬土地」一旦被劃爲「國有地」後，就通過台灣總督府廉價出售給日本人。於是產生了日本人地主。

在農地殖民地化之後不久，又通過「林野調查」，建立了對山林原野的殖民統治。日本當局以「無主地歸國有」的原則來處理山林原野，把無法確切證明原來所有權的山林原野統統都當作「無主地」，編爲國有地。台灣 96% 的山林原野就這樣被劃爲國有地，只剩下 4% 是民有地。這樣徵集起來的山林原野，大部分被廉價出售給日本的大製糖公司和大商社，形成了半封建農業制度的「大農園」的基礎。

社會運動和社會主義思想的產生　隨著資本主義的發展，其矛盾也暴露出來，產生了許多社會問題。與此同時，工人階級也成長起來，因而逐漸發生了社會運動。

日本走上資本主義道路較歐美各國晚，而且最初是處於不平等條約之下，進入近代社會後，各方面仍殘留著封建社會的因素，所以工人的工資遠遠低於歐美，還不得不從事艱苦的勞動。根據對 19 世紀末到 20 世紀初這一時期的調查，織布廠每個工人管理機器的台數，美國是 10-15 台，而日本是 2 台，生產率要低得多。但日本工人的工資只是美國的 1／10。所以，結果每台機器的收益反而是日本方面高。根據 1900 年（明治 33 年）的調查，官營工廠的工人人數是 36,237 人，而民辦工廠（雇用 10 人以上的工廠）的工人人數是 388,296 人，其中纖維產業佔 237,132 人（繅絲業 118,804 人，紡織業 62,856 人），88%的是婦女。另外，礦工有 140,846 人（煤礦工人 70,508 人），鐵路工人

和造船工人是 105,065 人。由此可見，當時工廠工人中的大部分是從事紡織業的，其中大部分又是婦女。大多數女工都是貧困農家或佃農的女兒，她們是爲了幫助父母解決生活困難才離鄉出外幹活的。根據當時的記載，這些女工的勞動時間一天竟長達 17-18 個小時，據說夜班勞動也長達 12 個小時以上。廠方經常以種種藉口對她們進行毆打、減食、罰款、監禁，甚至把她們的衣服脫光進行毆打。因爲這樣的虐待，女工大量逃亡。當時在紡織行業中普遍實行「宿舍制度」，這種勞務管理制度就是爲了維持這種苛刻的勞動條件，防止女工逃亡。

在日清戰爭前後的產業革命時期，各地工廠的工人開始了罷工運動，資本家和工人的階級對立開始表露出來。1897 年（明治 30 年）全國發生了 40 多次罷工。這時，在美國接受了工人運動影響的高野房太郎、片山潛等人回國，組織了「工會期成會」（1897 年）。在工會期成會的指導下，又建立了「鐵工組合」和「日本鐵道矯正會」等工會，開始要求增加工資和改善待遇，經常發展成爲「勞資爭議」。特別是鐵工組合，在炮兵工廠、甲武鐵道工廠、橫濱鐵工廠、大日本鐵道大宮工廠、石川島造船所、橫須賀造船所等當時有代表性的工廠發展了會員。

同一時期，古河財閥經營的櫪木縣足尾銅礦的製銅所流出的礦毒，使附近的大片農田荒蕪，成爲重大的社會問題。大批農民在田中正造的領導下，對公司及政府發起了大規模的抗議運動。另外，當時處於半封建地主制統治之下的農民，開始在全國展開要求減少佃租、反對地主收奪土地的運動。農民的這種運動也是受到工人運動興起的影響的結果。

日本政府爲了對付工人這種成長，於 1900 年（明治 33 年）公布了《治安警察法》，否定了工人的團結權和罷工權。另一方面政府和一

勞資爭議的次數以及參加人數

年份	次數	參加人數
1898	43	6293
1899	15	4284
1900	11	2316
1901	18	1948
1902	8	1846
1903	9	1356
1904	6	879

註：摘自楫西等著《日本資本主義發展史年表》。

部分資本家，出於工人生活狀況的惡化導致生產率下降，使階級對立激化的原因，計劃制定工廠法等保護工人的法規，但由於資本家方面的反對，沒有實現。

在工人階級成長和工會運動有了一定程度發展的形勢下，作爲其指導理論的社會主義思想發展起來，具備了產生社會主義政黨的條件。社會主義思想在明治初期的明六社的啓蒙運動中，已經被當作「危險思想」進行了介紹，但當時工人階級還沒有成長起來，所以幾乎沒有發生什麼影響。1898 年（明治 31 年），致力於工會運動發展的片山潛、幸德秋水、安部磯雄等人創建了「社會主義研究會」，有組織地對社會主義進行了研究。1901 年 5 月，除片山、幸德、安部外，還有西川光次、木下尚江以及東京炮兵工廠和日本鐵道大宮工廠的工人創立了日本第一個社會主義政黨──「社會民主黨」。該黨以「廢除階級」、「人類平等」、「土地、資本歸國家」、「徹底廢除軍備」爲最終目標；作爲實際運動，提出了廢除貴族院、裁減軍備、實行普選、制定工會法、保證團結權、保護佃農、取消兒童和婦女的夜間勞動等口號。當時日本的「社會主義」，除馬克思主義外，還包括空想社會主義、無政府主義、社會改良主義乃至基督教的人道主義，對革命和改良的區別以及無產階級專政的原則並沒有充分理解。因此，社會民主黨也是

企圖通過普選來實現其要求，對當時日本的階級統治和天皇制的本質認識不足，表現出很大的幻想。日本最初的社會主義政黨在思想上就是如此地不成熟。但是，以工人階級有了一定程度的成長爲背景，出現了提出民主主義和社會主義要求的政黨，這對當時的統治階級是一個極大的威脅。所以日本政府在該黨成立的當天就發布了禁止結黨的通告。但社會民主黨的成立及其要求已由數家報紙介紹出去，產生了相當大的影響，成爲日俄戰爭時期堅決反對帝國主義運動的基礎。

　　日、俄帝國主義圍繞朝鮮的對立　　日清戰爭後，日本進一步加強了對朝鮮的侵略。1896 年，在朝鮮的 258 家外國商館中，有 210 家是日本商館。在整個日清戰爭時期，日本對朝鮮內政的干涉，更加激起了朝鮮人民的憤怒。同時，清朝的勢力從朝鮮被清除，沙俄勢力積極侵入朝鮮，在朝鮮統治階層內部，親俄派勢力也有所抬頭。

　　1895 年（明治 28 年）10 月，日本公使三浦吾樓指揮日本守備隊和大陸浪人，殺害了被認爲是親俄派官吏後台的朝鮮王妃——閔妃，將其屍體凌辱後，又澆上煤油焚毀。三浦等人企圖將其暴行僞裝成朝鮮內部發生的事件，清除親俄派，建立親日派政權。但是，事件的眞相很快就爲人們所了解，朝鮮各地的義軍紛紛起來抵抗日本。在這樣的形勢下，親俄派官吏從俄國軍艦上引來了俄國的海軍陸戰隊，將國王轉移到俄國公使館，組織起親俄派內閣。因此，日本勢力不得不大大地後退。朝鮮國王待在俄國公使館的期間，俄國獲得了礦山採掘權、森林採伐權以及招聘軍事顧問和財務顧問團、設立俄韓銀行等多項權益。但這也給朝鮮帶來了淪爲俄國殖民地的危險，因此，朝鮮人民要求撤除俄國顧問團、爭取獨立和民權的鬥爭激化，終於使俄國顧問撤離，俄韓銀行關閉。日俄兩個帝國主義圍繞朝鮮的對立，就這樣日益激化起來。

帝國主義國家瓜分中國　從 19 世紀末到 20 世紀初，資本主義列強已發展到壟斷資本的階段，隨之而來的是金融資本的建立，其對外發展也從商品輸出轉爲資本輸出，極力爭奪殖民地和勢力範圍。進而圍繞著殖民地及勢力範圍的瓜分和重新瓜分，帝國主義之間的對立也激化了。在締結日清戰爭的和約時，日本獲得了向中國輸出資本的權利，這代表了正在轉化爲帝國主義的資本主義列強的利益。而在日清戰爭之後，俄國、法國、德國對日進行的「三國干涉」，表明資本主義列強之間圍繞著殖民統治的對立激化起來。日清戰爭的結果，暴露了清朝政府的無能和腐敗，列強開始了對中國的瓜分。

通過日清戰爭，日本從朝鮮鏟除了清朝的影響，進一步加強了對朝鮮內政干涉。但對此的反抗，反而在朝鮮統治階層內部促使了親俄派勢力抬頭。1896 年（明治 29 年），俄國與日本交換了議定書，推進對朝鮮的統治。但是，因爲朝鮮人民的反抗鬥爭高漲，俄國在朝鮮的勢力也不得不後退。因此，俄國把侵略的矛頭轉向中國的東北，於1896 年強迫清朝的李鴻章締結密約，獲得了在中國東北鋪設鐵路的權利，推進南下政策。1898 年（明治 31 年），德國租借膠州灣，接著俄國租借了旅順、大連地區，英國租借了香港對岸的九龍半島和山東省的威海衛，法國租借了廣州灣，它們以這些地區爲根據地，進行鋪設鐵路以及其他工程，擴大了各自的勢力範圍。美國於 1898 年（明治31 年）吞併了夏威夷，接著又占領了菲律賓，開始向亞洲侵略。第二年，美國國務卿海約翰提出了要保全中國領土和門戶開放、機會均等，這是因爲美國開始侵略中國較其他列強晚，害怕自己在發起正式侵略行動之前中國已被列強瓜分完畢，因而要求將各國侵略中國所得的成果也分給美國。

義和團事件和日英同盟　面對帝國主義各國對中國侵略的加

遽，1898 年（明治 31 年），以康有爲等人爲首的改良主義者，企圖通過變法運動進行內政改革，但遭到了中國國內的反動勢力和外國帝國主義的反對而失敗。當時，在中國人民中間，反對帝國主義瓜分中國的義和團農民鬥爭風起雲湧，對此，各帝國主義國家派出大批軍隊，進行了鎮壓。第二年 9 月，各帝國主義國家將《北京議定書》強加給清朝政府，獲得了巨額賠款和在北京駐紮軍隊等項權益。中國因此而陷入了半殖民地的境地。

新崛起的日本帝國主義，依靠其比其他帝國主義國家更接近於中國的地理位置，在這一侵略戰爭中充當了主力。在入侵中國的 32,000 名外國軍隊中，日軍佔 12,000 名，較其他國家佔絕對多數。

另外，俄國以義和團事件爲藉口，向中國東北派遣了大批軍隊，並占領了該地區，企圖進一步把勢力延伸到朝鮮半島。

這樣一來，日俄兩帝國主義圍繞著對中國東北和朝鮮的統治，形成了激烈的對立。

在這種情況下，在日本政府內部，伊藤博文主張日俄協商，以日本承認俄國自由統治中國東北爲條件，換取俄國承認日本在朝鮮的優先權；而山縣有朋、桂太郎、小村壽太郎則主張依靠日英同盟與俄國對抗。這兩種意見發生了對立。但俄國所採取的政策是不僅向中國的東北，而且也向朝鮮擴張勢力。而當時英國帝國主義面對俄國帝國主義的迅速南下，也企圖借日本帝國主義的力量來對抗俄國，因此在 1902 年（明治 35 年）1 月建立了日英同盟。同盟條約中規定，日本維護英國在中國的利益，英國維護日本在中、朝兩國的利益；若同盟國的一方與他國開戰時，同盟國的另一方要嚴守中立，並防止第三國參戰，等等。日英同盟是帝國主義的同盟條約，後來又進行了修訂，一直到第一次世界大戰之前，它是日本外交政策的基軸。

日俄戰爭 日英同盟建立之後，俄國仍繼續南下。日本自「三國干涉」以來，加速增強軍備，從 1896 年（明治 29 年）起，把將近一半的國家預算用作直接軍費。報紙和雜誌也大肆宣揚開戰，特別是 1903 年（明治 36 年）成立的「對俄強硬同志會」以及戶水寬人等東京帝國大學的七博士都主張強硬的主戰論。另一方面，基督教徒內村鑒三認爲戰爭是殺人的罪惡，否定戰爭；社會主義者幸德秋水、堺利彥、片山潛等發行《平民新聞》，指出日俄開戰是日俄兩國統治者發動的對中國和朝鮮的侵略戰爭，對兩國人民毫無益處，兩國人民是兄弟，兩國的統治者是兩國人民的共同敵人。他們一直勇敢地鬥爭到開戰以後。日俄戰爭期間，在荷蘭召開的第二國際大會上，作爲日本代表出席會議的片山潛與俄國代表普列漢諾夫互相握手，表明了兩國人民的堅定團結。

日本政府看到俄國軍隊開始入侵朝鮮，便於 1904 年（明治 37 年）2 月 12 日命令日本海軍在朝鮮仁川和中國的旅順襲擊俄國艦隊，繼而公開宣戰，開始了以中國東北爲主要戰場的日俄戰爭。議會也堅決地支持了政府。

日本得到了反對俄國迅速向中國南下的英、美帝國主義的支持，加上當時俄國正值 1905 年革命的前夜，所以，戰局的發展對日本有利。日本陸軍壓倒了俄國軍隊，1905 年（明治 38 年）初，攻陷了俄國海軍的基地旅順。同年 3 月，大約 40 萬日軍和 60 萬俄軍在瀋陽附近進行了大決戰，日軍占領了瀋陽。同年 5 月，日本海軍在朝鮮海峽殲滅了從歐洲返航的俄國艦隊。

日本就是這樣在戰爭中佔了優勢，但在生產力和財政方面有著巨大的困難。日軍經常爲炮彈不足而苦惱。就戰費來說，在 172,100 萬日元的總額中，30,200 萬日元（22%）是通過不斷增稅所得，64,400

萬日元（38%）是國內債務，其餘的 69,000 萬日元（40%）不得不通過在英、美募集外債來籌措。

就在日本的國力這樣幾乎達到極限的時候，支持日本、考慮要在日本處於有利的時候進行斡旋的美國總統提奧多爾・羅斯福，向兩國提議講和。俄國當時由於 1905 年革命，要繼續打這場戰爭也很困難，因而接受了講和的提議，同年 9 月在美國的朴茨茅斯簽訂了和約。結果日本獲得了以下權利：

(1)對朝鮮有進一步的統治權。

(2)對旅順、大連的租借權，對長春以南的鐵路及其附屬地的權利。

(3)北緯 50 度以南的樺太。

(4)沿海州和堪察加的漁業權等。

日本政府在戰爭中煽動國民的敵愾情緒，致使國民對和約的內容感到強烈的不滿。因而在媾和問題同志聯合會於 9 月在東京的日比谷公園舉行的號召廢棄條約的國民大會上，發生了參加者與警察衝突的事件（「日比谷燒打事件」）。

日俄媾和條約包括需要讓中國承認把俄國在中國東北南部的權利轉讓給日本等條款。因此，同年 11 月起開始在北京舉行了迫使中國承認的談判。當時的中國政府也極力表示了反抗，但因為美、英政府支持日本，向中國政府施加壓力，所以，同年 12 月中國方面也屈服於日本的要求。日本政府為了將所獲得的長春至旅順間的鐵路與朝鮮連接起來，進一步強制要求中國同意在瀋陽至安東（現在的丹東）之間鋪設鐵路。

南滿洲鐵道會社的成立　日俄戰爭的結果，日本以所獲得的鐵路權利為基礎，成立了南滿洲鐵道株式會社（「滿鐵」）。滿鐵的資本最初

定爲 2 億日元，其半數是政府投資，其實主要是政府把鐵路設施轉讓給公司；其餘資本是公開募集的。日本政府爲迫使中國政府承認其對俄國所獲權益的繼承，形式上將鐵路的經營作爲日中兩國的共同事業，其實只是在徵集股份的兩周前才通知中國創立滿鐵，而且日本政府藉口應徵股份出現盛況，無視中國政府的抗議，由日本人一手獨佔了所有股份。由於滿鐵的創立，日本的資本輸出有了飛躍性的增加。但當時日本用於輸出的資本仍很欠缺，所以不得不以公司債務的形式在倫敦籌措了大約 12,000 萬日元的資金。對日本帝國主義來說，當時的滿鐵具有軍事的意義，同時也是統治朝鮮和侵略中國東北的基地。守備滿鐵的日本駐軍稱爲「關東軍」，後來成爲日本帝國主義侵略中國的急先鋒。另外，從 1906 年起，經三井物產會社之手，將東北大豆變成了國際商品。在大豆的買賣價格上，滿鐵所掌握的鐵路運輸和水運的費用佔去了大部分；對滿鐵來說，大豆的運輸成了掠奪中國農民的重要手段。另外，滿鐵在經營重要的礦山以及對各種商品和企業滲透等方面，爲日本帝國主義侵略中國起了重大作用。

朝鮮的殖民地化　日俄戰爭開始後，日軍無視朝鮮宣布「局外中立」，占領了朝鮮，並將《第一次日韓協約》強加給朝鮮。根據協約規定，朝鮮事實上變成了由日本政府派遣的「顧問」進行統治。通過 1905 年 (明治 38 年) 11 月的《第二次日韓協約》，又剝奪了朝鮮的外交權，將其置於「韓國統監」的統治下。這時，日本人迫使朝鮮承認了他們在朝鮮的土地所有權。接著又通過 1909 年 (明治 42 年) 的《第三次日韓協約》，完全掌握了朝鮮的內政以及交通、通訊、司法、警察，並在經濟上把朝鮮的貨幣制度納入日本的貨幣制度。在這樣的前提下，日本帝國主義在取得與英、美、俄諒解的基礎上，於 1910 年 (明治 43 年) 8 月實行了「日韓合併」。

在大豆買賣價格中

農民的實收額和滿鐵的實收額

	日元	％
滿鐵一車皮大豆 （大連交易所的價格）	2810.67	100.0
農民實收額	919.60	32.3
糧棧所得	334.40	11.9
出口商所得	167.20	5.9
松花江水運等各種費用	362.70	12.9 ⎫ 42.7
鐵路運費等各種費用	837.87	29.8 ⎭
麻袋及其他雜貨	188.90	6.7

註：根據近藤康男：《滿洲農業經濟論》，這裡指的是1933年從佳木斯經水
　　運到哈爾濱，再運至大連的大豆。

南滿鐵道會社企業投資額統計表

（單位：日元）

企業範圍	1926年	1927年	1928年
鐵　　路	225039369	239517926	249703229
工　　廠	2984116	8759631	7579171
船　　舶	4322011	4044933	－
港　　灣	49873232	59789109	69203748
礦　　山	129127155	102730711	106719240
鋼　鐵　廠	45902286	20747607	20871315
煉　油　廠	－	－	4935686
肥料工廠	－	－	79782
旅　　館	2766774	－	－
地方設施	75360801	164679343	167169260
其他設施	49638056	44572475	45489897
合　　計	593923801	644841735	671751337

註：摘自侯原培、吳覺農；《日本帝國主義對華經濟侵略》。

　　「日韓合併」以後，「韓國統監府」改為「朝鮮總督府」。規定朝
鮮總督直屬天皇，在朝鮮的行政、司法等各個方面擁有莫大的權限，
並指揮駐紮在朝鮮的日軍。日本憲兵隊的司令官兼任總督府的警務部
長，軍隊和警察有著密切的關係。1911年（明治44年）制定的《朝
鮮教育令》，首要的目的是要把朝鮮人變成日本的「忠實良民」，並規

定在公立學校對朝鮮語教育實行限制，廢除朝鮮的歷史和地理的教育，代之強制學習日本的歷史、地理、修身等課程。

1910 年至 1918 年花費了 2,000 萬日元在朝鮮進行的土地調查工作，與在台灣進行的土地調查工作一樣，其目的是使朝鮮的半封建的土地制度適應於日本資本主義；是日本的地租改革在殖民地的翻版。調查的內容有：

(1)土地所有權的調查。

(2)土地價格的調查。

(3)具有軍事意義的地形的調查。因為調查是根據申報來進行的，所以許多農民未能辦理手續。

另外，因為法令本身是通過有權勢者傳達的，所以很多地方沒有把法令傳達給農民，許多農民因手續不符和證據不足而被剝奪了土地所有權。大片的土地就這樣被劃為日本的「國有地」。另一方面，通過這一調查，在這以前侵入朝鮮的日本人成為正式的土地所有者；另外，朝鮮的貴族、豪族將自己的封建領地以及家族或村裏的共有土地、山林、原野等當作自己的所有地進行申報，獲得承認為其私有地。這些人作為半封建的地主，成為維持殖民地體制的因素。到調查結束的 1918 年，全部耕地有半數以上集中到僅佔全體農戶數 3% 的地主手中，而全體農民 77% 以上的人成為被統治的佃農（包括半自耕農）。通過這一調查，耕地由 2,727,000 町步（1 町步約等於 1 公頃）增加到 4,337,000 町步（其中大部分是登記的「隱田」），地租也由 6,648,000 日元大幅度上升到 11,569,000 日元。

李氏王朝的直轄地——擁有 9 萬多町步耕地和 284,000 農民的「驛屯土」，被劃入日本的國有地，朝鮮總督府由此而徵收的地租達 1,398,000 日元，成為僅次於租稅的第二大收入。

在朝鮮的殖民地大土地所有者中，與朝鮮總督府並存的是東洋拓殖會社（「東拓」），它與滿鐵並列爲日本帝國主義最大的殖民地公司。東拓是 1908 年由「日韓兩國政府」出資 1,000 萬日元，作爲半國家性質的公司而設立的。朝鮮方面的資金是李氏王朝的直轄地「驛屯土」中最上層人士提供的。此外，截至 1913 年爲止，包括朝鮮總督府所有的國有地（通過土地調查工作掠奪的）及其他「收買」的土地在內，該公司共占有 64,860 町步土地。另外，日本政府自該公司設立起的 8 年時間內，每年向它提供 30 萬日元的補助金。東拓是與滿鐵並列的殖民地公司，其經營決不是靠自由的工資勞動進行的，而是以半封建的土地所有制爲前提，從佃農手裡掠奪收穫量的 50-60% 的實物。根據 1938 年的資料，這一年東拓的所有土地是 145,237 町步，統治者 78,668 名佃農。

以這種殖民地公司爲先鋒，在朝鮮陸續出現了特大的日本地主。

日本帝國主義把朝鮮變動爲殖民地時，壓制和破壞其民族資本的發展，力圖把朝鮮變成糧食和原料的供給地。在日韓合併前的 1907 年至 1909 年期間，在朝鮮人提出設立工業公司的 117 件申請中，由於統監府的阻撓，只有 11 件得到批准。在日韓合併後不久的 1910 年 12 月公布了《公司令》，甚至把在朝鮮的公司停止營業、禁止營業或解散的權力都交給了朝鮮總督，使朝鮮民族資本的發展愈加受到壓制，同時極力使日本資本侵入朝鮮。在 1917 年工業公司的投資總額中，朝鮮人的資本所佔的比例爲 12.3%，而日本人的資本高達 79.6%。

近代文化的發展

明治文化　明治文化的特點是：在繼承江戶時代末期文化的同時，積極吸收歐美的近代文化，並進一步加以消化，建立起適應日本資本主義社會的新文化。

在明治時代初期，吸收歐美各國的文化是作爲一種新的刺激，當時還只是由特定的人來進行，所以文化的形式及內容也帶有濃厚的自上而下啓蒙的色彩，國家的政策產生了很大的影響。但是，很快隨著教育的普及以及交通、通訊、出版等事業的迅速發展，國民有了近代的覺醒，誕生了新的文化。

新思想的萌芽　在江戶時代後期，隨著統一市場的發展，要求克服封建割據制度、實現國家統一的思想發展起來。江戶時代後期的尊王論就是具有這樣性質的思想。在這樣的前提下，幕府末期隨著來自歐美各國壓力的增強和殖民地化危機的到來，對外的國家意識增強了。這種傾向是明治維新重要的思想動力，也給明治維新以後帶來了巨大的影響。

進入明治以後，大量介紹了有關歐美的近代思想和近代國家，經過明治初年的思想啓蒙階段，自由民權思想獲得了發展，但也繼承了強烈的對外意識，連民權論者在伸張民權的同時，也極力主張確立國權（國權論）。

到明治中期，又出現了對激進的歐化政策的反省，對一度無人過問的傳統文化開始重新認識，並對傳統的文化遺產採取了保護政策。三宅雪嶺等的「政教社」發行雜誌《日本人》，反對政府的極端歐化主義，主張保存民族文化。同時，這一方向也和國權論結合起來。至於

受到「廢佛毀釋」打擊的佛教，島地默雷等人由於受到西方信仰自由的影響，對以前的佛教狀況進行了反省，發起了重建佛教的運動。以後佛教也吸收了近代的學術研究方法，逐漸開展了對教義的研究，終於在國民中擁有了巨大的勢力。

明治憲法勉強承認了信教的自由，所以基督教除了大力從事傳教活動外，還進行教育、社會福利和廢娼等運動，主要是在青年階層中發展了信徒。但是，政府把「官幣社」、「國幣社」等資格給與各地有勢力的神社，事實上將神道作為國教。另外，通過頒布「教育敕語」，逐漸強調忠君愛國，因而東京帝國大學教授井上哲次郎等人從國家主義的立場出發，攻擊基督教違背教育敕語的宗旨。

科學的發達 江戶時代末期的西學主要在軍事學、技術、醫學方面獲得了發展。明治政府接收了幕府和各藩的這些西學者，同時還從外國招聘了大批專家，以東京大學（後來稱帝國大學）為中心，推動了科學研究工作。最初這些外國教師所起的作用是很大的，但不久便開始採取以培養日本的技術人員、研究人員來取代這些外國的政策。從明治 20 年代起，日本的學者也開始獨立地進行各個領域的科學研究了。隨之，創立了各個領域的專門學會，發行專門性的雜誌。

明治以後，正式吸收了歐美學術中的人文科學和社會科學，最初主要是以英、美、法等國的自由主義傾向的學術為中心。但由於明治憲法是以德國為模式，以及國家主義的抬頭等原因，德國體系的國家主義學說佔了優勢。在法律學方面，最初從法國邀請了波阿授拉德，給各種法典的編纂帶來了很大影響，但以制定憲法和編纂民法典為契機，德國的法學佔據了統治地位。

在經濟學方面，最初傳入了英國的自由主義經濟學，但出於日本沒有關稅自主權以及走上資本主義的道路比歐美晚等國情，德國的保

護貿易論和社會政策的學說逐漸佔了優勢。由於同樣的傾向，哲學方面也是德國哲學處於優勢地位。

在日本歷史及日本文學領域，幕府末期的國學和中國考證學的影響很大，但出現了田口卯吉所著的、以文明史論爲基礎的《日本開化小史》，對歷史觀作了革新，並吸收了西洋的研究方法，把原來的國學研究向前推進了一步。不過，在歷史學領域中，「萬世一系」的思想和皇室中心主義的影響也很大，在很多方面阻礙了科學的研究。

在自然科學領域裏，由於政府採取富國強兵、殖產興業的政策，並給予優厚的保護，到明治中期，相繼發表了北里柴三郎對破傷風菌的發現、志賀潔對痢疾桿菌的發現，鈴木梅太郎對維生素B_1的發現、高峰讓吉對酶的研究以及下瀨雅允製造的下瀨火藥等達到世界先進水平的獨創性的研究。

教育的普及　由於小學的普及，義務教育的就學率迅速提高了。政府的教育政策最初受英、美的自由主義教育的影響很深，但進入明治 10 年以後，由於對自由民權運動的反感而轉向國家主義的方向。1886 年（明治 19 年），第一任文部大臣森有禮發布了《學校令》，推行以帝國大學爲最高學府的國家本位的教育政策。

這一方向由 1890 年（明治 23 年）發布的《有關教育的敕語》（「教育敕語」）而被明確地確定下來。敕語在法律上雖然沒有任何約束力，但當時的憲法規定天皇是「神聖」的，以這樣天皇的名義發布的敕語擁有絕對的權威，被認爲超過法律之上。教育敕語規定忠君愛國是最高的道德，其次是對父母的孝道，強調這是教育的基本。

1886 年（明治 19 年）的《小學令》中規定小學的普通和高等兩種課程加在一起爲 8 年，其中前 4 年作爲義務教育，1907 年（明治 40年）延長到 6 年。另外，1903 年（明治 36 年）開始實行「國定教科

書制度」，加強了國家對敎育的控制。

在政府實行國家主義敎育和加強對敎育控制的另一方面，福澤諭吉的慶應義塾、新島襄的同志社和大隈重信的東京專科學校（現在的早稻田大學）等私立學校發展起來。它們根據獨立的自由主義敎育方針，進行了學術研究和專門敎育。另外，還開辦了進行佛敎、神道、基督敎等特定的宗敎敎育的私立學校。在女子敎育方面，1872 年（明治 5 年），繼東京首創女校（女子中等學校）之後，又誕生了女子師範學校。因爲當時的狀況不適宜實行男女同校，所以女子敎育的發展不同於男子敎育，其內容也是按照政府的方針，以專門培養「賢妻良母」爲目的。

新聞、出版的發展　新聞報紙在幕府末期受歐美的影響而萌芽，在進入明治 10 年代後，隨著自由民權運動的發展，作爲各政黨、政社的機關報等言論機關而取得了顯著的發展。當時報紙對於國內外的情報以及學術、思想、文化的普及起了巨大作用。另外，還有出現了作爲平民讀物的報紙，刊登連載小說，報紙逐漸成爲日常生活不可分割的一部分。明治 20 年代以前的報紙，黨派的立場明顯；明治 20 年代以後，經營變成了以營業爲主，開始出現了全國性的大報紙，發行的份數甚多。

雜誌中除了有關學術、文學、婦女等專門雜誌外，還出現了《國民之友》、《太陽》、《中央公論》等綜合性雜誌，對言論活動和知識的普及起了重大作用。

在出版方面，從明治 10 年代起，活字印刷有了很大發展，普及了用活版印刷的洋裝書，取代了原來的木版書。到明治 20 年代以後，出現了幾家大的出版公司，開始出版大量文學，學術以及日本古典復刻等書籍，爲提高國民文化做出了巨大貢獻。

1898年五大報紙年發行份數

大阪朝日新聞	3621萬份
萬　朝　報	3148萬份
大阪每日新聞	3059萬份
中　央　新　聞	2072萬份
東京朝日新聞	1548萬份

　　近化文學　明治初期還殘留著江戶時代末期遊戲文學的形式，但也逐漸出現了取材於文明開化的新風俗的作品。當報紙上開始刊登連載小說，出版業興旺發達之後，文學作品便在國民中被廣泛閱讀。外國文學的翻譯也開始出現。另外，在自由民權運動中，出現了矢野龍溪的《經國美談》、東海散士的《佳人之奇遇》，末廣鐵腸的《雪中梅》等宣傳其思想的政治小說。

　　西方文學從明治初年起被介紹到日本，在重視其內容的同時，在文學上還出現了追求其作爲藝術的獨特價值的傾向。

　　坪內逍遙於 1885 年（明治 18 年）所著的《小說精髓》，被稱爲是日本近代文學評論的開端。逍遙在該書中主張寫實主義，認爲文學要眞實地描寫人生。逍遙站在這一立場上，寫了小說《當代學生性格》，給日本近代文學的形成帶來了很大影響。逍遙還致力於英國古典作家莎士比亞作品的翻譯、歌舞伎的近代化和近化戲劇的創立，並培養了大批的文學家，在日本近代文藝的發展上留下了不可磨滅的足跡。

　　由於西方文學的影響，普及了用日常說話的語言來寫小說的「言文一致體」，並逐漸採取了細緻地描寫自然和人情的創作方法。二葉亭四迷通過對俄國文學作品的翻譯以及小說《浮雲》的創作等，成爲日本近代文學的先驅，產生了巨大的影響。另外，尾崎紅葉的「硯友社」繼承了在日本生活中尋求題材的「西鶴手法」，同時力求創作寫實的小說，將文藝作品普及到廣大民衆中去。另一方面，幸田露伴寫出

了大量受佛典和中國古典等影響的理想主義作品。北村透古等人的
「文學界」一派，受到西方文學及基督教思想的深刻影響，寫出了以
人的自我覺醒爲基調的浪漫主義作品。女作家樋口一葉深入觀察了當
時平民的生活和感情，創作出了反映他們情緒的作品。

正岡子規對江戶時代以來在市民和農民中盛行的俳句進行了革
新，給俳句賦予了近代的生命力，並在和歌的近代化上也留下了頗多
的成績。與謝野晶子等人的「明星派」創作出了熱情而格調高雅的和
歌。島崎藤村從內容及形式兩個方面奠定了近代詩的基礎。

到日俄戰爭前後，隨著日本資本主義社會的日益成熟，法國和俄
國的自然主義文學帶來了強烈的影響，要求眞實地描寫人類社會現實
的自然主義成爲文壇的主流，國木田獨步、田山花袋、島崎藤村、德
田秋聲等人是這一流派的代表，他們都試圖描寫隨著資本主義社會的
發展而出現的社會生活的矛盾。

自然主義的作用就是這樣地產生了極大的影響。與此相反，由夏
目漱石所代表的反自然主義，深入地挖掘人的心理，注重精神方面的
描寫，從而開闢了文學的新領域。另外，石川啄木從浪漫主義出發，
敏銳地洞察社會生活，同時受到社會主義的影響，把詩歌發展到獨特
的境界。

由坪內逍遙、森鷗外所開創新型的文藝評論，也由於報紙和雜誌
的發展而獲得了發表的場所，逐漸在文學界佔據了重要的地位。

戲劇、音樂、繪畫　在整個明治時代，歌舞伎仍然爲民眾所喜愛。
在明治初期，河竹默阿彌吸收了文明開化的題材和風俗；坪內逍遙等
在西方戲劇的影響下，對歌舞伎進行了改良，使之適應於新的時代。
另外，由於大劇場的開設和名演員的出現，在封建社會被鄙視的歌舞
伎的地位也提高了。此外，在自由民權運動中作爲政治劇而演出的新

派劇，從日清戰爭前後起，由於表演技術的提高，以及把膾炙人口的通俗小說搬上戲劇舞台等原因，也獲得了很大的發展。日俄戰爭後，坪內逍遙的文藝協會和小山內薰的自由劇場等上演了西方近代劇的譯作，爲後來的話劇奠定了基礎。隨著這種適應新時代戲劇的出現，戲劇成了民衆的重要娛樂。另外，中世以來的傳統戲劇能樂，在江戶時代的保護者大名消滅之後，曾一度衰落，但從明治中期起，它又以上流社會作爲新的保護人而復活起來，並逐漸在民間普及。

在音樂方面，江戶時代以來的樂曲繼續流行。但在明治初年引進了西方音樂作爲軍樂。在小學校裏，最初引進的歌曲，或者是模仿西方的歌謠，或者是僅把歌詞變爲日語。1887 年（明治 20 年）建立了東京音樂學校，出現了像瀧廉太郎等那樣具有西方風格的形式和本民族的內容的作曲家，逐漸創作出了爲國民所喜愛的歌曲。

美術因爲江戶時代的繪畫變爲世襲，流於形式，加上明治初年破壞舊事物思潮的影響，曾一度衰落。但由於美國人菲羅諾莎和岡倉天心等人提出對日本古代美術的價值重新認識以及西洋美術的影響，出現了復興的前景。到了 1887 年（明治 20 年），爲了改變過去的學徒制培養方法，培養出適應新時代的人才，創辦了以岡倉天心爲校長的東京美術學校。狩野芳崖、橋本雅邦等人也吸收西方美術的技巧，開闢了適應新時代的日本畫的新天地。在西洋畫方面，工部省美術學校於明治初年招聘了義大利派的畫家，介紹寫實主義的風格，在其影響下，湧現出高橋由一、淺井忠等優秀畫家。1893 年（明治 26 年），從法國留學歸來的黑田清輝和久米桂一郎等人，組織了名爲「白馬會」的團體，受法國印象派的影響，創作出畫風明快的作品，被稱爲「外光派」。從這時起，西洋畫也盛行起來。1907 年（明治 40 年）文部省舉辦了美術展覽會（「文展」），民間美術團體也逐漸舉辦了許多展覽

會，在一般國民中也湧現出許多美術愛好者。

雕刻除傳統的木雕外，從明治初年起，也吸收了義大利派的西方雕刻技法，開拓了石膏和青銅等雕塑領域。高村光雲、朝倉文夫等人將舊有的傳統和西方美術的手法融合在一起，創作出優秀的作品。另外，雕塑也和繪畫一起在美術展覽會上陳列展出。

陶器、景泰藍、漆器、玻璃製品之類的工藝品，也於明治初年吸收了西方的技術，取得了新的發展。陶器、漆器等因為是重要的出口物品，不得不吸收西洋人的愛好，因而一度出現了庸俗趣味的產品，但不久便開始產生出能使老傳統適應近代社會的工藝品。

在建築方面，從幕府末期開始，通商口岸就出現了西式建築和帶有西洋風格的建築物。到明治初期，政府辦公樓、學校、兵營、銀行、公司等都採用西方建築，在各地的小學校裏也出現了吸收西洋風格而建造成的校舍。城市的西方建築最初是流行哥德式的磚瓦建築，但從明治末期開始，逐漸大量採用鋼鐵和混凝土等材料。另外，隨著對日本古代文物進行重新評價，逐漸開展了對日本古代建築的研究，並在建築中發揚了日本式建築的風格。

生活方式的變化　明治時代一開始，在東京等大城市，政府機關、公司、學校、軍隊等就採用了西方的生活方式，並漸漸地影響到地方和一般平民的生活。江戶時代的日本人由於佛教影響所形成的習慣，基本上不食獸肉。但從明治初期起，以城市為中心，食用牛肉、豬肉迅速普及起來。另外，在明治 10 年代前半期，由於西南戰爭造成農產品價格暫時上漲，毛毯和洋傘等也開始在農村廣泛普及。還有，通過廢藩而取消身份制和放鬆身份約束的結果，加上輪船、火車等交通工具的發達，使得旅行和人口移動也相當頻繁起來。此外，由於小學以及報紙、書籍的普及，也帶來了生活的變化。不過，明治時代一

般人的衣、食、住與以前的狀況相比，在很多方面沒有什麼變化。

在東京，明治初年路燈採用了煤氣燈；明治 10 年代，公共設施都安裝了電燈。鐵路自 1872 年（明治 5 年）開通東京至橫濱之間的第一條鐵路以後，籌集了民間資本，迅速地發展起來。明治 10 年代，在東京等大城市裡奔馳鐵道馬車，到明治 20 年代初，京都出現了電車。明治初年發明的人力車取代了過去的轎輿，成爲整個明治時代的重要的交通工具，並出口到國外。

在明治時代，人們的生活是日本方式與西方方式交雜在一起。婦女的髮型既有原來的舊洋式，同時也流行受西方影響的西方髮型。進口物品依舊被看作「舶來品」而受到珍視。在地方上的農村和漁村，因爲交通和通訊不便，生活方式沒有多大變化，在採用陽曆以後，由於農耕的關係，仍用舊曆。

第一次世界大戰與日本

日本帝國主義

日本帝國主義的形成　19世紀末到20世紀初，世界的資本主義已進入帝國主義階段，日本也向帝國主義過渡。在日清戰爭的和約中，日本搶在其他國家的前頭，從中國獲得了輸出資本的權利，這表明它是代表了已過渡到帝國主義的歐美列強的利益。日本還通過將台灣變成自己的殖民地，加入了殖民主義國家的行列。接着在為鎮壓義和團運動而發動的典型的帝國主義戰爭中，日本在八國聯軍中扮演了重要角色，從而以帝國主義的姿態出現在亞洲的一角。當時的日本，雖然在壟斷資本和金融資本的發展以及資本輸出等經濟方面還不十分發達，但正如列寧指出的，「掠奪異族如中國等等的極便利地位的壟斷權，部分地補充和代替了現代最新金融資本的壟斷權」❶。它已經加入了帝國主義的行列。而且，日俄戰爭正是日本與俄國兩個帝國主義國家以朝鮮和中國為舞台，為瓜分殖民地和勢力範圍而進行爭奪的一場戰爭。

日俄戰爭後的國際關係與日本帝國主義　日俄戰爭開始時，日本要奪取的目標主要是在朝鮮。但戰爭開始後，隨著日本大軍進攻到中

國東北，中國的東北也被包括在要奪取的目標之列。

日俄戰爭一開始，日軍就占領了朝鮮，並將《第一次日韓協約》強加給朝鮮，將其置於日本的統治之下。日俄戰爭勝利的結果，在1905年（明治38年）通過《第二次日韓協約》，連朝鮮的外交權也剝奪了，並將其作為「保護國」，在首都漢城設立了「統監府」。進一步通過1907年（明治40年）的《第三次日韓協約》，連其內政權也剝奪了。朝鮮人民對日本帝國主義不斷進行激烈的反抗，1909年（明治42年），為與俄國會談前往哈爾濱的前統監伊藤博文，被朝鮮革命家安重根槍擊身亡。第二年，日本將《日韓合併條約》強加給朝鮮，新設立了朝鮮總督府，把朝鮮完全當作日本的殖民地。英、美、俄等帝國主義國家也對此予以承認。將朝鮮變成自己殖民地的日本帝國主義，實行獨裁政治，推行殖民統治，通過土地調查工作，確立了朝鮮的殖民地土地制度，把土地所有權交給貴族、豪族，讓他們來協助殖民統治。

在中國東北，為加強對從俄國手裏接管來的「租借地」和南滿洲鐵路附屬地的統治，於1906年（明治39年）在旅順設立了關東都督府，作為準備侵略中國的據點。

隨著日本帝國主義統治範圍的擴大，便產生了與其他帝國主義列強的對立和協調問題。1905年7月，來日的美國陸軍部長塔夫脫和日本桂首相相互交換了備忘錄，美國承認日本併吞朝鮮，日本承認美國併吞菲律賓，達成了相互承認的協定。8月簽定的第二次日英同盟，包括英國承認日本對朝鮮的統治，同時日本援助英國對印度統治的安全等項條款。從1907年到1912年，與俄國之間也曾三次締結《日俄協約》，相互調整勢力範圍，同時針對中國人民的反抗和其他帝國主義，相互保證兩國共同維護「特殊權益」。

第一次世界大戰前的國際危機

年份	戰爭或危機的當事國	戰爭的政治目的
1885	英國對俄國	瓜分中亞
1894-1895	日本對清朝(日清戰爭)	
	俄、德、法對日本 (三國干涉)	瓜分中國
1898	英國對法國	瓜分非洲
1898-1899	美西戰爭	美國奪取古巴、菲律賓
1899	英國對德國	加羅林併吞薩波伊
1899	英國對德蘭斯瓦爾、奧倫治 (南非戰爭)	瓜分非洲
1990	英、美、法、俄、德、日對 清朝(義和團戰爭)	瓜分中國
1904-1905	日本對俄國(日俄戰爭)	瓜分中國和朝鮮
1905	德國對英、法	瓜分摩洛哥
1911	德國對英、法	交換摩洛哥和剛果

在這些協定的背後，日本和美、英、俄等帝國主義國家之間的對立也激化了。1907年(明治40年)山縣有朋推行的擴大軍備計劃(《帝國國防方針》)，就是以俄、美、法爲假想敵，爲對抗這些國家，計劃將陸軍從13個師團增加到25個師團，海軍增加最新式的戰艦、裝甲巡洋艦各8艘 (「8‧8艦隊」) 作爲核心力量。

日本帝國主義的突起，引起了歐美帝國主義的警惕，在一部分帝國主義國家中出現了「黃禍論」。1906年 (明治39年)，在美國西海岸的舊金山發生了排斥日本學生的問題；1913年(大正2年)加利福尼亞州議會通過了《禁止日本人擁有土地法》，等等，發生了排斥日本移民的運動。

壟斷、金融資本的發展　通過日俄戰爭，日本帝國主義獲得了進一步的發展。1906-1908年 (明治39-41年)，在紡織、製糖、麵粉加工等各個領域結成了卡特爾；1909年 (明治42年)，爲承擔政府的公債，結成了大銀行的辛迪加：壟斷資本正式成長起來，銀行的作用

日俄戰爭前後的企業發展

年份	全國會社數	投入資本金額	每社平均資本金額	株式會社數	每社平均資本金額	產業類別的投資金額	
						工業	商業
		(千日元)	(千日元)		(千日元)	(千日元)	(千日元)
1902	8612	878763	102	4306	183	173233	440303
1907	11466	1080226	94	4637	209	256253	608640
1912	17820	1812407	101	5827	254	568367	832021

註：摘自《日本經濟統計集》。1907年以後的商業包括金融保險。

加強了。三井物產會社佔日本對外貿易的 1/4 至 1/3，三菱在造船業中佔了壓倒的優勢。在全國的煤炭、金屬礦山中，三井、三菱掌握了生產的主要部分。日本國內已經能夠建造第一流的戰艦。水力發電的開發以及與美英壟斷資本的合作，也是從這個時候開始的。包括滿鐵、朝鮮的東洋拓殖會社和台灣的製糖會社在內，資本輸出也飛速增加了。但是，在資本輸出方面，日本仍然缺乏國內資金，只好從英美引進外資。

通過日俄戰爭，軍隊的政治統治進一步加強了。明治憲法中以「統帥權獨立」的形成，增強了軍隊作為「天皇的軍隊」的性質。1907 年（明治 40 年）9 月制定了《關於軍令件》，規定軍隊的編制、教育、人事、戰時法規等為「軍令」，獨立於國務之外，不需得到總理大臣的批准。第二年——1908 年（明治 41 年），又修改了《參謀本部條令》，參謀本部的地位變得高於大臣和政府的地位。

在政界，已經不能無視得到壟斷資本支持的政黨勢力。桂太郎在進行日俄戰爭之後，於 1906 年（明治 39 年）辭職，代之成立了以西園寺公望（政友會總裁）為首相的內閣。這個時期的政友會、雖然代表地方大地主勢力和一部分壟斷資本的利益，但又與官僚勢力妥協，在議會中佔據了過半數的議席，並以鐵路、海港等地方利益為手段，

在地方上擴充了勢力，同時也在貴族院及高級官僚中發展了勢力。因此，政友會與官僚、軍閥的勢力還沒有徹底對立，但在資本主義進一步發展的背景下，它代表着中央和地方的大資本家階級，已有了要從官僚、軍閥手中奪取統治權的向。而另一方面，通過日俄戰爭而加強了政治統治的軍閥勢力，則要進一步鞏固其統治權。這樣，統治階級內部的對立也就不斷加深了。

第一次西園寺內閣推行增設師團等軍備擴張，實行主要鐵路國有化等政策。但在1907年（明治40年）以後的經濟蕭條的狀況下，要按照軍部要求的速度擴充軍備，遇到了困難，而且圍繞著財政政策和對社會主義運動的政策，又與元老、官僚勢力發生了對立，西園寺內閣於1908年（明治41年）辭職後，成立了第二次桂內閣。

在桂內閣時代，發生了所謂的「大逆事件」。在西園寺內閣時一度曾被允許存在的日本社會黨〔1906年（明治39年）成立〕內部，站在馬克思主義立場上的片山潛等人，受第二共產國際影響，認為在明治憲法下可以通過議會實現社會主義；而深受無政府主義影響的幸德秋水等人，則主張採取直接行動。兩派的對立激化，後者逐漸佔了上風。該黨因而於1907年（明治40年）被取締。桂內閣對社會主義者加以嚴厲鎮壓，1910年（明治43年），以「圖謀暗殺天皇」的藉口，逮捕了幸德秋水等26名無政府主義者，第二年，判處了12人死刑。這一件事是在「日韓合併」之前發生的，作為加強殖民地統治的前奏，帶有極濃厚的加緊對內鎮壓的色彩。以這次鎮壓事件為開端，日本的工人運動和社會運動進入了長達10年的「嚴冬時代」。另一方面，桂內閣為了掩蓋這種鎮壓，1911年（明治44年）頒佈了日本第一個所謂保護工人的立法《工廠法》。但該法極不徹底，其適用範圍限定為雇用15名以上工人的工廠，對於當時的工廠中佔有大多數的小工廠的

工人則不適用，還對兒童和婦女勞動 12 小時的狀況作了認可。

1911 年（明治 44 年），第二次西園寺內閣組成，取代了第二次桂內閣。當時日本的政治所面臨的問題是如何調和軍部推行的急遽增加軍備與嚴重財政困難的矛盾。經過日俄戰爭，日本帝國主義將朝鮮、中國東北的南部劃爲自己的勢力範圍，但要維持擴大了的勢力範圍，必須要有更多的軍備。以《帝國國防方針》爲基礎的軍部要求，就是在這樣的背景下產生的。軍部爲統治朝鮮和對抗中國的辛亥革命，強烈要求在朝鮮增設 2 個師團。然而，根據當時日本的國力，這一要求是難以實現的。因此，第二次西園寺在內閣會議上否決了陸軍的要求。陸軍對此感到不滿對內閣抵制，第二次西園寺內閣因此而崩潰。

維護憲政運動　　由於軍部的這種蠻橫，當軍閥巨頭桂太郎組織第三次桂內閣時，立憲國民黨的犬養毅和立憲政友會的尾崎行雄等人提出「打倒閥族，維護憲政」的口號，並帶頭在全國展開了「維護憲政運動」。這一運動被稱爲「第一次護憲運動」，在整個明治後期獲得了很大的發展，其後台是企圖從軍閥、官僚手中奪取並直接掌管政治的產業資本家。1913 年（大正 2 年），桂太郎組織了「立憲同志會」，力圖與護憲運動對抗，但未能獲得議會中的多數，上台 50 多天便辭職了。這一事件被稱爲「大正政變」。以這次事件爲契機，日本的政治發生了相當大的變化，大資產階級進一步增大了發言權。

第一次護憲運動的成功，在很大程度上依賴於人民的力量。但因爲當時人民還沒有自己獨立的組織和政黨，運動的成果被大資產階級所篡奪。第三次桂內閣辭職後，代表薩派的軍閥巨頭山本權兵衛擔任了首相。原敬等三名政友會的成員加入了山本內閣，山本首相還聲明要尊重政友會的主義和綱領，而且除軍部大臣和外務大臣外，多數內閣成員也都加入了政友會。所以，山本內閣實質上帶有政友會內閣的

年份	一般會計與臨時軍事會計的統計	直接軍費	%	備註
1907	617236	214664	34.8	充實陸海軍計劃開始施行常備19師團制
1908	636361	213384	33.5	
1909	532894	175397	32.9	決定帝國國防計劃
1910	569154	183626	32.2	併吞朝鮮
1911	585375	203749	34.7	
1912	598596	199611	33.6	
1913	573634	191886	33.4	
1914	617994	304566	42.9	日德戰爭

註：摘自宇佐美誠次郎：《臨時軍費》。

色彩。山本內閣開闢了政黨成員擔任大臣和次官的道路，將從前僅限於現役大將、中將才能擔任軍部大臣的資格，擴大到預備役和後備役的範圍，與政黨的勢力作了妥協。但是，第二年——1914 年（大正 3 年），因為圍繞購買軍艦的交易，發生了被稱為「西門子事件」的貪污案件，山本內閣引咎辭職。

在背後操縱日本政治的元老們，面對這樣的政治危機，希望能打倒在議會中佔絕對多數的政友會勢力，擴充軍備，因而推荐了以前長期在野的大隈重信擔任首相。大隈由於他過去的經歷和平民的氣質，在民眾中有一定威望。元老們推荐大隈當首相的條件是，要他保證實現由於長期遭國民反對而未能實現的增設兩個師團的任務。第二次大隈內閣就是這樣誕生的。

在 1915 年（大正 4 年）的總選舉中，立憲同志會等大隈內閣的執政黨在議會中佔了絕對多數，政友會大敗。在這一年的議會上通過了增設 2 個師團和擴充海軍的議案。

資本主義的發展　在日俄戰爭期間，日本為了籌措軍費，在英、美募集了大量的外債。在戰後，為了擴充軍備與維持擴大了的勢力範

圍，又募集了大量外債，並實行了增稅。同時，由於償還外債的利息和本金，財政受到巨大的壓力。因此，戰後的企業並沒有像期待的那樣獲得大發展，而且繁榮的時期也不長，1907 年（明治 40 年）開始了經濟危機，企業一直沒有起色。因爲稅金加重和經濟不景氣，很多農民破產，半封建的地主進一步集中了大量的土地。爲了對付這種經濟危機與不景氣，以財閥爲中心的大資本，進入了金融、貿易、運輸、礦產等產業爲主的各個領域，而且建立了完備的組織。1909 年（明治 42 年）建立了三井合名會社（無限公司），隨後到 20 年代初，安田、三菱、住友各財閥也相繼設立了持股公司，就這樣形成了財閥康采恩的核心。歐美的壟斷資本集團是以銀行爲中心，而日本的壟斷資本集團帶有濃厚的家族統治的色彩。這些持股公司的大部分股份都爲財閥家族所有，帶有封閉性。

在日俄戰爭以前，民營的鐵路事業已遠遠超過官營。但政府出於軍事上的需要，計劃將主要幹線國有化，在戰爭結束後不久的 1906 年（明治 39 年）頒佈了《鐵路國有法》，截止到 1907 年（明治 40 年）爲止，共收買了 17 家公司的主要幹線。

隨著官營軍需工廠的擴大，民間的重工業工廠也在政府的優厚的保護下開始發展起來。在鋼鐵業中，除官營八幡製鐵所的正式投產外，還設立了幾家民營的鋼鐵公司。造船技術已經達到世界先進水平，能夠建造第一流的戰艦。在機械工業內部，民營公司成功地製造出完整的車床。

不過，當時的工業仍是以紡織工業等輕工業爲核心，官營和民營重工業的發展還很薄弱。在紡織工業中，通過大公司的合併，加速了壟斷化的進程，兼營織布業的工廠增加了。棉紗與棉布等行業結成「組合」，加強向朝鮮、中國的輸出，同時也與英、美進行抗爭。在當時的

農村，仍普遍存在著依靠於織機的批發制家庭工業。在 19 世紀 90 年代，豐田佐吉製造出木製織布機。以後經過反覆改良，終於造出了實用的織布機，於是使用這種織布機，推動了家庭織布業向小工廠的轉變。在繰絲業（生絲）方面，以面向美國爲主的出口進一步獲得發展，到 1909 年（明治 42 年）已趕上了中國，日本成了世界上最大的生絲出口國。

第一次世界大戰　　19 世紀末到 20 世紀初所出現的帝國主義，一面加強勾結與對立，同時在 20 世紀 10 年代，以歐洲爲中心，分裂成兩個帝國主義陣營。

在 19 世紀後半葉完成了國內統一的德國，作爲新興的資本主義國家，威脅著英國，並與奧匈帝國、義大利之間結成三國同盟。德國皇帝威廉二世大力推行軍備擴張，在瓜分殖民地和勢力範圍方面，也與英國進行了激烈的對抗。對此，英國與法國、俄國結成協商關係。帝國主義兩個集團之間的對立激化了。1914 年（大正 3 年），當兩個集團的對立到達極點時，以奧匈帝國的皇太子被暗殺爲契機，開始了史無前例的世界戰爭——第一次世界大戰，世界上的主要國家都被捲了進來。

日本當時通過日英同盟而屬於英國方面的集團。但由於一部分元老高度評價新興德國的力量以及日德兩國在軍事、法律等方面的傳統關係，所以對德國抱有好感的意見也很強烈。對此，大隈內閣認爲，參加這次戰爭將會加強日本在國際政治中的地位，可以向亞洲大陸擴張勢力，因而以日英同盟爲理由，對德宣戰，參加了協約國方面。其實，英國等協約國方面害怕日本參戰會奪取歐美國家的殖民地，特別是害怕它在中國據優勢地位，所以並不歡迎日本參戰。

在這次戰爭中，日本陸軍占領了德國在中國的據點青島，日本海

年份	日本銀行券發行額	金、銀幣現有額			外資純輸入額	貿 易		
		總額	內地	海外		輸出	輸入	入超
	百萬日元	百萬日元	百萬日元	百萬日元	百萬日元	百萬日元	百萬日元	百萬日元
1905	313	479	37	442	993	322	489	167
1906	342	495	54	441	−77	424	419	出5
1907	370	445	44	401	63	432	494	62
1908	353	392	62	330	58	378	436	58
1909	353	446	117	329	103	413	394	出19
1910	402	472	135	337	216	458	464	6
1911	433	364	133	231	−11	447	514	67
1912	449	351	136	215	93	527	619	92
1913	426	376	130	246	110	632	729	97
1914	373	341	128	213	9	591	596	5

註：日銀券發行額、貿易額摘自《東洋經濟年鑑》。

金、銀幣現有額及外資純輸入額摘自《金融事項參考書》。

另外，外資純輸入額表示外資輸入現有額與前一年相比的增減額。

（摘自高橋龜吉：《大正昭和財界變動史》）

軍占領了德國的殖民地南洋群島。日本根據協約國方面的請求，把驅逐艦派到地中海方面，這也是爲了確保歐洲與日本的海上運輸。

開始公開侵略中國　在第一次世界大戰之前，中國於 1911 年（明治 44 年）爆發了辛亥革命。第二年，清朝被推翻，誕生了中華民國政府。日本帝國主義對於在亞洲誕生的第一個共和國極力反對，但其阻撓活動遭到了失敗。在此之前，日本帝國主義實際上一直對中國東北的南部置於自己的統治之下，現在利用辛亥革命的時機，一部分統治者又提出了向華北、華中方面擴張勢力的意見。處於日本殖民統治之下的台灣，看到辛亥革命的成功和共和國的成立，爆發了企圖擺脫日本帝國主義統治，回歸祖國的運動，但被鎮壓了下去。

辛亥革命成功地推翻了清朝，推選革命資產階級的代表孫文爲臨時大總統。但當時中國的資產階級軟弱無力，加上以英國爲首的帝國主義列強要在中國內部尋求代替清朝的新的代理人，所以讓軍閥巨頭

第一次世界大戰前後貿易額的變化

	輸出	輸入	輸出輸入之差 ＋出超 －入超
	千日元	千日元	千日元
1913(大正2)年	632460	729431	－96961
1914(3)	591101	595735	－4634
1915(4)	708306	532449	＋175857
1916(5)	1127468	756424	＋371043
1917(6)	1603005	1075811	＋567193
1918(7)	1962100	1668143	＋293956
1919(8)	2098872	2173459	－74587
1920(9)	1948394	2336174	－387780

註：摘自《日本帝國統計全書》。

第一次世界大戰期間投資的增長

年份	總計	農業	工業	商業	金融	水陸運輸	其他
1914	2137366	12080	679512	940001	——	247693	258080
1915	2231791	11183	713738	973354	——	270633	262883
1916	2468909	13583	838598	1051479	——	290195	275053
1917	3333927	15380	1127792	632097	723523	417163	134214
1918	4606234	27948	1509560	935764	926105	593310	165956
1919	6457294	44541	2085482	1398940	1276824	793199	212471
1920	8418242	60191	2828772	1893824	1726828	850007	366952

註：摘自《日本經濟統計集》。1916年以前，商業中包括金融。

袁世凱篡奪了政權。袁世凱依靠軍閥的力量和各個帝國主義國家的支持，鎮壓革命派，孫文再次流亡日本。

日本資本主義的迅速發展　　在第一次世界大戰的前夕，日本的財政已極端惡化。支付日俄戰爭時的巨額外債的利息，已使日本的財政喘不過氣來，而這時償還本金的期限已經迫近，再加上嚴重的經濟不景氣，可以預料日本經濟的前景暗淡。

第一次世界大戰一下子解除了日本的這種經濟危機。在歐美列強忙於對付戰爭的時候，日本却很少參加實際戰鬥，通過向歐洲各國輸

出軍需品，並趁著歐洲各國暫時後退的時機，打進了亞洲各國的市場，從而獲得了巨大的經濟利益。對外貿易變成了大幅度出超。日本在 1914 年（大正 3 年）還是一個有 11 億日元外債的債務國，到 1920 年（大正 9 年）就變成了具有 27 億日元以上債權的債權國，黃金儲備增加了將近 5 倍。

支撐這種狀況的是這一時期生產力的迅速發展。第一次世界大戰期間，日本的棉布生產增加了大約 5 倍，鐵增加了 7 倍。特別是重化學工業，由於停止了從歐美各國的進口，在這一期間有了飛躍性發展，形成了重化學工業的穩固基礎。在這個過程中，政府對重化學工業給與補助金，並在稅收方面也採取了優待措施，所以帶來了壟斷資本的進一步發展以及國家權利與壟斷資本的結合。

由於工業的迅速發展，工業生產值趕上了農業，佔全部產業生產總值的一半以上。雇用 10 名工人以上的民辦工廠，其工人總數從 1914 年（大正 3 年）的 85 萬人變爲 1919 年（大正 8 年）的 147 萬人，特別是在重化學工業躍進的背景下，男工在這一時期增加了 2 倍以上。商業、服務行業也迅速發展，城市的人口密度提高了。

在世界大戰期間進行了各種技術革新，工廠中使用的電力動力超過了蒸汽動力。

第一次世界大戰期間，日本抓住歐美各國暫時從亞洲後退的時機，侵入了中國。1913 年（大正 2 年）各國向中國輸出的商品（包括像在中國的殖民地輸出的商品在內），英國爲 25.2%，日本爲 23.0%，美國爲 10.5%，日本在商品輸出方面已經接近英國，佔全部輸出商品的近 1／4。但是，當時在資本輸出方面，英國約爲 60,750 萬美元（37.7%），俄國約爲 26,930 萬美元（16.7%），德國約爲 26,360 萬美元（16.4%），日本約爲 29,160 萬美元（13.6%），法國約爲 17,140 萬美元（10.

	第一次世界大戰中 工業各部門生產額的變化	
	1914年	1919年
	百萬日元	百萬日元
紡織工業	620	3296
金屬工業	48	338
機械器具工業	111	716
化學工業	176	777
其他工業	1356	6536

註：摘自《日本帝國統計全書》。

第一次世界大戰中
實際工資的下降

(年平均)

年份	批發價指數	工資指數
1914	100.0	100.0
1915	102.0	99.1
1916	122.0	101.9
1917	154.0	116.7
1918	202.0	153.3
1919	248.0	217.9

註：摘自高橋龜吉：《大正昭和
財界變動史》(上)。

外國在中國投資的發展情況

	1902年	1914年	1931年
英國	42.8	100	195.8
日本	0.5	100	517.7
俄國	91.5	100	101.4
美國	40.0	100	399.0
法國	53.2	100	112.3
德國	62.3	100	33.0
合計(包括其他國家)	48.9	100	201.4

註：摘自利馬《各國對中國的投資》上卷

7%)，美國約爲 4,930 萬美元 (3.1%)。 日本超過了美國，但還只有
英國的 1／3。

　　到 1918 年（大正 7 年），日本就佔了中國進口商品的 34.5%，把
英國所佔的 17.1% 和美國的 16.7% 遠遠地甩在後邊。在資本輸出方
面，日本通過滿鐵建設鞍山鋼鐵廠，以及向漢冶萍公司和棉紡織業投
資，也迅速地增加了。1931 年（昭和 6 年），各國對中國的投資，英
國約爲 118920 萬美元 (36.7%)，日本約爲 113,690 萬美元 (35.1%)，

中、日、英資本的工廠紗綻數的比較

年份		紗綻數	%
1913年	中國資本	484192	59.8
	日本資本	111936	13.6
	英國資本	227024	27.6
	合　計	823152	100.0
1925年 （原數）	中國資本	1866232	55.9
	日本資本	1268176	38.0
	英國資本	205320	6.1
	合　計	3339728	100.0
1925年 （修正數）	中國資本	1468828	44.0
	日本資本	1514174	45.3
	英國資本	355726	10.7
	合　計	3339304	100.0
1931年 （原數）	中國資本	2453304	56.5
	日本資本	1715792	39.6
	英國資本	170610	3.6
	合　計	4339706	100.0
1931年 （修正數）	中國資本	1914664	44.1
	日本資本	1961790	45.2
	英國資本	463760	10.7
	合　計	4339706	100.0

註：1913年的英國資本包括美國、德國的各一個工廠
　　1925、1931年的修正數包括美國資本
　　（摘自嚴中平：《中國棉紡織史稿》）

蘇聯約爲 27,320 萬美元（8.4%），美國約爲 19,680 萬美元（6.1%），法國約爲 19,240 萬美元（5.9%），德國約爲 8,700 萬美元（2.7%），日本的比例增加了。而且，第一次世界大戰後，日本在鋼鐵工業和棉紡織業等掌握中國經濟命脈的部門建立了強大的勢力。這對中國來說，成爲極端危險的現實。

通過第一次世界大戰，日本名符其實地成爲世界上屈指可數的帝國主義國家，開始對中國進行公開的侵略。由於第一次世界大戰，其他帝國主義國家無暇顧及中國，大隈內閣乘此機會，於 1915 年（大正

4 年）向袁世凱提出 21 條要求。這些要求是：

(1)將德國在山東的權益轉交給日本。

(2)承認日本人在中國東北南部及內蒙古東部實際上的土地所有權（商租權）。

(3)將 1939 年到期的旅順、大連地區的租借權延長 99 年。

此外還包括要求在中國政府中大批啓用日本顧問以及對漢冶萍公司的支配權等。這些要求遭到中國方面拒絕後，日本政府立即發出最後通牒，施加壓力，終於迫使中國承認了大部分要求。

這一事件引起了中國人民的激憤，對此進行抗議，發展成爲「五四運動」，中國革命進入了新的階段。

在日本國內，對大隈內閣的批評也日益高漲，而且執政黨立憲同志會與元老之間的意見分歧加深，1916 年(大正 5 年)大隈內閣倒台，元老山縣有朋的嫡系、陸軍出身的寺內正毅組織了內閣。1917 年（大正 6 年)，俄國爆發了世界歷史上第一次無產階級革命，建立了蘇維埃政權。寺內內閣企圖推翻世界上第一個無產階級政權，以援救捷克斯洛伐克軍團爲幌子，立即聯合各個帝國主義國家，出兵西伯利亞。日本帝國主義打算藉此機會，將西伯利亞置於自己的統治之下，一邊援助反革命勢力，一邊占領了西伯利亞東部。但是，由於蘇聯人民反對侵略的鬥爭和日本國內的批評高漲，再加上爆發了「米騷動」等原因，這次出兵付出了 10 億日元的軍費以及 3,000 人死亡和 2 萬人負傷的代價，最後不得不撤退。另外，日本帝國主義在西伯利亞的行動，引起了其他國家對日本存有領土野心的警惕。

由於第一次世界大戰帶來的經濟復甦，日本的有價証券急遽增加。寺內首相向中國當時的統治者段祺瑞提供 14,500 萬日元有價証券作爲借款，目的是要進一步鞏固和擴大日本的權益。這項借款被稱

第一次世界大戰期間的軍費

（單位：千日元）

年次	一般會計與臨時軍費的合計	直接軍費	%	備　　　註
1914	617994	304566	49.2	日德戰爭
1915	595450	236411	39.7	二十一條
1916	598525	256538	42.8	增設朝鮮師團
1917	769824	345508	44.8	八四艦隊預算
1918	1142806	580069	58.0	出兵西伯利亞、八六艦隊預算
1919	1319358	856303	65.0	
1920	1549167	931636	46.8	占領樺太、八八艦隊

註：摘自宇佐美：《臨時軍費》。

爲「西原借款」，連當時的外務大臣也沒有參加洽談，是通過出入於寺內門下的西原龜三進行的。段祺瑞政權將這筆借款用於鎮壓國內的革命派。

　　原內閣的組成　通過第一次世界大戰，日本資本主義獲得了迅速的發展。但是，這一時期出現了物價、特別是米價空前上漲的情況，城市的勞動人民和下層農民的生活陷入了困境。出兵西伯利亞這場侵略戰爭也激化了國內的矛盾。1918 年（大正 7 年），以富山縣漁村婦女的行動爲契機，全國發生了衆多勞動人民襲擊米店等的「米騷動」。當時日本的社會主義思想和社會主義運動還沒有從「嚴冬時代」的沉重打擊下恢復過來，這一事件是自發的行動，但它受了俄國革命的影響，在全國的 36 個市、129 個町、145 個村發生了暴動，據說直接參加者有 70 萬人。這一事件與中國的「五四運動」、朝鮮的「三一革命運動」並列爲重要的運動。

　　寺內內閣動員軍隊鎮壓了這次運動，但內閣本身也不得不引咎而總辭職。

　　米騷動的發生表明：經過第一次世界大戰，日本的社會結構發生

米價的變動

年份	日元	年份	日元	年份	日元
1903	14.43	1911	17.34	1919	45.89
1904	13.22	1912	20.69	1920	44.28
1905	12.84	1913	21.44	1921	30.89
1906	14.68	1914	16.15	1922	35.15
1907	16.42	1915	13.06	1923	32.38
1908	15.98	1916	13.66	1924	38.33
1909	13.19	1917	19.80	1925	41.57
1910	13.27	1918	32.51	1926	37.58

註：摘自中澤弁次郎：《日本米價變動史》
　　以上為東京的大米市場價格，單位為石，1石＝142.5公斤。

了重大變化，各種新的勢力有所擡頭。因此，管理政治也不能不採取與以前不同的方式。明治憲法制定以來，資產階級政治勢力一直主張在憲法允許的範圍內，實現以議會為中心的政黨政治。要求實行普選的運動變成了人民的強烈要求。

　　在這種情況下，元老們奏請天皇讓立憲政友會總裁原敬擔任總理。原敬出生於東北地方盛岡藩的上層武士家庭，他出身的階層比大多出身於下級武士的元老——維新的元勛們要高，但他是非華族首次擔任總理大臣，所以被稱為「平民宰相」。原內閣中除陸軍、海軍、外務三位大臣外，其他大臣都啓用了黨員，所以國民對其推動議會政治前進寄予了很大希望。原內閣降低了作為選舉權資格的納稅額，擴充了高等教育機關，在1920年（大正9年）的選舉中，政友會獲得了絕對多數。另外，通過原敬首相的活動，在貴族院也擴大了勢力，鞏固了政權。但因為原內閣採取反對要求普選權的態度，又發生了貪污事件，政友會內很多人有貪污嫌疑，因而逐漸受到人們的指責，認為多數黨已經腐敗。

　　1921年（大正10年），原敬首相被一名不滿多數黨專橫的青年刺

殺。代替原敬擔任首相的是政友會總裁高橋是清，但由於黨內的矛盾，不久便辭職了。這時，「維新元勛」的倖存者，在高級官僚、貴族院、樞密院、宮廷和軍部等都擁有很大勢力，對政治有著很大發言權的山縣有朋死去，使官僚勢力受到打擊。不過，在高橋內閣之後，還是相繼組成了加藤友三郎內閣、第二次山本權兵衛內閣和清浦奎吾內閣三屆短命的非政黨內閣。

第一次世界大戰後的世界與日本帝國主義

巴黎和約 1918 年（大正 7 年）11 月，德國的工人和士兵奮起推翻了帝政，結束了第一次世界大戰。但是，德國的軍部、壟斷資本和社會民主黨反動派害怕人民政權的出現，聯合起來鎮壓革命勢力。1919 年（大正 8 年），參戰國代表匯集巴黎，舉行媾和會議，簽署了《凡爾賽和約》。這一條約是帝國主義重新瓜分世界的典型條約，德國的殖民地變成了其他帝國主義的殖民地，德國的軍備受到限制，強制德國付出巨額的賠款。另一方面，為將德國作為對付新生的蘇維埃俄國的壁壘，保存了德國的壟斷資本、軍部、官僚等基本勢力，使帝國主義、軍國主義的根源殘存下來。另外，由於巨額的賠款，德國國民的生活遭到破壞，納粹黨乘此機會，依靠「反資本主義」和排外主義的蠱惑宣傳而發展起來，力圖將國內矛盾引向帝國主義侵略的方向。

日本向凡爾賽會議派去了全權代表西園寺公望，會議決定將德國領有的南洋群島的赤道以北部分劃為日本的「委任統治領」，並由日本繼承德國在山東省所擁有的權益。但是中國聲明這一決定無效，卻在會議上遭到忽視，中國人民為此進行抗議，爆發了「五四運動」。

戰爭形態的變化　通過第一次世界大戰，日本帝國主義的發展和危機的加深，帶來了新的情況。在整個第一次世界大戰期間，戰爭的形態變成了國家總力戰。在經濟上也加強了壟斷資本與國家權力的結合。

受到這種情況深刻影響的是軍部。日本軍部強烈地感到，今後的大戰要以強大的生產力爲後盾，需要有大量的物資和最新的技術，需要動員國家的一切力量來從事戰爭，並開始考慮在日本實現這樣的體制。當時，軍部的領導階層是日本國家權力的重要組成部分，從原來的藩閥向「士官學校閥」過渡。新起的軍部領導階層都是標榜國家統治要適應總力戰的人。他們在制定方針時，總是強調日本雖然通過第一次世界大戰而得到了發展，但在生產力方面還比歐美列強落後，而且極端缺乏戰爭所必須的戰略物資；認爲日本的這種現狀是實現其目標的極大障礙。因此，軍部領導階層的設想是，要實現以加強壟斷資本與國家權力結合爲前提的強有力的生產統治，加緊對中國的侵略以獲得戰略資源，特別是把實現對中國東北的完全統治作爲最大的重點。他們還進一步考慮了與實現這一政策相適應的國家機構的改革。他們最大限度地利用了在國民中間影響很大的天皇制思想和明治憲法中規定的軍隊統帥權，爭取實現由軍部主導一切的法西斯統治。

華盛頓會議與「協調」外交　經過第一次世界大戰，帝國主義陣營內的勢力關係發生了很大變化。帝國主義列強中，除通過革命開始走社會主義道路的俄國外，德國和奧匈帝國由於戰敗而明顯地衰落了，作爲戰勝國的英國、法國、義大利所受的創傷也很嚴重。日本和美國參加作戰少，通過這場戰爭而取得了迅速的發展。美國在國際上的地位顯著提高，與此同時，日本也逐漸被稱爲五大強國之一。另外，蘇維埃政權的建立以及中國和其他殖民地、半殖民地的民族主義運動

日本的基本原料物資的自給率(1936年)

品目	自給率	品目	自給率	品目	自給率
鐵礦石	16.7%	鉛	8.2%	原油	20.2%
廢鐵	—	鋅	38.9%	煤	90.9%
生鐵	93.8%	鎳	—	橡膠	—
鋼材	62.2%	鐵礬土	—	硫酸	14.1%
銅	63.2%	鋁	40.6%	鹽	31.3%
錫	28.8%	磷礦	12.0%	原料棉	

註：摘自柯翰：《戰時戰後的日本經濟》上卷

的高潮，也使日本周圍的局勢發生了重大的變化。

第一次世界大戰後，日美兩個帝國主義之間的矛盾也加劇了。這一矛盾最初表現為以兩國為中心的建造軍艦的競爭。為了暫時調節這一矛盾，1921—1922年（大正10—11年），根據美國的提議，召開了華盛頓會議。

在這次會議上，締結了「四國條約」，約定維持各國在太平洋各島上的勢力現狀；另外還決定廢除日英同盟。日俄戰爭後，日本外交的支柱是日英同盟和日俄協約。但日俄協約被俄國十月革命所打破；經過第一次世界大戰，英美加緊接近，而且圍繞著爭奪亞洲的霸權，日本與美、英之間的矛盾加深，日英同盟因而失去了存在的意義，最後導致廢除。結果日本孤立了，其外交地位大為削弱。另外，在這次會議上還締結了「九國條約」，規定尊重中國的領土和主權，經濟上各國在中國機會均等。這一條約的實質是，牽制日本對中國正在加緊的侵略，各國決定共同維護在中國的權益。另外，這次會議上還締結了「海軍裁軍條約」，限定英、美、日、法、義五大國保有主力艦的比例為5：5：3：1.67：1.67。日本海軍建造艦艇的計劃因此而遭到了挫折。

在這次會議上還決定，日本將原德國在山東半島的大部分權益歸還中國，除北樺太外，從西伯利亞全面撤出日本軍隊等。這是由於美、

對軍艦所有噸位的限制

（根據華盛頓條約限制的噸位數）

	主力艦(比率)	航空母艦
英	525000(5)	135000
美	525000(5)	135000
日	315000(3)	81000
法	175000(1.67)	60000
義	175000(1.67)	60000

主力艦一艘35000噸，裝備火炮口徑16英吋以下。
航空母艦一艘27000噸，裝備火炮口徑8英吋以下。
其他輔助艦噸位不限。

倫敦條約限制的輔助艦的噸位數

	英	美	日
	15艘	18艘	12艘
大型巡洋艦	146800	180000	108400
小型巡洋艦	192200	143500	100450
驅 逐 艦	150000	150000	105500
潛 水 艇	52700	52700	52700
合 計	541700	526200	367050

不足600噸的艦船不在限制之內。

英施加了壓力的結果。美、英與日本同樣都有侵略蘇聯和中國的意圖，但他們警惕日本在地理上與這一地區靠近，會迅速地進行侵略，因而採取了反對日本對中國進行武力侵略（日本以前曾經多次進行過）的態度。

由於建造軍艦計劃受挫和從大陸撤退等原因，以軍部一部分人為首，對政府表示強烈的反對。但當時的日本在資本、技術、貿易、資源等方面都需要與美國協調，特別是為了克服第一次世界大戰後嚴重的經濟衰退，這種協調是必不可少的。因此，原內閣和高橋內閣先後在這些條約上簽了字。參加這次會議的幣原喜重郎從大正末年至昭和初年，任憲政會、民政黨內閣的外務大臣，因為推行這種所謂的協調

外交而被人們稱爲「幣原外交」。幣原外交並沒有改變要維持和擴大在中國原有的權益的原則，但他是企圖一邊與美、英之間保持一定的協調，一邊貫徹這一原則的。

社會運動的興起與普選運動　經過第一次世界大戰，日本帝國主義迅速發展起來，與此同時，在發展過程中存在著的矛盾也急遽擴大了。第一次世界大戰結束後，歐美列強開始返回世界市場，於是在戰時擴大了生產的日本資本主義便面臨著嚴重的生產過剩問題。世界上已經出現了第一個社會主義國家，資本主義世界體系開始走向崩潰。在日本國內，工人和農民的運動也高漲起來。「大逆事件」之後，社會運動處於「嚴冬時代」。但到 1912 年(大正元年)，鈴木文治組成了「友愛會」，目的是要提高工人的地位和組織工會。由於在世界大戰中產業迅速發展和工人生活困難加劇，工人運動獲得了很大的發展，勞資爭議的次數急劇增加，友愛會因而於 1919 年（大正 8 年）改稱「大日本勞動總同盟友愛會」，接著又於 1921 年（大正 10 年）改稱「日本勞動總同盟」。1920 年（大正 9 年），以總同盟爲主，舉辦了日本首次「五・一」國際勞動節的活動。與此同時，農村中的地主和佃農之間的矛盾激化，「租佃爭議」不斷發生。1922 年（大正 11 年），由杉山元治郎、賀川豐彥等人組織了「日本農民組合」。在江戶時代以前，部落民被看作一種賤民，一直深受社會的歧視和壓迫，1871 年（明治 4 年）好容易廢除了在法律上對他們的歧視，但他們在社會上仍受著這樣或那樣的歧視。所以他們在 1922 年（大正 11 年）結成了「部落解放同盟」的前身——「全國水平社」。

1914—1916 年(大正 3—5 年)，吉野作造的有關民本主義的論文相繼發表，帶來了巨大的影響。民本主義是站在君主主權立場上，與民主主義有所區別；但主張應把政治目的落實在民眾的福利上，政策

勞資爭議與租佃爭議的盛衰

年份	工人工會數	勞資爭議次數	參加勞資爭議的人數	租佃爭議次數	參加租佃爭議的人數
1917	40	—	—	85	—
1919	187	2388	33.5	326	—
1921	300	896	17.1	1680	14.6
1923	432	647	6.9	1917	13.5
1925	457	816	8.9	2206	13.5
1927	505	1202	10.3	2052	9.1
1929	630	1408	17.2	2424	8.2
1931	818	2415	15.2	3419	8.1

註：摘自岡崎、楫西、倉持：《日本資本主義發達史年表》。
　　人數單位：萬人。

的決定應依據一般民眾的意志；還主張適應當時政黨勢力和社會運動不斷發展的情況，對明治憲法作新的運用。吉野於 1918 年（大正 7 年）組織了「黎明會」，開展全國性的啓蒙運動，主要在知識界產生了影響，也給普選運動的發展帶來了巨大的影響。

　　在這樣的革新氣氛中，又產生了東京大學的「新人會」、早稻田大學的「建設者同盟」等與工人、農民運動相結合的學生團體。在以前日本的社會主義思想中，除馬克思主義外，無政府工團主義的影響也很大。由於俄國十月革命的勝利，布爾什維克思想的影響也增強了。在社會主義者中間，「無政府主義與布爾什維克主義的論爭」十分活躍。1920 年（大正 9 年）結成的「日本社會主義同盟」便是各種傾向的社會主義者與工會運動家、學生團體等的大團結。通過這樣的社會運動，傳播了社會主義和共產主義的思想，1922 年（大正 11 年）成立了日本共產黨。

　　在日本的婦女運動中，1911 年（明治 44 年）平塚明子（雷鳥）等人組織了「青踏社」，發行《青踏》雜誌，首次提出了婦女解放的主張。1920 年（大正 9 年），平塚與市川房江等人組織了「新婦女協會」

開始從事政治運動，接著又於1924年（大正13年）合併，發展成為「爭取婦女參政權促成同盟會」。要求提高婦女地位的運動就這樣發展成為以要求婦女選舉權為中心內容的運動。

爭取實現普遍選舉權是上述各種運動的共同要求。

護憲三派內閣的成立　1924年（大正13年），清浦奎吾內閣無視眾議院的現狀，以貴族院的勢力為背景，組織了內閣。對此，政友會、憲政會、革新俱樂部三派聯合提出了實行普選、改革貴族院和整頓行政等口號，對抗內閣。這次運動被稱為「第二次護憲運動」。總選舉的結果，三派獲得了絕對多數，第一大政黨憲政會的總裁加藤高明任首相，組成了三派聯合內閣。從此以後到1932年（昭和7年）犬養內閣倒台，一直實行由眾議院中佔有多數席位的政黨的總裁組織內閣的慣例。

1925年（大正14年），護憲三派內閣廢除了在選舉權、被選舉權上對財產額的限制，規定年滿25歲以上的所有男子都可以獲得選舉權〔婦女的選舉權是在第二次世界大戰戰敗後實現的。但婦女參加政治演說的權利通過是在1922年（大正11年）修改治安警察法第5條而實現了〕。

長期懸而未決的普選權就這樣實現了，其意義是很大的。但是，在通過普選法的同時又制定了鎮壓的法規──《治安維持法》。由於要實施普選和預料日蘇不久即將建立邦交，估計共產主義者將會活躍，這一法律就是為了鎮壓他們的活動而制定的。這一法律說是為了懲罰以變革國體（統治體制）和否認私有制為目的的結社及其參加者，但後來被廣泛用作鎮壓社會運動的手段，在1928年（昭和3年）田中義一內閣時，又在罰則中加上了死刑。

這一年，三派的團結破裂，加藤內閣變成了憲政會的單獨內閣。

政友會以長州閥繼承人、陸軍元老田中義一為總裁,同革新俱樂部聯合。1926 年 (昭和元年),由於加藤死去,成立了若槻禮次郎的憲政會內閣。這一時期為了恢復第一次世界大戰後的經濟蕭條,需要與美、英之間保持一定的協調,因而繼續維持忠實於華盛頓體制的幣原外交,實行了陸軍的裁軍。但是,裁軍的內容是削減兵力、提高裝備,所以軍費反而增加了。

從全世界的角度來看,第一次世界大戰後的這一時期,是嚮往民主主義與和平的人民勢力大發展的時期,同時也是為了對付俄國革命後的資本主義的深刻危機,法西斯主義在義大利和德國擡頭的時期。在日本,這個時期是在明治憲法允許範圍內,政黨政治最興盛的時期。同時,如前所述,這一時期是軍部為爭取建立強有力的體制而積極活動,以適應進行總力戰的需要的時期;在思想上則是法西斯主義思想以國家主義和國家社會主義的形式形成的時期。1919年 (大正8年)出現了北一輝的《日本改造法案大綱》,產生了巨大的影響。同年,北一輝與大川周明等人結成了「猶存社」。高畠素之倡導從社會主義轉向,提倡國家社會主義,成為法西斯主義的另一個源流。

從戰後經濟危機到金融危機 通過第一次世界大戰而飛躍發展起來的日本經濟,由於戰後歐洲各國迅速復興,以及其商品重新打入亞洲市場,因而受到了沉重打擊。從1919年 (大正8年) 起,對外貿易再度轉為入超。1920年 (大正9年),以股票價格暴跌為契機,發生了戰後經濟危機。戰爭期間始終保持繁榮的造船業首當其衝,受到嚴重打擊,棉紗、生絲的價格下跌了一半以上,各產業部門都遭受到嚴重生產過剩的衝擊。

1923年 (大正12年) 9月,稱作關東大震災的強烈地震襲擊了東京、橫濱一帶,隨著地震而發生的火災、海嘯帶來了特大的災難。據

說當時房屋被毀的人家，包括震毀、沖毀、燒毀的有57萬戶以上，死亡人數達13萬人。在這次大地震中，很多旅日朝鮮人被軍隊直接殺害，後來又有很多人被聽信統治者散布「朝鮮人暴動」的謠言的一部分日本暴徒行凶殺害。共產主義者以及進步的工人運動領導人也遭到殺害。日本經濟也遭到了沉重的打擊，銀行手中的票據無法兌現。因此，政府讓日本銀行對無法兌現的震災票據發放43,082萬日元的特別貸款，但以後日本經濟並沒有擺脫不景氣的狀況。1926年（昭和元年）時，還有20,680萬日元未兌現，成爲經濟上的一個大問題。1927年（昭和2年），在政府設法處理震災票據時，由於一部分銀行的經營狀況發生惡化，各地的中小銀行露出了破綻。另外，同年4月，由於政府對台灣銀行的救濟失敗，引起了全國性的金融危機。

由貿易商起家的鈴木商店，在第一次世界大戰中迅速發展起來，打入了各個部門，一時大有趕上三井、三菱之勢。它迅速發展的秘訣是在於採取投機的辦法，同時依靠與政界勾結，從半國家銀行性質的台灣銀行獲得貸款。但在第一次世界大戰後的不景氣狀況下，其經營急遽惡化，一直依靠台灣銀行的巨額不正當的貸款支撐著。這種巨額不正當的貸款使台灣銀行的經營陷入了危機。若槻內閣就是在不景氣狀況進一步惡化中，由於救濟台灣銀行失敗而總辭職的。

在這樣的金融危機中組成的政友會的田中義一內閣，依靠所謂延期償付（《延期支付令》）的非常措施和由日本銀行提供巨額救濟貸款的辦法，好不容易將金融危機穩定下來。

20世紀20年代，歐美各國的經濟由於戰後的復興而持續繁榮，迎來了「相對的穩定」的時期。而日本的經濟幾乎沒有什麼繁榮的時期，危機和不景氣連續不斷。其原因是日本經濟在第一次世界大戰中雖然發展迅速，但是仍很薄弱，而且日本資本主義在農業上普遍存在著半

重要商品價格指數（東京）

1900年10月＝100

	生絲	棉紗	木材	洋鐵	銅	洋紙	煤	水泥
1929年3月	178	249	190	115	184	194	295	138
1930年12月	80	145	126	69	101	164	253	61 （9月）
下降率％	55	42	34	48	46	16	14	55

註：日銀調查

封建的地主、佃農制度，由於歐美各國返回世界市場，其矛盾激化了。

不過，爲了克服這種危機和不景氣，在很多生產領域裏加緊了企業的集中、組織卡特爾以及資本輸出的活動。特別是在資本輸出方面，龐大的紡織工廠向中國輸出大量資本，興建所謂「在華紡」的紡織廠，利用中國的廉價勞動力和資源。

這一時期，在日本經濟中，壟斷資本和金融資本開始佔統治地位。財閥們以金融、貿易、運輸、礦山等各部門爲據點，累積資金，使康采恩的形式更加完備，主要從金融和流通方面加強了對生產的統治。這些財閥還加強與政黨的勾結，推進財界與政界的結合，政治的府腐敗日益突出。

另一方面，以被排擠出農村的剩餘勞動力爲基礎，出現了中小企業增加的趨勢。壟斷資本經營的大企業，利用這些中小企業的低工資，讓它們承擔不適合於大企業直接經營的部門，或暫時急需的部門，在犧牲中小企業的基礎上謀取利益。

解除禁止黃金出口禁令與世界性經濟危機　對於20世紀20年代的慢性經濟危機，政府採取了增發日本銀行券的救濟政策。但這一政策只是暫時彌補了經濟上的漏洞，卻反而使矛盾加深了。由於整頓在

經濟危機後的日本貿易

年份	出口總額	進口總額	出口中的生絲	出口中的棉織品
1929	2148619	2216240	781040	412706
1930	1469852	1546071	416646	272116
1931	1146981	1235673	355393	198731
1932	1409992	1431461	382366	288712
1933	1861046	1917220	390901	383215
1934	2171925	2282602	286793	492351

註：摘自大藏省：《外國貿易月報》。單位：千日元。

經濟危機後失業人數的增加

	調查人口	失業人數
1929年9月	6599778	268590
1930年9月	7076047	395244
1931年9月	7077778	425526
1932年9月	7209303	505909
1933年9月	7342120	400118

註：調查方法如下：調查若干地方的失業率，用失業率乘以表中的調查人口，推算出失業人數。所謂調查人口是對全國職工的估算數字。摘自內閣統計局的《勞動統計要覽》。

世界大戰中過度膨脹的經濟的工作沒有進展，以及工業的國際競爭能力不強和出現了通貨膨脹的趨向，所以貿易的入超增大了。1917年（大正6年）以來，日本一直禁止黃金出口。這樣的情況加上上述的因素，使得外匯價格不斷動盪和下跌。

當時為了恢復日本經濟，強烈希望引進外國的資本和技術，但是，外匯價格的下跌和禁止使用硬通貨（黃金）匯兌的規定，阻礙著這種引進。因此，財界方面也熱切希望學習歐美，解除禁止黃金出口的禁令，對經濟進行徹底調整。濱口雄幸內閣企圖通過緊縮財政、降低物價和產業合理化等項措施，來增加國際競爭的能力，同時於1930年（昭和5年），斷然按禁止黃金出口前的舊比價，解除對黃金出口的禁令。

工資指數的變化

年份	定額工資	實際收入工資	工資支付額
1926	100.0	100.0	100.0
1929	98.6	103.9	94.7
1930	96.2	98.7	80.9
1931	91.3	90.7	67.5
1932	88.1	88.1	65.8

註：根據日銀的《勞動統計》中名古屋高商產業調查室調查的民營事業總指數。

朝鮮、台灣的大米被迫輸出

地區	年份（平均）	生產量 A	輸出量 B	輸出量與生產量的比例B／A
		千石	千石	％
朝鮮	1912－1916	12303	1389	10.2
	1917－1921	14101	2443	17.2
	1922－1926	14501	4376	30.3
	1927－1931	15799	6617	41.7
	1932－1936	17003	8735	51.3
	1937－1941	21246	5991	26.1
台灣	1910－1914	4416	756	17.1
	1915－1919	4785	950	19.9
	1920－1924	5145	1117	21.7
	1925－1929	6460	2390	37.0
	1930－1934	8060	3478	43.1
	1935－1938	9344	4750	50.8

註：摘自井上、宇佐見：《日本資本主義在危機期間的結構》。

　　另一方面，資本主義危機也正在世界範圍內日趨嚴重。在第一次世界大戰後的相對穩定時期，美國一直保持經濟繁榮的局面，但它在1929年（昭和4年）10月也開始發生危機，並發展成為世界性的危機。在這以後數年期間，各資本主義國家均陷入了危機的境地。

　　當時，日本實行的解除禁止黃金出口禁令的政策，是一項經濟緊縮政策。因此，日本經濟受到了雙重的打擊，出口大幅度減少，大量硬通貨外流，企業相繼破產。企業爲了避免破產，不得不縮短開工時

間，實行合理化，裁減人員、降低工資，因此，失業人數急遽增加。

由於經濟危機，農村遭受的打擊特別沉重。這除了普遍存在半封建的地主、佃農制度的原因外，還受到日本帝國主義的殖民地統治政策的反作用。米騷動以後，政府為了維持國內的低工資，在朝鮮、台灣極力謀求大米的增產和改良品種。這是對殖民地人民掠奪的升級，它表明朝鮮、台灣的農民在這一時期只得增加雜糧來當作食糧。經濟危機的時期正是這種在殖民地增產大米取得明顯效果的時期。而且在這一時期正式使用了化學肥料，但其價格受壟斷資本操縱。

這樣一來，在經濟危機時期，各種農產品的價格暴跌，特別是受向美國出口生絲量劇減的影響，蠶繭價格猛跌。在農村廣泛普及的兼業和副業也因為不景氣而減少了。再加上城市的失業者因投靠在農村的父兄而回鄉務農，使得很多農家陷入悲慘的境地，不斷出現兒童挨餓和少女賣身的現象。

經濟危機使日本資本主義的矛盾激化，使勞資爭議和租佃爭議急遽增加。與此同時，財閥壟斷資本與政黨政治相互扶持而獲得發展，兩者的勾結更加密切，利用職權進行貪污的事件不斷發生，激起了人民的憤怒。特別是在解除禁止黃金出口禁令的時期，三井等財閥利用其在外匯市場上的特權地位牟取暴利，引起了人們的強烈譴責。

加緊對外侵略　面對金融危機以來日本資本主義矛盾的激化，日本的統治階級企圖通過侵略，將國內矛盾引向國外。在金融危機中組成的田中義一內閣，推行稱作「田中外交」的對華強硬外交，為了阻止爭取全國統一而正在北上的中國北伐軍和支持與日本有著密切關係的東北軍閥總頭目張作霖，於1927—1928年（昭和2—3年）曾三次出兵山東。另外，以與中國有關的軍人和外交官為中心，於1927年召集了「東方會議」，強調在中國的「特殊權益」，通過了《對華綱領》，

農產品價格下跌的比例

	大米	小麥	蠶繭	平均
1925年	100.0	100.0	100.0	100.0
1929年	70.4	75.2	65.9	70.5
1930年7月	70.7	55.7	27.6	51.3
1931年7月	48.8	40.5	30.2	39.8

註：摘自古賀英正：《日本金融資本論》第188頁的引表。

宣稱中國如果不尊重這些「特殊權益」，將採取「斷然的自衛措施」。

在這樣的背景下，由駐紮在中國東北的日本關東軍的參謀炸死了張作霖。日本帝國主義歷來都是援助東北軍閥張作霖，擴張日本在東北的勢力，並企圖通過北洋軍閥政權，進一步將勢力擴展到全中國。但是，到了這種時刻，張作霖也並不效忠於日本。因此，關東軍的一部分人打算謀殺被北伐軍從北京趕回東北的張作霖，並企圖藉此機會，建立新的政權，將東北置於日本的統治之下。根據這一計劃，謀殺了張作霖。但當時在關東軍內部，意見也不完全一致，因此未能接著採取軍事行動，計劃沒有實現。當時，沒有讓國民了解事件的眞相，只稱之爲「滿洲某重大事件」。田中內閣給鎮壓法規——治安維持法增添了死刑，對內對外推行反動政策，但對炸死張作霖事件負有責任，因而下台。

代之成立的是立憲民政黨的濱口雄幸內閣，幣原喜重郎再次擔任外相。幣原決定恢復由於田中內閣出兵山東和炸死張作霖事件而搖動了的與英、美的協調，並企圖通過經濟合作來克服危機，因此參加了1930年（昭和5年）由英國提議、爲限制輔助艦而召開的倫敦海軍裁軍會議，妥協接受了壓低日本最初主張的日本輔助艦對美國的比例爲7：10的要求。對此，國內以軍部和右翼分子爲首的反動勢力，認爲這一條約侵犯了軍隊的統帥權，進行了激烈的攻擊。明治憲法中規定，

軍隊的統帥權是天皇的大權，內閣不得干預。軍部一向認為兵力的決定是包括在天皇的軍隊統帥權之內，因此攻擊政府違背作為天皇軍事大權的輔佐機關軍令部（相當陸軍的參謀本部）的意志而簽訂了條約，是侵犯了統帥權。政府則主張這是在政府的權限範圍之內的事。從此以後，軍部逐漸擴大統帥權的範圍，約束政府的行動；或隨意地發起軍事行動，造成既成事實，強加給政府。

濱口內閣的經濟政策的失敗，使得人們對本屆內閣的不滿變為對政黨政治的不信任，促進了激進的右翼勢力擡頭。1930年末，濱口首相遭到一個右翼青年的槍擊，身受重傷，第二年死亡。

社會主義運動的高漲與挫折　在第一次世界大戰以前，日本的社會運動和工人運動中，無政府工團主義一直佔據主導地位。但由於俄國革命的影響，共產主義逐漸佔有優勢。1922年（大正 11 年），由堺利彥、荒佃寒村、山川均等人在非法的情況下建立了日本共產黨作為共產國際（第三國際）的支部。第二年，由於對黨員大搜捕，出現了混亂，但1926年（昭和元年）又重建起來。這一時期發生了1920年和1921年的八幡製鐵所的勞資爭議和神戶的三菱、川崎兩造船廠的爭議等大規模的工人運動，以後在昭和初期又發生了東京的共同印刷廠的爭議，以及長達105天的濱松日本樂器廠的爭議等，在不景氣的情況下，勞資爭議逐漸激化起來。

另外，以工人運動為基礎的勢力，利用普選法生效的機會，參預政治的氣氛高漲起來，試圖組織合法的無產政黨，於 1926 年（昭和元年）建立了「勞動農民黨」。但這個黨由於左右兩派對立，分裂成「勞動農民黨」、「社會民眾黨」和「日本勞動黨」三個黨，工會和農民組合也分裂為三派。

勞資爭議的次數和參加人數
(1928－1932年)

	1928年	1929年	1930年	1931年	1932年
爭議次數	1022次	1426次	2290次	2456次	2217次
參加人數	101893年	149015人	191838人	154528人	123313人
每次平均參加人數	100人	104人	84人	63人	56人

註：內務省社會局調查。

在1928年（昭和3年）舉行的第一次普選中，無產階級政黨有8人當選。但是，因為日本共產黨在這次選舉中的活動引人注目，田中內閣在選舉後不久的3月15日進行了稱作「三一五事件」的大鎮壓，逮捕了大批的共產黨員及其支持者。並對治安維持法進行了修改，增加了死刑等處罰，接著於第二年的4月16日再次進行了稱作「四一六事件」的大鎮壓。日本共產黨因此而受到了很大的打擊。以後在經濟危機的形勢下，工人運動雖然激化，但社會主義政黨由於鎮壓和分裂，始終未能把人民的鬥爭集結成政治力量。

文化的大眾化　在日俄戰爭之後的資本主義進一步發展中，人們的眼光變得更加深刻，逐漸著眼於社會內部的矛盾和自身的問題。這對於統治階級來說，並不是什麼好現象。因此，1908年（明治41年）頒佈了「戊申詔書」，目的是要振奮國民思想和矯正國民風紀，同時表現為對社會主義運動的鎮壓。另一方面，在「爭當世界一等國」的口號下，出現了在軍事、經濟、教育等所有方面爭取達到世界水平的傾向。

1910年（明治43年），由有島武郎、志賀直哉、武者小路實篤等人發行了《白樺》雜誌，第二年，由平塚雷鳥等人發行了《青踏》刊物等，這些都表明了這一傾向。

通過第一次世界大戰，日本資本主義取得了空前的發展，在社會

生活中也發生了深刻變化，在文化、風俗方面也表現出巨大變化。特別顯著的特點就是大眾文化的出現。日本義務教育的入學率在日俄戰爭後就已經超過97％，幾乎所有的人都能夠讀書識字。在1919年（大正8年）以後，又進一步擴充了高等教育機構，接受高等教育的學生人數從以前的數千人增加到數萬人，產生了一個龐大的知識階層。

日本的報紙在明治時代中期以前，帶有濃厚的黨派色彩。但這種色彩逐漸消失，表面上開始採取無黨派的立場，迅速地擴大了發行份數。到大正末期，《大阪朝日新聞》和《大阪每日新聞》的發行份數均達到了100萬份以上。《中央公論》、《改造》等綜合評論性雜誌發展起來，周刊雜誌也開始發行。進入昭和時代後，被稱為「一元本」的定價為1日元左右的各種全集以及稱作文庫版的小型書籍，因價格低廉而大量出版。一些大眾娛樂性雜誌也發展起來，其中還出現了像《國王》那樣發行超過100萬份的雜誌。

文化的大眾化不僅表現在書面文化方面，1925年（大正14年）在東京、大阪開始了無線電廣播，一年後，東京的收聽人數達20萬。以後，由於全國的廣播網臻於完備，聽眾範圍擴大，1944年（昭和19年）收聽率達90％。在明治時代開始引進的電影，從大正時代起，觀眾人數也飛速增加，通過影像傳播信息的作用增大了。留聲機也是從明治時代起引進的，第一次世界大戰後開始大量出售唱片，與此同時，流行歌曲也開始在全國盛行。

第一次世界大戰後的日本，文化就這樣迅速地普及，實現了大眾化。這一方面在很多地方都帶來了文化的庸俗化，但外國各種各樣的思想以及生活方式都帶來了影響；馬克思主義在知識階層中產生強烈影響也是在這個時期。

在學術領域中，不僅吸取外國的研究方法，在各個領域中逐漸產

生了獨創性的研究。特別是在自然科學領域，由於第一次世界大戰而停止了機械、藥品等的進口，獨立的研究蓬勃發展，設立了不少國立的和民間的研究所。在自然科學方面，野口英世進行了黃熱病的研究，本多光大郎發明了KS磁鋼。在人文科學領域，西田幾太郎開創了唯心主義哲學的獨立體系，津田左右吉開闢了日本歷史的科學研究的道路，這些研究以及河上肇等人對馬克思主義經濟學的研究，給後世帶來極大的影響。

文學作品的讀者也擴大了，在森鷗外、夏目漱石等人的指導下，湧現出不少新的作家。其中著名的有永井荷鳳和谷崎潤一郎等人的唯美派以及芥川龍之介和菊池寬的新思潮派等。另外，隨著報紙與雜誌的發展，與純文學不同的大眾小說逐漸贏得了大批的讀者。此外，以第一次世界大戰後社會運動的發展為背景，無產階級文學也崛起，開闢了獨自的領域。無產階級文學從1921年（大正10年）《播種人》雜誌創刊開始，通過《文藝戰線》、《戰旗》等機關報而蓬勃發展起來，湧現出葉山嘉樹、小林多喜二、德永直等有代表性的作家。

在戲劇領域，歌舞伎和新派劇的觀眾也擴大了，開始舉辦大規模的演出。在日俄戰爭後興起的近代劇方面，小山內薰於1924年（大正13年）在東京創建了築地小劇場，在知識階層中增加了話劇愛好者。

在日本畫方面，橫山大觀等人振興了日本美術院，確立了近代繪畫形式。西洋繪畫方面也產生出安井曾太郎、梅原龍三郎等人的「二科會」、岸田劉生等人的「春陽會」等團體，隨著建築的西洋化，西洋畫明顯地普及起來。

日本在大正時代，特別是在第一次世界大戰後，生活方式也以城市為中心發生了巨大的變化。西服得到普及，歐美文化的影響顯著增加，在政府機關及大企業中，磚石結構和鋼筋混凝土的建築增多，即

使是一般家庭，將一部分房屋建成西式房間的住宅也屢見不鮮。城市中的自來水和煤氣都相當普及，給生活帶來了巨大的變化。交通、住宅等城市問題，也是從這個時候開始被重視起來。

侵略戰爭的開始

「滿洲事變」與退出國際聯盟　在中國，張作霖被謀殺後，反對侵略、反對軍閥割據的人民要求高漲起來。在這樣的浪潮中，繼張作霖之後的張學良，向國民黨政府接近，實行了「易幟」，做出了要收回日本在東北的權益的姿態。

由於這些動向，日本陸軍、特別是駐紮在中國東北的關東軍加深了危機感。關東軍是在統治旅順、大連的「租借地」以及「滿鐵附屬地」的關東都督府於1919年（大正8年）改組爲關東廳時，其陸軍部獨立出來而產生的。關東軍將司令部設在旅順，成爲侵略中國的先鋒。在日本的統治階層中，特別是在軍部中，爲了準備第一次世界大戰後將會到來的世界爭霸戰和推行國家總力戰，制定了計劃，準備加強國家與壟斷資本的結合和控制中國東北的資源。關東軍參謀石原莞爾所寫的《論世界最終戰》，就是這一計劃的具體表現。根據他的意見，未來的戰爭將是東西方文明的中心——日本與美國之間以飛機爲主要武器的殲滅戰，日本要準備這場戰爭，就必須完全占領中國的東北，確保物質資源。基於這樣的方針，1931年（昭和6年）9月18日，關東軍在瀋陽郊外的柳條溝炸毀了滿鐵線路，並宣稱這是張學良的東北軍所爲，用秘密偷運進來的重炮轟擊瀋陽，占領了北大營。當時因爲蔣介石向東北軍發出了不准抵抗的命令，所以，在滿鐵沿線發起攻勢的日軍，到11月便基本上占領了整個東北三省。

當時，第二次若槻內閣從國際形勢考慮，決定了暫不擴大事態的方針。但關東軍無視這一決定，擴大了軍事行動；而且「日本經濟聯盟」、「日本工業俱樂部」、「日華事業協會」等壟斷資本家集團也積極支持關東軍的軍事行動，因此，若槻內閣失去了收拾局勢的信心而總辭職，政友會總裁犬養毅組織了內閣。

到1932年（昭和7年）以後，日軍占領了中國東北幾乎所有主要地區，積極準備建立傀儡國家，3月，以清朝末代皇帝溥儀爲執政，製造了「滿洲國」。4月，三井和三菱兩大財閥簽訂了向「滿洲國」提供2,000萬日元貸款的合同。犬養內閣考慮到與美、英之間的關係，遲遲沒有承認「滿洲國」。由於青年軍官以及右翼分子發動了「五一五事件」，犬養被暗殺，齋藤內閣於9月承認了這個傀儡國家。

日本與「滿洲國」的關係，正如同年9月的《日滿議定書》所表明的那樣，繼承和擴大了日中間的不平等條約，其軍事力量也完全由日本掌握。另外，除當時蘇聯經營的中東鐵路外，全部鐵路都「委託」滿鐵經營（中東鐵路也於1935年由日本收買），其他重要產業也被日本控制。

另一方面，在1932年（昭和7年）1月，日軍在抗日運動高漲的上海向中國軍隊發起了進攻。但是，上海與軍閥盤踞、人民處於一盤散沙狀況中的東北不同，它有著工人運動和解放運動的悠久傳統。在各方面力量的支持下，十九路軍進行了頑強的抵抗，而且各個帝國主義國家在上海的權益錯綜複雜，這也對日軍的行動不利。

日中兩國軍隊在上海交戰，帶來了日中全面戰爭的危機。但是，當時的日本還沒有做好全面戰爭的準備，蔣介石又把討伐中國紅軍放在首位，唯恐抗日運動的發展破壞自己的政治基礎，因此，在5月5日達成了停戰協定。

當時，在日本國內，在殘酷的鎮壓下仍然出現了反對帝國主義侵略戰爭的運動。但統治階級的方針是進行所謂「滿洲是日本的生命線」的蠱惑宣傳，企圖用軍國主義化和對外侵略來轉移國內的矛盾。

1931 年（昭和 6 年）9 月 18 日開始的「滿洲事變」，是一直延續到 1945 年（昭和 20 年）戰敗的對華侵略戰爭的序曲，是日本資本主義必然要走的道路。

由於中國的控告，國際聯盟派遣以英國的李頓爲團長的調查團，前往戰事現場以及有關國家。根據其調查報告，在 1933 年（昭和 8 年）2 月的全體會議上提出了否定日本軍事行動的勸告。這個勸告以 42 票贊成，1 票反對，1 票棄權通過。日本代表松岡洋右當時就退出會場，日本於 3 月正式退出國際聯盟。接著華盛頓與倫敦兩個海軍條約於 1936 年（昭和 11 年）失效，日本在國際上更加孤立。這意味著日本與英、美圍繞著統治中國的問題，加深了矛盾。

政黨內閣的崩潰　經濟危機以來，隨著國內矛盾的激化，法西斯勢力在日本擡頭。特別是以倫敦裁軍問題和「滿洲事變」爲契機，右翼分子和青年軍官們大肆活動，於 1931 年（昭和 6 年）發生了「三月事件」和「十月事件」。這些事件是以橋本欣五郎爲領導人的陸軍軍官的密秘結社「櫻會」和由大川周明領導的民間右翼組織相勾結，企圖打倒政黨內閣，建立軍政府的事件，但由於軍部內部意見分歧，以未遂而告終。第二年——1932 年的 2 月至 3 月間，發生了右翼「血盟團」暗殺前藏相井上准之助和三井財團幹部團琢磨的「血盟團事件」。5 月 15 日又發生了一伙海軍軍官暗殺犬養首相的「五一五事件」。

當時日本的法西斯分子爲了克服資本主義危機，準備世界爭霸戰，熱衷於總力戰體制——建設高度國防化的國家。而當時的日本壟斷資本及其代表政黨勢力，在通過經濟軍事化和加緊對華侵略來克服

戰敗前歷屆內閣總理大臣

屆	總理大臣	組閣時間	出身	屆	總理大臣	組閣時間	出身
1	伊藤博文(I)	1885.12	長州閥	22	山本權兵衛(II)	1923.9	薩摩閥
2	黑田清隆	1888.4	薩摩閥	23	清浦奎吾	1924.1	貴族院
3	山縣有朋(I)	1889.12	長州閥	24	加藤高明	1924.6	憲政會
4	松方正義(I)	1891.5	薩摩閥	25	若槻禮次郎(I)	1926.1	憲政會
5	伊藤博文(II)	1892.8	長州閥	26	田中義一	1927.4	政友會
6	松方正義(II)	1896.9	薩摩閥	27	濱口雄幸	1929.7	民政黨
7	伊藤博文(III)	1898.1	長州閥	28	若槻禮次郎(II)	1931.4	民政黨
8	大隈重信(I)	1898.6	憲政黨	29	犬養毅	1931.12	政友會
9	山縣有朋(II)	1898.11	長州閥	30	齋藤實	1932.5	海軍
10	伊藤博文(IV)	1900.10	政友會	31	岡田啓介	1934.7	海軍
11	桂太郎(I)	1901.6	長州閥	32	廣田弘毅	1936.3	文官
12	西園寺公望(I)	1906.5	政友會	33	林銑十郎	1937.2	陸軍
13	桂太郎(II)	1908.7	長州閥	34	近衛文麿(I)	1937.6	文官
14	西園寺公望(II)	1911.8	政友會	35	平沼騏一郎	1939.1	文官
15	桂太郎(III)	1912.12	長州閥	36	阿部信行	1939.8	陸軍
16	山本權兵衛(I)	1913.2	薩摩閥	37	米內光政	1940.1	海軍
17	大隈重信(II)	1914.4	同志會	38	近衛文麿(II)	1940.7	文官
18	寺內正毅	1916.10	長州閥	39	近衛文麿(III)	1941.7	文官
19	原敬	1918.9	政友會	40	東條英機	1941.10	陸軍
20	高橋是清	1921.11	政友會	41	小磯國昭	1944.7	陸軍
21	加藤友三郎	1922.6	海軍	42	鈴木貫太郎	1945.4	海軍

經濟危機的問題上雖無異議，但從現有的利害關係和與美、英的關係考慮，加上他們的勢力在議會中佔優勢等原因，所以向總力戰體制過渡的速度並未能使法西斯分子感到滿意。

法西斯分子的行動，一方面向壟斷資本施加壓力，同時又要向人民偽裝出他們好像是反對壟斷資本的統治。

這一系列的行動威脅了日本統治階層。犬養首相因「五一五事件」而被暗殺後，元老西園寺公望採納了陸軍的反對政黨內閣的主張，推薦海軍大將齋藤實為首相。這樣，長達 8 年的政黨內閣垮台，直到第二次世界大戰戰敗為止，再沒有政黨的黨魁擔任首相。以後政黨在政治上的力量衰落，軍部以及官僚中與軍部合作的勢力（所謂「革新官

年份	軍費	在年支出總額中所佔的比例	年份	軍費	在年支出總額中所佔的比例
	百萬日元	%		百萬日元	%
1931	454.6	30.8	1940	7686.2	71.7
1932	686.3	35.2	1941	14843.8	76.6
1933	872.6	38.6	1942	18078.5	77.2
1935	1032.9	46.8	1943	29818.0	
1937	3376.9	62.4	1944	73493.0	
1939	6230.6	71.8	1945	16463.0	

註：1943年以後是臨時軍費，比例一項表示各年的一般年支出總額。
　　1942年之前根據東洋經濟新報社《經濟年鑑》及日本經濟年報第50期。

僚」) 加強了政治發言權。

1934 年 (昭和 9 年) 陸軍省發行的小冊子《國防的眞實意義和加強國防的主張》，鼓吹戰爭是創造之父、文化之母，讚美軍國主義，排斥個人主義，主張通過實施統制經濟來促進國防國家的建設和國民生活的安定。這一主張意味著要實現第一次世界大戰以來主要由軍部所標榜的總力戰體制──即高度國防化國家和公開進行侵略戰爭，表明要加強陸軍對政治和經濟的干預。

再次禁止黃金出口和重化學工業的發展　犬養內閣爲防止經濟危機所引起的黃金外流和適應「滿洲事變」後開始的軍事經濟，1913年 (昭和 6 年) 12 月，在內閣組成的同時，斷然實行再次禁止黃金出口，接著便停止了兌換。日本經濟進入了通貨管制時期，進一步加強了國家對經濟的統制。日元匯兌行市因此而急遽下跌，解除黃金出口禁令時的比價是每 100 日元合 49,845 美元，到 1932 年 (昭和 7 元) 下降到每 100 日元合 20 美元的比率。但是，由於在不景氣狀況下工資下降，實行產業合理化和日元匯兌行市下跌，日本的出口因而飛速增長，特別是在紡織品行業，取代英國而躍居世界第一位。以英國爲首

日、英、美直接軍費(公布的)的增加

(1912－1913年為100)

	日	英	美
1928－1929年	259.1	147.6	235.7
1932－1933年	343.9	133.3	238.7
1934－1935年	471.9	147.1	278.1
1937－1938年	706.2	374.0	325.0

註：摘自巴爾格‧門德利松：《有關帝國主義的戰後新資料》。

的各個帝國主義國家，為了擺脫世界總危機而引起的危機，以殖民地和勢力範圍為中心，建立了集團的經濟圈，對其他國家的商品規定進口比例，並設立高關稅率，進行對抗。這樣，圍繞殖民地和勢力範圍的重新瓜分，它們之間的對立激化了。另一方面，日本為了增加棉花、石油、廢鐵、機械等戰略物資的進口，對美國的依賴加深了。

由於軍事開支的增加、國家資金的投放和輸出的劇增，使產業界恢復了生氣。企圖以經濟的軍事化作為主軸，逃避資本主義的危機的嘗試，在日本暫時取得了一定的效果。以總危機開始時的 1929 年（昭和 4 年）各國的工業指數為 100，1934 年（昭和 9 年）的工業指數，美國為 66.4，英國為 98.8，法國為 71.0％，這些國家都沒有從總危機的創傷中恢復過來，而唯有日本達到了 141.8％。特別是由於軍事需要和受到保護政策支撐著的重化學工業發展驚人，超過了輕工業生產，在 1937 年（昭和 12 年）的工業生產中，金屬、機械、化學工業佔了54.6％。在鋼鐵工業部門，由於軍部的強烈要求，進行大合併，成立了大日本製鐵會社，達到了鋼鐵自給。電力工業、化學工業部門是第一次世界大戰後取得異常發展的行業。明治以來的大財閥都不太積極向這些領域發展，一些稱作「新興財閥」的集團，以電力工業為基礎，發展了化學聯合企業，並打入了朝鮮及中國東北。舊財閥受到了這種情況的刺激，也逐漸積極地插手於這些行業。

軍費與民間機械工業

	軍費中用於向民間機械工業訂貨額(比例)	軍費訂貨佔機械工業生產額的比例
1932年	53.1%	67.1%
1935年	51.1%	38.2%
1937年	57.1%	90.5%
1938年	54.0%	91.5%

註：向民間機械工業定貨額是東洋經濟新報估算的。
　　摘自森：《論日本的工業結構》〔昭和18年(1943年)刊〕。

各工業部門利潤率的變化(%)

工業部門	1939	1940	1942
紡織工業	10.6	12.1	16.1
機械工具工業	45.4	56.2	69.7
金屬工業	—	—	24.5

註：1942年的數據是根據上杉正一郎：《在日本工業中剩餘價值率與利潤率的計算》，見《國民經濟》昭和23年(1948年)的6－7月號第13頁。其他是根據上杉的估算。摘自井上、宇佐見：《日本資本主義在危機中的結構》。

　　思想領域的反動化　統治階層通過對外侵略，將國內矛盾引向國外的做法，以「滿洲事變」爲契機，取得了相當大的成功。當然，在嚴酷的鎮壓之下，也有開展反侵略戰爭運動的人們，以及堅持革命立場，在獄中仍繼續進行鬥爭的人們。但是，連社會主義政黨也開始轉向國家社會主義。1932 年（昭和 7 年），以赤松克麿爲中心，成立了「日本國家社會黨」，一面提出要打破資本主義體制的主張，一面又主張要「遵照一君萬民的國民精神，建設沒有壓榨的新日本」，並在綱領中提出要重新瓜分國際領土。其餘的黨派聯合組成了「社會大衆黨」，但也避免不了右翼化的傾向。接著在 1933 年（昭和 8 年），佐野學、鍋山貞親等日本共產黨的最高領導人在獄中發表了「轉向」聲明。該聲明認爲打倒天皇制的口號是錯誤的，應當在天皇之下進行一國的社會主義革命，並提出要把「滿洲事變」轉化爲國民解放戰爭。以這

一聲明爲轉折點，獄中的許多黨員也轉向了。由於鎮壓進一步加強，到 1935 年（昭和 10 年）前後，共產主義者在國內的有組織的活動也基本上停止了。由於鎮壓，鈴木茂三郎領導的日本無產黨也於 1937 年（昭和 12 年）停止了活動。

不僅是政治活動，對思想、言論的取締也加強了。不用說馬克思主義，就是對自由主義和民主主義的學術思想也加強了鎮壓。1983 年（昭和 8 年），發生了倡導自由主義刑法學說的京都帝國大學教授瀧川幸辰被免職的事件。美濃部達吉的「天皇機關說」認爲，統治權屬於國家，天皇作爲統治權的總攬者，是國家的最高權力機關。1935 年（昭和 10 年），貴族院一名議員在演說中指責這一學說是反國家的思想，由此而引起了重大的政治問題。美濃部的憲法學說是對明治憲法作了資產階級自由主義的解釋。但是，軍部和右翼分子認爲天皇是統治權的主體，對它發起了政擊，致使岡田內閣也屈服於他們的壓力，發表了「國體明徵」聲明。天皇機關說問題帶來了自由主義也被當作反國家思想而加以否定的結局。許多報刊上發表了支持和擁護軍部內部的法西斯主義分子所主張的國內改革的方針，強化了軍國主義的方向。1937 年（昭和 12 年）蘆溝橋事件之後，發生了批評政府殖民政策的東京帝國大學教授矢內原忠雄被革職的事件；1938 年（昭和 13 年），發生了東京帝國大學的大內兵衛等人因企圖組織「人民戰線」而被逮捕的事件；1940 年（昭和 15 年），又發生了從事日本古代史實証主義研究的早稻田大學教授津田左右吉的著作被查禁的事件。

就這樣通過政府的文化統制，加強了軍國主義的、反動的、國粹的思想，推行了法西斯化。

「二二六事件」　在經濟軍事化和政治反動化的過程中，軍部內

部出現了企圖直接奪取政權、建立軍事政權的動向。在當時軍部內部的派閥中，存在「統制派」和「皇道派」兩個系統。兩派在爭取實現以軍部爲中心的總力戰體制的目標上是一致的，但前者主張掌握現存的國家組織的領導權，在與財閥也取得一定協調的基礎上，實現其目標；與此相反，後者企圖一舉實現以天皇爲中心的軍事獨裁政權，拋開現存的國家組織及財閥的利害，實現其目標。兩派圍繞著軍部內部的人事與領導權問題，發生了尖銳的對立，1935年（昭和10年）發生了統制派的核心人物永田鐵山少將被皇道派青年軍官殺害的事件。由於總危機，農民的生活處於悲慘的境地，在很多農村出身的士兵中間發生了動搖。一部分出身於較下層的青年軍官，同士兵的日常接觸較多。他們當中對皇道派批判財閥及代表其利益的政黨政治的主張產生共鳴的人不斷增多。1936年（昭和11年）2月26日，受北一輝的思想影響的陸軍中皇道派的青年軍官，率領約1400名士兵，襲擊了首相官邸和警視廳等處。岡田首相險遭殺害，大藏大臣高橋是清和內大臣齋藤實等人被殺。這一事件稱爲「二二六事件」。這次以建立軍事政權爲目標的軍事政變遭到了鎮壓而失敗，但岡田內閣也垮台了。接著成立的廣田弘毅內閣，是接受了軍部在內閣人選和擴大軍備等方面的要求之後才勉強組成的。另外，這屆內閣還根據陸軍的要求，恢復了陸海軍大臣由現役武官擔任的制度。通過這一制度，軍部對於不滿足其要求的內閣，可以用不選派軍部大臣或讓軍部大臣辭職等辦法，威脅內閣的存在和建立，軍部對政治的介入更加露骨了。

這一年，根據軍部的國防方針，廣田內閣爲了使大陸和南方以日本爲中心變爲一個整體，決定了以實行外交和國內改革爲內容的「國策基准」，推行大規模的軍備擴張。

世界總危機後，各個資本主義國家的危機進一步加深。1933年，

在德國建立起由希特勒所領導的納粹黨政權。希特勒建立了獨裁體制，叫喊要打破凡爾賽體制，脫離了國際聯盟，1935 年宣布重新武裝。這樣就形成了軍國主義日本和納粹德國兩大戰爭發源地。義大利早已於 1922 年建立了墨索里尼的法西斯主義政權，1935 年開始侵略埃塞俄比亞，與國際聯盟激烈對抗。

脫離了國際聯盟，在國際上陷入孤立的日本，1936 年與納粹德國之間締結了《日德防共協定》，第二年，義大利也加入這一同盟。三個防共協定打著對抗共產國際的旗號，同時主張世界「新秩序」，形成了要求重新瓜分領土和勢力範圍的軸心。針對這種情況，蘇聯於 1934 年加入國際聯盟，美國從這時起實際上也加入了聯盟，與法西斯陣營針鋒相對，逐漸形成了由英、法、美和蘇聯組成的反法西斯陣營。在日本內部，因為有著與英、美長期協調的歷史，所以也存在著相當一部分勢力警惕與德、義接近。但以陸軍為中心的勢力，則要加強與德、義的接近。

廣田內閣一方面受到對推行總力戰體制的速度感到不滿的軍方的攻擊，同時又受到對擴張軍備造成國際收支惡化等感到不滿的政黨的攻擊，因而於 1937 年（昭和 12 年）1 月總辭職。陸軍大將宇垣一成受天皇之命組閣，但因為對宇垣不滿的軍部不推薦陸相，最後放棄了組閣的念頭。這一事件清楚地表明了軍部控制政治的強有力地位。以後，林銑十郎內閣組成，但以短命而告終。6 月，貴族中的名門近衛文麿組成了內閣。

第二次世界大戰

日中戰爭　日本占領了中國東北三省之後，日軍的軍事行動並沒有停止，又占領了山海關以北當時的熱河省。1933 年（昭和 8 年）5 月，日中兩軍之間暫時簽訂了停戰協定（《塘沽停戰協定》）。但是，軍部以後仍在窺視進攻華北的機會。在 1935 年（昭和 10 年）10 月，組建了傀儡組織「冀東防共自治政府」，進行分裂華北的工作和秘密輸入日本商品。同年 12 月，設立了以控制華北經濟爲目的的「興中公司」，由於滿鐵、關東軍、日本駐中國武官三者態度一致，得到了日本總理大臣的認可。1936 年（昭和 11 年），總部設立在天津的「支那駐屯軍」制定了以完全控制華北經濟爲目標的計劃方案。廣田內閣也決定了將華北五省置於日本勢力範圍之內的方針。

這種侵略政策的強化，是以國內矛盾激化爲背景的。由於以「滿洲事變」爲開端的暫時的軍事熱潮和鎮壓，工人運動暫時低落了；但由於通貨膨脹政策帶來的生活困苦，從 1936 年（昭和 11 年）起又開始高漲起來，1937 年（昭和 12 年）上半年，擴大到重工業、軍事工業、交通運輸等許多部門，終於突破了過去的紀錄。租佃爭議也大幅度地增加了。以這種人民鬥爭激化的形勢爲背景。在 4 月的總選舉中，儘管有政府的阻撓，「無產政黨」仍取得了空前的發展。面對國內矛盾的激化，日本的整個統治階級企圖通過再次發動侵略戰爭來加以解決。

1937 年（昭和 13 年）7 月 7 日夜，在北京近郊的蘆溝橋，日軍進攻中國軍隊，日本帝國主義開始公開侵略華北。政府中一部分人擔心和中國開戰會破壞與英、美的協調，認爲進行公開的戰爭爲時尚早，

勞資爭議的增加

年份	爭議總次數	參加人數	行使實力的爭議次數	參加人數	工會數	工會會員數
1925	816次	89387人	293次	40742人	457	254267人
1926	1260	127267	495	67234	488	284735
1927	1202	103350	383	46672	505	309494
1928	1013	98278	393	43337	501	303901
1929	1408	171668	571	77281	630	330986
1930	2284	190300	901	79824	712	345312
1931	2415	152161	984	63305	818	368975
1932	2159	118137	870	53338	932	377623
1933	1859	112516	598	46787	942	384618
1934	1893	120307	623	49478	965	387904
1935	1849	102554	584	37650	998	408665
1936	1945	91570	546	30857	973	420389
1937	2126	213622	628	123730	837	359290

註：摘自《日本統計年鑑》第一回。

租佃爭議和佃農組合的發展

	租佃爭議次數	參加的佃農人數	佃農組合數	參加組合的人數
1925	2206	134646	3496	307106
1926	2751	151061	3926	346693
1927	2053	91336	4582	365332
1928	1866	75136	4353	330406
1929	2434	81998	4156	315771
1930	2478	58565	4208	301436
1931	3419	81135	4414	306301
1932	3414	61499	4650	296839
1933	4000	48073	4810	302736
1934	5828	121031	4390	276146
1935	6824	113164	4011	242422
1936	6804	77187	3915	229209
1937	6170	63246	3879	226919

註：摘自《農地改革始末概要》。

因而表示不希望擴大事態。參謀本部的作戰部長石原莞爾等人，從對蘇備戰應放在首位的立場和加強在東北的殖民體制的觀點出發，反對擴大事件。但軍部，政府和壟斷資本基本一致的要求是把華北變為殖

民地。因此，儘管 11 日簽署了就地停戰的協定，但同一天的內閣會議上仍作出了從日本本土派遣軍隊的決定。戰火於 8 月 13 日進一步燒到上海，事實上進入了全面戰爭。政府稱此為「支那事變」。名為「事變」，實際上是全面戰爭。沒有稱作「戰爭」，是因為按國際法規定，如果宣戰就無法得到美、英所提供的軍需物資。9 月 4 日發布的天皇激勵「支那派遣軍」的敕語，這事實上也就是宣戰。

日中戰爭發展成公開化之後，在中國各地多次發生日軍進行大屠殺的事件。1937 年（昭和 12 年）12 月，日軍在占領了當時國民黨政府的首都南京時所進行的大屠殺，就是其中的一例。根據日本進行的研究，南京被占領後由慈善團體等所掩埋的中國人的屍體，據記載約有 20 萬具，如果加上由日本軍隊以及其他有關人士和親友掩埋的屍體，估計大約有 30 萬中國人被殺害。其中雖然也包括戰死的中國士兵的屍體，但一般居民被屠殺的人數達到了相當驚人的程度。

另一方面，在中國，前一年發生「西安事變」以來，中國共產黨的抗日民族統一戰線政策已經得到中國人民的廣泛支持，充滿了堅決抗戰的氣氛。儘管日本派遣大軍，擴大戰線，占領了北京、南京等很多重要城市，但並未能使中國方面屈服。近衛首相於 1938 年（昭和 13 年）1 月發表了「不以國民政府為對象」的聲明。接著又於這一年底發表了戰爭的目的是建設「東亞新秩序」的聲明，並誘使汪精衛逃出重慶。1940 年（昭和 15 年），將華北的「中華民國臨時政府」、華中的「中華民國維新政府」等以前在各地扶植的傀儡政權合併，在南京成立了以汪精衛為首的傀儡政權。但是，要通過這個以日本的軍事力量為後盾的政權來結束戰爭是不可能的。中國人民在國民黨軍隊撤離的地區、日軍的後方展開了游擊戰。因此，日軍被迫只能維持「點和線」（據點和交通線），戰爭進入了持久戰階段。面對這種與人民緊密

財閥控制的民間軍事工業的狀況

財閥	艦艇武器 製造公司	投入資本額總計	百分比
		千日元	%
(舊財閥)			
三井	7	87500	11.5
三菱	6	127425	16.7
住友	6	99615	13.0
十五銀行	4	107000	14.0
台灣銀行	2	25000	3.3
淺野	3	31750	4.2
古河	2	30150	3.9
澀澤	3	20625	2.7
大倉	5	10875	1.4
財閥共同經營	6	29650	3.9
(新財閥)			
日產	3	95687	12.5
日本氮氣	1	2750	0.4
日本蘇打	1	1500	0.2
森	1	1075	0.1
中島	1	12000	1.6
川西	1	1250	0.2
地方財閥	6	16820	2.2
以上合計	58	700672	91.8
其他	24	62840	8.2
總計	82	763512	100.0

註：數字是根據梅井義雄的計算，表中是截至昭和12年(1937年)上半年爲止
的情況。摘自小山：《日本軍事工業史的分析》。

結合的抵抗戰爭，日軍採用了所謂「三光作戰」的戰術，妄圖徹底鏟
除進行這樣抵抗戰爭的根據地。但是，陷入持久戰使日本帝國主義的
計劃受到了嚴重挫折。

　　因爲侵略戰爭失去了在短期內結束的希望，便開始規劃在日本國
內實行長期的戰時體制。1938年（昭和13年），以「協調會」爲中心，
網羅資本家團體與工會幹部，組成了「產業報國聯盟」，並迫使工會也
與這一組織合併。1940年（昭和15年）又進一步將該組織改組爲擁

有 418 萬成員的「大日本產業報國會」。在農村，也利用產業組合等形式，從上而下地重新組織農民。由政府來動員這些組織參加戰時體制，推進國民精神總動員運動。1938 年（昭和 13 年），以這些活動爲背景，推行組織以近衛爲黨魁的新政黨的計劃。

經濟統制的加強　由於廣田內閣大力擴充軍備，使得軍事開支大幅度增加，出現了財政的急遽膨脹。加上由於軍需物資的進口猛增，國際收支也處於危機狀態。日中戰爭開始後不久，政府立即直接統制經濟，公布了《臨時資金籌集法》、對進出口商品等的《臨時措施法》等法令。

財政的急劇膨脹，通過不斷的增稅也趕不上。由於增發大量的赤字公債和日本銀行券，發生了惡性的通貨膨脹。

1938 年（昭和 13 年），政府在未經議會承認的情況下，制定了對經濟和國民生活進行全面統制的《國家總動員法》，進一步強化了經濟的軍事化。1939 年（昭和 14 年），利用《國民征用令》，開始動員一般國民從事軍需產業生產。另外，財閥、財界積極地生產軍需品，財界代表加入內閣，使大企業和國家進一步結合，戰時國家壟斷資本和總力戰體制就這樣趨於完成。

第一次世界大戰以後，日本的重化學工業迅速發展，但這同時也帶來了日本經濟的極端不均衡。日本在製造軍艦的能力方面，能夠建造出世界上最大的軍艦；但汽車（小轎車和卡車）的生產，1938 年美國爲 2,691,000 輛，英國爲 448,000 輛，德國爲 356,000 輛，日本僅僅生產 17,051 輛，只能滿足國內需要的 30%。以機床爲代表的重要機械設備也大多依賴於進口。日本每一個工人平均的機械設備馬力數是美、英、德的 1／2 至 1／3。這種情況成了進行公開戰爭的重大障礙。

日本工業生產指數的變化

(1931年—1945年)

(1934年—1936年＝100)	綜合	機械	纖維	食品
1931年	89.6	84.9		
1937	130.7	147.8	114.2	116.5
1941	150.0	215.9	68.1	105.2
1942	144.8	234.1	54.0	95.5
1943	161.2	315.3	37.0	81.0
1944	182.1	463.3	21.1	63.6
1945	59.1	147.3	12.1	36.9

註：經濟企劃廳調查。

　　日中戰爭的公開化進一步導致了日本經濟的軍事化。政府把巨額的國家資金撒給了壟斷資本，在訂購器材時支付的預付款（定金），1937 年（昭和 12 年）是訂貨額的 31％，1938 年為 42％，1940 年達 60％。這些國家資金被壟斷資本用於擴充設備。1938 年度政府的訂貨與工廠方面未付貨的比率，在汽車工業中為 533％；在各個企業中，三菱重工達 42％，東芝達 217％，日立達 125％。這些數字表明了當時日本的重化學工業的能力與進行戰爭所必須的水平相差何等遙遠，同時也表明了政府訂貨帶來了巨大的市場。

　　經濟的軍事化和國家資金的投放，給壟斷資本帶來了巨額利潤。以鋼鐵工業為例，1930－1934 年（昭和 5－9 年）的利潤率是 3.7％，紅利率是 2.6％，而 1941－1944 年（昭和 16－19 年），利潤率變為 11.1％，紅利率變為 7.3％。機械工具工業的利潤率，1939 年（昭和 14 年）達到 45.4％，1940 年（昭和 15 年）達到 56.2％，1942 年（昭和 17）達到 69.7％。

　　這種經濟的軍事化——即總力戰體制，經過 1942 年的《全國金融統制令》所實行的金融管制和銀行大合併的促進而完成。由正式侵略中國而開始的經濟軍事化，推進了總危機以來逐步發展的國家壟斷資

政府預付款在主要航空飛機公司的總資本中所佔的比例

年份 公司	1942年上半年		1942年下半年		1943年上半年	
	百萬日元	%	百萬日元	%	百萬日元	%
三菱重工業	824	54.5	1232	63.5	1279	59.1
中島飛機	242	28.8	406	39.1	527	37.2
川崎航空飛機	44	35.3	139	60.2	176	51.8
川西航空飛機	38	20.0	88	34.0	146	39.3
立川飛機	39	42.6	55	38.0	67	34.0
日立航空飛機	16	19.6	39	34.2	38	27.8

註：摘自井上、宇佐見《日本資本主義在危機中的結構》。

全國各公司贏利的增加

年份	贏利	增加率
1936	14億日元	100
1937	21	150
1941	48	343
1942	53	379
1943	63	450
1944	71	507

註：1936年根據1939年版的《東洋經濟年鑑》。
　　1937年以後根據1947年版的《時事年鑑》。

本主義的形式。

　　由於軍需生產的擴大，壟斷資本獲得了巨額利潤。另一方面，民生用品的生產和進口都受到嚴格的限制，中小企業被強制進行了調整。另外，在「奢侈是大敵」的口號下，國民的生活水平大幅度下降。1939 年 (昭和 14 年)，棉製品的生產和銷售被禁止；1940 年 (昭和 15 年)，對砂糖、火柴、木炭實行憑票供應，並實施了大米由政府徵購的制度。第二年，對大米實行了配給制，連衣料等也實行憑票供應，加強了對日用品的統制。

　　在農村因爲大批勞動力被徵去當兵，加上肥料和資材不足，糧食生產從 1939 年 (昭和 14 年) 開始下降。另一方面，由於必須要保證

糧食的增產和出征者家屬的生活，所以政府要求地主作一定的讓步，禁止地主隨意收回土地，並對佃租作了限制，此外還採取了在徵購對生產者米價（向生產者徵購的價格）實行優待等措施。對日本資本主義來說，半封建的地主、佃農制度早已不是什麼受歡迎的東西，由於戰時經濟的要求，越發感到這一點。後來在提高徵購米價時，極力壓低從地主手裏徵購的大米的價格，地主制度受到了進一步打擊。

　　儘管採取了這樣一系列措施，但糧食的不足仍然越來越嚴重。

　　軍需生產的資材只靠來自日本及中國被占領地區的“日元集團”是不夠的，還必須從歐美國家及其勢力範圍進口。但是，日本帝國主義占領和統治了中國的廣大地區，威脅到英、美的權益，英、美開始對日本實行貿易限制。1939年（昭和14年），美國宣佈廢除通商條約（條約於第二年失效），日本的資材輸入陷入困境。因此，日本爲了尋求石油、橡膠、鐵礬土等資源，企圖在「大東亞共榮圈」的名義下，對東南亞進行侵略。因而進一步加深了與英、美的對立。

　　日德義三國同盟和第二次世界大戰　德國於1938年（昭和13年）提議，將防共協定轉化爲以蘇聯及英、法爲敵國的軍事同盟。陸軍和與其合作的所謂「革新官僚」的勢力對此表示贊成。但由於和英、美有著長期協調的歷史，在官界、政界對於和納粹德國結成同盟感到猶豫不決的氣氛也很濃厚。另外，海軍因爲其石油燃料（這可以說是海軍的生命）幾乎全部由美國提供，所以也表示爲難。1939年（昭和14年），取代近衛內閣而成立的平沼騏一郎內閣，由於這一問題而在內部產生了對立。另一方面，1938年（昭和13年），日本在張鼓峰附近向蘇聯軍隊挑釁，接著從1938年5月開始，在海拉爾附近的諾門坎同蘇軍進行了長達三個月的大規模戰鬥。在諾門坎戰役中，日軍遭到了毀滅性的打擊。8月，德國和蘇聯簽訂了互不侵犯條約。這對日本

是一次巨大的打擊。平沼內閣茫然失措，因而垮台。

　　9月，德國對波蘭宣戰，英國、法國也對德國宣戰，第二次世界大戰開始。這時，繼平沼內閣之後的阿部信行、米內光政兩屆內閣採取了避免介入歐洲戰爭的方針，對於和德國的軍事同盟抱消極態度。但是，1940年（昭和15年）6月，納粹德國占領了巴黎，並占領了歐洲的廣大地區。此後，以陸軍爲首的與德國結盟勢力意見強烈，他們主張進軍東南亞，爲此不惜與美、英開戰。

　　近衛文麿於6月辭去了樞密院議長的職務，聲明要發起新體制運動。各個政黨和團體也表示要一齊解散，參加這個運動。軍部期望近衛當首相，打倒了米內內閣，結果於7月組成了第二次近衛內閣。近衛在組閣之前，和預定的陸軍大臣、海軍大臣、外務大臣進行了會談，確定了改變不參與歐洲大戰的政策和加強與德、義合作，以及進軍東南亞的方針。9月，近衛內閣締結了「日德義三國軍事同盟」。在這個同盟條約中，日本承認德、義兩國在歐洲的「領導地位」，規定這三個國家中任何一國受到第三國的進攻時，都要在政治上和軍事上相互支援。在締結這個條約的同時，日本爲了奪取東南亞的法屬殖民地、切斷援蔣通道、在南方獲得軍事基地等目的，占領了越南北方。同年10月，新體制運動建立了以總理大臣爲總裁的「大政翼贊會」。建立這個組織的目的是，將所有的政治勢力結成唯一的政治組織來推行戰爭。但是，結果並沒有成爲當初目標中所規定的政治組織，卻變成了官方的上意下達的機關。不過，這個組織後來將產業報國會、大日本婦女會、鄰保組（町內會、部落會）等一切團體都置於其掌握之下，作爲一個動員國民來進行戰爭的組織，起了很大的作用。

　　另外，這一年被規定爲傳說中的第一代天皇神武天皇即位2,600周年，在國家的主持下舉行了「紀元2600年紀年式典」，強調了「世

界上無與倫比的萬世一系的國體」和「八紘一宇」等，向國民大肆宣傳天皇制軍國主義和侵略世界的思想。

1941 年（昭和 16 年）4 月，松岡洋右外相締結了《日蘇中立條約》。在日德義三國同盟和日蘇中立條約的背景下，日本企圖調整與美國之間不斷惡化的關係，但三國同盟已使日美之間的對立更加激化了。

日美開戰 1941 年（昭和 16 年）6 月，納粹德國向蘇聯發起了進攻。由於德蘇戰爭的開始，蘇聯與英、美之間的聯繫變得更加緊密。日本在 7 月召開的御前會議上決定，在作好對美、英作戰的思想準備的基礎上侵略南方，並在形勢有利時進攻蘇聯。在德蘇戰爭開始的同時，陸軍強烈主張，要求利用德軍處於攻勢的時機，從中國東北方面進攻蘇聯，並在「關東軍特別大演習」的名義下，對駐紮在中國東北的日本關東軍進行了總動員。但是，由於諾門坎事件時受到蘇聯沉重打擊的記憶猶新，以及要準備對美、英作戰等原因，對蘇作戰沒有付諸行動。

另一方面，自 1939 年美國宣佈廢除《日美通商條約》以後，日美兩國的關係趨於惡化。但借助於 1940 年日美民間人民接觸的機會，開始了謀求改善關係的交涉，1941 年開始了非正式會談，4 月甚至發展為外交談判。在當時的日本統治階層內部存在著兩種意見，一種是軍部要不惜採取戰爭手段來發動對東南亞侵略的意見，另一種意見認為從中國部分撤退在所難免，企圖通過與美國的交涉來解決事態。

第二次近衛內閣總辭職後，組成了第三次近衛內閣。這屆內閣排除了反對已經開始的對美談判的松岡外相，但實行了對越南南方的軍事占領。對此，美國對日本實行石油禁運，兩國關係惡化到了極點。在日本內部，主要是軍部認為，如果沒有石油儲備，將被迫向美國全

面屈服，因而強烈主張「死中求生」，即通過戰爭來解決窘迫的局面。

在 9 月 6 日召開的御前會議上決定，如果日美交涉到 10 月上旬仍無結果，則對美國、英國、荷蘭開戰。在日美談判中，美國要求日本從中國全面撤退，放棄日德義三國同盟。日本對此加以拒絕，日美之間沒有達成妥協，就這樣一直拖延到 10 月下旬。在日本政府內部，主張日美繼續談判的近衛首相與主張停止談判，對美開戰的東條英機陸相發生了衝突，近衛內閣總辭職。

木戶內大臣以撤回 9 月 6 日的決定為條件，推荐東條英機為首相，於是組成了東條內閣。東條內閣重新審議了 9 月 6 日的決定，但結論還是沒變，並加緊進行開戰的準備。美國也決心作戰，11 月末，向日本提出以下主要要求：從中國和法屬殖民地印度支那全面撤退，廢除三國同盟，解散汪精衛「政權」，恢復到 1931 年「滿洲事變」以前的狀況。因此，兩國的對立越來越深，通過談判來解決問題已毫無希望。

12 月 8 日，日本海軍用飛機對夏威夷的珍珠灣軍港進行了突然襲擊，給美國太平洋艦隊造成了慘重損失，同時向美、英宣戰。德國、義大利也根據三國同盟，向美國宣戰。於是第二次世界大戰擴大到全世界。

戰爭的經過 日本最初在夏威夷殲滅了美國太平洋艦隊的主力，接著又在馬來海面全殲英國東方艦隊的主力，攻下了香港、馬尼拉、新加坡，占領了現在的印度尼西亞、菲律賓、馬來西亞、緬甸的廣大地區，並入侵印度。1942 年（昭和 17 年），在東條內閣統治下進行了選舉。這時的議會已無政黨，變成了大政翼贊會的一部分，毫無權力。當選者中有政府推荐的候選人 381 人，非政府推荐的候選人 85 人，鳩山一郎、尾崎行雄、蘆田均、片山哲等舊政黨的人士都是非推

荐當選的。議會變成了原封不動地贊成政府——軍部的提案的機關。

　　日軍初期作戰成功的原因，是在於改變了過去以戰艦爲主力的原則，靈活使用以航空母艦爲核心的機動艦隊。但不久美國也開始採用這種方法，1942 年（昭和 17 年）6 月，日本海軍在中途島附近的海戰中大敗，損失了其機動艦隊的主力。以此爲轉折點，從這一年下半年起，美國軍隊開始了正式的反攻。

　　日本占領了南太平洋的廣大地區，實行軍政統治，卻聲稱「這次戰爭的目的在於將亞洲從歐美的殖民統治下解放出來，建設『大東亞共榮圈』」，並於 1943 年（昭和 18 年）將被占領地區的代表們召集到東京，召開了大東亞會議。但是，「大東亞共榮圈」的實質顯然是由日本帝國主義進行新的殖民統治，各地人民反對日本占領的抵抗鬥爭逐漸激化。特別是以國民政府爲中心，堅持同日本占領軍戰鬥的中國人民的鬥爭，使日本無法將大部分兵力轉向其他地方，戰局逐漸變得對日本不利。

　　1944 年（昭和 19 年），塞班島落入美軍手中，「絕對防線」的一角崩潰，東京處於美國轟炸機的活動範圍之內。爲此，東條內閣垮台，組成了小磯國昭和米內光政的聯合內閣。

　　隨著戰爭的開始，政府便實行了將民用產業轉爲軍需產業，將國民生活壓縮到極點等措施。1943 年（昭和 18 年），又實行了把在校的徵兵適齡學生全部召集入伍的「學生出陣」，留在學校的學生、兒童及未婚的女子被強制動員到軍需工廠做工。另外，還把許多朝鮮人和被占領下的中國人押送到日本，強迫他們在礦山等處從事苛酷的勞動。

　　強制押運朝鮮人和中國人　朝鮮工人流向日本，是因爲在朝鮮確立了殖民統治，而使朝鮮社會遭到破壞所造成的。而正式由國家來輸入朝鮮工人，則是隨著日中戰爭的爆發，出現勞動力不足時開始的。

主要產業的徵用工

年份	年徵用工人數	累計
1939	850	850
1940	52692	53542
1941	258192	311734
1942	311649	623383
1943	699728	1323111
1944	229448	1552559
1945	47771	1600330
總計	1600330	1600330

註：政府強制從事重要產業的新徵用的男工數。截至1945年8月15日爲止。
　　摘自美利堅合眾國戰略轟炸調查團：《日本戰爭經濟的崩潰》。

動員到日本的朝鮮勞工人數調查

年度	計劃數	煤礦	金屬礦	土建	工廠等	計
1939	85000	34659	5787	12674	－	53120
1940	97300	38176	9081	9249	2892	59398
1941	100000	39819	9416	10965	6898	67098
1942	130000	77993	7632	18929	15167	119821
1943	155000	68317	13763	31615	14601	128296
1944	290000	82859	21442	24376	157795	286432
1945	50000	797	229	836	3760	10622
計	907300	342620	67350	108644	206073	724787
停戰時的狀況		121574	22430	34584	86794	365382

註：1944年的計劃數於該年度中間更改爲326000人。
　　1945年的計劃是作爲第14半期計劃而制定的。
　　摘自大藏省管理局編《關於日本人的海外活動歷史的調查》朝鮮篇。

第二次世界大戰末期動員的朝鮮工人

		1942年	1943年	1944年
朝鮮國內	「官方介紹」	49035	58924	76617
	徵　　用	90	648	19655
	道內動員	333976	685733	2454724
到日本	「官方介紹」	115815	125955	85243
	徵　　用	3871	2341	201189
	軍事人員	300	2350	3000
到基地	軍事人員	16502	5648	7796
計		520594	881599	2848224

註：摘自大藏省編《關於日本人的海外活動歷史的調查》朝鮮篇。

被押送到日本的中國人所從事行業類別的統計

行業	行業類別	勞役現場數	人數
土建業	發電廠建設	13	6089
	飛機廠建設	8	3428
	鐵路海港建設	6	1575
	地下工廠建設	6	2148
	工廠建設	1	580
	鐵路掃雪	2	666
	（合　計）	36	14476
採礦業	煤礦採掘	42	17433
	銅礦採掘	9	4382
	水銀礦採掘	7	3077
	鐵礦採掘	6	1397
	其他礦石採掘	5	999
	精　煉	1	132
	（合　計）	70	27420
造船業	造船	4	1210
裝卸行業	海港裝卸	25	8074
總計		135	51180

註：實際押運的乘船人數是38935人，但因為在日本國內的企業工廠調動，
　　所以本表人數總計的51180是在全部勞役現場使用的勞工人數，兩者之
　　差是重複的人數。摘自赤津：《花岡暴動》。

被押送到日本的中國人分布地區的統計

地　方	企業工廠數	人　數
北海道	58	19361
奧羽	9	4008
關東	7	3505
中部	25	10191
近畿	7	2708
中國	5	1332
四國	1	678
九州	23	9126
總計	135	51180

註：摘自《外務省報告》。

被押送到日本的中國人的反抗鬥爭

勞役現場番號	勞役現場名稱	事件名稱	原因	行動	被害	備註
41	鹿島花岡	全體逃亡、騷擾、殺人事件	對業主處置不滿	暴動、殺人、傷害、集體逃亡	殺害職員4名，殺害華人1名	逮捕入獄·損失16萬日元
42	鹿島御岳	爆炸發電廠、殺人未遂事件	反戰，對警察取締不滿	策劃爆炸、殺人	3名職員受傷	逮捕入獄。損失4萬日元
45	鐵建西松	無理要求事件				損失48萬日元
47	間御岳	殺害隊長事件	華人互相傾軋	打死	殺害華人1名	逮捕入獄
56	西松安野	殺害華人事件	華人互相傾軋	打死	殺害華人2名	
59	熊谷富士	暗殺隊長、警察、指導員未遂事件	反日陰謀	策劃暗殺指導員		逮捕5人（獄中死亡2人）
64	野村置戶	暴動未遂事件	反日陰謀	破壞各種設施及策劃殺害日本人		逮捕
72	井華別子	逃亡傷害事件	對業主處置不滿	毆打	1名職員受傷	
74	日鐵峰之澤	暗殺隊長未遂事件	不滿隊長橫暴	策劃暗殺隊長的翻譯		逮捕
81	日鐵二瀨中央	妨害生產未遂事件	反日思想	未遂		
83	同和花岡	朝鮮人、華人暴力事件	朝中傾軋	毆鬥	1名華人受傷	
84	同和小坂	殺害華人事件	華人互相傾軋	毆打、殺害	殺害華人1名	逮捕
86	戰線仁科	對職員暴行事件	對業主處置不滿	大規模毆鬥	1名職員受傷	逮捕
93	三菱大夕張	殺害華人事件	對隊長不滿	用鐵鎬打死	殺害1名華人	殺人者自殺
99	三菱崎戶	爆炸煤礦嫌疑事件	反日陰謀	未遂		事前被發覺逮捕
112	播磨日之浦	破壞工廠設施事件	反日陰謀	破壞機器設備	工廠內各種設備	逮捕

被押送到日本的中國人的反抗鬥爭（續表）

勞役現場番號	勞役現場名　稱	事件名稱	原因	行動	被害	備註
121	港運伏木	反日陰謀未遂事件	反日陰謀	未遂		17人被遣送北海道地崎逮捕
133	港運大阪安治川	思想嫌疑事件	反日陰謀	思想嫌疑		

註：「華人互相傾軋」是指對中國籍「監督」的反抗鬥爭。
　　摘自外務省1946年3月《華人勞工勞動情況調查書》。

1939 年（昭和 14 年），日本制定了「勞務動員計劃」，向朝鮮提出 86,000 人的「勞務輸出」要求。隨著 1941 年（昭和 16 年）向美、英宣戰，對朝鮮人勞動力的要求更加迫切，從 1942 年起通過實行所謂「官方介紹」（「官幹旋」），開始將大量朝鮮人成批強行押送到日本。

　　這樣被強行押送到日本的朝鮮人，大多被迫在惡劣的條件下勞動，同時還被強制接受背誦「皇國民誓詞」和參拜神社等屈辱之極的「皇民訓練」。

　　日本帝國主義強行把中國人押送到日本，是根據 1942 年（昭和 17 年）11 月內閣會議決定的《關於華人勞工移入內地件》而正式開始的。這些被強行押運到日本的大批中國人，被迫在無法形容的惡劣勞動條件下從事勞動，很多人死亡。

　　1945 年（昭和 20 年）6 月，在秋田縣花岡，600 多名中國工人以被日軍抓住而押送到日本的八路軍爲骨幹，組成了「中國抗日別動隊」。他們看到日本的戰敗近在眼前，爲「呼應祖國人民的民族解放戰爭」而全體暴動，但被日本的警察、在鄉軍人、警防團的大部隊包圍。大部分人犧牲，暴動失敗。這次鬥爭是當時在日本本土反對日本帝國主義的一次最激烈的反抗鬥爭。

軍事力量的消耗

a.陸軍飛機

生產數量	約32000
損耗數量	約25000
開戰時擁有數	約3000
停戰時保有數	約10000

b.海軍飛機

生產數量	30925
損耗數量	25609
開戰時擁有數	1200
停戰時保有數	5886

c.海軍艦艇

艦　　種	開戰時	開戰後增加	損耗	停戰時(括號內是不能航行的)
戰艦	10	2	8	4(0)
航空母艦	10	13	19	4(2)
巡洋艦	41	6	36	11(3)
其他軍艦	14	3	11	6(3)
驅逐艦	111	63	135	39(30)
潛水艇	64	126	131	59(50)
海防艦	4	168	73	99(80)
其他小型軍艦	136	444	272	308
合計	390	825	685	530

走向投降　進入 1944 年（昭和 19 年）之後，日本由於喪失了制海權和制空權，來自被占領地區的物資在運輸上也發生了困難，資材嚴重不足。日本帝國主義為了挽回不利的戰局，決定在中國大陸動員 13 個師團，占領從朝鮮和中國東北至越南、馬來的鐵路全線，打通「大陸交通線」，以彌補制空權和制海權的喪失。面對日軍新的攻勢，致使很多重要城市和廣大地區被占領。但是，八路軍、新四軍與此相反，發起了攻勢，使得日軍的大規模作戰又以失敗而告終。這一行動牽制了日軍的大部分力量，對同年 6 月美軍攻克塞班島、10 月實現菲律賓登陸等軍事行動起了巨大作用。

從這一年底開始，美國空軍正式對日本本土進行轟炸，日本經濟走向崩潰。

在此之前，1943 年（昭和 18 年）美國總統羅斯福、英國首相邱

戰爭時期的勞資爭議和租佃爭議

年　份	勞資爭議		租佃爭議	
	次數	參加人數	次數	參加人數
1936	1945	91570	6804	77187
1937	2126	213622	6170	63246
1938	1050	55565	4615	52817
1939	1120	128294	3578	52904
1940	732	55003	3165	38614
1941	334	17285	3308	32289
1942	268	14373	2756	33185
1943	443	16694	2424	17738
1944	296	10026	2160	8213
1945	256	164585	1127	—

註：根據《日本統計年鑑》第一回以及《農地改革始末概要》。

吉爾、中國政府代表蔣介石在埃及的開羅舉行會談，並發表了《開羅宣言》，其內容有：對日本進行徹底打擊；將中國東北、台灣、澎湖列島歸還中國；使朝鮮獨立等。以後，羅斯福、邱吉爾以及蘇聯首腦史達林又在伊朗的德黑蘭舉行了會談，就聯合作戰迫使德國無條件投降和對戰後世界問題的處理作出了決定。

這時，除陸軍外，日本的統治階層認為，如果遭受毀滅性的失敗，恐怕連天皇本身的存在也不可能，將會發生統治階級的徹底崩潰。因而產生了這樣的意見：在使得美、英方面承認天皇存在的前提下，應該盡快投降。在當時的日本，因為人民的勢力、包括其政治力量實際上早已遭到徹底的鎮壓，所以進行投降活動的是統治階層中的宮廷勢力和外務官僚以及海軍中的一部分人。他們最擔心的不是人民的生命和財產所遭受的危險，而是國體——即天皇制能否繼續存在。日本統治階級在戰敗的情況下，直到最後都要求美、英方面保留天皇制，因而拖延了投降的實現，使得眾多日本人民的生命和財產遭到犧牲。另外，當時在日本統治階層內部，過於重視美、英與蘇聯之間的矛盾，

認爲蘇聯的介入也可能會達到有利的和平，這種想法相當普遍。

1945 年 (昭和 20 年) 2 月，美軍在硫黃島登陸，4 月在沖繩登陸。這時小磯內閣總辭職，組成了鈴木貫太郎內閣。1945 年 5 月，納粹德國投降，日本孤立起來。陸軍一貫主張本土決戰。這一主張是在蘇聯不可能參加對日作戰的前提下提出的。但同年 2 月，美、英、蘇三國首腦會集克里米亞半島的雅爾達，就以下問題進行了討論：

(1)戰後對德國處理的方針。

(2)關於德國賠償問題。

(3)各被解放國家的處理。

(4)建立聯合國。

當時，美國還沒有完成原子彈的試製。因此，從以前與日軍作戰的情況來考慮，認爲要在日本本土進行戰鬥將造成美軍的重大犧牲。爲減輕這種犧牲，美國強烈希望蘇聯參加對日作戰。

這次會談的結果，締結了《美蘇秘密協定》，內容是：蘇聯在德國投降後兩三個月內對日宣戰；作爲宣戰的代價，蘇聯將獲得樺太南半部和千島列島的領土權以及對中國旅順的租借權；承認蘇聯在國際化的大連港的優先利益，將中國的中東鐵路和南滿洲鐵路作爲中蘇合辦，並保障蘇聯在其中的優先利益；維持外蒙古的現狀。不用說日本根本不知道這一秘密協定，就連當時美蘇的盟國、擁有東北的主權的中國，在後來由美國方面提示之前，也沒有被告知。

7 月，美、英、蘇三國首腦在波茨坦會談，以美、英、中三國的名義發表了《波茨坦宣言》，宣告對日本的戰後處理方針和敦促日軍無條件投降。因爲蘇聯當時還沒有對日宣戰，所以在宣言發表時表面上沒有參加。

在當時，日本統治者，包括最強硬的陸軍在內，都已經感到戰敗

是不可避免的了。他們所頑固堅持的是要保證「維持國體」——保留天皇制，至少要在形式上承認天皇的存在，而決不是全體國民的安全。以後，在如何調和盟國要求「無條件投降」和日本方面要求「維持國體」的問題上費盡了周折，國民被迫做出了更多的犧牲。

另一方面，波茨坦會談時，美國成功地進行了原子彈爆炸試驗，已經不再重視蘇聯的參戰，甚至決定在蘇聯對日參戰前向日本投擲原子彈。這不僅是為了促使日本投降，還企圖作為在戰後世界稱霸的武器。

8月6日，美國在廣島投擲了原子彈。8月8日，蘇聯在日本投降前參加了對日作戰。蘇聯為了確保發言權，比預定時間提前向日本宣戰，並向中國的東北和朝鮮進軍。9日，美國又在長崎投擲了原子彈。

日本遭受原子彈轟炸的損失慘重，而且由於蘇聯參戰，「本土決戰」論的前提已經破滅。政府和軍部的首腦開會決定，由天皇來裁斷是否接受《波茨坦宣言》。8月15日，天皇通過無線電廣播，下令停止戰鬥。9月2日，在停泊於東京灣內的美國軍艦米蘇里號上，日本政府和軍部代表在投降書上簽字，確定了日本戰敗。

戰後的日本

占領下的改革

占領的開始 1945 年（昭和 20 年）8 月 15 日，天皇通過無線電廣播，才讓日本國民了解了投降的事實。當時的日本政治是由極少數統治者操縱，對國民徹底保密。因此，了解投降準備工作進行情況的人極少，大多數人都是茫然地接受了這一事實。在日本國內，實際上不存在能站在人民的立場上提出政策，開展有組織的活動的勢力。

投降公布之後，按照當時的慣例，鈴木內閣總辭職。爲了能以天皇的代理人的身份，用皇室的權威來壓制軍部，所以起用陸軍大將東久邇宮稔彥王繼任首相，17 日誕生了日本歷史上唯一的皇族內閣。

8 月 28 日，第一批占領軍到達神奈川縣的厚木機場；30 日，盟軍（實際上是美軍）最高司令官麥克阿瑟也乘飛機到達日本；9 月 2 日簽署了投降書。

從這時起，美軍開始了對日本的占領。德國同樣也是戰敗國，其政府曾一度根本不存在，由美、英、法、蘇四國實行分割占領，由占領軍進行「直接統治」。與此相比，日本的情況有所不同，它是由美軍進行單獨統治，日本政府在形式上還繼續存在，是實行「間接統治」。

這對後來日本的政治、經濟產生了巨大的影響。

在日本戰敗以前，從 1942 年起就以美國國務院為中心，對有關占領日本的問題進行了研究，但直到日本投降前夕，對直接統治還是間接統治仍沒有作出決定，是由美國一國占領，還是由各國分割占領，也沒有得出結論。但是，在實現投降的過程中，日本方面堅持要保存天皇制，對此，在美國國內出現了這樣的意見：為了盡早結束戰爭，減少美軍的犧牲，也為了順利實現日軍的投降，最好還是承認天皇的存在，美國政府也傾向於這種意見。同時，日本與作為一個歐洲國家的德國不同，由於日本在歷史、文化、語言上與歐美不一樣，要保證直接統治所需要的人員有困難，因而在形式上承認日本政府存在的間接統治比較合適。另外，隨著第二次世界大戰臨近結束，美蘇之間的對立激化，因此美國決定單獨占領日本，拒絕了蘇聯提出的分割占領的要求。

由外國軍隊占領全國的狀況，在日本的歷史上從未有過。日本政府為了應付這樣的狀況，9 月 20 日以《緊急敕令》的形式宣佈，盟軍最高司令官的命令高於一切日本法津。

9 月，以麥克阿瑟為長官的盟軍最高司令官總司令部（GHQ）遷至東京。因為美軍形式上是代表著對日盟軍，所以後來設立了遠東委員會作為決定占領政策的最高機關，還設立了對日理事會作為最高司令官的諮詢機關，但這並沒有改變美國單獨統治的實質。

美國初期的對日方針已由 9 月 22 日美國政府交給美軍司令官的文件作了規定。這一文件規定軍事占領的目的是：

(1)解除日本的武裝，實現非軍事化（解散軍隊及秘密警察，逮捕戰爭罪犯，排除軍國主義者和國家主義者的影響）。

(2)確立民主主義。

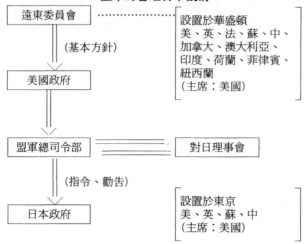

盟軍的管理日本機構

遠東委員會 ┈┈┈┈ 設置於華盛頓
美、英、法、蘇、中、
加拿大、澳大利亞、
印度、荷蘭、菲律賓、
紐西蘭
(主席：美國)

│(基本方針)

美國政府

盟軍總司令部 ═══ 對日理事會

│(指令、勸告)

日本政府 ┄┄┄ 設置於東京
美、英、蘇、中
(主席：美國)

(3)實現經濟的非軍事化，排除在經濟上的過度集中和壟斷，避免出現嚴重的經濟貧困等。

當時日本的統治階級對於隨著戰敗而來的國內改革幾乎毫無認識。投降之後組成的東久邇宮內閣，因為要頑固堅持舊的政治秩序而不得不總辭職。10月，組成了幣原喜重郎內閣。幣原與壟斷資本的關係密切，戰前曾出任外務大臣，因推行與英、美協調的「幣原外交」，曾經遭到軍部的攻擊。但是，儘管有如此的經歷，他也沒有考慮要進行積極的改革。

美國方面早已看到，當時日本的統治階層缺乏自己來改革舊制度的意圖，而且要千方百計地阻止改革，所以接二連三地發出「民主化指令」來施加壓力，同時極力給日本國民留下美軍是改革推動者的印象。麥克阿瑟在第一次會見幣原的時候就交給他一份指令書。其具體內容是：

(1)給婦女參政權，解放婦女。

盟軍總司令部機構圖

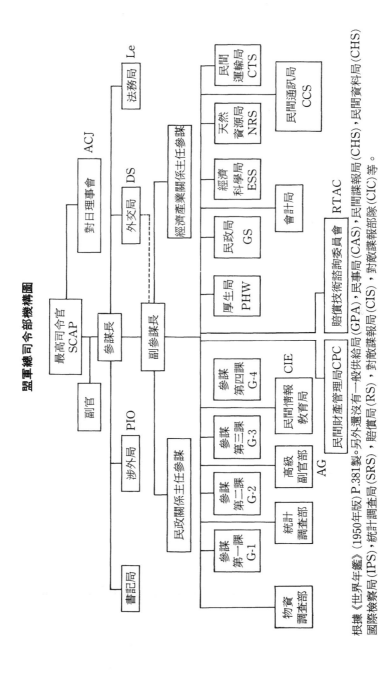

根據《世界年鑑》(1950年版) P. 381製。另外還沒有一般供給局 (GPA)、民事局 (CAS)、民間諜報局 (CHS)、民間資料局 (CHS)、
國際檢察局 (IPS)、統計調查局 (SRS)、賠償局 (RS)、對敵諜報局 (CIS)、對敵諜報部隊 (CIC) 等。

民主化指令

日期	內容
1945年10月11日	憲法民主化(暗示)
30日	立即驅逐軍國主義教員
11月2日	凍結財閥財產、解散財閥
15日	波列的日本賠償方案
20日	凍結皇室財產
25日	凍結戰時保障,廢除軍人撫恤金,指令設立財產稅和戰時利得稅
12月9日	指令解放農民
15日	國家與神道分離

(2)給工人團結權。

(3)教育的自由主義化。

(4)廢除各種壓迫的、專制的制度。

(5)經濟機構民主化,等等。接著又發出了一系列所謂的「民主化指令」。

對於這些指令,幣原內閣不是拖延執行就是企圖阻止。唯一例外的只有農相松村謙三在美軍發出指令前所提出的「農地改革」。然而,這些指令對於當時美國統治日本來說是必不可少的,因此是不允許抵制的。

日本軍隊在占領一開始就被解散。9月11日,發出了第一次戰犯嫌疑犯的逮捕令,逮捕了以東條英機為首的38人 (28名甲級戰犯被提交從1946年5月開始的遠東國際軍事法庭審判,1948年11月被判決有罪,東條等7人被判處死刑)。另外還廢除了特別高等警察及治安維持法,釋放包括共產黨員在內的政治犯,國民的思想、信仰、政治活動的自由得到了保證。但是,禁止對佔領軍的批評,報紙和出版物要受檢查。

12月6日發出了第四次戰犯嫌疑犯逮捕令,逮捕了近衛、木戶等

天皇的親信；12月2日，甚至對皇族的一部分人發出了逮捕令。這樣一來，對戰犯嫌疑犯的逮捕涉及到了天皇周圍的人，這給日本統治階層帶來了威脅。日本統治階層最為關心的是「維持國體」，即維持以天皇為中心的政治和社會的秩序，他們向美軍總司令部積極活動，說明要統治日本還需要天皇的權威，要求追究戰爭的責任不要涉及天皇本身，並請求趁國民對天皇的批判尚未起來的時候，讓天皇巡幸遭受戰爭災難的地區。對此，美國方面要求日本將國家與神道分開，並宣佈天皇不是神。1946年（昭和21年）1月，通過天皇的《人的宣言》，否定了天皇的神格。麥克阿瑟立即發表了支持這一宣言的聲明。這表明美國為了推行佔領政策，企圖利用國民對天皇的傳統信仰。

從這時起，開始把在軍國主義、國家主義的宣傳中和在戰爭中起過指導作用的人，從公職和教職中清洗出去。

農地改革　與工業中的資本主義迅速發展相反，在農業中，廣泛地存在著半封建的地主、佃農制度。1890年（明治23年），在全國的農戶中，自耕農為35.4%，半自耕農（自耕農兼佃農）為38.4%，佃農為26.2%；1930年（昭和5年）變成自耕農31.1%，半自耕農42.3%，佃農26.5%；戰敗前夕的1994年（昭和19年）的情況，仍是自耕農占31.2%，半自耕農佔40.0%，佃農佔28.4%。耕地中的租佃地所占的比率，1892年（明治25年）是40.2%，1932年（昭和7年）是46.4%，1940年（昭和15年）是45.7%。

在地主、佃農制的下面，實物地租是主要形式，而收穫量中地租所佔的比率，1899年（明治32年）是66.9%，1940年（昭和15年）是50.6%。

這樣高額實物地租的半封建的剝削，明顯地妨礙了農業的發展和農業中的資本主義發展。據統計，工礦業生產指數從1890年的9.0飛

躍增加到1930年的63.1，1940年的137.4。與此不同，農業從1890年的58.7增長到1930年的106.2，1940年的106.1，其增長還不到1倍。

農業中廣泛存在半封建的地主制，爲工業提供了廉價的勞動力，但同時也使國內市場變得狹隘，使矛盾激化起來。

在戰後的改革中，唯有農地改革不是根據美軍的指令，而是由日本政府內部自動提出的。這是一次反對半封建的地主土地所有制的改革。自明治時代以來，佃農反對地主的激烈鬥爭一直持續不斷，特別是本世紀20年代至30年代，有組織的農民運動以租佃爭議的形式取得了發展，其內容也從減少佃租和確保耕作權發展爲要求給勞動農民分配土地。另外，資本主義迅速發展的結果，即使從壟斷資本的立場來看，半封建的土地所有制在國內廣泛存在，在經濟上和政治上也都不是什麼令人滿意的現象。因此，在戰前就已經有一部分官僚和政治家試圖進行「扶植自耕農」等溫和的改革，但是，就連這種微弱的改革也由於主勢力的反對而未能實現。第二次世界大戰期間，因爲必須要增產糧食和保護出征士兵的家庭，政府也不得不採取一些政策，在一定程度上犧牲地主的利益，對地主土地所有制的原則多少作了一些限制。

由此可知，在農地改革問題上，日本國內也已經具備了改革的條件，這就是日本政府自發要求改革的原因。不過，要實現農地改革，還必須佔領軍施加巨大的壓力。

擔任1945年（昭和20年）10月組成的幣原內閣農林大臣的松村謙三，戰前就對農地改革抱有熱切的願望，所以上任後便馬上著手進行改革。最初，松村主張留給地主的耕地最多爲1.5町步（1町步約爲1公頃），但在農林省內部的反對意見強烈，認爲這不可能在當時的議

會中通過，於是決定將地主的保留土地改爲 3 町步，在 11 月底的內閣會議上進一步決定改爲 5 町步。這樣，由內閣會議決定的第一次農地改革方案比最初松村的方案大大地倒退了，並且土地不是無償分配，而是有償分配。不過，在強制進行改革這一點上，確實有著劃時期的意義。所以這一方案一提交議會討論，便遭到很多在戰爭期間選出的議員的強烈反對，在美軍總司令部於 12 月 9 日發表了促進農地改革的備忘錄後，才勉強爲議會所通過。

第一次農地改革從 1946 年（昭和 21 年）2 月開始，地主保留的土地相當多，而且還允許給地主的家屬分配土地，所以改革是極不徹底的。因此，對日理事會對這次改革的不徹底性進行了討論，結果，從 1947 年（昭和 22 年）3 月到 1950 年（昭和 25 年）7 月進行了第二次農地改革。改革的結果，國家強制收買了在外地主（未居住在耕地所在地的市、町、村的地主）的全部出租土地和在村地主的出租土地中超過 1 町步（北海道爲 4 町步）的部分，優先出售給佃農。這一措施由設立在各市、町、村的農地委員會（委員是按地主 3、自耕農 2、佃農 5 的比例，由各階層分別選舉產生的）實施，辦理了耕地的買賣和轉讓。對於保留下來的出租地，地租限定爲現金交納，其比率也限制在耕地收穫量的價值的 25% 以下。因爲確立了耕作權，地主再也不能隨意地收回土地了。

農地改革不是完全消滅出租土地，而且土地也不是無償分配，山林又被置於改革對象之外，改革存在著各種不徹底性。但這一改革的意義是重大的。當時，由於通貨膨脹，農產品價格急遽上升，所以，支付土地款的負擔令人感到還是比較輕的。

農地改革是解決半封建的土地制度的資本主義改革，地主在農村的經濟和社會地位的下降，農業生產力的提高，農村市場的擴大等，

都對後來日本資本主義的迅速復興起了極其重大的作用。另外，這次改革是由於美軍的壓力，通過日本的保守勢力之手進行的，這也給後來的日本政治帶來了巨大影響。

解散財閥　戰前的日本財閥壟斷資本與歐美的壟斷資本集團的情況不同。後者是以銀行、金融機關爲中心的企業集團，而前者是以經營財閥家族（包括「本家」和「分支」）財產的持股公司──「本社」爲中心的集團，家長式統治的色彩很濃厚。

解散財閥與廢除舊天皇制或地主制不同。因爲在美軍佔領下所進行的各種改革都是沿著資本主義的軌道前進的，所以日本壟斷資本雖然暫時被削弱，但並未像地主制那樣被廢除。

如何處理日本財閥的問題，從第二次世界大戰末期就以美國國務院爲中心進行了研究討論，當時有兩種意見：一種意見認爲，財閥的存在是日本侵略戰爭的根源之一，因此應該把它解散；另一種意見認爲，日本財閥戰前就與歐美接觸，其中不少人親近歐美，因此，爲了使日本與美國協調，不應該將財閥解散。

在美軍開始佔領日本時，據說強硬論佔了優勢。不過，即使拿強硬論來說，雖然認識到財閥是日本軍事性和侵略性的根源之一，但認爲原因主要還在於財閥的特殊形態；對於日本的前途，仍把希望寄託在財閥內部的親歐美傾向上。也就是說，在美國政府中始終存在著一種期待，希望將日本政治的主導權從過去的軍部手裏轉移到被改組之後的財界手中。

1945 年（昭和 20 年）11 月，美軍總司令部下令凍結三井、三菱、住友、安田等 15 家財閥的資產。第二年，成立持股公司整頓委員會，負責接受和處理被指定的持股公司，財閥家族所持有的有價證券的轉讓。經過這樣的處理，財閥系統的大企業開始向以銀行等金融機關爲

中心的體制過渡，各企業內部高級職員的勢力得到加強。

1947 年（昭和 22 年），又利用所謂的《禁止壟斷法》，禁止了持股公司及托拉斯、卡特爾等；並根據《排除經濟力量過度集中法》，逐步把各產業部門中的特大壟斷企業進行了分解。美國方面之所以指令日本政府執行這種政策，原因是在於要削弱日本與美國企業競爭的能力。另外還由於 1929 年世界總危機的結果，美國人民批判壟斷企業的呼聲高漲，因而認為即使是為了資本主義的繼續發展，也不應過度集中的思想擡頭。

1948 年（昭和 23 年）2 月，325 家公司被指定為適用於《排除集中法》，三井物產被分解成大約 200 個公司，三菱商事被分解為 139 個公司。但是，美國的佔領政策從這時起開始轉變，被指定的公司一家接一家地撤銷，實際上被分解的只有日本製鐵等 11 家公司。另外，財閥系統的銀行不但避免了分解，反而加強了其控制力量。而且，即使是被分解開的企業，在資本系統、市場範圍、人事等方面仍保持密切的關係，早就做好了重新聯合的準備。從 1949 年（昭和 24 年）以來，《禁止壟斷法》也被多次修改，放鬆了對壟斷的限制；特別是朝鮮戰爭開始以後，美國希望將日本作為軍需物資的供給地，迅速地放鬆了各種限制。以 1955 年（昭和 30 年）三井物產系統的公司的重新聯合和 1959 年（昭和 34 年）三菱商事系統的公司的再度統一為代表，壟斷資本至此已完成了重新改組。

日本國憲法的制定　日本的投降是在日本政府單方面認為「國體能夠維持」的情況下實現的。但是，被外國軍隊占領的現實，使日本政府不得不承認，在明治憲法中被規定具有絕對權力的天皇之上，還有占領軍的存在。這等於是動搖了明治憲法中所規定的天皇制的根基。

受理合併件數的演變

	資金總數	10-50億日元	50-100億日元	100億日元以上
1955年	338億日元	7件	1件	0件
1956	381	6	1	0
1957	398	9	0	0
1958	381	7	1	0
1959	413	8	0	0
1960	440	9	0	1
1961	591	13	3	2
1962	715	23	3	3
1963	997	28	5	12
1964	864	17	4	9
1965	894	8	3	3
1966	871	23	2	5
1967	995	29	4	7
1968	1020	17	2	7
1969	1163	29	5	2
1970	1147	34	3	6
1971	1178	23	9	7
1972	1184	37	1	7
1973	1028	26	3	8

註：資金是實行合併後的金額。摘自《公平交易委員會年度報告》。

　　但是當時日本政府把「維持國體」認爲是保存明治憲法的體制，並在內閣會議上再次確認了《治安維持法》的有效性，多次要追究對天皇的不敬罪。

　　10月4日，美軍總司令部指令可以自由批判天皇制，廢止治安維持法，釋放政治犯。就在同一天，麥克阿瑟向副首相級的近衛文麿暗示要修改憲法。8日，總司令部交給近衛一份備忘錄，內容包括確立眾議院權威，廢除天皇的否決權和通過詔敕、敕令來立法的權力，廢除樞密院。這些內容徹底摧毀了戰前天皇制的基礎，日本統治者們在投降時所考慮的那種完全不觸及天皇制內容的「維持國體」，顯然是不可能了。

大型合併一覽表

(單位：億日元)

合併年月	合併會社(資金)		被合併會社(資金)		合併後(資金)	
1958.11	雪印乳業	10.5	苜蓿乳業	2.4	雪印乳業	12.9
1959.2	第一物産	40.6	三井物産	18.7	三井物産	59.3
1959.11	中央紡織	5.0	帝國製麻	7.2	帝國紡織	12.2
1960.6	石川島重工業	78.0	播磨造船所	40.0	石川島播磨重工業 102.0	
1964.6	新三菱重工業	337.6	三菱日本重工業 229.5 三菱造船 224.0		三菱重工業	791.2
1965.4	神戶製鋼所	432.0	尼崎製鐵	150.0	神戶製鋼所	580.0
1966.4	東洋紡織	129.0	吳羽紡織	55.0	東洋紡織	173.0
1966.8	日產汽車	350.0	王子汽車	120.2	日產汽車	398.0
1967.8	富士製鐵	820.1	東海製鐵	200.0	富士製鐵	1020.0
1968.10	日商	70.0	岩井產業	62.8	日商岩井	118.9
1968.10	東洋高壓工業	131.4	三井化學工業	88.1	三井東壓化學	219.5
1969.4	川崎重工業	180.2	川崎飛機 80.5 川崎車輛 22.5		川崎重工業	280.0
1969.6	住友機械工業	54.0	浦賀重工	32.0	住友機械工業	71.6
1969.10	日紡	100.0	日本人造棉	128.2	尤尼奇卡	223.2
1970.3	八幡製鐵	1273.6	富士製鐵	1020.0	新日本製鐵	2293.6

註：根據公平交易委員會的《日本的企業集中》(1971年)製
(參考)1954年7月三菱商事的再合併結束。1964年4月海運業集中爲6個集團。
1968年3月發表了王子造紙、十條造紙、本州造紙的合併計劃。1968年4月發表了
八幡製鐵、富士製鐵的合併計劃。1969年1月發表了三菱銀行第一銀行的合併計
劃。

　　10月9日組成的幣原內閣與麥克阿瑟進行了洽談，在憲法的民主化問題上同樣受到了暗示，設立了以國務大臣松本蒸治爲主任的憲法問題調查委員會。另一方面，近衛也認爲受到了美軍要求修改憲法的委託，於是根據明治憲法關於修改憲法要根據天皇提議的規定，決定在宮廷內部進行修改憲法的工作。但是，近衛對戰爭負有罪責，以他爲中心來進行修改憲法的工作，在美國國內引起了強烈的批評。因此，美軍總司令部指明近衛是戰犯，他在被捕前夕服毒自殺了。

這樣，憲法的修改工作便由幣原內閣來進行。而當時在日本國內外，各界也都對憲法發表了意見。12月27日，發表了憲法研究會的《憲法草案綱要》，主張主權在民，內閣承擔國政的最高責任，天皇僅受國民的委任，主持國家的儀禮。28日發表了高野岩三郎的《日本共和國憲法個人方案綱要》，內容有實行土地國有、國民主權和總統制等。

在這樣的國內外圍繞天皇制展開的憲法討論的高潮中，幣原內閣不得不改變最初的消極態度，認識到與其拖延憲法的修改，還不如在廢除天皇制的輿論高漲之前，及早進行憲法修改有利。1946年（昭和21年）1月天皇發表的《人的宣言》也是為此而做的準備。

1946年1月，政府的憲法問題調查委員會以所謂甲案和乙案的形式制定了兩個修正案。甲案規定了縮小貴族院權限等項改革，但從整體來看，只是將明治憲法中的「天皇神聖不可侵犯」的詞句改為「天皇至尊不可侵犯」，力圖保存天皇的統治權。乙案與甲案相比，內容上試圖作較大幅度的修改。幣原內閣打算採用甲案，但甲案只是明治憲法的重複，無法滿足占領軍的要求。

因此，美軍總司令部於1946年（昭和21年）2月向日本政府提出了親自制定修正案。在美國方面的強硬態度面前，日本政府非常為難，但為了逃避國內外日益高漲的對天皇制的批判，認為還是採用承認天皇的存在及其世襲的總司令部的方案為上策。於是便將總司令部的方案改頭換面，作為日本政府的方案發表出去。

憲法的修改程序依照帝國憲法（明治憲法）的規定，採取了「天皇提議」的形式，經同年6月開始召開的帝國議會的審議通過，於11月3日作為日本國憲法公布，從第二年5月3日開始實行。

日本國憲法由序論和正文11章103條組成。其基本原則是主權

在民、和平主義和尊重人權三項原則；以民選議員組成的眾議院和參議院的兩院制國會為國家最高權力機關；對於天皇沒有給予政治上的任何權限，因而也就不是國家元首，只規定為「國民統合的象徵」；明文規定放棄戰爭；另外還規定最高法院的法官也要接受國民的審查。

日本國憲法是在美軍的占領下，從美國國家利益的立場出發，通過對日本政府施加強大壓力而實現的，但不能說日本國憲法只是由美國單方面制定出來的。將根據民選制而產生的議會作為國家最高權力機關，這是從自由民權運動以來，人民在各種政治運動中經常提出的要求。「徹底放棄軍備」也是日本最早的社會主義政黨——社會民主黨在其創建時提出來的。另外，第二次世界大戰後，全世界人民吸取了法西斯主義給全世界人民帶來巨大災難的教訓，一直要求民主與和平，要求從貧困下解放出來。日本國憲法中之所以具有進步的一面，是由於日本人民的歷史的要求和當時世界人民的要求，在戰爭的情況下起了重要作用，是在日本統治階級搖搖欲墜的情況下取得的。因此，日本國憲法得到日本人民的巨大支持；而且當後來美國的政策改為復活日本軍國主義的方針，日本統治階級與其步調一致，企圖修改憲法的時候，日本人民對此表示了強烈的反對。

同時，日本國憲法是一部犧牲半封建的地主的利益，維護資本主義，特別是維護壟斷資本的利益的憲法，它的本質是保證私有財產制不可侵犯和保證資本主義利潤。因此，它帶來了壟斷資本的迅速復活，使後來的政治經常帶有「金權政治」的色彩，而且出現了許多侵害人民的生活及權利的現象。

日本國憲法在本質上與大日本帝國憲法（明治憲法）有著許多不同的要素，所以，新憲法發佈之後，很多法律都立即根據新憲法的精

神作了大幅度的修改，或者重新制定。在民法中，廢除了以前的戶主制度和長子繼承制，規定了以尊重家庭成員的人格和平等權利以及男女同權爲原則。制定了《地方自治法》，規定都道府縣知事也要由民衆選舉產生，取代過去由內務大臣任命內務省的官僚擔任知事的制度。警察制度也進行了修改，取消了內務大臣支配全國警察的制度，建立了國家地方警察和由知事任命的地方公安委員會指揮的自治體警察這樣兩個系統。

政黨的復活 戰敗之後，從 1945 年（昭和 20 年）的 10 月到年底相繼恢復和創建了很多政黨。在保守勢力中，舊政友會系統的政客組織了日本自由黨，舊民政黨系統的政客組織了日本進步黨。創建了主張勞資協調的日本協同黨。在革新勢力中，舊無產階級政黨聯合創建了日本社會黨，日本共產黨也第一次作爲合法政黨開展活動。從這一年年末起，開始進行褫奪公職，特別是保守派政治家中的很多領導人被褫奪了公職。在這一過程中，很多官僚出身的人進入了政界。

1945 年 12 月公布的新選舉法，首次承認了婦女的選舉權，年滿 20 歲以上的男女都獲得了選舉權。在 1946 年（昭和 21 年）4 月舉行的選舉中，產生出 37 名女國會議員，革新勢力也增強了，但從整體來看，還是保守勢力佔據優勢。選舉的結果，第一大黨日本自由黨獲得了同是保守勢力的日本進步黨的協助，組成了吉田內閣。

1947 年（昭和 22 年）4 月的選舉，是在人民生活極其困苦的條件下，根據新憲法進行的第一次選舉，在這次選舉中，日本社會黨成了第一大黨，但所獲得的議席還不到全部議席的 1／3。5 月，日本社會黨委員長片山哲與日本民主黨、國民協同黨聯合組成了片山內閣。

經濟的惡化及其對策 日本戰敗時的經濟處於極爲嚴重的狀況之中。經過第二次世界大戰，日本損失了國家財富的 35%，僅軍人和

戰後政黨系譜

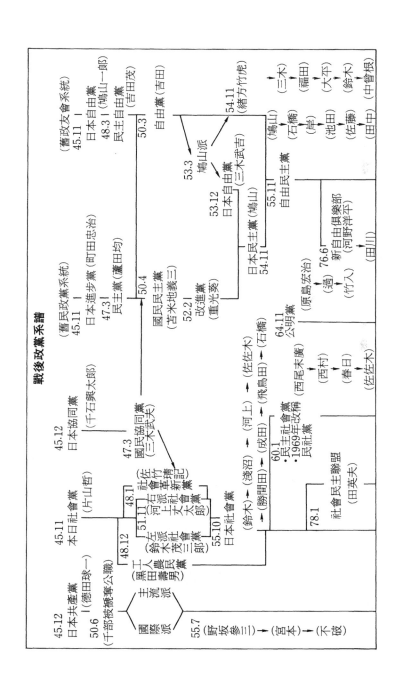

戰爭造成建築物破壞的戶數

	全　　國	全部城市
總計	2362	2264
全部燒毀	2188	2119
全部破壞	64	55
部分燒毀	49	39
部分破壞	61	51

註：戰災復興院調查。單位：1000戶。

戰爭造成的國家財富的損失

	損失額 （億日元）	損失率	停戰時殘存的 國家財富總額 （億日元）
資產的一般國家財富總額	658	25%	1889
生產資財	198	25	597
（工業用機械、工具）	80	34	154
（電氣、煤氣設備）	16	11	133
消費資財	348	25	1059
（家具、家產）	175	21	634
交通資財	96	29	233
（船舶）	74	81	18
＊建築物	222	25	682
（住家、店鋪）	103		
林野、道路、古蹟等	10		
艦艇、飛機等	404	100	
總計	1057	36	1889

註：摘自經濟安定本部：《太平洋戰爭造成我國損失綜合報告書》。金額爲
　　停戰時價額。
　　＊在上述報告書的分類中，建築物包括生產資財和消費資財兩個方面，
　　這裏分別列出。

軍隊附屬人員戰死的就有199萬人，若加上由於戰爭災難等所造成的
一般人的死亡，則有264萬人死於戰爭，全國20%的房屋被毀。日本
在戰前擁有大約630萬噸位船舶，戰敗時減少到153萬噸位，而且能
夠勝任遠洋航行的船隻基本上沒有了，外國進口的資源全部斷絕。600
萬復員人員回國，失業者人數達到了龐大的數字。不過，鐵路和水力
發電部門的損失比較小，特別是由於普及教育的結果，使日本還擁有

比較高的技術水平和基本上能夠掌握它的眾多勞動力，這對後來的經濟復興具有重大的意義。

日本政府在戰爭期間曾向壟斷資本訂購了大量的軍需品。戰爭結束後，為了救濟軍需產業，特別是為了救濟壟斷資本，繼續支付訂貨款。因此，日本銀行券的發行急遽增加，物價無限度地上漲。由於把救濟壟斷資本放在第一位的經濟政策，犧牲了人民的生活。

1946 年（昭和 21 年）12 月，政府公布了《金融緊急措施令》，凍結了存款，雖然准許在附加嚴格限制的條件下實行與新銀行券的交換，但通貨的收縮只是暫時的。

日本戰敗時，經濟所面臨的最大問題是人們在饑餓線上恢復生產，要確保國民最低水平的生活。當時主要的能源是煤炭，由於斷絕了海外的補給，國內的礦井又因為原來的主要勞動力——從朝鮮、中國抓來的工人回國了，所以生產急遽下降，出現了嚴重的煤炭不足。通過農地改革，農村的生產熱情大增，但又面臨著嚴重的肥料不足。

政府於 1947 年（昭和 22 年）採用了「傾斜生產方式」。這種方式是以煤炭、鋼鐵、化肥等作為基本物資，將資財和資金集中於這些部門。基本物資的官價定為戰前的 65 倍，生產進貨價格上漲超過官價的部分，由國家支付補助金。另一方面，又規定把工資壓低為戰前的 1／2.8。為此而設立了「復興金融金庫」，作為發放國家資金的機構。米價也採用了以工業產品價格為基礎的計算方式（均衡計算法），結果，農民勞動力的勞動價值被評定過低，形成了低米價。

如上所述，在日本經濟處於戰後復興起點的時候，採用的基本政策是，通過大量發放國家資金和國家強有力的指導來重建壟斷資本，以及通過低工資、低米價來強迫工人和農民做出犧牲。巨額國家資金的投放，帶來了財政赤字，助長了通貨膨脹，更加威脅了人民的生活。

在這樣嚴重的生活困難之中，工人運動蓬勃發展起來。正如許多工會的歷史告訴我們的那樣，戰後日本工人運動的重新興起，在很多方面曾受到被抓到日本來的朝鮮人和中國人的運動的影響和援助。由於美軍總司令部的指令，政府不得不於 1945 年（昭和 20 年）制定了《工會法》，保證工人的團結權和集體談判權。1946 年（昭和 21 年）制定了《勞動關係調整法》，第二年制定了《勞動基準法》，並且新設立了勞動省。這一時期，工會的組織如雨後春筍出現，爲建立全國性組織作了準備。但是，在革新政黨中建立統一戰線失敗，致使勞動戰線的統一也未成功，1946 年組成了兩個全國性組織——右派的「日本工會總同盟」（總同盟）和左派的「全日本產業別工會會議」（產別）。相繼建立起來的工會，爲了在急遽惡化的通貨膨脹中維護工人的生活，舉行了要求提高工資的罷工，此外還進行了要求恢復生產和參加企業的生產管理的鬥爭。當時很多資本家、特別是壟斷資本擁有在戰爭期間由國家分配給的資財，爲等待資材漲價而不願恢復生產。因此，這樣的鬥爭對於維護人民的生活有著重大的意義。在嚴重的食糧危機時所舉行的「食糧五一節」大會，也是以工會爲核心組織的。工人鬥爭高漲，顯示了工人運動已成爲日本的政治、經濟、社會中的重要力量。

1947 年（昭和 22 年），以政府機關的公務人員爲中心，計劃舉行「二一總罷工」。這是當時工人運動的一個頂峰，但被美軍總司令部下令阻止了。在當時的日本，經過戰後的一系列改革，包括革新政黨的一部分人在內，對美軍的政策產生了極端的幻想，但通過這次中止罷工的命令，等於是暴露了其本質。

由於當時美蘇在全世界的對立激化，以及以中國爲代表的殖民地、半殖民地解放鬥爭的發展，美國開始考慮將日本培植爲在遠東實

戰後初期生產力和消費水平的暴跌以及通貨膨脹的劇增

(1934-1936年＝100)

	1945年	1946年	1947年
＊實際國民生產總值	…	62	65
＊平均每人實際國民生產總值	…	55	56
＊平均每人實際個人消費	…	57	60
實際工資(製造業)	…	…	30
工礦業生產值	60	31	37
(煤炭生產)	78	53	71
(鋼材生產)	24	10	15
(紡織生產)	7	7	10
農業生產	60	79	76
出口數量	…	…	7
進口數量	…	…	14
總人口	104	109	113
批發物價(東京)	350	1630	4820
消費物價(東京)		5000	10910
日銀券(年底)	1805	5488	12889

註：有＊號者爲年度，其他爲曆法上規定的一年。「…」表示情況不明。

工會的發展

年　份	工　會　數	工會會員數	估計的組織率
		千人	%
1945	509	381	3.2
1946	17266	4926	41.5
1947	23323	5692	45.3
1948	33926	6677	53.0
1949	34688	6655	55.8
1950	29114	5774	46.2
1951	27644	5687	42.6
1952	27851	5720	40.3
1953	30129	5927	36.3
1954	31456	6076	35.5
1955	32012	6286	35.6

註：摘自日本生產率總部的《活用勞動統計》(1975年版)。根據「工會基本
調查」的數字。

勞資爭議的次數和參加人數

	總爭議		帶有爭議行為的爭議		停止工作的爭議		損失勞動日數
	次數	參加人數	次數	參加人數	次數	參加人數	
		千人		千人		千人	千日
1946	920	2723	810	635	702	517	6266
1947	1035	4415	683	295	464	219	5036
1948	1517	6715	913	2605	744	2304	6995
1949	1414	3307	651	1240	554	1122	4321
1950	1487	2348	763	1027	584	763	5486
1951	1186	2819	670	1386	576	1163	6015
1952	1233	3683	725	1843	590	1624	15075
1953	1277	3399	762	1743	611	1341	4279
1954	1247	2635	780	1547	647	928	3836
1955	1345	3748	809	1767	659	1033	3467

註：同前表，根據「勞資爭議統計調查」的數字。

行其政策的據點。因此，決定通過日本的保守政治勢力，在日本開創出經濟上穩定的局面。

戰後，美國一直通過「占領地區救濟資金」和「占領區經濟復興基金」，對日本進行了糧食及物資的援助。

1948 年(昭和 23 年)12 月，美軍總司令部根據本國政府的命令，向吉田內閣發出了「經濟穩定九項原則」的指令。

這一指令的內容有均衡預算、加強稅收、限制工資和統一管理物價等，其目的是企圖在犧牲國民的利益的基礎上來實現資本主義經濟的穩定。而且規定日本政府所掌握的出售美國援助物資的貨款也要置於美軍總司令部的監督之下，遵循「九項原則」的宗旨去使用（對日援助於 1951 年停止，1962 年簽訂了償還協定）。

1948 年（昭和 23 年），美國政府派道奇來日本，制定了嚴格的均衡預算方案；為了促進稅制改革，還派來夏普。這些措施的目的是要

通過迅速結束通貨膨脹，使資本主義經濟穩定下來，使日本經濟與國際經濟相結合。實施這些措施的結果，調整了以前很多按品目類別分別定出的匯兌比率（交換率），1949 年（昭和 24 年）規定了 1 美元兌換 360 日元的單一匯兌比率。

這一系列指令的目的，主要是通過犧牲工人和農民的利益來穩定資本主義經濟。其結果，由於行政整頓和企業調整，失業人數急遽增加，中小企業的倒閉增多。

根據美軍總司令部的指示，1948 年（昭和 23 年）底修改了《國家公務員法》，政府機構的職工失去了罷工的權利。這項法令使政府推行的行政整頓得到了有力的武器。另一方面，「二一罷工」失敗後，在產別會議內部產生了批評共產黨領導的勢力，1948 年成立了民主化同盟；1950 年，在民主化同盟的倡導下，組成了「日本工會總評議會」（總評）。在農民運動方面，雖然 1946 年組織了日本農民組合（日農），但在實行農地改革後未能樹立新的中心目標，運動不斷地衰退和分裂。1949 年，工人們正要發動反對行政整頓及企業調整的鬥爭時，發生了「下山事件」、「三鷹事件」、「松川事件」等。美軍當局和日本政府宣傳說這些事件都是國鐵工會和共產黨搞的，加強了鎮壓。結果，工人運動也受到了沉重的打擊。

戰敗後的生活與文化 據戰後的統計，第二次世界大戰結束時，日本損失了原有國家財富的 35%。經過第二次世界大戰，包括 199 萬名軍人和軍隊附屬人員在內，共有 264 萬人在戰爭中喪生。房屋的毀壞達 20%，900 萬人遭受了戰爭災難。日本在戰前擁有 630 萬噸位船舶，戰敗時減少到 153 萬噸位，而且遠洋船隻極少。由於士兵的復員和軍需產業的崩潰，1945 年（昭和 20 年）失業人數達 1,400 萬。國民生產指數大幅度下降。無家可歸的人們住在防空洞或收集燒剩下的木

料而搭成的小棚裏。而且衣服等日用品缺乏，特別是食糧的不足相當嚴重。1945 年夏天，主食規定是大米，配給量減少到每天 2 合 1 勺（315 克），但實際上配給的大多是薯類或豆餅等，而且延期配給或少配給的現象更是司空見慣。因此，很多人只得通過違反食糧統制的黑市交易來獲得食糧。當時火車上擠滿了到外地去採購食糧的人們。而且，很多人爲了得到配給外的食糧，不得不變賣自己僅有的幸免於戰火的衣服等物品。

另一方面，在精神生活方面，隨著戰敗，從前被認爲具有絕對權威的天皇、國家、軍隊等，都被一下子否定了，代之而來的是美國文化湧入日本。因此，人們的價值觀念發生了大變化，產生了思想上的混亂。不過，在這樣的狀況下，很多人開始探索如何實現個人解放與民主化的道路。

思想方面發生了巨大變化，所以言論界活躍起來。儘管紙張不足，但仍然發行了大量的報刊、雜誌和著作。在占領初期，日本政府曾試圖禁止對天皇的批判，但由於美軍總司令部的壓力，只好改變了這一政策。於是，在人文科學、社會科學的發展上開闢了新的方向。在自然科學的領域，1949 年（昭和 24 年），理論物理學家湯川秀樹成爲第一個獲得諾貝爾獎金的日本人。

在戰後的民主化和非軍事化政策中，教育制度也進行了重大改革。美軍占領日本之後不久，修身、日本歷史和地理的教育曾一度被取締，原因是這些課程對宣傳軍國主義及侵略戰爭起過相當大的作用。後來以徹底清除軍國主義的內容爲條件，分別於 1946 年 6 月和 10 月獲准恢復地理和日本歷史的課程。1947 年（昭和 22 年）3 月，根據美國教育使節團的建議，遵照新憲法的精神，制定了充滿新的教育思想的《教育基本法》。從同年 4 月起，實施《學校教育法》，採用

小學 6 年、初中 3 年、高中 3 年、大學 4 年的所謂「六・三・三・四制」
的新的制度，取代了過去小學 6 年、中等學校 5 年、高等學校和專科
學校 3 年、大學 3 年的制度。義務教育延長到 9 年，規定了男女同校
的原則。爲了消除以前的教育中央集權化所帶來的弊病，規定在都道
府縣、市町村設立經過選舉產生的教育委員會。這一規定從 1948 年
（昭和 23 年）開始實施。

朝鮮戰爭與日本經濟的復興

　　第二次世界大戰後的形勢與朝鮮戰爭　第二次世界大戰結束
時，歐洲各國由於在戰爭中遭受嚴重損失而衰落。與此相反，美國在
資本主義國家中的地位顯著地提高了。美國在第二次世界大戰期間，
本土沒有直接受到戰爭的破壞，生產力有很大的發展。第二次世界大
戰後的初期，它的生產、貿易、金融、黃金儲備等，在資本主義世界
都具有絕對的勢力。以這樣的經濟實力和原子彈爲後盾，其軍事力量
在資本主義世界裏也成爲主力。另一方面，在東歐，隨著納粹占領軍
被蘇聯軍隊擊敗，在蘇聯的影響下誕生了以反納粹力量爲核心的人民
民主主義國家，形成了社會主義陣營。1945 年（昭和 20 年）10 月成
立的聯合國，是以第二次世界大戰中的各個反法西斯國家的國際合作
爲基礎而誕生的國際組織。但隨著共同敵人法西斯陣營的崩潰，圍繞
著戰後的世界政策，美蘇的對立加深了。

　　1947 年（昭和 22 年）3 月，美國政府發表了「反對共產主義進行
國際滲透」的宣言，1948 年實施「馬歇爾計劃」。馬歇爾計劃是企圖
利用美國資本來重新振興在第二次世界大戰中被削弱的西歐經濟，同
時將這些地區置於美國資本的控制之下。1949 年（昭和 24 年）4 月，

美國與西歐各國共同結成了軍事同盟組織「北大西洋公約組織」（NATO），企圖對蘇聯和各社會主義進行「遏制」。另一方面，蘇聯於1947年（昭和22年）10月組建了「歐洲各國共產黨及工人黨情報局」，在東歐各國之間締結了相互援助條約，就這樣形成了「兩個陣營」。1949年（昭和24年）8月，蘇聯的原子彈爆炸試驗成功，打破了美國的核壟斷。

以美、蘇爲中心的兩大陣營的對立稱爲「冷戰」，而歐洲緊張局勢的中心是德國問題。在日本，雖然是處於美國的佔領之下，但日本政府在形式上還是存在的。而在德國，德國政府曾一度被消滅，由美、蘇、英、法四國進行共同管理。但是，關於德國的戰後處理問題，美、英，法三國與蘇聯之間意見對立。1948年，蘇聯反對三國成立西德政府，封鎖了柏林，而三國則以空運物資與之對抗。第二年，在西德建立了德意志聯邦共和國，在東德建立起德意志民主共和國。

在亞洲，英、法、荷等國家的勢力在第二次世界大戰期間後退，處於這些國家殖民統治之下的各民族，經過反對新統治者日本帝國主義的鬥爭，獲得了民族獨立。

朝鮮的獨立是在開羅宣言中得到確認的，但是，接收日本軍隊的投降，在北緯38度線以南由美國擔當，38度線以北由蘇聯擔當。美國軍隊進入38度線以南之後，施行軍事統治，派去了流亡美國的保守派政治家李承晚。南朝鮮人民抗議美軍的軍事統治，反對李承晚的獨裁政治，工人罷工和農民暴動不斷發生。另一方面在38度線以北，一直在和中國交界的地區進行反對日本帝國主義的武裝鬥爭的金日成，提出了民族統一的政策，南方的民族主義者中也出現了贊同這一政策的人士。受美國支持的李承晚，暗殺了這樣的民族主義者金九等人，於1948年製造了「大韓民國」。因此北方在同年也成立了朝鮮民

主主義人民共和國。1950 年 1 月，美國與「大韓民國」締結《相互防衛協定》，支持其「北進」。朝鮮民主主義人民共和國與此對抗，同年 2 月與中國、蘇聯締結了《友好同盟互助條約》。同年 6 月在 38 度線上的戰鬥一開始，美國便在聯合國安全理事會上，乘蘇聯代表缺席之機通過了把朝鮮民主主義人民共和國當作「侵略者」的決議，並派遣大批軍隊進行侵略戰爭。對此，中國人民志願軍從國際主義的立場出發，支援朝鮮民主主義人民共和國，赴朝作戰。激烈的戰鬥不斷進行，從 1951 年 7 月起開始舉行停戰會議，1953 年簽訂了停戰協定。

日美和約的簽訂與日本的經濟復興　隨著中國革命走向勝利，美國的對日政策發生了重大變化。美國最初對日本的軍事復興極端警惕，但到這時便開始考慮把日本當作資本主義陣營在遠東對抗社會主義陣營的重要據點，期望它在經濟上和軍事上都能復興起來。在朝鮮戰爭的前夕，褫奪日本共產黨幹部的公職，政府機關和許多工作單位進行了所謂的「肅清赤色分子」，清洗共產主義者。另一方面釋放戰爭罪犯，解除他們被「褫奪公職」的處分。朝鮮戰爭一開始，日本就根據美軍總司令部的指令成立了警察預備隊。戰後頒佈的日本國憲法中規定要「徹底廢除軍備」和「放棄交戰權」，反映了日本人民嚮往和平的強烈願望。所以成立事實上的軍隊——警察預備隊，在日本國內引起了強烈的反對。警察預備隊後來又加強了裝備，現稱爲自衛隊。但日本國內仍有人強烈主張自衛隊的存在「違反了和平憲法的規定」。

朝鮮戰爭一開始，日本就成了美軍的後方基地。美國爲了把日本變爲它在亞州的世界戰略的重要據點，急於要同日本單獨媾和。在日本國內，要求與包括中國、蘇聯在內的全體交戰國進行全面媾和的呼聲十分強烈，但吉田內閣採取了對美國一邊倒的政策，無視國內外全面媾和的主張，與美國的意圖相呼應。1951 年（昭和 26 年）9 月，日

本與 48 個國家在美國的舊金山簽訂了和平條約。蘇聯、波蘭、捷克斯洛伐克雖然出席了這次會議，但沒有簽字，印度、緬甸受到會議邀請，但因對條約草案不滿而沒有出席；中華人民共和國沒有接到會議邀請。在舊金山和平條約中規定，日本承認朝鮮的獨立，放棄台灣和南樺太以及進行戰爭賠償等。

舊金山和平條約實際上是和美國片面媾和，沒有邀請在第二次世界大戰中受日本帝國主義侵略的主要國家——中國的代表參加。而且，日本政府還追隨美國敵視中國的政策，於 1952 年（昭和 27 年）和台灣國民政府締結了「和平條約」。因此，直至 1972 年（昭和 47 年）實現中（共）日邦交正常化之前，中（共）日兩國間持續了大約 20 年之久的不正常狀態。

在和平條約簽訂的同時，還簽訂了《日美安全保障條約》（《安保條約》），並根據這一條約，於第二年 2 月締結了《日美行政協定》。根據這些條約和協定，承認美軍駐紮在日本國內及其周圍地區，規定日本向美軍提供基地（設施、地區），並分擔駐紮費用。因此，儘管日本的主權於 1952 年（昭和 27 年）4 月根據和平條約的生效而得以恢復，但日本由於和美國之間是實際上的軍事同盟，其主權的存在被附加了種種規定。

日本工礦業的生產，到 1950 年左右已經基本上恢復到接近戰前的水平，但由於經濟穩定計劃造成國內市場的大幅度縮小，因而陷入了嚴重的不景氣。朝鮮戰爭給處於這種經濟狀況下的日本資本主義帶來了意想不到的巨大需求。由於美軍的「特需」以及國際性的軍需盛況，出現了以紡織、金屬為中心的貿易熱潮，並波及其他部門。日本的外匯保有額顯著增加，結果於 1952 年（昭和 27 年）加入了國際貨幣基金組織（IMF）和世界銀行。經過第二次世界大戰，在日本，國

「特需」的概況
(1950.6——1955.6)

A.特需合同額　　　　　　　　　　　　　　　　　　　　　（單位：千美元）

	物　　　質	服　　　務	合　　　計
第 1 年	229995	98927	328922
第 2 年	235851	79767	315618
第 3 年	305543	186785	492328
第 4 年	124700	170910	296610
第 5 年	78516	107740	186256
累　　計	974607	644129	1618736

B.主要物資和服務的合同額(1950.6——1955.6)　　　　　（單位：千美元）

	物　　　資			服　　　務	
1	武　　　器	148489	房 屋 建 造	107641
2	煤　　　炭	104384	汽 車 修 理	83036
3	麻　　　袋	33700	裝卸、倉庫	75923
4	汽 車 零 件	31105	電信、電話	71210
5	棉　　　布	29567	機 械 維 修	48217

家資金對經濟所起的作用以及國家對生產進行的指導都增強了，推進了國家權力與壟斷資本結合。這種狀況在戰敗後一直保持下來，自1951 年（昭和 26 年）度以來，國家資金開始積極地投入電力、造船、鋼鐵等基礎工業部門，設備投資活躍起來。而且，當時由於分裂和鎮壓，工人運動處於困難時期，這也是壟斷資本迅速復興的原因之一。

　　美蘇的對立和第三世界的崛起　本世紀 50 年代，美蘇的對立更加深刻，擴充軍備的競賽激化起來，1952 年（昭和 27 年），美國氫彈試驗成功。1957 年（昭和 32 年），蘇聯先於美國研製成功洲際彈道導彈（ICBM），發射了人造衛星，給美國帶來了很大震動。

　　1954 年（昭和 29 年）美國與台灣的國民政府締結了《相互防衛條約》。同年成立了「東南亞集體防務條約組織」(SEATO)，成立時的目的是爲了遏制中共。第二年又建立了「中東條約組織」〔METO，1959 年改稱「中央條約組織」(CENTO)〕。這些組織都是企圖包圍當

時社會主義陣營。在歐洲，允許西德重新武裝，1955 年（昭和 30 年），西德加入了北大西洋公約組織（NATO）。

為了對抗這些行動，締結了《華沙條約》。

在 1956 年 2 月召開蘇聯共產黨第二十次代表大會上，赫魯雪夫對史達林進行了批判。同年，共產黨及工人黨情報局解散。第二年，匈牙利發生了反蘇暴動，蘇聯出兵鎮壓了這次暴動。

由於美蘇對立的激化，加劇了國際緊張局勢。在這樣的形勢下，反對核武器、要求世界和平的運動日益高漲。1950 年發表了號召禁止使用原子彈的《斯德哥爾摩宣言》，第二年 5 月，又發表了號召簽訂五大國和平協定的《柏林宣言》。在這兩份號召書上，均有世界上 5 億人簽名，在日本也有 500 多萬人簽了名。

半封建半殖民地中國的人民革命的勝利，以及朝鮮、印度支那反對帝國主義侵略的抵抗運動的高漲，激勵了亞洲和非洲的民族獨立運動。1956 年（昭和 31 年），圍繞著蘇伊士運河國有化問題，埃及同支持以色列的英、法軍隊開戰。在非洲，反對殖民統治的解放鬥爭擴大到了黑色非洲。

1954 年（昭和 29 年），中共的周恩來總理與印度的尼赫魯總理共同確認了和平共處五項原則，第二年 4 月，在印度尼西亞的萬隆召開的亞非會議上，發表了反對殖民主義和號召和平共處的宣言。這一系列行動，表明了第三世界的崛起，給以後的國際形勢帶來了巨大的影響。

由於美蘇兩國瘋狂地擴大軍備和軍事力量的接近，由於世界人民爭取世界和平的運動和第三世界的崛起，1954 年（昭和 29 年），通過日內瓦國際會議，達成了印度支那停戰協定。

吉田政權　第二次吉田內閣的組成是以保守勢力在國會中佔有

絕對多數爲背景。吉田內閣採取對美國一邊倒的政策，與美國締結了片面和約；投入國家資金來重建壟斷資本，並以此爲中心來推行經濟復興；與此同時，還採取了強化國內治安的政策。1952 年（昭和 27 年）「五一」國際勞動節這一天，發生了警察部隊向反對單獨媾和及安保條約的示威遊行隊伍開槍的「五一節事件」。吉田政府還制定了《防止破壞活動法》，並於 1954 年（昭和 29 年）廢止了自治體警察，統一爲國家警察。另外，警察預備隊於 1952 年改組爲保安隊，進一步加強了裝備。1954 年又締結了 MSA 協定，作爲美國的軍事、經濟援助的條件，規定日本要承擔增強防衛力量的義務，並新設置了防衛廳，保安隊加上航空部隊，變成了自衛隊。在教育方面，根據「教育二法」，在「教育保持政治中立」的名義下，加強了國家對教育的控制，過去經過選舉產生的教育委員會，也改爲由地方自治體長官來任命。

以朝鮮戰爭爲開端，解除了對包括戰犯在內的很多人的褫奪公職的處分，出現了重新改組保守勢力的動向。同時，反對吉田首相獨裁政治統治的勢力也增加了，在 1953 年（昭和 28 年）春的總選舉中，自由黨的絕對多數地位受到威脅，以後這種傾向日益增強。1954 年（昭和 29 年）12 月，吉田內閣總辭職，成立了日本民主黨的鳩山一郎內閣。

鳩山內閣認爲以自衛爲目的的軍事力量並不違反憲法，於 1956 年（昭和 31 年）成立了國防會議，並進一步主張修改憲法，推行所謂「逆方針」的政策。另外，鳩山還企圖同社會主義國家改善關係。日蘇談判圍繞著北方領土問題，經歷了一年多的坎坷過程。在談判中，圍繞國后島和擇捉島的歸屬問題，兩國意見對立。1956 年（昭和 31 年）10 月鳩山首相訪問莫斯科時，決定將和平條約的締結留待以後解決，僅簽訂了結束兩國間戰爭狀態的《日蘇聯合聲明》，齒舞群島和色

丹島交還日本的問題也留待和平條約簽訂以後解決。通過聯合聲明的簽署，兩國關係得到改善，由於蘇聯沒有對日本加入聯合國的問題行使否決權，日本於同年 12 月加入了聯合國。

針對鳩山內閣的「逆方針」政策，反對重新武裝、維護憲法的運動一浪高過一浪。1953 年在石川縣內灘爆發了反對美軍新建射擊場的運動，1955 年在東京都立川基地周圍爆發了反對擴充基地的運動。1954 年（昭和 29 年）發生了由於美國進行核試驗而使在太平洋上作業的日本漁船被炸的事件。在世界上第一個遭到核武器攻擊的日本，由於這一事件，反對核武器的運動風起雲湧，第二年 8 月，在廣島召開了第一次禁止原子彈、氫彈的世界大會。

由於國民反對鳩山內閣的「逆方針」政策，以左派社會黨為首的革新勢力再次擴大了勢力。在 1955 年（昭和 30 年）的總選舉中，革新勢力在認為需要修改憲法的國會中恢復到⅓以上的議席。在這樣的形勢下，同年 10 月，社會黨的左右兩派重新統一，11 月，保守勢力也進行了聯合，成立了自由民主黨。

對美協調與經濟的高速增長

世界局勢的動盪 本世紀 50 年代後半期至 60 年代初期，美蘇之間暫時實現了表面上的協調，1959 年（昭和 34 年），蘇聯的赫魯雪夫主席對美國進行了訪問，打開了美蘇協調的新局面。以後，因 1961 年（昭和 36 年）的「柏林牆」問題和 1962 年蘇聯將導彈運進古巴的問題，美蘇之間曾一度劍拔弩張，但經過甘迺迪總統與赫魯雪夫主席的協調，避免了危機。以這樣的形勢為背景，1963 年（昭和 38 年）美、英、蘇三國之間簽訂了除地下核試驗外的部分停止核試驗的條約，

1968 年簽訂了防止核武器擴散條約。美蘇簽訂這些條約的意圖是，相互牽制它們之間日益激化的擴大核武器的競爭，同時利用兩國對核武器的事實上的壟斷來任意擺布世界。

在出現這種形勢的另一面，美蘇分別在兩大陣營中的絕對優勢地位開始動搖。西歐各國這時在經濟上已迅速恢復，在政治和經濟上開始擺脫對美國的依賴。歐洲的一些國家於 1958 年（昭和 33 年）成立了歐洲經濟共同體（EEC），它由最初各成員國之間互相降低關稅發展到完全免除關稅，1967 年又發展成為歐洲共同體（EC），通過相互協調，加強了它們在世界上的經濟的和政治的發言權。英國最初從與英聯邦的關係考慮，沒有加入歐洲共同體，結果經濟發展緩慢，因而也於 1971 年參加進去。在東歐各國，由於經濟建設的發展，對蘇聯的依賴也減少了，同時，在開展批判史達林等一系列活動中，蘇聯的權威開始動搖。1964 年，中國獨立自主地進行核試驗，取得了成功，但從 1966 年起進入了「文化大革命」。捷克斯洛伐克謀求擺脫蘇聯，爭取自主的行動，於 1968 年遭到了蘇聯和其他東歐軍隊的鎮壓。

本世紀 60 年代後半期，新從殖民統治下獨立出來的亞洲和非洲國家占了聯合國成員國的半數以上。這樣，以美、蘇兩個超級大國為軸心的第二次世界大戰後的國際秩序，也從這時起開始動搖了。

《安保條約》的修訂　在這樣的形勢下，石橋湛山擔任了首相。他企圖從對美一邊倒中擺脫出來，尋求新的方向，並計劃實現與中共的邦交正常化。但是，主張以對美協調為主要任務的國內外反動勢力的壓力巨大，以石橋患病為契機，石橋內閣以短命而告終。

1957 年 2 月出任首相的岸信介，曾經是甲級戰犯，是當時國內外反動勢力所期待的人物。在岸內閣統治下，在同年的國防會議上決定了「國防基本方針」，制訂了整頓充實國防力量的長期計劃。這成為後

來的整頓充實國防力量計劃的起點，迅速加強了軍備。

岸內閣於 1958 年向國會提出了以擴大警察權限為內容的《警察職務執行法修正案》(警職法)。但由於反對這一法案的工人罷工及社會輿論的高漲，這一法案終於以審議未完而被擱置下來。另外，岸內閣還下令對中、小學教員進行勤務評定，企圖限制教員工會的活動，因此爆發了全國性的反對鬥爭。

1957 年 10 月，日本成為聯合國安理會的非常任理事國，但這完全是依靠美國的支持才得到的。《日美安全保障條約》的修訂從 1958 年（昭和 33 年）起就在日美之間進行了談判，1960 年（昭和 35 年）簽訂了《日美相互協助及安全保障條約》(「新安保條約」)。在「新安保條約」中，寫明了美國對日本負有防衛義務，規定了要加強相互防衛的力量和促進日美經濟合作等內容，這實際上是一個以中共及其他社會主義國家為假想敵國的軍事同盟。因此，它使熱切希望嚴守憲法和平條款的大多數國民意識到，日本有被拖進美國的亞洲戰略體制的危險。特別是該條約雖然規定駐日美軍的軍事行動應由兩國事先協商，但其內容存在著很多可以逃避責任的藉口，這也使國民不能不感到不安。

同年 5 月，該條約在眾議院被強行通過，要求維護民主和阻止修訂「安保條約」的運動立即激化起來。以阻止修訂「安保條約」國民議會為中心，大批工人、學生和市民不斷地發展了抗議活動。被法律剝奪了罷工權的國鐵工人也不顧鎮壓，毅然舉行了大罷工。美國總統艾森豪威爾原定 6 月訪日，但因為日本國內局勢緊張，不得不取消了訪日計劃。「新安保條約」未能在參議院進行審議。按照日本的法律，在眾議院通過的法案，如果在 30 天之內沒有在參議院進行審議，沒有得到參議院的承認也算自然成立。「新安保條約」因此於 6 月自然成

立。但是，在國民鬥爭的高潮中，執政黨中也產生了對內閣的批判，岸內閣在條約自然成立後立即總辭職。

池田、佐藤內閣與對美協調　岸內閣倒台之後出現的池田勇人內閣，為了迴避岸內閣引起的國民批判，一面採取標榜「寬容和忍耐」的「低姿態」，一面以「收入倍增」為口號，力求促進經濟的高速成長。根據 1961 年（昭和 36 年）池田訪美時與甘迺迪總統的會談，決定每年舉行日美貿易經濟聯合委員會會議，進一步加強了日美的經濟合作。

另一方面，池田內閣在「政治與經濟分離」的方針下，謀求擴大同中國的貿易，到 1962 年（昭和 37 年）雙方達成了准政府間的貿易協定。日中（共）貿易早在 1952 年就以民間協定的形式達成了第一次貿易協定，但由於岸內閣在 1958 年的「長崎國旗事件」中所採取的敵視中共的政策，中共方面除「照顧物資」外，其他物資幾乎全部中斷了出口。1962 年的協定是以中共國際貿易委員會主席廖承志和自民黨的高崎達之助之間所簽訂的《關於日中（共）長期綜合貿易備忘錄》為基礎的貿易協定，規定給予駐在本國的對方國家的代表以相當於建交國家外交官的待遇。這一貿易取兩位代表名字的第一個字母，稱為「LT貿易」，自 1968 年起，改稱為「日中（共）備忘錄貿易」。

池田因病辭職以後，岸信介的胞弟佐藤榮作於 1964 年（昭和 39 年）組成內閣。佐藤以加強日本與美國、日本與南朝鮮之間的協調為基本政策。戰後的日本政府基本上是支持南朝鮮的李承晚政府，但日本與南朝鮮兩者之間有著矛盾，在處理殖民時代的善後問題及漁業問題上發生了對立。「日韓會談」自 1952 年以來就斷斷續續地進行，但沒有進展。在南朝鮮，1960 年人民反對李承晚政府武力鎮壓的鬥爭風起雲湧，李承晚倒台，一度好似出現了南朝鮮民主化、民族獨立和通

主要經濟指標開始超過戰前水平的年度
（戰前標準爲1934──1936年的平均值）

指標	超過戰前水平的年度	達到戰前水平2倍的年度	超過戰前、戰時最高水平的年度
工業生產	1951	1957	1955
實際國民生產總值	1951	1959	1954
實際設備投資	1951	1956	1957
實際個人消費	1951	1960	1952
實際出口收入	1957	1963	1960
實際進口支付	1956	1961	1959
平均每人實際國民生產總值	1953	1962	1957
平均每人實際個人消費	1953	(1964)	1956
平均每個就業人員的實際生產率	1951	(1962)	

註：摘自稻葉秀三、大來佐武郎、向坂正男主編的《日本經濟講座》Ⅰ，日本評論社版，第5頁。

過南北對話完成國家統一等的趨向。但是，1961年南朝鮮軍部在美國的支持下發動了武裝政變，將人民鬥爭的成果一掃而光。朴正熙於1963年就任「總統」。佐藤政府加強與朴正熙政府的接近，在1964年底開始的第七次會談中達成協議，於1965年（昭和40年）締結了《日韓基本條約》。

當時，要推動日美協調，沖繩回歸日本本土的問題成了一大難題。沖繩在戰後被置於美國的軍事統治之下，作爲美國在遠東的軍事據點，一直深受重視。由於擴充基地，致使大批農民被剝奪了土地，而且在軍事統治下一再發生侵犯人權事件，因而爆發了要求沖繩回歸祖國的運動。1960年（昭和35年）組成了「沖繩縣回歸祖國協議會」。在這樣的形勢下，小笠原群島於1968年歸還給了日本。1969年（昭和44年）佐藤訪美時，雙方決定以堅持安保體制、逐步增強自衛力量爲前提，把沖繩歸還日本。沖繩回歸日本是在1972年5月實現的，但因爲還保留了美軍控制的龐大軍事基地，所以，還遺留下大量的懸而

日本進口原油的來源

	百萬公升	比例
總計	286.7	100.0
中東	223.9	78.1
伊朗	95.7	33.4
沙烏地阿拉拍	53.7	18.7
阿布扎比	26.0	9.1
科威特	23.3	8.1
中立地區	16.6	5.8
阿曼	6.2	2.2
其他地區	2.4	0.8
印度尼西亞	42.5	14.8
汶萊	9.3	3.3
尼日利亞	5.6	1.9
蘇聯	1.4	0.5
中國(共)	1.1	0.4
其他地區	2.8	1.0

註：通產省調查。

未決的問題。

1970年（昭和45年），「新安保條約」到期。佐藤政府在繼續執行安保體制的方針下，迴避在國會進行討論，使該條約自動延長。

保守勢力實現統一以後，自由民主黨佔據了國會議席的絕對多數，以對美協調和發展經濟為基本政策。另一方面，社會黨統一之後，1960年分裂出民主社會黨，1964年公明黨建立，出現了在野黨多黨化的傾向。池田、佐藤等人的保守政權因而得以長期延續下來。與此同時，出現了批判原有革新政黨、進行激烈鬥爭的新左翼運動。此外正如1970年作家三島由紀夫號召自衛隊員武裝政變之後剖腹自殺事件所表明的那樣，右翼活動也活躍起來。

經濟的高速增長　本世紀60年代初開始到70年代前半期的日

本經濟的「高速增長」，在第二次世界大戰後世界各國的經濟發展中也是出類拔粹的。「經濟的高速增長」不僅給日本的社會、經濟結構帶來了巨大的變化，而且也給日本經濟在世界經濟中的地位帶來了巨大的變化。

帶來「高速增長」有若干原因，但其中主要的可以考慮以下幾點：

(1)戰前普及教育的結果和戰後教育進一步普及的結果。從世界水平來看，具有相當發達的技術水平，而且還廣泛存在著可以在短期內學習、掌握高級技術的大批勞動力。

(2)技術人員和工人的工資與當時歐美國家相比要低得多。

(3)由於戰敗，加強了與美國的關係，其結果使兩國間的經濟和技術的交流變得活躍起來。

(4)戰敗的結果使進口原料反而變得容易了，可以從世界各地得到廉價的原料。

(5)戰後在 70 年代以前，世界各地對石油資源的開發迅速發展，因而能夠得到廉價的石油。

(6)與戰前相比，軍備的負擔減輕了。

(7)因為對戰前軍國主義的反省和戰後物資的不足，國民的注意力都集中到經濟活動上。

(8)在戰爭中占統治地位的由國家指導經濟的體制保留下來，壟斷資本與國家的結合進一步得到加強。

(9)戰後的各項改革為資本主義的發展開創了更加有利的局面。

不過，直接的原因是以「安保鬥爭」為中心，工人階級的力量得到了發揮，結果使得日本統治階級再也不能通過直接的壓迫來獲得更高的利潤，不得不通過技術革新和擴大市場來增加利潤。另外還由於國民的注意力主要集中於經濟問題。

在 1960 年以前，日本的政府局勢不穩定，當岸內閣在圍繞著修訂「安保條約」的鬥爭中倒台後，池田內閣從經濟發展是穩定政治局勢的重要條件的認識出發，提出了「國民收入倍增」的口號。國民收入倍增計劃在最初的 3 年是從每年增長 9%的速度出發的，主要目標是：

(1)充實公共部門和社會部門。

(2)開發國民的潛在能力。

(3)解決雙重結構問題。

第一項的主要內容是利用國家資金擴充道路、海港和工業用地，以及普及社會保險事業。這一政策的背後是，利用從國民稅收徵集來的國家資金，為壟斷資本創造有利的環境，普及社會保險也具有通過向投保人徵收保險費來吸收資金的一面。第二項是以發展教育和振興科學技術為中心內容。另外，在當時的日本，在大企業就業的工人和在中小企業就業的工人之間，在工資及雇用條件上有著很大差別，從事工商業的人員與農業人員之間在收入上的差距也甚大，各地區之間也在收入上存在著相當大的差距。這樣的差距從過去的角度看，曾成為維持低工資勞動的條件，但是，要進一步發展經濟，它已經成為障礙。這些差別被稱為日本經濟的「雙重結構」。第三項就是以消除這種差距為目標的。

國民收入倍增計劃的具體方向是地區開發。它是利用國家資金來整頓改善一定地區的道路、海港、上下水道等，從而吸引投資來建造工廠的計劃，是促進實行技術革新、建設新工廠的計劃。1962 年（昭和 37 年）10 月，內閣討論決定了「全國綜合開發計劃」，指定了 13 個「新產業都市」和 16 個「指定都市」。

經濟高速成長的重要內容是貿易的自由化、特別是進口的自由

日本主要工業產品在全世界的生產中所佔的比例

	1960年	1970年
鋼鐵（鋼錠）	6.4%	③15.7%
鋅	5.5	②13.7
生鋁	3.0	④ 7.5
船舶	20.7	①48.3
轎車	1.3	③14.2
貨車	1.6	①30.5
收音機	30.1	①40.3
電視機	21.5	①30.4
合成纖維	16.9	②21.0
氮肥	9.4	③ 6.5

註：摘自日銀的《國際化比較統計》。
「○」中的數字是在全世界的生產中所佔的位序。

化。在當時的日本，爲了保護國內產業，實行嚴格的外匯配額方式，一般的社會風氣認爲使用進口物品是奢侈。但是，在西歐各國，早在1959年就實行了自由化，只有日本實行自由化遲緩，這是不能容忍的。特別是從1960年左右起，美國拋出了「捍衛美元」的政策，因而也加大了要求日本貿易自由化的壓力。由於這些原因，日本政府於1960年6月制定了《貿易匯兌自由化計劃大綱》，規定3年後的目標是自由化率達到80%。其方法是根據以下原則決定的：

(1)首先是通過原料部門的自由化來降低原料價格。

(2)從具有國際競爭能力的部門開始實行自由化，優先考慮那些通過自由化給消費者帶來巨大利益的部門。

(3)汽車、電子計算機、重型機械等行業分階段實行自由化，等等。

貿易的自由化是在日本的產業具備了一定的前提條件下進行的，是與技術革新及企業的大規模合併等合理化措施齊頭並進的，特別是在重化學工業部門，是在國家機關和壟斷資本密切合作下進行的。通過貿易的自由化，受到最大打擊的部門是國內的煤炭企業，而

日本生產水平與國際上的比較

(1)國內生產總值

	1950年	1960年	1965年	1970年	1975年
美國	100.0	100.0	100.0	100.0	100.0
日本	3.9	8.4	12.8	19.8	32.3
西德	8.1	14.2	16.6	18.9	28.1
法國	10.0	12.0	14.3	15.0	21.6
英國	12.9	14.1	14.4	12.2	15.0
義大利	6.0	6.9	8.5	9.4	11.4

註：根據經濟企劃廳的資料製。

(2)工業生產

	1958年	1960年	1963年	1968年	1972年
美國	100.0	100.0	100.0	100.0	100.0
日本	15.6	20.5	25.5	36.7	49.0
西德	23.0	24.0	24.0	23.1	25.9
法國	21.2	20.2	20.6	19.7	23.6
英國	19.5	19.3	17.7	16.0	14.8
義大利	13.6	15.1	17.3	17.5	17.7
蘇聯	59.4	63.6	71.9	81.6	95.7

註：筱原三代平教授的推算。

十大商社巨頭的經營額

	1964.3	1969.3	1970年度	1971年度	
	%	%	%	億日元	%
三菱商事	11.9	10.8	19.8	45298	20.2
三井物產	9.5	10.9	18.2	41358	18.4
丸紅	7.2	7.0	13.1	29129	12.9
伊藤忠	6.9	5.9	12.4	27784	12.3
住友商事	2.7	3.4	8.2	19871	8.8
日商岩井	3.6	5.1	9.1	19256	8.6
東棉	3.7	3.3	6.7	13958	6.2
兼松江商	2.0	2.5	4.1	9707	4.3
安宅產業	1.9	2.0	4.1	9444	4.3
日棉實業	3.9	3.2	4.3	9179	4.1

註：1.根據《東洋經濟統計月報》(1970年6月號，1972年8月號)製表。
　　2.1964年和1969年的數字是在貿易總經營額中所佔有的份額，1970年度
　　和1971年度的數字是在十大商社合計中所佔有的份額。

企業集團的支配力量(1973年度)

(單位：%)

	總資產	資本金額	銷售額	股份支配比率	相互持有的股份	同系統的金融機構貸款比率
三井系統(二木會19家公司)	3.71	3.16	4.02	3.07	15.5	21.40
三菱系統(金曜會23家公司)	4.44	4.31	4.24	4.81	24.7	29.23
住友系統(白水會12家公司)	2.06	2.07	2.08	3.55	25.4	31.13
三和系統(三水會33家公司)	4.00	4.65	3.84	5.10	14.3	20.50
富士系統(芙蓉會25家公司)	3.95	4.61	3.54	3.76	13.6	22.78
第一勸業銀行系統(54家公司)	6.08	6.21	5.90	3.90	13.1	…
六系統總計	24.24	25.01	23.62	23.51	—	—

註：1.根據法人企業季度報告。除金融業、保險業外，將資本在1000萬日元以上的企業作爲全部產業總計(＝100)算出。

2.即使是各企業集團，除第一勸業銀行系統外，均是加入經理會的公司。這裏不包括金融保險業。

3.摘自東洋經濟報社的《企業系列總覽》(1974年)。

出口結構的變遷

(單位：%)

	戰前1934－1936年	1955年	1965年	1970年	1975年
重化學工業產品		38.0	62.0	72.4	83.4
金屬製品		19.2	20.3	19.7	22.5
(鋼鐵)	2.4	12.9	15.3	14.7	18.2
機械類	2.8	13.7	35.2	46.3	23.1
(船舶)	0.1	3.9	8.8	7.3	10.8
化學製品		5.1	6.5	6.4	7.0
輕工業品		52.0	31.8	23.2	13.0
(紡織品)	57.4	37.3	18.7	12.5	6.7
(其他)		14.7	13.1	10.7	6.3
食品	8.4	13.3	4.1	3.4	1.4
原料、燃料		6.8	1.5	1.0	1.0
計	100.0	100.0	100.0	100.0	100.0
出口總額(億美元)	6.9	20.1	84.5	193.2	557.5

註：摘自大藏省《外國貿易近況》

農業與工業生產率的比較

（1934——1936年的平均值＝100）

	農 業			工 業		
	生產指數	就業者指數	生產率	生產指數	就業者指數	生產率
1951年	102	116	88	115	144	80
1952	112	116	97	128	149	86
1953	97	118	82	100	155	103
1954	107	120	89	174	163	107
1955	129	119	108	189	161	118
1956	123	117	105	231	167	138

註：摘自農林省《農林白皮書》（1957年度版）。

城市地區耐用消費品的普及率

	普及率超過20％的產品	普及率超過50％的產品
1955年以前	照相機	收音機、縫紉機、自行車
1956－1960年	黑白電視機、洗衣機、電風扇、電爐和煤氣爐	
1961－1965年	冰箱、吸塵器、石油煤氣爐	照相機、洗衣機、電氣暖爐
1966－1970年	彩色電視機、小轎車、收錄機、不銹鋼的廚房用具	吸塵器、石油煤氣爐
1971－1975年	床、風琴	彩色電視機、立體聲音響設備、不銹鋼的廚房用具、煤氣熱水器

註：經濟企劃廳調查。

獲得最大利益的部門是從事石油進口和加工的部門。在此期間，日本的能源轉變爲完全依賴於進口的石油。對日本經濟來說，貿易的自由化導致了降低原料物資價格的作用。所以自由化比當初計劃的速度要快，1963年（昭和38年）8月，自由化率已達90％。日本於1964年加入了經濟合作開發機構(OECD)，正式躋身於「先進國家」的行列。

「經濟高速增長」是在日本國內外的各種各樣條件下實現的，首先是在日本政府培植日本壟斷資本的方針下進行的。在這一時期，日

本壟斷資本不僅進一步加強了對國民經濟的控制能力，而且也提高了其國際地位。

另外，在這一過程中，日本的經濟和國民生活也發生了巨大變化。從 1964 年（昭和 39 年）到 1970 年，日本經濟的年增長率爲 10% 以上，1964—1971 年的出口增長率每年高達 20%，這個數字相當於同一時期世界全部出口增長率的 2 倍。重化學工業產品在日本出口中所佔的比重，從 1960 年（昭和 35 年）的 46%上升到 1970 年（昭和 45 年）的 65%。日本在世界的總生產和工業生產中的位置也顯著上升了。這個時期，日本超過了西德、英國、法國，在資本主義國家中開始取得僅次於美國的地位。

與工業方面的這種異常的發展相比，農業方面雖然也獲得了相當大的發展，但顯然要比工業緩慢得多，所以 1970 年的人平均國民收入只居世界第 19 位。在本世紀 60 年代，日本農家戶數減少了大約 70 萬戶，在各產業的人口比率中，農林水產業的人口開始低於 20%，特別是專業農戶出現了大幅度減少。

在經濟高速增長時期，汽車、家用電器等開始大量生產，而且長期分期付款的信用銷售制度也在這一時期發達起來，所以這類產品開始迅速獲得普及，使國民生活發生了巨大變化。不過，土地和住宅問題依然是一個嚴重的問題。

當今世界與日本

世界的動向　本世紀 70 年代以後，國際局勢變得更加複雜。其原因是：第二次世界大戰後，在東西方兩個世界中擁有壓倒勢力的美、蘇兩個大國的權威衰落，不論在政治上或經濟上，其實力所佔的比重都下降了，而第三世界發展中國家的獨立自主的力量增強了。

生產力曾經在世界上佔有絕對優勢的美國，由於長期越南戰爭的耗費以及歐洲和日本等的經濟發展，其經濟狀況走向惡化，不得不於 1971 年（昭和 46 年）實行美元貶值。中（共）在這一年竊據了在聯合國的合法席位。1972 年，美國總統尼克森訪問了中（共），企圖打開國際局面（美中之間的正式外交關係是於 1979 年建立的）。

1973 年（昭和 48 年），美國軍隊從越南、老撾、柬埔寨全面撤出。

第二次世界大戰後，舊殖民地國家相繼獲得獨立，它們的發言權也增大了。特別是石油等重要資源，大部分是這些國家出產的，這些國家再也不允許像過去那樣由別國來控制和廉價搶奪本國的資源了。

日中（共）邦交正常化　在這種世界形勢的變化之中，國民要求改善長期處於不正常狀態下的日本與中共的關係的呼聲高漲。尼克森訪華事先並沒有通知日本政府就公開發表了，佐藤政府由於這一打擊而倒臺。1972 年（昭和 47 年），田中角榮內閣一成立，兩國邦交正常化的氣氛迅速高漲。通過田中首相訪問中共，根據《日中（共）聯合聲明》，實現了邦交正常化。日中（共）聯合聲明在「日本方面痛感日本國過去由於戰爭給中國人民造成重大損害的責任，表示深刻的反省」的基礎上，根據相互尊重主權和領土完整、互不侵犯、互不干涉

內政、平等互利、和平共處各項原則，進一步互相確認：「兩國任何一方都不應在亞洲和太平洋地區謀求霸權，每一方都反對任何其他國家或國家集團建立這種霸權的努力」。以後就締結日中（共）和平友好條約的問題繼續進行了談判，並於 1978 年（昭和 53 年）福田內閣時期，根據上述原則，簽訂了條約。

《日中（共）聯合聲明》及《日中（共）和平友好條約》是第二次世界大戰後，經過要求兩個邦交正常化和友好的兩國人民堅持不懈的努力，排除了重重障礙才實現的。日中（共）兩國之間過去長達百年的不幸時代至此宣告結束。它們是締造和平與友好的劃時代的文獻。

政治和經濟動向　進入 20 世紀 70 年代之後，物價急遽上升，超過了收入的增加，政府不得不採取抑制物價的政策。因此，經濟活動遲滯下來。公害問題也成爲威脅生活與生命的重大問題。以第四次中東戰爭爲契機，阿拉伯產油國團結一致，限制石油的供給量，提高石油價格，這給主要依靠進口石油作爲能源的日本經濟帶來了沉重的打擊。東南亞及歐美各國也逐漸對日本經濟的向外發展產生了強烈反感。另外，以美元爲中心的國際通貨不穩定，以此爲契機，經 1971 年（昭和 46 年）的日元升值，從 1973 年起，只得轉爲浮動匯率制。由廉價的海外資源和兌換率低的日元所支撐的經濟高速成長完全陷入了困境。接著美、蘇等國在 1977 年（昭和 52 年）設立了 200 海哩漁業專管水域，又發生了水產資源等問題。

隨著世界政治、經濟形勢的變化，日本的政治和經濟也開始發生變化。自由民主黨依然佔據著國會議席位的多數，但逐漸暴露出議席減少的傾向；在衆、參兩院，與在野黨之間的席位差距也在縮小。另外，圍繞著城市問題及公害問題，在全國開始發生各種形式的居民運

動。在這樣的狀況下，田中內閣因所謂「資金來源」問題而倒臺。1974年，三木武夫內閣成立。但到 1976 年，發生了關於航空業界的行賄事件——洛克希德事件，在自民黨內部派系鬥爭激化的情況下，三木內閣讓位於福田赳夫內閣。但是，自民黨內部派系鬥爭並沒有平息。首次總裁公選的結果，成立了大平正芳內閣。在大平首相突然去世之後不久所舉行的眾參兩院選舉中，自民黨確保了穩定多數，組成了鈴木善幸內閣。鈴木首相於 1982 年底辭職以後，根據自民黨的總裁公選，組成了中曾根康弘內閣。中曾根首相在任職後不久訪美時，表明兩國要「加強包括軍事方面在內的同盟關係」，同時企圖緩和日美間經濟上的矛盾。

國民生活與文化　以經濟的高速成長為起點，國民的生活方式發生了巨大變化。不僅是城市，也包括農村在內，洗衣機、電冰箱、彩色電視機、私人汽車都得到了顯著的普及。在城市裏，高層建築增加，公營住宅也普及起來；在服裝方面，化纖產品的比重提高；在食品方面，乳製品以及溫室栽培的蔬菜、冷凍食品等的消費增加。

1964 年（昭和 39 年），東京——大阪之間的新幹線通車；1975年（昭和 50 年），新幹線延長到福岡。以此為起點，實行鐵路電氣化，充實高速公路網，發展民間的航空事業，迅速推動了交通網的完善（1978 年，位於千葉縣成田的新東京國際機場啟用；1982 年，東北上越新幹線通車）。

在國民中，盛行利用餘暇進行娛樂活動，隨著交通如此地發達，不少國民開始到國外去旅行。

產業、經濟如此迅速地發展，但另一方面卻發生了很多所謂經濟高速成長的「畸形」、「副作用」等問題。人口急劇向城市集中，造成了城市人口過密，使住房難和交通擁擠等各種城市問題更加嚴重。因

食用農產品的自給率(%)

	1960年	1965年	1970年	1973年
總自給率	90	81	76	71
穀物	83	61	48	41
(大米)	102	95	106	101
(小麥)	38	28	9	4
(大麥、裸麥)	107	73	34	10
大豆	28	11	4	3
蔬菜	100	100	99	88
水果	100	90	84	83
肉類	91	89	88	78
雞蛋	101	100	97	98
牛奶、乳製品	89	85	89	83
精飼料	67	44	33	31

註：農林省調查。肉類中不包括鯨魚肉。

交通事故而死亡的人數每年超過了 1 萬人。空氣污染、水質污染、噪音、地面下沉等公害問題大量發生。面對這樣的公害，各地居民的反對運動也高漲起來，在公害問題的訴訟中，居民也相繼勝訴。隨著開發的進行，對自然的破壞也變成嚴重問題，與此同時，居民要求保護自然的運動也壯大起來。

由於這些運動的壓力，政府於 1967 年（昭和 42 年）制定了《公害對策基本法》，1971 年（昭和 46 年）設立了環境廳，但仍然存在著很多嚴重的問題。

另外，人口急遽向城市集中的結果，出現了農村人口過疏的現象，農村的青年勞動力嚴重不足，發生了不少問題。政府為了縮小地區差距，於 1962 年制定了《新產業城市促進法》，推進了指定地區的產業開發。但隨著公害問題日益嚴重，工廠的建設發展逐漸受到當地居民的反對。

在經濟高速成長的時代，文化的普及也取得了顯著進展。1959年，大量的周刊雜誌問世，出現了「周刊雜誌熱」，發行量超過了 1,000

公害因素的增加

(1)氧化硫物質　　　　　　　　　　　　　　　　　　　　(換算成SO2,單位：1000噸)

	1960年度	1970年度	1960-1970年度的年平均增長率(%)
來自燃料油	1069	4976	
其中來自重油	1052	4880	16.6
來自輕油	17	96	18.9
來自煤炭	452	263	-5.3
其他	132	400	11.7
排出量合計	1653	5799	13.4

(2)氧化氮物質　　　　　　　　　　　　　　　　　　　　(換算成NO2,單位：1000噸)

	1960年度	1970年度	1960-1970年度的年平均增長率(%)
固定發生源	356	1390	10.0
液體燃料	148	945	20.3
氣體燃料	33	150	16.3
固體燃料	336	96	-5.3
其他	18	98	18.4
流動發生源	153	571	14.1
排出量合計	689	1961	11.0

1970年五大報紙每日發行早刊的份數

朝日新聞	572.4萬份
讀賣新聞	543.1萬份
每日新聞	462.9萬份
產經新聞	190.1萬份
中日新聞	189.6萬份

萬冊。此外，報紙、雜誌、書籍的出版數量也急遽地增加。廣播部門也成爲大規模宣傳的重要工具。除日本廣播協會（NHK）外，從1951年（昭和26年）起，開創了民辦無線電廣播，從1953年起，電視播放也開始了。這種大規模宣傳手段的發達，對於文化普及到每一個角落起了重大作用。但是，各方面人士指出，也存在著文化的單一化以及大資本壟斷情報所帶來的操縱輿論的危險。

在世界形勢和世界經濟發生巨大變化中，日本如何對待？在國內的社會、經濟急速變化的形勢下，如何處理新產生的各式各樣的問題？在今後日本的前途上堆積著無數重大的問題。

注釋

❶ 加持，梵語。加持祈禱，祈禱佛陀對眾生的保佑。

❷ 公家，指朝廷、天皇或朝臣。

❸ 「町」相當於中國小城鎮。

❹ 「樂」就是自由的意思。

❺ 有關《古今和歌集》中某個詞句解釋的祕密，只傳授給某個特定
的個人，這稱為「古今傳授」。

❻ 剝奪大名的武士身份，沒有其俸祿及宅第，謂之「改易」。

❼ 馬克思：《資本論》。《馬克思恩格斯全集》第 23 卷，第 785 頁。

❽ 這部辭典系根據荷蘭人法爾末的《荷法辭典》編譯的。

❾ 浪士，失主無祿的武士，亦稱浪人。

❿ 即中日甲午戰爭。

⓫ 列寧：《帝國主義和社會主義運動中的分裂》。《列寧選集》第 2
卷，第 893 頁。

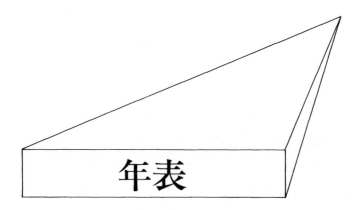

年表

時代	公曆	年號	天皇	政治・經濟・社會
（前陶器、繩文時代）	B.C.			公元前1世紀左右，倭小國分立
（彌生時代）	A.D. 57			倭奴國王入貢後漢，光武帝授以印綬
	107			倭國王帥升等入貢後漢，獻生口
	147			從這時起，倭國大亂
	239			邪馬台國女王卑彌呼遣使帶方郡。魏明帝以卑彌呼爲親魏倭王，賜金印紫綬
	266			倭女王壹與遣使西晉，入貢
大和時代				到這一時期(4世紀前半期)大和朝廷基本上統一了全國
	369			倭軍出兵朝鮮，在朝鮮南部擴張領土(任那)
	391			倭軍破百濟、新羅(並與高句麗作戰)
	413	（贊）		倭王贊(應神或仁德) 遣使東晉入貢
	438	（珍）		倭王珍遣使宋入貢， 封安東將軍 （擴張大王的權利）
	478	（武）		倭武遣使宋上表， 封安東大將軍
	512		（繼體）	大伴金村割讓任那的4縣給百濟
	527		（繼體）	築紫國造磐井叛亂
	562		（欽明)	新羅滅任那
	587		用明	蘇我馬子殺物部守屋
	592		崇峻	馬子殺崇峻天皇。推古天皇即位
	593		推古	聖德太子任攝政
	603		推古	制定官位十二階
	604		推古	制定憲法十七條

時代	公曆	年號	天皇	政治・經濟・社會
大和時代	607		推古	派小野妹子赴隋
	608		推古	隋使斐世清來日，再次派妹子赴隋，留學生高向玄理等隨行
	630		舒明	第一次遣唐使(大使是犬上御田鍬)
	645	大化1	皇極	中大兄皇子、中臣鐮足滅蘇我氏。首次定年號爲大化元年(大化革新)。遷都難波宮
	646	2	孝德	宣布革新詔
	652	白雉3	孝德	實施班田收授法。制戶籍
	658		齊明	阿倍比羅夫征蝦夷
	663		中大兄稱制	日本軍敗於唐和新羅的水軍(白村江戰役)
	667		中大兄稱制	遷都近江大津宮
	670		天智	制庚午年戶籍
	672		(弘文)	大海人皇子在壬申之亂中獲大勝。遷都飛鳥淨御原宮
	684		天武	制定八色之姓
	689		持統	施行飛鳥淨御原令
	694		持統	遷都藤原京
奈良時代	701	大寶1	文武	刑部親王、藤原不比等等人完成大寶律令
	708	和銅1	元明	鑄造和同開彌
	710	3	元明	遷都平城京
	711	4	元明	利用蓄錢叙位令，促進貨幣流通
	718	養老2	元正	藤原不比等等人撰修養老律令
	722	6	元正	計劃開墾百萬町步田地
	723	7	元正	施行三世一身法
	724	神龍1	聖武	這時建造多賀城
	727	4	聖武	渤海國使節首次來日(以後200年間達34次)
	729	天平1	聖武	長屋王之變。藤原光明當皇后(光明皇后)
	740	12	聖武	藤原光嗣之亂。遷都恭仁京
	743	15	聖武	墾田永世私財法。下詔在近江紫香樂宮塑造大佛
	757	天平寶字1	孝謙	桔奈良麻呂之亂，藤原仲麻呂掌握實權

時代	公曆	年號	天皇	政治‧經濟‧社會
奈良時代	764	8	淳仁	藤原仲麻呂(惠美押勝)之亂
	765	天平神護1	稱德	道鏡爲太政大臣禪師，第二年爲法王
	770	寶龜1	光仁	道鏡流配下野藥師寺
	784	延曆3	桓武	遷都長岡京
	794	13	桓武	遷都平安京
平安時代	801	20	桓武	坂上田村麻呂征討蝦夷。第二年築膽澤城
	804	23	桓武	最澄、空海隨遣唐使入唐
	810	弘仁1	嵯峨	設置藏人(多嗣任藏人頭)。藤原藥子之變
	820	11	嵯峨	施行弘仁格。以後到927年，完成三代格式(弘仁、貞觀、延喜)
	842	承和9	仁明	承和之變，伴健嶺、桔逸勢等受懲罰
	858	天安2	清和	藤原良房攝政(創大臣任攝政之始)
	866	貞觀8	清和	應天門之變，伴善男被流放
	884	元慶8	光孝	藤原基經任關白(創關白之始)
	894	寬平6	宇多	根據菅原道眞的意見，廢除遣唐使
	901	延喜1	醍醐	道眞貶任大宰權帥。延喜、天歷之治(897-930，946-967)
	902	2	醍醐	首次發佈莊園整理令
	914	14	醍醐	三善淸行上奏意見封事十二條
	935	承平5	朱雀	平將門殺伯父國香。承平、天慶之亂開始(-941)
	939	天慶2	朱雀	平將門在關東反叛。藤原純友在西海反叛
	969	安和2	冷泉	安和之變，源高明被貶爲大宰權帥
	988	永延2	一條	尾張國郡司、農民等控國司藤原無命的違法
	1017	寬仁1	後一條	藤原道長任太政大臣。藤原賴通通任攝政
	1019	3	後一條	刀伊(女眞族)入寇
	1028	長元1	後一條	平忠常在上總反叛(-1031)
	1045	寬得2	後冷泉	莊園整理令
	1051	永承6	後冷泉	前九年戰爭(安倍賴時反叛，-1062)
	1069	延久1	後三條	停止寬德2年以後的新立莊園。設置記錄莊園券契所
	1083	永保3	白河	後三年戰爭(清原家衡叛亂，-1087)

時代	公曆	年號	天皇	院	政治・經濟・社會
平安時代	1086	應德3	堀河	白河	白河上皇開創院政
	1095	嘉保2	堀河	白河	白河上皇設置北面武士
	1156	保元1	後白河	鳥羽	保元之亂
	1159	平治1	二條	後白河	平治之亂
	1167	仁安2	六條	後白河	平清盛任太政大臣。平氏全盛時期
	1177	治承1	高倉	後白河	鹿谷陰謀
	1179	3	高倉	後白河	清盛軟禁後白河法皇
	1180	4	高倉	高倉	以仁壬、源賴政舉兵、源賴朝、源義仲同時舉兵
	1183	壽永2	安德	後白河	平氏逃往西國，義仲入京。確立了賴朝對東國的統治權
	1184	元歷1	安德	後白河	賴朝在鎌倉設置公文所、問注所
	1185	文治1	後鳥羽	後白河	平氏在壇之浦覆滅。賴朝獲得任命守護、地頭的權限
	1189	5	後鳥羽	後白河	奧州的藤原氏滅亡
	1191	建久2	後鳥羽	後白河	賴朝改公文所為政所
鎌倉時代				將軍	
	1192	3	後鳥羽	後白河 賴朝	源賴朝任征夷大將軍
	1199	正治1	土御門	後鳥羽 賴家	賴朝死。賴家作爲長子繼承
				執權	
	1203	建仁3	土御門	後鳥羽 時政	北條時政任執權
	1213	建保1	順德	後鳥羽 義時	和田義盛之亂
	1219	承久1	順德	後鳥羽 義時	源實朝被公曉所殺(源氏斷絕)
	1221	3	仲恭	後鳥羽 義時	承久之亂幕府勝利，後鳥羽上皇被流放隱歧。設置六波羅探題
	1223	貞應2	後堀河	義時	規定新補地頭的權益
	1224	元仁1	後堀河	泰時	北條泰時任執權。設置聯署
	1225	嘉祿1	後堀河	泰時	設置評定衆
	1226	2	後堀河	泰時	藤原賴經任將軍(第一任藤原將軍)
	1232	貞永1	四條	後堀河 泰時	《貞永式目》(御成敗式目)
	1247	寶治1	後深草	後嵯峨 時賴	三浦泰村之亂

時代	公曆	年號	天皇	院	執權	政治‧經濟‧社會
鎌倉時代	1249	建長1	後深草	後嵯峨	時賴	設置引付眾
	1252	4	後深草	後嵯峨	時賴	宗尊親王任將軍(首任親王將軍)
	1268	文永5	龍山	後嵯峨	時宗	蒙古使節帶來國書
	1274	11	後宇多	龍山	時宗	元軍襲陸九州(文永之役)
	1276	建治2	後宇多	龍山	時宗	異國警固番役
	1281	弘安4	後宇多	龍山	時宗	元軍再次來襲(弘安之役)
	1285	8	後宇多	龍山	貞時	霜月騷動(安達泰盛家族滅亡)
	1297	永仁5	伏見	龍山	貞時	發佈德政令(永仁的德政令)
					執權	
	1321	元亨1	後醍醐	高時		廢除院政，後醍醐天皇親政。恢復記錄所
	1324	正中1	後醍醐	高時		正中之變
	1331	正弘1	後醍醐	守時		元弘之變，第二年後醍醐天皇被流放隱歧
	1333	3	後醍醐	存時		鎌倉幕府滅亡。後醍醐天皇返回京都
	1334	建武1	後醍醐	守時		建武中興(建武的新政，-1335)

時代	公曆	南朝年號	北朝年號	南朝天皇	北朝天皇	將軍	政治‧經濟‧社會
南北朝時代	1335	建武2		後醍醐			中先代之亂，足利尊氏叛亂
	1336	延元1	建武3	后醍醐	光明		湊川戰役。制定《建武式目》。後醍醐天皇遷往吉野(南北朝對立，-1392)
	1338	3	歷應1	後醍醐	光明	尊氏	足利尊氏任征夷大將軍
	1341	興國2	4	後村上	光明	尊氏	尊氏向元朝派遣天龍寺船。倭寇於這時猖獗(前期倭寇)
	1349	正平4	貞和5	後村上	崇光	尊氏	足利基氏任鎌倉公方
	1350	5	觀應1	後村上	崇光	尊氏	觀應之亂(-1352)
	1352	正平7	文和1	後村上	後光嚴	尊氏	足利直義被毒死。實施半濟法
	1378	天授4	永和4	長慶	後元融	義滿	定利義滿在室町營造花之御所

時代	公曆	南朝年號	北朝年號	南朝天皇	北朝天皇	將軍	政治・經濟・社會
	1391	元中8	明德2	後龍山	後小松	義滿	明德之亂(討伐山名氏淸)
	1392	9	3	後龍山	後小松	義滿	南北朝統一
		年號	天皇	將軍			
	1393	明德4	後小松	義滿			幕府規定土倉役、酒屋役
	1398	應永5	後小松	義持			幕府規定三管領、四職
	1399	8	後小松	義持			應永之亂(討伐大內義弘)
室町時代	1401	8	後小松	義持			義滿派遣第一次遣明船(與明恢復邦交)
	1404	11	後小松	義持			勘合貿易開始(1411-1431年中斷)
	1419	26	稱光	義持			朝鮮侵入對馬(應永外寇)
	1428	正長1	後花園				正長土一揆
	1432	永享4	後花園	義教			足利義教遣使與明再次建交
	1438	10	後花園	義教			永享之亂(幕府討伐足利持氏，-1439)
	1441	嘉吉1	後花園	義教			嘉吉之亂(義教被赤松滿祐所殺)
	1455	康正1	後花園	義政			足利成氏占據下總古河(創古河公方之始)
	1459	長祿3	後花園	義政			將軍義政將其弟政知派駐伊豆堀越(創堀越公方之始)
	1467	應仁1	後土御門	義政			應仁之亂(-1477)
	1477	文明9	後土御門	義尙			應仁之亂基本平定，京都化爲廢墟
	1485	17	後土御門	義尙			山城國起義(-1493)
	1488	長享2	後土御門	義尙			加賀的一向起義，控制了加賀國內(-1580)
	1491	延德3	後土御門	義稙			北條早云(伊勢宗瑞)滅伊豆的堀越公方
室町時代	1510	永正7	後柏原	義稙			三浦之亂
	1523	大永3	後柏原	義晴			寧波之亂(細川和大內氏的使者在寧波爭鬥)
戰國時代	1532	天文1	後奈良	義晴			畿內各地一向一揆，山城法華一揆
	1536	5	後奈良	義晴			法華一揆(天文法華之亂)
	1543	12	後奈良	義晴			葡萄牙人來到種子島，傳來火槍
	1551	天文20	後奈良	義輝			大內氏滅亡，勘合貿易停止
	1555	弘治1	後奈良	義輝			川中島戰役(武田信玄與上杉謙信作戰)這時後期倭寇猖獗

時代		公曆	年號	天皇	將軍	政治・經濟・社會
室町時代	戰國時代	1560	永祿3	正親町	義輝	桶狹間戰役(織田信長討伐今川義元)
		1568	11	正親町	義榮	織田信長足利義昭入京都
		1569	12	正親町	義昭	信長征服堺
		1570	無龍1	正親町		姉川戰役(信長破淺井、朝倉二氏)
		1573	天正1	正親町		信長追擊將軍義昭(室町幕府滅亡)
		1575	3	正親町		長篠會戰(信長、家康破武田勝賴)
安土、桃山時代		1576	4	正親町		信長築安土城
		1582	10	正親町		天正遣歐使節。本能寺之變(明智光秀殺信長)。山崎戰役(羽柴秀吉討伐光秀)。太閤檢地(-1598)
		1583	11	正親町		賤岳戰役(秀吉破柴田勝家)。築大阪城
		1584	12	正親町		小牧、長久手戰役。西班牙船來到平戶
		1585	13	正親町		秀吉平定四國,任關白
		1586	14	後陽成		秀吉任太政大臣,賜姓豐臣
		1587	15	後陽成		秀吉平定九州。驅逐天主教傳教士令
		1588	16	後陽成		秀吉實施刀狩。下令取締海盜。這一年鑄造天正大判
		1590	18	後陽成		秀吉征討小田原(北條氏滅亡)
		1592	文祿1	後陽成		秀吉出兵朝鮮(文祿之役)。派出朱印船
		1596	慶長1	後陽成		聖・腓力號船事件。26名教徒殉教
		1597	2	後陽成		秀吉再次出兵朝鮮(慶長之役)
		1600	5	後陽成		荷蘭船尼弗得號漂流到豐後。關原之戰
江戶時代		1603	8	後陽成	家康	家康任征夷大將軍(江戶幕府創立)
		1604	9	後陽成	家康	開始實行絲割符制
		1607	12	後陽成	秀忠	角倉了以開通富士川水道。朝鮮使節來日本
		1609	14	後陽成	秀忠	島津氏征討琉球。荷蘭在開始貿易。與朝鮮訂立通商與約(己酉條約)
		1610	15	後陽成	秀忠	家康要求與墨西哥通商,派去田中勝介
		1613	慶長18	後水尾	秀忠	英國人在平戶開設商館。慶長遣歐使節(派伊達政宗、支倉常長赴歐洲,-1620)。向全國發布禁教令
		1614	19	後水尾	秀忠	大阪冬季戰役

時代	公曆	年號	天皇	將軍	政治・經濟・社會
江戶時代	1615	元和1	後水尾	秀忠	大阪夏季戰役。豐臣氏滅亡。制定元和一國一城令、武家諸法度及禁中關公家諸法度
	1616	2	後水尾	秀忠	限定平戶、長崎爲歐洲船隻停泊地
	1624	寬永1	後水尾	家光	禁止西班牙船隻來日
	1629	6	後水尾	家光	紫衣事件。在長崎開始踏聖像考驗
	1633	10	明正	家光	禁止奉書船(1631年制定)以外的船隻出航國外(鎖國令I)
	1635	12	明正	家光	禁止出國航行，禁止歸國(鎖國令III)。修改武家諸法度(把參覲交代定爲制度)
	1637	14	明正	家光	島原之亂(-1638)。亂後開始實行寺保制度
	1639	16	明正	家光	禁止葡萄牙人來日(鎖國令Ⅴ)(鎖國完成)
	1641	18	明正	家光	將平戶的荷蘭商館遷往長崎出島
	1643	20	後光明	家光	禁止田地永久買賣令(-1872)
	1644	正保1	後光明	家光	「荷蘭風說書」開始(-1858年左右)
	1649	慶安2	後光明	家光	慶安的《御觸書》
	1651	4	後光明	家綱	由井正雪之亂(慶安之變)，放鬆對臨終養子的禁止
	1657	明歷3	後西	家綱	江戶大火(明歷大火)
	1663	寬文3	靈光	家綱	禁止殉死
	1665	5	靈光	家綱	廢除大名的人質
	1671	11	靈光	家綱	河村瑞賢開闢東環行航線
	1672	12	靈光	家綱	瑞賢開闢西環行航線
	1673	延寶1	靈光	家綱	發布分地限制令
	1685	貞享2	靈光	綱吉	首次發布憐憫生類令(-1709)。限制貿易(限制清朝船、荷蘭船的進口額)
	1688	元祿1	東山	綱吉	限制貿易(限制清朝船爲70)。在長崎建造唐人屋敷
	1694	7	東山	綱吉	江戶成立十組問屋(1813年獲批准)。同時在大阪成立二十四組問屋(1784年獲批准)

時代	公曆	年號	天皇	將軍	政治・經濟・社會
	1695	8	東山	綱吉	根據荻原重秀的建議,改鑄金銀幣
	1702	15	東山	綱吉	赤穗浪士討伐吉良義央
	1709	寶永6	中御門	家宣	家宣啓用新井白石(正德之治)(-1715)
	1710	7	中御門	家宣	創立閑院宮家
	1711	正德1	中御門	家宣	白石簡化朝鮮使節的待遇
	1715	5	中御門	家繼	長崎貿易限制令(正德新令)
	1716	享保1	中御門	吉宗	德川吉宗任將軍(享保的改革)(-1745)
	1718	3	中御門	吉宗	整頓江戶町消防制度
	1721	6	中御門	吉宗	開始人口調查。在評定所設置投訴箱
	1722	7	中御門	吉宗	制定上米制
	1723	8	中御門	吉宗	制定官職補貼制
	1732	18	中御門	吉宗	享保大飢饉(因西國大蟲害而引起災荒)
	1742	寬保2	櫻町	吉宗	編修公事方御定書
江戶時代	1758	寶曆8	桃園	家重	寶曆事件(竹內式部被捕)
	1767	明和4	後櫻町	家治	田沼意次成爲將軍的親信。明和事件(懲辦山縣大貳)
	1772	安永1	後桃園	家治	意次任老中
	1782	天明2	光格	家治	天明大飢饉(-1787)
	1787	7	光格	家齊	天明搗毀暴動。松平定信任老中(寬政改革,-1793)
	1789	寬政1	光格	家齊	發布棄捐令,免除旗本、御家人的負債
	1790	2	光格	家齊	設立勞動收容所。寬政異學之禁
	1792	4	光格	家齊	林子平被禁錮。俄國使節拉克斯曼來到根室
	1798	10	光格	家齊	近藤重藏等赴蝦夷地區探險(第二年把東蝦夷地作爲幕府直轄地)
	1800	12	光格	家齊	伊能忠敬測量蝦夷地區
	1804	文化1	光格	家齊	俄國使節列扎諾夫來到長崎
	1808	5	光格	家齊	間宮林藏等到樺太探險(-1809)。菲頓號事件
	1811	文化8	光格	家齊	戈洛寧事件(-1813)
	1825	文政8	仁孝	家齊	發布《驅逐異國船隻令》(無二念打拂令)
	1828	11	仁孝	家齊	西博爾德事件

時代	公曆	年號	天皇	將軍	政治・經濟・社會
	1833	天保4	仁孝	家齊	天保大飢饉(-1839)
	1837	8	仁孝	家慶	大鹽平八郎之亂。家齊任大御所。炮擊摩理遜號
	1839	10	仁孝	家慶	蠻社之獄
	1841	12	仁孝	家慶	天保改革(-1843)。解散行會令
	1842	13	仁孝	家慶	修改驅逐異國船隻令，發布提供燃料、飲水令(天保薪水令)
	1843	14	仁孝	家慶	返鄉法。水野忠邦因上知地令失敗而下台
	1844	弘化1	仁孝	家慶	荷蘭國王建議日本開港
	1846	3	孝明	家慶	美國人畢德爾來到浦賀，要求通商
	1850	嘉永3	孝明	家慶	佐賀藩建造反射爐
	1853	6	孝明	家慶	培理來到浦賀，普提雅廷來到長崎
江戶時代	1854	安政1	孝明	家定	日美親善條約(神奈川條約)。日英、日俄親善條約
	1856	3	孝明	家定	哈利斯到下田赴任(總領事)
	1858	5	孝明	家茂	井伊直弼任大老。日美友好通商條約。安政大獄(-1859)
	1860	萬延1	孝明	家茂	新見正興等人赴美(咸臨丸隨行，交換條約批准書)。櫻田門外之變(暗殺井伊大老)。五品江戶回送令
	1862	文久2	孝明	家茂	坂下門外之變。和宮親子公主下嫁將軍家茂(公武合體)。生麥事件。慶喜、慶永等改革幕政
	1863	3	孝明	家茂	下關事件。薩英戰爭。8月18日政變。天誅組之變
	1864	元治1	孝明	家茂	池田屋事件。禁門之變。四國艦隊炮擊下關事件。第一次征討長州開始。高杉晉作等舉兵
	1865	慶應1	孝明	家茂	幕府下令第二次征討長州(第二年出兵)。天皇批准條約
	1866	2	孝明	家茂	薩長同盟成立。簽訂改稅約書。家茂死，第二次征討長州中止

時代	公曆	年號	天皇	將軍	政治・經濟・社會
江戶時代	1867	慶應3	明治	慶喜	朝廷批准兵庫開港。京都大阪一帶發生狂歡亂舞。上奏大政奉還。王政復古大號令
明治時代	1868	明治1	明治		鳥羽伏見戰役(戊辰戰爭開始)。五條御誓文。五榜揭示。政體書。一世一元制。天皇行幸東京
	1869	2	明治		實際上遷都東京。版籍奉還。箱館五稜郭戰役(戊辰戰爭結束)。設置開拓使(東京，1871年遷往札幌)
				太政大臣	
	1871	4	明治	三條	郵政制度。組建御親兵。新貨幣條令。廢藩置縣。官制的改革。日清修好條規(第一個平等條約)。解散穢多、非人令。派岩倉具視等赴歐美
	1872	5	明治	三條	解除禁止田地永久買賣令。公布學制。富岡繰絲廠投產。國立銀行條例。征兵告諭
	1873	6	明治	三條	征兵令。地租改革條例。征韓論失敗。設置內務省。批准奉還家祿
	1874	7	明治	三條	設立民選議院的建議書。佐賀之亂。征台之役。創立立志社。設置屯田兵
	1875	8	明治	三條	建立愛國社。設置元老院、大審院。下詔建立憲政體。樺太、千島交換條約。誹謗律、新聞條例。江華島事件
	1876	9	明治	三條	日朝修好條規。廢刀令。授與金祿公債證書。領有小笠原。神風連之亂。秋月之亂。荻之亂。三重縣等地發生農民起義
	1877	10	明治	三條	西南戰爭。立志社建議(開始國會等)
	1878	11	明治	三條	府縣會規則。設置參謀本部
	1879	12	明治	三條	廢除琉球藩，設冲繩縣
	1880	13	明治	三條	制定集會條例。請願開設國會。公布出集工廠概則

時代	公曆	年號	天皇	太政大臣	政治・經濟・社會
明治時代	1881	14	明治	三條	北海道開拓使出售官產事件。明治14年政變。開設國會的敕諭。自由黨成立。實施松方財政
	1882	15	明治	三條	軍人敕諭。改進黨成立。壬午事變。日本銀行開業。福島事件
	1883	16	明治	三條	高田事件。大阪紡織會社投產
	1884	明治17	明治		制定華族令。加波山事件。秩父事件。甲申事變
				總理	
	1885	18	明治	伊藤	天津條約。設立日本郵船會社。大阪事件。制定內閣制度
	1887	20	明治	伊藤	發起大團結運動。三大事件建議書。保安條例
	1888	21	明治	黑田	公布市制、町村制。設置樞密院
	1889	22	明治	黑田	頒發憲法。政府表明超然主義。民法典論爭。大隈遇難
	1890	23	明治	山縣	公布府縣制、郡制。召開第一次國議會。第一次危機
	1891	24	明治	松方	大津事件。足尾礦毒事件
	1892	25	明治	伊藤	對第二次總選進行干涉
	1894	27	明治	伊藤	簽訂日英通商航海條約(第一次修改條約)。日清戰爭(-1895)
	1895	28	明治	伊藤	簽訂下關條約。三國干涉
	1896	29	明治	松方	進步黨成立。松隈內閣組成
	1897	30	明治	松方	建設八幡製鐵所。確立金本位制。工會期成同盟成立
	1898	31	明治	大隈	隈板內閣(憲政黨)成立。社會主義研究會成立
	1899	32	明治	山縣	修改文官任用令。修改條約(收回法權)生效
	1900	33	明治	山縣	制定治安警察法。軍部大臣現役武官制。北清事變。立憲政友會成立。這一年資本主義危機

時代	公曆	年號	天皇	總理	政治・經濟・社會
明治時代	1901	34	明治	伊藤	八幡製鐵所投產。社會民主黨成立
	1902	35	明治	桂	締結第一次日英同盟
	1903	36	明治	桂	平民社創建
	1904	37	明治	桂	日俄戰爭(-1905)。第一次日韓協約
	1905	明治38	明治	桂	日本海海戰。第二次日英同盟。簽訂樸次茅斯條約。日比谷燒打事件。第二次日韓協約(日韓保護協約)
	1906	39	明治	西園寺	日本社會黨成立。公布鐵路國有法。設立滿鐵。設置關東都督府。豐田式織機株式會社成立
	1907	40	明治	西園寺	帝國國防方針的決議。第三次日韓協約。日俄協約。危機
	1908	41	明治	桂	日美紳士協約(移民協定)。紅旗事件
	1909	42	明治	桂	三井合名會社成立。伊藤博文會被暗殺
	1910	43	明治	桂	大逆事件。併吞韓國(設立朝鮮總督府)
	1911	44	明治	桂	頒布工廠法。第二次修改條約(收回關稅自主權)
大政時代	1912	大正1	大正	西園寺	創立友愛會
	1913	2	大正	桂	大正政變(第一次護憲運動)
	1914	3	大正	大隈	西門子事件。參加第一次世界大戰
	1915	4	大正	大隈	對華二十一條要求
	1917	6	大正	寺內	禁止黃金出口。石井・藍辛協定。西原借款開始(-1918)
	1918	7	大正	寺內原	發生米騷動。出兵西伯利亞(-1922) 組成政黨內閣(原敬的政友會)
	1919	8	大正	原	三一事件。簽訂凡爾賽條約。關東應、關東軍成立
	1920	9	大正	原	遭受戰後經濟危機。第一次五一國際勞動節。議會通過八・八艦隊案。日本社會主義同盟成立
	1921	10	大正	原	友愛會改稱日本勞動總同盟。原敬被暗殺。參加華盛頓會議。締結四國條約,廢除日英同盟

時代	公曆	年號	天皇	總理	政治・經濟・社會
大政時代	1922	11	大正	高橋 加藤 (友)	簽訂九國條約、海軍裁軍條約。全國水平社創立。日本農民組合成立。日本共產黨成立
	1923	12	大正	山本	廢除石井・藍辛協定。關東大地震。虎門事件
	1924	大正13	大正	清浦	第二次護憲運動(組成護憲三派內閣)
	1925	14	大正	加藤 (高)	日蘇基本條約。公布治安維持法。頒布普選法
昭和時代	1927	昭和2	昭和	若槻	金融危機。田中內閣決定出兵山東(-1928)。日內瓦會議
	1928	3	昭和	田中	首次進行衆議院議員普選。三一五事件。濟南事件。炸死張作霖事件。修改治安維持法。簽訂不戰條約
	1930	5	昭和	濱口	解除禁止黃金出口禁令。簽訂倫敦條約。侵犯統帥權問題。昭和經濟危機
	1931	6	昭和	若槻	三月事件。滿洲事變爆發。犬養內閣再次禁止黃金出口
	1932	7	昭和	犬養	上海事變。血盟團事件。製造「滿洲國」。五一事件。日滿議定書
	1933	8	昭和	齋藤	退出國際聯盟
	1934	9	昭和	岡田	廢除華盛頓海軍裁軍條約
	1935	10	昭和	岡田	團體明征聲明
	1936	11	昭和	岡田	全日本勞動總同盟成立。退出倫敦會議。二二六事件
				廣田	恢復軍部大臣現役武官制。簽訂日德防共協定
	1937	12	昭和	近衞	蘆溝橋事件。日中戰爭(-1945)。三國防共協定。人民戰綫事件(-1938)
	1938	13	昭和	近衞	近衞聲明(1次-3次)。公布國家總動員法。張鼓峰事件
	1939	14	昭和	平沼	諾門坎事件。公布國家征用令。宣告廢除日美通商條約

時代	公曆	年號	天皇	總理	政治‧經濟‧社會
昭和時代	1940	15	昭和	近衛	簽訂日德義三國軍事同盟。大政翼贊會、大日本產業報國會
	1941	16	昭和	近衛	締結日蘇中立條約。日軍進駐法屬印支南部
				東條	攻擊珍珠港。太平洋戰爭(-1945)
	1942	17	昭和	東條	翼贊政治會成立。中途島海戰
	1943	18	昭和	東條	大東亞會議。征兵年齡提前一年(19歲)
	1944	19	昭和	小磯	塞班島失守。學生勞動令。美軍正式轟炸本土
	1945	昭和20	昭和	鈴木	美軍占領沖繩本島。廣島、長崎遭原子彈轟炸。蘇聯參加對日本作戰。日本接受波茨坦公告
				東久邇	簽訂投降書。聯合國軍進駐本土。逮捕戰爭罪犯嫌疑犯
				幣原	重建政黨。指令解散財閥。制定新選舉法。公布工會法
	1946	21	昭和	幣原	天皇發表《人的宣言》。褫奪公職令。第一次農地改革實施(第二次農地改革是1947-1950年)。公布金融緊急措施令。遠東軍事法庭開庭
				吉田	勞動關係調整法。頒佈日本憲法
	1947	22	昭和	吉田 片山	取消二一罷工。公布禁止壟斷法。憲法生效。第一次國會開會。實施勞動基準法。有限制地重新開放民間貿易。設置勞動省
	1948	23	昭和	吉田	遠東國際軍事法庭判決。修改國家公務員法。經濟穩定九項原則
	1949	24	昭和	吉田	道奇計劃。下山、三鷹、松川事件。夏普建議方案
	1950	25	昭和	吉田	總評成立。設立警察預備隊。清洗赤色分子。解除褫奪公職處分
	1951	26	昭和	吉田	舊金山和平條約、日美安保條約簽訂。社會黨分裂

時代	公曆	年號	天皇	總理	政治・經濟・社會
昭和時代	1952	27	昭和	吉田	締結日美行政協定。簽訂「日華(台)和平條約」。五一節事件。制定防止破壞活動法。加入IFM。設立保安隊
	1953	28	昭和	吉田	內灘事件。收回奄美大島
	1954	29	昭和	鳩山	簽訂日美M.S.A協定。制定教育二法。保安隊改爲自衛隊
	1955	30	昭和	鳩山	砂川事件。社會黨統一。保守勢力聯合
	1956	31	昭和	鳩山	日蘇漁業條約。國防會議成立。日蘇聯合宣言。加入聯合國
	1957	32	昭和	岸	當選爲聯合國安全理事會非常任理事國
	1958	昭和33	昭和	岸	反對勤務評定的鬥爭高漲
	1959	34	昭和	岸	安保鬥爭爆發(-1960)。制定防衛二法
	1960	35	昭和	池田	日美新安保條約簽訂。民主社會黨成立。三池爭議
	1961	36	昭和	池田	公布農業基本法
	1962	37	昭和	池田	占領地區救濟資金、占領區經濟復興基金的償還協定簽字。LT貿易開始
	1963	38	昭和	池田	簽訂部分停止核試驗條約
	1964	39	昭和	佐藤	IMF同意日本轉爲第八條國。加入OECD。結成同盟。公明黨成立
	1965	40	昭和	佐藤	承認ILO87號條約。簽訂日韓基本條約
	1968	43	昭和	佐藤	日中備忘錄貿易開始。歸還小笠原群島實現
	1969	44	昭和	佐藤	日美聯合聲明(1972年歸還沖繩)
	1970	45	昭和	佐藤	日本在防止核武器擴散條約上簽字。安保條約自動延期。實現沖繩參政
	1971	46	昭和	佐藤	簽訂沖繩歸還協定。設立環境廳。日元升值(1美元兌換308日元)
	1972	47	昭和	田中	日美紡織品協定簽字。歸還沖繩實現。日中邦交正常化
	1973	48	昭和	田中	日蘇聯合聲明。日元改爲浮動滙率制。石油危機

時代	公曆	年號	天皇	總理	政治・經濟・社會
昭和時代	1974	49	昭和	三木	美國總統福特訪日。國民生產總值在戰後首次衰減
	1975	50	昭和	三木	英國女王伊麗莎白訪日。日美聯合聲明
	1976	51	昭和	福田	洛克希德事件公開化。新自由俱樂部組成
	1977	52	昭和	福田	日元升值和外貿順差問題嚴重
	1978	53	昭和	大平	簽訂日中和平友好條約
	1980	55	昭和	鈴木	在衆參兩院同時選舉中，自民黨確保了穩定多數

文化	中國	東方	西方
[前陶器、繩文文化] 洪積世的日本存在前陶器文化(包括舊石器文化) 沖積世的日本存在繩文文化(新石器文化,從公元前數千年開始) 從公元前2－3世紀開始,傳來水稻栽培和金屬器文化	殷 周 秦 前漢	埃及、印度、美索不達米亞文明(公元前3000年左右) 秦始皇統一中國(公元前221) 公元前202] 漢興起 公元前108] 漢武帝在朝鮮設樂浪等四郡	希臘文化繁榮(公元前5世紀左右) 公元前334]亞歷山大遠征亞洲(一公元前323) 公元前27] 羅馬帝政 公元前4?] 基督教成立
	後漢	8] 前漢滅亡 25] 後漢統一中國	
[彌生文化] 彌生後期的登呂遺跡	魏蜀吳	220] 後漢滅亡,三國時代開始(一280) 226] 薩珊王朝興起	
出現前方後圓墳	西晉	313] 高句麗滅樂浪郡 346] 百濟統一	313] 基督教獲承認 375] 日爾曼民族大遷移 395] 羅馬帝國分裂
歸化人大批來日 438?]船山古墓出土大刀(大刀銘)	五胡十六國北魏(北朝) / 東晉 宋(南宋)	414] 高句麗長壽王建好太王碑 439] 南北朝時代開始(一589)	476] 西羅馬帝國滅亡 486] 法蘭克王國成立
[古墳文化] 群集墳興行 503?]隅田八幡宮人物畫像鏡 538] 佛教傳入 593] 建造四天王寺	齊 / 東魏西魏 北齊北周 / 梁 陳	528] 佛教傳到新羅 570?] 穆罕默德誕生 589] 隋統一中國	529]《尤士丁尼安法典》編成

文 化	中 國	東 方	西 方
[飛鳥文化] 607] 建造法隆寺《三經義疏》在這時完成	隋	伊斯蘭教(回教)成立	
		618] 隋亡，唐興	
		622] 伊斯蘭教曆元年	
		627] 貞觀之治(一649)	
		651] 薩珊王朝滅亡	
		660] 百濟滅亡	
		661] 伊斯蘭帝國建立	
[白鳳文化] 670] 法隆寺被焚		668] 高句麗滅亡	
680] 建造藥師寺 (698年基本完成)		676] 新羅統一朝鮮半島	
		698] 渤海國建立	
712] 《古事記》		712] 唐玄宗即位 (開元之治)	
713] 下令撰寫風土記			
720] 《日本書記》			
[天平文化] 741] 下詔建造國分寺、國分尼寺	唐		
751] [懷鳳藻]			
752] 東大寺大佛開眼供養		750] 伊斯蘭教的阿拔斯王朝成立	751] 法蘭克王國的加洛林王朝興起 (一987)
756] 聖武天皇的遺物收藏於正倉院		755] 唐朝安史之亂 (一763)	
[天平文化] 759] 唐招提寺建成			768] 法蘭克王國查理大帝即位
764] 百萬塔陀羅尼			
780] 《萬葉集》於這時完成			800] 查理大帝為西羅馬皇帝
797] 《續日本紀》			
[弘仁、貞觀文化] 805] 最澄開創天台宗		巴格達繁榮	
806] 空海開創真言宗			
822] 在叡山設立大乘戒壇			
828] 空海創改綜藝種智院			829] 英格蘭各國統一
841] 《日本後紀》			843] 凡爾登條約(法蘭克王國分為三)
869] 《續日本後紀》			
879] 《日本文德天皇實錄》		875] 唐朝黃巢之亂 (一884)	870] 法蘭克王國訂位立墨爾森條約

文　　化	中國	東　　方	西　　方
901] 《日本三代實錄》 905] 《古今和歌集》 935？] 《土佐日記》 938] 空也創始念佛 972？] 《蜻蛉日記》 985] 《往生要集》	五代十國	907] 唐滅亡 918] 王建立高麗國 926] 契丹滅渤海國 935] 高麗滅新羅 936] 高麗統一朝鮮 960] 宋(北宋)成立	911] 諾曼底公國興起 962] 神聖羅馬帝國成立 987] 法國卡佩王朝興起(一1328)
［藤原文化］ 01？] 《枕草紙》 11？] 《源氏物語》 22] 道長法成寺金堂供養	北宋	38] 塞爾柱帝國建立 38] 西夏興起(一1227)	
52] 末法第1年 53] 平等院鳳凰堂建成 58] 《更級日記》		69] 王安石變法	66] 諾曼底公威廉征服英格蘭 96] 第一次十字軍(一1099)
01？] 《榮華物語》 07？] 《今昔物語集》 24] 中尊寺金色堂建成 31？] 《大鏡》 64？] 《平家納經》 75] 法然(源空)倡導淨土宗 91] 榮西回國，推廣臨濟宗 95？] 《水鏡》 95] 東大寺大佛殿重建	南宋	15] 金建國(一1234) 27] 北宋滅亡，南宋興起 32] 西遼興起(一1211) 朱子學興起 94] 塞爾柱帝國分裂	47] 第二次十字軍(一1149) 54] 英國，金雀花王朝建立(一1399) 89] 第三次十字軍(一1192)
05] 《新古今和歌集》 20] 《愚管抄》 24？] 《教行信證》		06] 成吉思汗統一蒙古 19] 成吉思汗遠征西亞	02] 第四次十字軍(一1204) 15] 英國《大憲章》 28] 第五次十字軍(一1229)
24] 親鸞開創淨土眞宗(一向宗) 27] 道元開創曹洞宗 42？] 《平家物語》 52] 《十訓抄》		36] 蒙古拔都遠征歐洲	41] 德國，漢薩同盟成立

文　　　　化	中國	東　　方	西　　方
[鎌倉文化] 53] 日蓮在鎌倉傳佈法華宗。《正法眼藏》	南 宋	60] 蒙古忽必烈即位	48] 第六次十字軍 （—1254）
60] 立正安國論		71] 蒙古稱元	56] 德國，大空位時代 （—1273）
74？] 金澤文庫創立		79] 元滅南宋	70] 第七次十字軍
76] 一遍倡導時宗		99] 奧斯曼帝國成立	（—1272）（最後）
85] 圓覺寺舍利殿建成			
[北山文化] 22] 《元亨釋書》	元	14C初] 琉球三山（北山、中山、南山王國）分立	02] 法國，召開三級會議
30？] 《徒然草》			21] 但丁的《神曲》（文藝復興時代開始）
39] 《神皇正統記》			
41] 《職原抄》			39] 英法百年戰爭
42] 幕府規定五山、十刹			（—1453）
56] 《菟玖波集》		51] 元朝，紅巾之亂	
70？] 《太平記》		68] 元滅亡，明興起	56] 德國，金印詔書
76？] 《增鏡》			78] 羅馬教會大分裂
97] 義滿於北山營造金閣五山文學興起		92] 高麗滅亡，李氏朝鮮興起	（—1417）
00] 《花傳書》			81] 英國農民起義
這時能樂完成		02] 永樂帝即位	14] 康斯坦茨宗教會議
39] 上杉憲實復興足利學校		29] 尙巴志統一沖繩全島（琉球王國）	29] 貞德援救奧爾良城
67] 雪舟去明朝			53] 東羅馬帝國帝國滅亡
（—1469）			
71] 蓮如建設越前吉崎道場	明		
89] 義政在東山營造銀閣			79] 西班牙王國成立
			80] 莫斯科大公國成立
95] 《新選菟玖波集》			
97] 蓮如建設石山本願寺		98] 達·伽馬到達印度	92] 哥倫布發現美洲大陸
[東山文化]		10] 葡萄牙人占領果阿陽明學興起	17] 路德改革宗教
			21] 科爾泰斯征服墨西哥
		26] 莫臥兒帝國成立	22] 麥哲倫航行世界一周（1519年開始）
43] 傳來火槍			24] 德國農民起義
			33] 波薩羅征服印加

	文　化	中國	東　方	西　方
[桃山文化]	69] 信長准許基督教傳教	明	57] 葡萄牙獲得在澳門的居住權	34] 耶穌會成立
			71] 西班牙建設馬尼拉	41] 加爾文改革宗教
				58] 英國伊麗莎白女王即位(—1603)
	82] 大友、有馬、大村三氏向羅馬教皇派去使節(天正遣歐使，—1590)		81] 葉爾馬克侵入西伯利亞	81] 荷蘭宣佈獨立
	87] 驅逐天主教傳教士令。建造聚樂第			88] 英國擊潰西班牙無敵艦隊
	96] 從朝鮮傳來活字印刷術及製陶方法		00] 英國設立東印度公司	
[元祿文化]	03] 阿國創立歌舞伎	清	02] 荷蘭設立東印度公司	
	10] 姬路城建成			
	12] 在幕府直轄領地禁止基督教。這時木偶淨瑠璃開始形成			
	15] 向五山等發佈寺院法度			
	17] 日光東照宮建成這時貞門派俳諧盛行		16] 努爾哈赤建立後金國	18] 三十年戰爭(—1648)
	20] 桂離宮(—1624)		22] 明朝白蓮教徒叛亂	28] 英國《大抗議書》
	30] 寬永禁書令			
	36] 完成日光東照宮的改建		36] 後金改稱爲清	42] 英國清教徒革命(—1649)
			44] 明朝滅亡	
	54] 隱元傳入黃檗宗		61] 清朝統一全中國	
	57] 德川光圀著手編纂大日本史(1906年完成)		64] 法國設立東印度公司	
	65] 山鹿素行提倡古學			
	71] 山崎闇齋創立垂加神道			
	82] 《好色一代男》(開創浮世草子)		73] 三藩之亂(—1681)	
	84] 安井算哲的貞享歷			
	89] 芭蕉開始《奧州小路》的旅行		89] 尼布楚條約	88] 英國光榮革命
	90] 湯島聖堂落成			

文　化	中國	東　方	西　方
[元祿文化] 09] 白石審訊西篤梯 15] 《國姓爺會戰》、《西洋紀聞》 17] 荻生徂徠提倡古文辭學(護園學派成立) 20] 放鬆禁止漢譯西方書籍進口 29] 石田梅岩開創心學 65] 鈴木春信開創「錦繪」 74] 《解體新書》(前野、杉田)。「灑落本」、「黃表紙」流行 76] 平賀源內完成醫療用摩擦發電機 93] 塙保已一創辦和學講談所 [化政文化] 96] 《法爾末和解》 97] 將昌平坂學問所作為官辦學校 98] 《古事記傳》完成。這時「滑稽本」流行	清	57] 英法普拉西戰役 96] 清朝白蓮教徒之亂(—1084)	01] 西班牙王位繼承戰爭 07] 英不大列顛王國成立 40] 奧地利王位繼承戰爭(—1748) 56] 七年戰爭(—1763) 75] 美國獨立戰爭(—1783) 76] 美國獨立宣言 89] 法國革命 04] 拿破崙稱帝 07] 神聖羅馬帝國滅亡
[文政文化] 11] 設置蠻書和解御用。這時流行「讀本」 14] 《南總里見八犬傳》(—1841) 21] 繪成大日本沿海輿地全圖 23] 西博爾德來到長崎。這時流行「人情本」。 33] 廣重的《東海道五十三次》發行 38] 中山美樹創天理教 42] 禁止「人情本」出版		40] 鴉片戰爭(—1842) 42] 南京條約	14] 維也納會議(—1815) 23] 美國，門羅宣言 37] 英國維多利亞女皇即位(—1901) 38] 英國，憲章運動

文　　化	中國	東　　方	西　　方
[51] 本木昌造製造出鉛字		[51] 太平天國革命(—1864)	[48] 法國二月革命。德國三月革命
[54] 韮山的反射爐動工		[56] 亞羅號事件	[53] 克里米亞戰爭
[55] 設置洋學所(第二年改稱蕃書調所)		[57] 印度西帕依叛亂	[61] 義大利王國成立。美國南北戰爭(—1865)
[58] 設種痘所(後改爲醫學所)。福澤諭吉開辦私塾(1868年改稱慶應義塾)		[58] 璦琿條約。天津條約。莫臥兒帝國滅亡 [60] 北京條約	[62] 德國，俾斯麥時代(—1890) [63] 林肯宣佈解放奴隸
[文明開化] [68] 神佛分離令(發生廢佛毀釋運動)。浦上信徒事件			
[69] 在東高橫濱間開通電信			
[70] 開始郵政事業。制定戶籍法。創設文部省			[70] 普法戰爭(—1871) [71] 德國完成統一
[72] 《勸學篇》。公佈學制。新橋、橫濱鐵路通車。採用陽曆	清		
[73] 明六社。撤消對基督教的禁令			
[75] 創立同志社			
[76] 創立札幌農業學校			
[77] 開設東京大學。發掘大森貝塚		[77] 印度帝國成立	
[79] 制定教育令		[81] 伊犁條約	
[82] 東京專門學校			[82] 德、奧、義三國同盟
[83] 鹿鳴館落成			
[84] 發現彌生式陶器		[84] 中法戰爭	
[85] 我樂多文庫《小說神髓》		[85] 印度國民議會成立	
[86] 學校令			
[87] 設立東京音樂學校、東京美術學校		[87] 法屬印度支那成立	
[89] 東海道線全線通車			[89] 第二國際成立
[90] 發布教育敕語			

文　　化	中國	東　　方	西　　方
[明治文化] 91] 內村鑑三不敬事件 92] 設立傳染病研究所 93]《文學界》創刊 95] 設置史料編纂掛 96] 黑田淸輝創白馬會 97] 雜誌《杜鵑》創刊 98] 創立日本美術院。 　　初次製作日本電影	清	91] 西伯利亞鐵路動工 94] 東學黨之亂 97] 朝鮮改稱韓國 98] 康有爲的變法運動。列強租借中國各地 99] 義和團起義(北清事變)	91] 俄法同盟 98] 美併吞夏威夷 99] 美海約翰倡中國門戶開放。南非戰爭
01]《中央公論》創刊 02] 木村榮發現Z項 03] 專科學校令。小學國定教科書令		01] 北京議定書	04] 英法達成協議
06]《破戒》 07] 舉辦「文展」 08] 戊申詔書。《阿羅羅岐》創刊 09] 創辦自由劇場		05] 西伯利亞鐵路完工	07] 英法俄三國達成協議 08] 青年土耳其黨革命
[大正文化] 10]《白樺》創刊 11] 平塚明子創立靑踏社 14] 重建日本美術院(院展)。二科會 16] 吉野作造的民本主義 17] 設立理化學研究所 18] 公布大學令、高等學校令 19] 帝國美術院(帝展) 20] 森戶事件	中華民國	11] 辛亥革命 12] 中華民國成立 19] 五四運動 21] 中國共產黨成立	12] 巴爾幹戰爭(─1913) 14] 第一次世界大戰─(1918) 17] 俄國十月革命 19] 凡爾賽條約 20] 國際聯盟成立 21] 華盛頓會議 22] 義大利建立法西斯政權
24] 築地小劇場建成 25] 開始無線電廣播		24] 中國第一次國共合作	25] 羅加諾會議

文　化	中國	東　方	西　方
29] 《蟹工船》(無產階級文學的鼎盛時期)。客機開航		26] 蔣介石開始北伐	28] 巴黎不戰條約 29] 世界總危機 30] 倫敦裁軍會議
31] 日本電影開始有聲電影化		31] 滿洲事變爆發蘇維埃政權在瑞金建立	
33] 瀧川事件。丹那隧道開通		32] 「滿洲國」 34] 「滿洲國」實施帝政	33] 希特勒內閣組成 34] 希特勒當上總統
35] 天皇機關說發生問題			35] 德國宣佈重新武裝。義大利入侵埃塞俄比亞
		36] 西安事變	36] 西班牙內亂。德義組成軸心
37] 制定文化勛章。文化省散發《國體本義》。國民精神總動員運動		37] 中國宣布第二次國共合作	38] 慕尼黑會談 39] 德蘇互不侵犯條約。第二次世界大戰開始
40] 津田左右吉的著作被禁止發行		40] 汪精衛政權在南京成立	
41] 公布國民學校令。文部省散發《臣民之道》			41] 大西洋憲章。德蘇戰爭。德、義對美宣戰
43] 學生出征			43] 義大利投降。開羅會談
45] 停止講授修身、日本歷史、地理課程		45] 印度尼西亞獨立。中國開始國共內戰	45] 雅爾達會議。德國投降。波茨坦會談。太平洋戰爭結束。聯合國成立
46] 第一次日展。當用漢字及新假名用法		46] 菲律賓獨立	
47] 公布教育基本法、學校教育法。開始實行六‧三學制		47] 印度、巴基斯坦獨立	47] 馬歇爾計劃。共產黨和工人黨情報局組成(一1956)
48] 公布教育委員會法		48] 緬甸獨立‧南、北朝鮮建國	
49] 日本學術會議成立。法隆壽金堂壁畫燒毀發現岩宿遺跡。湯川秀樹獲諾貝爾獎		49] 中華人民共和國成立	49] 北大西洋公約(NATO)

左欄（中國直書）：中華民國

下方左欄：中華人民共和國　中華民國

左側直書標記：〔昭和文化〕

文　化	中國	東　方	西　方
50] 金閣燒毀。文化財富保護委員會成立		50] 中蘇友好同盟互助條約。朝鮮戰爭(—1953)	
51] 民辦廣播開始。加入聯合國教科文組織			51] 舊金山和平條約
53] 開始播放電視		54] 印度支那停戰協定。尼赫魯、周恩來的和平共處五項原則聲明。SEATO成立	54] 日內瓦會議
54] 開始發掘平城宮遺址			
		55] 亞非會議(萬隆)	55] 華沙條約。日內瓦四國首腦會談
56] 南極觀測開始	中華人民共和國	56] 埃及宣布蘇伊士運河國有化	56] 波蘭、匈牙利動亂
57] 東海村原子反應堆點火		57] 加納獨立	57] EEC簽約。蘇聯發射人造衛星成功
58] 發現三日人遺骨	中華民國	58] 阿拉伯聯合共和國成立	
59] 實行米制計量		59] 中印邊境糾紛。CENTO成立	
		61] 韓國軍事政變	
62] 南極觀測暫時中斷。國產第一號原子反應堆點火		62] 阿爾及利亞獨立	62] 古巴危機
		63] 馬來西亞成立	63] 締結部分停止核試驗條約。美國總統甘迺迪被害
64] 東海道新幹線通車。舉辦東京奧運會			64] 赫魯雪夫解職
			67] 中東戰爭
68] 設置文化廳		65] 美國轟炸北越(—1968)。印巴糾紛	68] 締結防止核武器擴散條約。蘇聯、東歐軍隊開進捷克斯洛伐克
69] 大學糾紛激化		66] 中共「文化大革命」	69] 阿波羅11號登上月球

[昭和文化]

文　化	中國	東　方	西　方
[昭和文化] 70] 日本首次發射人造衛星。舉辦日本萬國博覽會 72] 札幌冬季奧運會。發現高松塚古墓壁畫 75] 舉辦沖繩海洋博覽會 78] 新東京國際機場(成田)啓用	中華人民共和國	中華民國	71] 中共恢復聯合國席位。印巴戰爭。 73] 越南和平協定 75] 越南、柬埔寨解放力量勝利 79] 美中建交。中越糾紛。伊朗帝制崩潰。蘇聯出兵阿富汗。	72] 尼克森訪華 73] 中東戰爭 74] 尼克森辭職 77] 美、蘇設定200海裡漁業專管水域

日本通史

揚智叢刊 4

著　　　者/ 依田憙家

出 版 者/ 揚智文化事業股份有限公司

發 行 人/ 林智堅

副總編輯/ 葉忠賢

責任編輯/ 賴筱彌

執行編輯/ 黃美雯

地　　　址/ 台北市新生南路三段 88 號 5 樓之 6

電　　　話/ (02)366-0309　366-0313

傳　　　真/ 886-2-366-0310

郵政劃撥/ 14534976

登 記 證/ 局版臺業字第 6499 號

印　　　刷/ 偉勵彩色印刷股份有限公司

法律顧問/ 北辰著作權事務所　蕭雄淋律師

初版三刷/ 1997 年 10 月

定　　　價/ 450 元

南部總經銷/ 昱泓圖書有限公司

地　　　址/ 嘉義市通化四街 45 號

電　　　話/ (05)231-1949 231-1572

傳　　　真/ (05)231-1002

國立中央圖書館出版品預行編目資料

日本通史／依田憙家著. --初版. --臺北市
　　：揚智文化，1995〔民84〕
　　　面；　公分. --(揚智叢刊；4)
　　ISBN 957-9272-08-5　(平裝)

1. 日本－通史

731.1　　　　　　　　　　　　84001415